杜牧诗传

吴在庆

著

团结出版社

图书在版编目（ＣＩＰ）数据

杜牧诗传 / 吴在庆著. —— 北京 ：团结出版社，
2020. 3
ISBN 978-7-5126-7455-4

Ⅰ．①杜… Ⅱ．①吴… Ⅲ．①杜牧（803-852）—传
记 Ⅳ．①K825.6

中国版本图书馆CIP数据核字(2019)第239371号

出　版：团结出版社
　　　　（北京市东城区东皇城根南街84号　邮编：100006）
电　话：（010）65228880　65244790　（出版社）
　　　　（010）65238766　85113874　65133603（发行部）
　　　　（010）65133603（邮购）
网　址：http://www.tjpress.com
E-mail：zb65244790@vip.163.com
　　　　fx65133603@163.com（发行部邮购）
经　销：全国新华书店
印　装：三河市腾飞印务有限公司

开　本：163mm×240mm　　　16 开
印　张：22.25
字　数：348 千字
版　次：2020 年 3 月　第 1 版
印　次：2020 年 3 月　第 1 次印刷

书　号：978 - 7 - 5126 - 7455 - 4
定　价：66.80 元

前言

　　杜牧字牧之，唐京兆万年（今陕西西安市）人，是与李商隐并称为"小李杜"的晚唐著名诗人。在当时，李商隐曾赋《杜司勋》诗对他表示敬仰之情："高楼风雨感斯文，短翼差池不及群。刻意伤春复伤别，人间惟有杜司勋！"历代诗评家亦多激赏其才，清翁方纲《石洲诗话》谓："小杜之才，自王右丞后未见其比，其笔力回斡处，亦与王龙标、李东川相视而笑。少陵无人谪仙死，竟不意又见此人。只如'今日鬓丝禅榻畔，茶烟轻飏落花风''自说江湖不归事，阻风中酒过年年，'直自开、宝以后百余年无人能道。而五代、南北宋以后，亦更不能道矣。此真悟彻汉魏六朝之底蕴者也。"不唯文家对杜牧有此盛誉，而且史家亦颇称赏他。《新唐书·杜牧传》即称"牧刚直有奇节，不为龊龊小谨，敢论列大事，指陈病利尤切至。少与李甘、李中敏、宋祁善，其通古今，善处成败，甘等不及也。……牧于诗，情致豪迈，人号为小杜，以别杜甫云"。于此可见，杜牧不仅在文坛上颇享盛誉，而且他那种"平生五色线，愿补舜衣裳。弦歌教燕赵，兰芷浴河湟；腥膻一扫洒，凶狠皆披攘。生人但眠食，寿域富农桑"（《郡斋独酌》）的匡国济民的志向，也是中华民族杰出士人的一种极为可贵的精神气质，获得历代人们广泛的赞誉与钦仰。可以说，杜牧不仅是我国古代一位著名的文人，在文学上有其独特的贡献与地位，而且在政治上也具有一般文士不可企及的境界与特质，他是我们中华民族可以引以自豪的历史人物之一。今天，为这样杰出的人物作文学传记，让他的音容笑貌、生平成就栩栩如生地展现在世人面前，应该说是很有必要与很有意义的。

　　杜牧是一位诗文赋兼擅，且书法为叶奕苞称为"潇洒流逸，深得六朝人风韵"的多才多艺的作家。他著有《樊川文集》二十卷，又注《孙子》三卷；后人又辑其集外诗成《樊川别集》《樊川外集》《樊川集遗收诗补录》《樊川诗补遗》等。尽管后人所辑补不无伪作，但杜牧留给我们的作品及精神财富已是相当可观了。而这些均是据以了解、研究杜牧的极其宝贵的资料。此外，刘昫的《旧唐书》，欧阳修、宋祁的《新唐书》均有《杜牧传》，王定保的《唐摭言》、计有功的《唐诗纪事》、辛文房的《唐才子传》，以及《本事诗》《唐阙史》《金华子杂编》《唐语林》《古今诗话》《苕溪渔隐丛话》《二老堂诗话》《郡阁雅谈》等典籍均载录杜牧的行踪与事迹。这些典籍以及杜牧的诗文，为我撰写《杜牧诗传》提供了大量真实可靠、可据以立传的珍贵资料，使这部传记有一个实实在在的牢固可靠的构架。这种构架应该说是文学传记必须具有的，是她的生命与灵魂。当然，文学传记是历史与文学的融合体，她既有史料的骨架，也需有文学的血脉肌肤。这部书即是遵照文学传记的特点与要求而撰写的，所以既有大量的史的成分，也有一些文学性的安排与点缀。

本书即据史传所载，并参以其诗文及诸典籍所提供的资料，大致按其生平仕履分为十章，撰写成书。其中唯有第一章为倒叙，亦可视为本书的序曲。各章主要内容，今作咏杜牧诗十绝句以略述之，读者自可从中略晓本书脉络安排与传主生平大节。

其一

俊爽风流杜牧之，湖州觅艳正芳时。

孰知赴约三春过，绿叶成阴子满枝。

其二

府第巍峨宰相家，樊川别墅冠京华。

煌煌功业正堪继，岂料秋风噪暮鸦。

其三

家风不坠有青毡，《通典》经书儒业传。

少小心存匡国志，狂澜待挽补尧天。

其四

阿房一赋动文场，仙桂两枝并蒂芳。
锦绣文章拯世志，云霄万里待翱翔。

其五

壮志飘萧行路难，依人作幕江湖间。
扬州梦觉十年恨，薄幸名成正自惭。

其六

城狐社鼠正张狂，无计剪除痛断肠。
御史值夜皇宫夕，诚祈雷雨殛豺狼。

其七

倜傥风流洛水边，分司御史好清闲。
伤春恨别烛花夜，赢得红粉泪满颜。

其八

作幕两番谢朓城，重来鬓白发髯鬐。
东流春水飘花去，欲托烟波不计程。

其九

星霜七载刺三州，欲补舜裳志未酬。
论政谈兵频献策，叫阍无助惹空愁。

其十

紫微才志竟难酬，乞得一麾守远州。
唯有樊川文集在，流传众口唱千秋。

　　我从在北京大学中文系学习时起，就喜欢杜牧的诗，攻读研究生时又以《关于杜牧的几个问题》作为学位论文。1991 年出版的我的第一本学术专著，又是《杜牧论稿》。此后又应邀写过关于杜牧研究专著的书评与研究综述，也曾为杜牧诗集作注。现在又有机会撰写与出版《杜牧诗传》，可说与杜牧研究颇有机缘，确实感到高兴。现在把《杜牧诗传》奉献在广大读者面前，希望读者能更喜欢杜牧，一起为我们民族曾出现过这么一位著名的诗人而自豪欣慰。

吴在庆

2019 年 6 月 30 日

目 录

自是寻春去校迟

绿叶成阴子满枝

仲春时节，润物细无声的丝丝春雨暂歇，阴霾数日的天空，一时显得云开雾散，晴朗开来。粉蝶在楼外的绿丛中款款穿飞，鸟儿似乎已耐不住数日阴雨的寂寞，欢快地在屋檐间、在树梢头悠扬地鸣叫着，天地间洋溢着一股浓浓的春意。微微的海风吹拂着听涛斋的窗帷，提花的白色窗帘时而轻轻拂动着。窗外可望见一片辽阔的大海，碧波在阳光下漾动着，不时地传来一阵阵隐隐的涛声。这涛声如诗如韵，十年来伴随着书斋主人听涛斋主度过了一个个诵读笔耕的日子，而现在又伴随着他和来访的友人望洋居士品茗清谈。

"我虽然移居海外多年，但中国的古典文学，尤其是诗歌，却仍然令人如痴如醉，时时吟诵一二。"望洋居士欣羡地浏览着书橱中的一部部古代文集说。他的目光盯住在杜牧的《樊川文集》上。他收回目光，品了口茶，又说：

"兄台著有《杜牧论稿》，可称杜牧研究专家了。多年来弟有一事不清，搁在肚子里，今敢以请教。"

"莫客气，请讲。"

"多年以前，我看过一部电影，片名忘了。讲的是一对情投意合的恋人，后因种种社会原因，无奈地分离了。男主人公漂流海外多年，仍然眷恋着他心中的恋人。然而山川阻隔，双方音讯杳然。待到河清海晏，男主人公事业有成，归乡寻觅他的恋人时，已年届半百，双鬓染霜。而女主人公则因久绝音讯，世事沧桑，不得已嫁为人妇。双方久别重逢，悲喜交聚。虽旧情依旧而无如之何！送别之时，女主人公伫立在江边码头，凝情相望；男主人公站在船尾，右手挥扬着恋人早年相赠的梅花巾，怅然惜别，无限凄楚伤情地吟诵着一首诗。船在主人公的吟诗声中，驶向迷蒙的远方。诗云：

自是寻芳到已迟，

往年曾见未开时。

如今风摆花狼藉，

绿叶成阴子满枝。

当时，随着男主人公和船缓缓远去，我的心又激动又沉重。这首诗久久地萦绕在心头，我一遍遍地默诵着，回味着。觉得它情景交融，宛转含蓄，真太贴切男主人公怅惘的恋情了。后来听说这是唐人杜牧的一首诗，据说还有一段诗本事呢！可惜至今从未听说过，只知道杜牧和杜甫性格不同，颇是一位风流倜傥的才子诗人。你说是吗？"

听涛斋主没想到这位久别中土的友人，竟能记住这出多年以前的电影故事情节，还能如此动情地背诵这首流传千年之久的杜牧艳情诗，不觉心中甚喜。看着望洋居士一双像小学生一般漾着求知神采的眼睛，他放下手中的茶杯，笑道："想不到你也是杜牧千年后的一位知己，小杜九泉有知，想必欣慰至极了。当年杜牧写作这首诗是情动于中，没想到千年之后，他的未了之情又这样神妙地触动你的心扉。你记得这首诗的诗题吗？"

"从未听说。"

"诗题倒是一般，名《叹花》，又称《怅诗》。诗不见于杜牧的《樊川文集》中，是后人所辑录的《樊川外集》中诗。这诗题虽常见，不过中国古诗常讲究含蓄寄托，所谓美人芳草，楚雨含情皆有托是也。所以这《叹花》也就引起了人们种种的联想与探究。"

"是啊，你这一点拨我也就浮想联翩了。这花是花草的花呢，还是如花的美人呢？或既是花，又是美女呢？李白诗有'美人如花隔云端'句。以风流倜傥的杜牧论，这花恐怕是别有寄托的了，怪不得影片中的男主人公要吟诵这首《叹花》诗以寄寓怅怅之情了。"

"望洋兄可谓是'心有灵犀一点通'，灵思妙绪，直探古人心源。"听涛斋主边说边抽出书橱中清人冯集梧注本《樊川诗集注》，熟练地翻到《樊川外集》，寻检出《叹花》诗。"你瞧，这首诗的诗句除了你刚才所吟咏的外，还有些不同。"

望洋居士随手接过诗集一看，《叹花》诗又一作：

自是寻春去校迟，

不须惆怅怨芳时！

狂风落尽深红色，

绿叶成阴子满枝！

他若有所思地品味着，扶了扶稍稍下滑的金丝眼镜，口中轻轻地念道："狂风落尽深红色，绿叶成阴子满枝！"这时，听涛斋主拉开被微风吹起的窗帘，瞭望着窗外的大海。海湛蓝湛蓝的，海波浩渺，水天一色，点点白色的海鸥在海天间自由飞翔。他凝视着眼前的东海，然而思绪就犹如起伏的波浪、翱翔的轻鸥。他想的全是晚唐诗人杜牧的事。

"文字虽有不同，而情感如一。这'自是寻春去校迟''绿叶成阴子满枝'是这首诗的主旨所在，颇有意味，莫不是杜牧也有一段失意的艳情？"望洋居士似有所悟地说，"人们说这首诗有一段诗本事，弟愿闻其详，老兄就为弟开开茅塞吧。"

听涛斋主听望洋居士这么一说，转过身，重坐回沙发，啜了一口茶，一脸笑意地说："这可是一篇传说故事，是真是假今已难以确凿考证，不过《唐阙史》《丽情集》《唐语林》等等典籍多有记述。"

"说说不妨，故事么难免有几分虚构。《三国演义》虽然与《三国志》不同，不能当作信史，不过绘声绘色的情节与人物描写，倒很能展现历史与人物的风貌性格。"

"所说正合鄙意。"听涛斋主见望洋居士兴致正浓，又说道："虽说是传说故事，不过参之于杜牧的生平及为人作风，倒是颇符合其行为举止的，恐怕也有大半的事实根据。我就姑妄说之，你也姑妄听之，权当饭后茶余之谈资吧。"

"我就洗耳恭听了。"望洋居士点起一支烟，倚着身子，静静地望着听涛斋主讲诉着杜牧艳游湖州的故事。

唐文宗李昂大和（公元 828 ~ 835 年）年间，杜牧其时早已登进士科，才名籍甚，并很为著名的古文家沈传师所器重。沈传师出任江西观察使，特地招聘杜牧为府中幕僚。后来转任宣歙观察使，杜牧又随他到宣州，仍然在沈传师的幕府中为幕吏。幕府生活虽然免不了时有公务繁杂忙累的时候，不过其时宣州一带还算天下太平，民风淳朴，世道清平，幕府工作也多有宽松闲暇的时光。加以幕主沈传师欣赏杜牧的才华，对他颇是宠爱信任有加，所以杜牧虽然身居下僚，未能施展平生抱负，倒也落得自自在在。他时常任其性情，登山临水，赏览风光。或穿街过巷，在宣城中的茶楼酒馆听歌唱曲，打发闲暇时光。也可谓悠然自得，自在快活。

杜牧是进士科出身，又出自名门望族，当然免不了高门公子习气，沾染了当时一般进士的浮华放浪作风。加以当时他刚30岁出头，正是血气方刚、喜欢风花雪月的年纪，因此也时有纵情声色，拈惹花花草草、狎妓清狂之举。杜牧为人豪纵，在朋友面前更是快言快语，也毫不掩饰自己赏花爱草、怜香惜玉之心，甚至也自夸颇具有品鉴女色之能。不过，可别以为他是个滥用情感、朝秦暮楚、见女人便拈惹不放的浪公子。他的眼光还挺高的，不仅喜爱容貌清秀美丽的女子，而且更注重格调高雅，身姿气质不凡，如蕙似兰的楚楚动人的淑女。他的这一心意好尚，朋友们大都知悉，并时时有人和他议论起某地的风物如何如何，某处女子长得端庄秀雅，有谁品貌出众、光彩照人等等。

一天傍晚，杜牧踏着暮色，从幕府刚回到寓所不久，一位信使急匆匆地送来一封信函，边擦拭着额头上沁出的汗水边说："杜巡官，信函刚到，小人就赶紧给您送来。是湖州方面托人送来的，莫非有什么急事？"

杜牧听说是湖州送来的，心里已猜出几分，但口中不好说，舒开眉脸微微一笑道："多有劳驾，谢谢。"信使交过信函，也就匆忙而去。

原来，信是湖州刺史崔乙寄来的。这位崔使君虽年长于杜牧，但却是杜牧的好友，平常多有来往应酬。两人的感情深厚，相互颇为了解。有些不便向外人道的知心话，在他们间却可无拘束地畅谈交流。而且崔使君虽已是一州之长，掌管着一地的军政财赋大权，但对杜牧却不因自己年长位高而有骄矜自重之色，反而能推心置腹、平等相待。时常或托人或修书嘘寒问暖，邀请杜牧到湖州游玩做客，并时而说起湖州的山水风物，优姬娼女。他的性格习尚也与杜牧相类似，可谓是意气相投的好友。虽然他已过了那心猿意马、颇易动心流情的年纪，又有可意的妻妾在旁，但他对杜牧的留心于寻觅窈窕淑女的心意却颇能理解，并留意在心，暗中为他多方物色。

杜牧虽然人在宣州，从未到过湖州，但也多次听说湖州为浙东名郡，是著名的江南鱼米之乡，不仅物产丰富，市井繁荣富庶，更令他向往的是此地山清水秀，风光绮丽，人物妍好。据崔使君所说，湖州姑娘多得山水的灵秀，多有长得清秀妍丽、眉目娇好的。而且也不乏仪态万方，锦心绣口，有如出水芙蓉般动人的奇丽女子。因此，杜牧颇有意往游湖州。一来可会会老朋友，畅谈别后见闻经历；二来也借此游览湖州山水风光；三来又可乘便亲自浏览湖州人物仕女，鉴赏那出水芙蓉般的楚楚动人的奇丽美女。这一想法他不久前已向崔使君透露过，崔使君也因此心领神会，格外留心湖州人物，并为杜牧物色了几位自认不错的女子，并亲自写信，邀请杜牧往游湖州。

话说杜牧接得崔使君邀游湖州的信，一夜很是兴奋，心中盘算着前往湖州的事。第二天便前往幕府，拜见幕主沈传师，推说崔使君有事相商，自己也有点私事想去湖州一趟，特求准假，以了私衷。沈传师本就特别礼待杜牧，可谓有求必应。又近来一方平安和顺，幕府事务不太繁忙，也就一口应允了杜牧的请求，并嘱咐他代向崔使君问候。杜牧当天即收拾行李，起程前往湖州。

湖州刺史崔乙知道杜牧应邀将来湖州，早就派遣下人打探消息，注意迎候接待。杜牧一到湖州界首，便有仆役迎接，一路顺畅地接进府中安顿好。

一连两日，崔使君和杜牧在府中欢聚畅谈，各叙别后经历见闻和相思想念之情。又在后花园赏花饮酒，纵论古今时事、诗坛趣闻。高兴时，引得诗兴大发，即席赋诗唱酬。两人情同手足，意气相投，无所不谈，颇是欢畅。

崔使君心中明白杜牧此行有在湖州寻觅佳丽之意，故特意将已物色的几位倩女安排在筵宴中侍候。这几位女子也确是湖州一方不同凡响的姑娘。别说个个都精心地打扮了一番，衣裙飘逸，花枝招展，粉香袭人，耀人眼目，就是体态身段也颇为婀娜轻盈，很有年轻貌美女子的曲线美。而且也还具有一般文士所看重欣赏的善解人意、温情脉脉的性情。杜牧也知道使君特意为他安排下这几位姑娘的用意，他感激这一番美意，对这些姑娘们的热情细心的服侍也很是满意。特别是对她们的似乎有意的亲近用情之举，以及在言谈中流露出的对他的钦佩敬慕之情也感到开心舒畅，也时时因此而眉飞色舞，侃侃而谈，颇有风流倜傥之态。

他在畅饮时，也不无用心地瞧着她们，远观着她们的身材体段，步态举止，好像在品赏着厅堂中的几幅美人画似的。有时，也乘着姑娘们给他倒酒斟茶之机，风趣地和她们开个轻轻松松的玩笑，问她们芳龄几何，能否吟得李白的《清平调词》，或是白乐天的《长恨歌》？其中有位着绿衣的女子，在几位姑娘中可算最为出色。她不仅容貌娇好，口齿伶俐，举止大方，而且也颇有几分灵气聪慧，较得杜牧好感。她似乎已看出杜牧对她较有好感，又早已受到崔使君的嘱咐，便格外地亲近杜牧，时时温温柔柔地问长问短，又不失时机地送上灿烂如花的笑容。她知道杜牧喜爱前代诗人李白，看出了杜牧和李白在气质上的相似之处，便故意满脸娇态地说她好喜欢李太白的诗歌，平素也听过崔使君吟咏过李白的《蜀道难》《玉阶怨》《长干行》，就是《清平调词》也听崔使君唱过，而且心中好有感触，喜欢极了，只是唱不出来，便请求杜牧教教她，也好让她长长见识。杜牧正在兴头上，也想露露自己的吟诗才气，便依她所请，抑扬顿挫地朗声道：

云想衣裳花想容，
春风拂槛露华浓。
若非群玉山头见，
会向瑶台月下逢。

一枝红艳露凝香，
云雨巫山枉断肠。
借问汉宫谁得似，
可怜飞燕倚新妆。

"好！好！可谓声情并茂，真不愧才子本色！"杜牧刚吟毕，在一旁的崔使君就赞颂、喝彩起来。

"过奖，过奖，小弟只是一时高兴，想象着当年李翰林的神态，吟几句让大家开心开心。崔兄，刚才这位小姐说过，你平常吟唱这首诗时，她听着好感动呢！小弟献丑在先，第三首就恭请老兄了。"

众人见杜牧这样一说，便纷纷赞同，用期待的眼光等待着崔使君。绿衣姑娘更是来劲，也顺着杜牧的意思笑吟吟地说：

"崔大人，杜巡官所言极是。刚才杜巡官的吟诵不仅使小女子大饱耳福，而且仿佛见到那如牡丹花般艳丽的杨贵妃呢。大人平素也好吟诵此诗，杜巡官既已吟诵了前两首，第三首就有请大人了。"

崔使君看见大家都高兴，又见到杜牧脸有得意之色，容光焕发的脸庞透出一股英俊之气，而双眼颇有神采地注视着绿衣姑娘，似有几分欣赏留情之意。再瞧瞧绿衣姑娘，她似也发觉杜牧那双大眼正在凝视着自己，不免潮红像两朵红霞似地飞上粉白的双颊，露出既激动又有几分羞涩的样子，那模样更显得如被春风吹拂着的花儿，格外地光彩照人而又楚楚动情。她也瞥见崔使君在看着自己，四目交流时，崔使君又会意地向她使了个眼色。她明白崔使君的意思，懂得自己今天的表现不负崔大人的嘱咐，已获得崔大人的赞许，便也回了个羞涩而会心的微笑。崔使君见状，暗想今日肯定能使杜牧满意地找到自己垂青的女子，自己的一片心意算是没有白费，不觉喜上眉头，大声说：

"杜巡官，既然你和小翠都这般说，恭敬不如从命，在下就勉为其难地念念第三首。不过，诗中之意，你们可得好好领会，莫辜负了在下一番心意。"说毕即吟唱道：

名花倾国两相欢，
长得君王带笑看。
解释春风无限恨，
沉香亭北倚栏干。

杜牧边听吟唱，边暗自揣摩着崔使君的话中之意。他也明白崔使君将他和绿衣姑娘小翠并提的用意，而特别要他们领会的诗意也准是那"名花倾国两相欢，长得君王带笑看"两句的比附影射之意。崔使君分明将小翠比作倾国的名花，而将他错会为带笑看的无限喜爱名花的君王了。

摸准了崔使君这番美意，杜牧从心底着实感激着自己这位老朋友的热心与厚意。他并不想在这时流露出自己一点儿内心的看法，以免使崔使君扫兴，便一等崔使君吟唱罢，就带头鼓掌称好，一边端起酒杯，提议大家共敬崔使君一杯。众人也就附和着，敬酒的敬酒，说笑的说笑，窃窃私语的轻声耳语着，场面颇是热烈。后来又有州中的歌伎跳了一阵柘枝舞，唱了几支曲子。小翠也在崔使君的授意下唱起王维的《渭城曲》：

> 渭城朝雨浥轻尘，
> 客舍青青柳色新。
> 劝君更尽一杯酒，
> 西出阳关无故人。

唱罢，崔使君兴犹未已，还命她吟诵王维的另一首诗道：

> 红豆生南国，春来发几枝。
> 愿君多采撷，此物最相思。

一场欢宴在歌舞吟唱的高潮中结束，最高兴的人是崔乙使君。

那天晚上，四周已是静悄悄的，只时而传过几声不知名的虫儿的吱响声。一弯初升的眉月，斜斜地缀在遥远深邃的天穹边。杜牧如约从客房走出，绕过回廊，径到崔乙使君的书房。

崔使君正在浏览着南朝宋临川王刘义庆的《世说新语》。他见杜牧已到，忙放下书卷，迎上前去拉住他的手，让他坐下。

"仁兄不脱书香子弟本色，身已为五马使君还用功不已，真令人敬佩。"

"不过于公务之暇聊借以相伴罢了。"崔乙边给杜牧斟上一杯湖州顾诸山所产的春茶，一边说道："若说书香气，今日海内难有能与贤弟相并者。尊祖杜公佑的二百卷《通典》，可谓皇皇巨著，流泽后人。读书人没有不拜读敬仰的，就是贤弟也引以为自豪。贤弟为公相之后，克绍家业，学富五车，才高八斗。你那篇《阿房宫赋》，更见文才史识，脍炙人口，天下争传。一时洛阳纸贵，名满天下。"

"年轻时血气方刚，好激扬文字，一时有感而赋，没想到竟蒙群贤抬举，时时谬奖。"杜牧见提到自己的成名之作《阿房宫赋》，心中委实高兴。这些年来，他已多次听到人家称颂他这篇赋作的话。就是下午的筵宴上，小翠也当着他的面提起过，还能吟出"长桥卧波，未云何龙？复道行空，不霁何虹？高低冥迷，不知西东。歌台暖响，春光融融；舞殿冷袖，风雨凄凄。一日之内，一宫之间，气候不齐"一段。

崔乙已察觉到杜牧脸上漾起的自豪之色，料想他这一天来与小翠的接触肯定颇为开心欢悦，说不定已看上她，只是这时还不便明说罢了。想到下午筵宴间，杜牧久久注视着小翠的神态，他那种像赏名花似的灼热流情的目光，那泛在脸庞眉宇间的舒朗与神采，崔使君更是心中暗喜，几乎肯定杜牧已恋上了小翠。更何况小翠虽不是名门闺秀，或出于官宦之家，但也是一位读书人家的女儿。只因她父亲出于清寒之家，虽被乡里所推举，但连年科考因无名人奥援而名落孙山，气愤郁抑不过，竟赍恨而殁。临终之际，因她母亲早已撒手而去，故将小翠托付自己抚养。他记得好友托孤之时那张痛苦含恨的脸，那双对他饱含着期望的泪水浸泡的眼睛。他一直记住亡友的嘱托，答应过一定尽自己之力善待小翠，将来长大好歹为她寻觅一户殷实的好人家，嫁给一位靠得住的夫婿。

多年过去了，小翠也出落得与众不同。她身材体段婀娜轻盈，不高也不矮，修短合宜，上下身比例和谐，无可挑剔。更具风姿的是她那细细的腰肢，有似春天微风中的嫩柳，柔嫩轻软，别具风情。而她那初长成的胸部，虽说不上隆然丰腴，带有发育成熟的少妇那荡人情魄的摄人魅力，但唯其尚未过于丰满凸露，更具有清纯少女的蕴含之美。裹在绿衫下的分明挺出的胸部，透露出青春的朝气与诱人的魅力。那突出的轮廓被细软的腰肢一衬托，那一高一低之间，竟蕴藏着迷人的情韵与足以动荡血气方刚少年之情的巨大魅力。怪不得州中来访求教的少年，偶有瞥见小翠的，莫不显得失魂落魄，有的竟一时呆得如入五里雾中而有失仪态，半晌才如从梦中醒来，回过魂儿。崔乙想到这里，不禁流露出一位慈父为自己所宠爱的出众女儿而自豪的神情来。"贤弟，人们颇为艳羡红袖添香夜读书的清福。你孤身在外，满腹经纶，才气横溢，想来夜间燃烛读书之时，必想有一位可人的红袖为你添香剪烛了吧？"崔乙说着，端起茶杯，品着溢着清香的茶，试探地问道。

"可不是，小弟也是这么想着。清夜读书，佳人在旁，倒茶添衣，时诉心得心曲，何其快哉！"

"为兄的也知贤弟必有此意，故多时来想为你觅得一位红袖佳人，以解夜中寂寞。此事挂在心中，时时留心。今日已有几位女子，自想才貌人品自是百里挑一，湖州的佳丽恐难有超过的，所以招贤弟来游，见见面，不知贤弟可有意否？"

"多谢仁兄美意。小弟与你通书传信时已微露心曲。弟生性爽快，肚子中藏不住话，不知仁兄觅得哪几位女子？"杜牧虽已捉摸出崔使君所说的几位女子是谁，还是故作不知道。

"哦，贤弟竟不知道？"

"愿闻其详，仁兄直说不妨。"

"这老弟也颇有心机起来，已把一双眼直勾勾地盯在小翠胸腰之间，现在又正经起来，佯作毫不动情。真是情场如战场，也来个兵不厌诈！骗谁呢，装糊涂。"崔乙心中想着，甚觉好笑，遂顺着杜牧的话头也故意带点儿神秘地说道："你想想，今天下午那群姑娘中，个个花枝招展、人见人爱，其中有几位即是愚兄特地为贤弟而物色的。贤弟再想想，那几位对你特别热情的，就是受了愚兄的指点，想让贤弟在众芳中采摘的花儿。不过，可别爱得太多，只能采摘一朵。"

听崔乙这么一说，杜牧不禁"扑哧"一笑，一口香茶没来得及咽下，倒喷了出来。"仁兄如此一说，倒像是我有心独占群芳似的。小弟虽爱花心切，但特有怜香惜玉之心，并不是朝秦暮楚、随意拈花惹草之辈。如仁兄所知，以此故至今在外仍清夜独宿，并无一花相伴。没想到江湖间倒传说我风流倜傥，赢得薄幸之名，说来也真冤！"

"别管他人说长道短，贤弟的品性岂是那帮贫嘴人所说的！"崔乙平常也听人议论过杜牧风流倜傥之事，不过他信得过杜牧，认为别人因耳食之语而误会了他，所以也曾为他辩解过。此时听杜牧称冤，也暗自后悔自己刚才的玩笑话，没想到倒引起了杜牧的不平。"愚兄还不知道你的襟怀眼界？岂同江湖间那些逢场作戏的放浪之辈！"

"弟每以为英雄豪杰之士未必非得无情，无情也未必称得上英雄豪杰。大丈夫敢恨敢爱，爱得深，爱得热烈才是真男儿本色。英雄与美人，天作地合，方称得上人间的完美。最恨的是要么一副道学面孔，要么假情假意，摧残花柳！"

"那么，贤弟可有看中的美人儿？"

"仁兄厚爱，小弟三生有幸，感戴不尽。"见崔乙转上正题，杜牧即收住了正色凛凛的话，一脸感激地说。

"哪朵名花乃贤弟所属意？"

"有负仁兄盛情，不瞒你说，小弟实一无所恋。"杜牧颇觉对不起崔使君的一片热心，但又不愿勉强自己，所以还是照直讷讷地说出自己的真情。

"那么小翠呢？"

"翠姑娘的确很可爱，明眸生辉，聪颖伶俐。又心地淳朴，善解人意，不愧仁兄贤嫂所调教。就是小弟也是欣赏她的。跟她相处，确实令人欣悦。见到她，就像久处阴霾之中而忽见明丽的阳光。"

"贤弟还会和我作张作势的，还说'一无所恋'。我就看得出来，你喜欢翠丫头。再说不是我自夸，翠丫头不光是人长得秀丽可爱、文文雅雅，也可称得上知情达理，古今名篇佳什也能吟诵一二。就是贤弟的大作《阿房宫赋》，她也能朗朗上口，背诵几段。这样的女孩子自不敢夸国色天香，但在湖州一郡中，也是屈指可数的了。贤弟，你刚才不是说敢爱才是男儿本色，怎么这时反而忸怩了起来？"崔使君听了杜牧上述那番既是客气也是出于真意的话，却误以为杜牧有所矫饰，便说了这一大段话。

杜牧明白崔使君误会了，一时也不便表示什么，只管低头不语。说实在的，翠姑娘虽和自己理想中的佳人还差一点，但她那风柳似的腰肢，生辉的明眸，甜甜的浅笑，尤其是她那洋溢着青春活力的身姿，也曾使他不禁有触电似感觉的一刹那。他承认自己在这样的女性面前，也情不自禁地荡漾过一道温温柔柔的情流，几乎使他难以自持。但是他心中更明白，她并非自己理想中人，更何况她还和自己的好友有那样一层特殊的关系，理智的力量压住了情感的原始骚动。他明白他对小翠的感情，更多的是发自那还没有完全净化过的男女之情，而非真正的爱情。他也知道崔乙有意将小翠托付给他。他感激崔使君的这番美意，但这又怎能应允呢？他不愿心口不一地勉强自己，但又不忍心伤了崔乙的心，明白地说出无意于翠姑娘的话。

"就这么办吧，明早在众人之前，我就把这事儿挑明了。把小翠交给你，也算了结了我的一桩心事。"

"别，别……"情急之间，容不得杜牧多加考虑，他不得已地阻止道。

"怎么？"崔乙觉得意外，惊讶地问着。

"仁兄见谅，此事委实使不得。"

"你不喜欢翠丫头？"

"也不是。不过小弟也确实尚未找到理想中人，不敢唐突了翠姑娘，误了她的前程。此事还乞仁兄体察原谅。"

崔乙听罢，心中不免有些意外与不快。他缓缓地站起身，背着手在书房中慢步来回踱着，心想："翠丫头哪点儿不好？说容貌，论性情，谈举止，样样不差，就是名门闺秀也不见得比她强什么。这老弟也未免眼光太高了，小翠都难使他动心如意，这湖州境内又能看上谁？"

杜牧见使君锁着眉头，俯首缓步，似有所思，知他心中不畅快，倒有些过意不去，觉得自己未免太不领情。略为思索了一下，便也站起身来，往前拉住崔乙的手，心中一热说："仁兄，实在是小弟无礼，有负一片热心，得罪冒犯之处还乞千万见谅。翠姑娘实在是百里挑一，可惜小弟无缘消受。不过，小弟倒很盼望仁兄做主，让我和她结成表兄妹，不知仁兄意下如何？肯否俯允？"

"这……"崔乙从未想到这一层，一时未免支吾。看着杜牧那张激动诚恳的脸，那祈求的目光，他心中一热，一片阴云顿时消逝，不禁更紧地握着杜牧的手。心想杜牧一向坦诚心快，既然别有他求，也不便强人所难。既肯与翠丫头兄妹相称，倒也是桩美事。这样一想，心中一乐，不禁呵呵笑道："使得，使得！今后小翠还要仗贤弟多加指教开导。"

杜牧谢过应允之恩，和崔乙重新落座叙茶。

书房中悬挂着几幅书画，其中有模拟的王羲之的草书《兰亭集序》，有唐代画家韩干的骏马图，以及花鸟之作。不过最引起杜牧注意的倒是屏风上的一幅仕女画。那仕女风姿绰约，有若凌波微步的天仙，使杜牧自然地联想到曹植《洛神赋》中的宓妃，不禁随口吟道：

　　其形也，翩若惊鸿，婉若游龙，荣曜秋菊，华茂春松。仿佛兮若轻云之蔽月，飘飘兮若流风之回雪。远而望之，皎若太阳升朝霞；迫而察之，灼若芙蕖出绿波……

"曹子建此赋真是千古名篇，令后人咏此不禁口颊生香，浮想联翩。古人咏美女之作，难有能与之媲美者。"

"仁兄高见极是。以弟之见，还有那文中寄托的苦心，恐是后人不易体察的。子建爱慕甄氏之情极为深笃痛楚，遂托洛神宓妃而咏，以寄缱绻之情。那一代多情才子慕恋美人之深情，岂是一般人所能体味的！"

"所言甚是，贤弟可称子建异代知己。"崔乙是个聪颖之人，从杜牧话里，已知他不过是借此话题以表白心迹而已，不禁触动心头，心里谋划着。

"这幅仕女画色彩已淡退，看来已颇有时日了吧？"杜牧鉴赏着问道。

"据说还是周昉的真迹呢！"

"我看也是，怪不得如此灵活灵现的。"

周昉字仲朗，京兆（今西安）人氏，是唐玄宗时的著名画家，曾任越州（今浙江绍兴）、宣州（今安徽宣城）长史。所画佛像、真仙、人物、仕女皆为神品。曾画有《水月观自在菩萨》《独孤妃按曲图》《降真图》以及《扑蝶图》《文宣王十弟子》等。所画皆殊绝当代，无人不叹其精妙，推为当时第一。杜牧也好画擅法书，所以对周昉颇为了解。不过能见到周昉真迹的机会也不太多，今日想不到却在这儿又一览其真迹风采。何况图中的美女又那样地惟妙惟肖，眉目间那盼顾流情的神态，颇让人心荡神摇，遂感到这似乎就是自己想望中的佳人，一时情动于中，诗句也就诵出口来：

> 屏风周昉画纤腰，
> 岁久丹青色半销。
> 斜倚玉窗鸾发女，
> 拂尘犹自妒娇娆。

"好诗！"崔使君赞道。"诗咏屏风美女，贤弟，就题作《屏风绝句》如何？"

"小弟从命，就以此为题吧，也算是此次与仁兄湖州书斋中相会的纪念。"

春天的夜晚宁静，让人感到恬美。庭院中的花儿散发出缕缕的幽香，随着微风飘进书房，也沁入了人们的心间。杜牧与崔使君久别相聚，在这样温馨的夜晚，他们促膝长谈，倾吐肺腑之言，谈得很多很多……

那天晚上，崔乙虽然没有促成杜牧与小翠的姻缘，心中难免有些遗憾。但也在那一夜，他听到了杜牧对于功名事业与儿女之情的心声，更加地了解了这位已颇有名声的友人，更加佩服与欣赏他的远大理想抱负与儿女深情。他清楚自己的朋友憧憬着的是怎样的一位佳人，那模样与气质也仿佛已呈现在自己的眼前，影影绰绰，似乎呼之欲出。

湖州在当时可称为江南一个著名的地方，不仅物产富饶，以产丝布、绚、糙粳米和顾诸山的紫笋茶著称。而且人杰地灵，山清水秀。其间人物得山水之灵秀清莹，亦多眉清目秀，容色娇好，颇多美女娇娃。崔乙相信在自己所管辖的乌程、长城、安吉、武康、德清五县境内，还是可以寻觅出一位让友人满意称心的佳丽来的。经与杜牧商量，他正准备着在风景最秀丽的湖上举行一次水上游春活动，让全州仕女自由参加。不仅官宦人家，即是一般百姓儿女亦可荡舟湖中，或沿湖嬉戏游览，让百姓们尽情欣赏春色，过个热热闹闹的上巳节。自然这一番筹划，目的只在于让杜牧从容地借游春观览满城春色，从中或可巧遇他心目中追寻的楚楚动人的丽人。经过几天的忙碌筹备，满城的人们也早从告示中得知这一湖上游春活动的消息。加之这几天春光明媚，景色宜人，所以全州上下，特别是湖州城内外的人们都在议论着、筹办着这一次水上活动。青年男女们更是分外来劲，早就按捺不住兴奋热情的躁动，盼着上巳节的到来。

没几日即迎来了上巳节。这一天果然满城出动，男男女女，老老少少，三五成群地结伴涌向湖边。

湖上彩船来来往往，船上有的吹拉弹唱，有的立于船头昂首啸咏，有的站在两旁观赏水上风光，高谈阔论，遇到熟人的船从旁经过，则吆喝一阵，挥手致意。岸边更是仕女如云，欢腾热闹。趁着天晴气朗，天气暖和的节日，人们纷纷换上了轻软的春装。又好似竞赛似的，特别是那些正当好年华的儿女，也个个着意打扮得分外齐楚精神，花枝招展，更显得英俊娇美。

女孩儿们是最喜欢三五成群在一起游览的。翠绿的柳枝边，黄黄红红的花丛旁，秋千架下，湖堤之上，处处有她们显得格外浪漫迷人的身影，洋溢着青春活力的欢笑声。时逢上巳，汉族早就有临流修禊、吟诗饮酒、曲水流觞的传统风俗，自然这些活动在这一天也是免不了的。加上商贩卖小吃的也想趁着这一湖上游春活动使生意更红火，戏曲杂技艺人们也抓住这一倾城出动的好时光，所以到处熙熙攘攘，热气腾腾，说不尽一派热闹繁华景象。

辰时左右，崔使君和杜牧从府上乘着马车，带着女眷婢女和几位僚吏向湖边驶去。

崔使君和杜牧同乘一辆车，两人兴致勃勃地谈论着古时上巳节的风俗，引经据典，各逞腹笥之博。杜牧说："《续齐谐记》载上巳之来源谓：昔周公卜成洛邑，因流水以泛酒，故逸诗云：'羽觞随波流。'另一说又谓'昔周幽王淫乱，群臣愁苦之，于时河上曲水宴……从此始也。'此乃见之于《十节录》一书。"崔乙云："贤弟所言甚是，然载籍所记亦有不同。《周礼·春官·女巫》即说：'女巫掌岁时祓除衅浴。'汉代郑玄注云：'岁时祓除，如今三月上巳如水上之类。衅浴谓以香薰草药沐浴。'"杜牧又说："传说不同固是节日传说常有之事，然其成为节日乃是汉代之事。兄当记得《后汉书·礼仪志》有云：'是月上巳，官民皆絜于东流水上，日洗濯祓除，去宿垢疢，为大絜。'其后又于此日有宴宾与禊饮踏青之俗。《后汉书·周举传》即谓'六年三月上巳日，商大会宾客宴于洛水。'晋王羲之兰亭修禊赋诗至今传为文坛盛事，就是本朝于此日亦常赐宴曲江，倾城禊饮踏青哩！"……

崔使君见杜牧谈得高兴，也调侃起来，"古时风俗种种，颇为人间所乐谈。然今日你我兄弟于此日举行湖上游春活动，于美女如云之际，贤弟自可从容阅色，或有巫山云雨之会。如是则可成今典，不妨称之为'湖上阅色'，说不定亦可成一风俗而流传千载呢！"说罢一阵朗朗的笑声扬起。杜牧也不禁随着笑出声来。

听得崔乙、杜牧的笑声，紧随在后面车中的小翠不禁探出头来，往前瞧瞧，想探个究竟，他们为何而笑声朗朗。自然只见马车疾疾，蹄声得得，车夫扬着马鞭，而不知笑声因何而起。不过她心中清楚，此行是专为杜牧游湖赏春而去的。几天来，她对杜牧以委婉的托词表示另有理想中人之求，而只能与她以兄妹相称甚为怅惘过。不过她本为书香人家之女，又有崔使君夫妇的调教，生性知书达理，善解人意，自然也想得开。她懂得儿女情事自是难以强求，而多靠冥冥中的月老牵合，所以怅惘失落了一阵之后，也就将心中的一片阴云扫开，恢复了常态。数天来，她又有机会与杜牧以兄妹相称相见，谈诗论文，话及湖州及京中见闻趣事。自然杜牧也谈起自己的经历与志向，并于叙谈中多次流露出对她的称赏之意，使她感到从未有过的快慰与温暖。虽然这种情感并非情人间的热烈与令人陶醉，而是兄长对小妹的呵护爱抚之情，但已使小翠心头如鹿儿蹦跳，甘泉轻漾，心甜意畅，更多出敬慕杜牧之意，觉得有这样一位异姓兄长的呵护关心，也足以心满意足了。

坐在一旁的崔夫人王氏见小翠探出头瞧着，也侧过身来张望着。"翠丫头，怎回事儿？"

"大概是老爷和杜牧表兄谈着得意的事儿吧！真快，已快到湖边了。"

一行人下了马车，簇拥着崔乙、杜牧往湖边缓步走去。崔夫人王氏和小翠及丫鬟婢女们随后跟着。早已先到的当地官吏和社会名流贤达已守候在路旁，见崔使君一簇人驾临，纷纷迎上前拱手施礼问候。崔乙脸含笑容，彬彬有礼地一一回礼，或点头致意，或寒暄几句，更亲近点的则互相拉手拍肩，笑谈一阵，并把杜牧介绍给他们。大家都对杜牧的光临表示欢迎，说是湖州的荣幸、文坛的盛事等等。两旁的百姓见本州长官和一行体面的人来到，也各自好奇地旁观远视。或现出敬慕的眼光，或堆出笑脸以示欢迎。胆小的忙畏缩避开，胆大及无知的顽童则挤上前来，夹在官绅名人之间想瞧个够，惹得个把僚吏们不屑地对他们瞪着眼。

杜牧最不喜欢这种场合，他看不惯官场中的虚意逢迎，更讨厌官绅对百姓的威压恐吓。不过既然崔使君陪他游览，这种场面也是他预想得到，心中有所准备的。所以也勉强地作揖还礼，略为应酬一阵。瞧着崔乙与官绅们寒暄的当儿，他趁机脱身溜到小翠和婢女们堆中来。小翠也看出杜牧的心思，更乐得和他在一起，迎上一步问："适才路上，你们笑啥那样开心？"

见小翠一脸花朵般的笑容，又听这一问，杜牧心情立地舒朗开来。"我们正议论着楚王巫山会神女的事哩！神女倒是会着了，可却是一场春梦。梦醒之后，神女不见了，留下了行云暮雨，令楚王朝思梦想，也让千百年后的人们遥慕追想不已。留下的仅是巫山那云雾缭绕的座座神女峰，可望而不可即，反不如我眼前的你这位人间仙女……"

"表哥，您又拿我开心，看我在老爷面前告下您来！"小翠心中高兴而故作恼怒地嗔怨着。她心知杜牧讲这话是赞赏她的表现，只是他生性倜傥豪爽，喜欢调侃，故有"人间仙女"之喻，并无猥狎之意。

杜牧也不在意告不告的，他顺手折下一条拂在眼前的翠嫩的柳枝，一手递给小翠，"喜欢不？"杜牧望着喜盈盈的小翠的双眼道。

"绿柳春花哪个女孩儿能不喜欢？我常对柳而思，想吟首柳诗，可惜只记得前人咏柳佳句，自己却一首也没作成。"

"咏柳诗哪首最好？"

"太子宾客贺知章的《咏柳》诗最是脍炙人口！"

"我也喜欢这一首。还是孩童时，家祖父即教我吟诵它，并说起这位自号四明狂客的诗人与谪仙人李白的故事。"杜牧说罢，禁不住吟道：

> 碧玉妆成一树高，
> 万条垂下绿丝绦。
> 不知细叶谁裁出，
> 二月春风似剪刀。

"二月春风似剪刀"。小翠也跟着吟诵起来，又评道："这比喻新巧别致，亏他想得出。加上前面一句，一问一答，更显跳脱有致，情趣盎然。"见到杜牧凝视着湖边垂柳，若有怅触，小翠知道这时已触动了杜牧的诗情，遂说："表哥擅于赋咏，作首柳诗如何？"

杜牧确实正在构思斟酌着，经小翠提议，略再思索，即慢慢地吟咏起来：

> 日落水流西复东，
> 春光不尽柳何穷！
> 巫娥庙里低含雨，
> 宋玉宅前斜带风。

莫将榆荚共争翠，

深感杏花相映红！

灞上汉南千万树，

几人游宦别离中？

"好个'巫娥庙里低含雨，宋玉宅前斜带风。'如此妙句可谓写尽嫩柳无限情态！"

杜牧被小翠这一赞，顿然从游宦别离的感慨中清醒过来，刚才沉浸于其中的对故园与亲人的思念之情，像风扫云絮般地消失了，然而那多少寄寓着自己一片情愫的巫山神女的怅然之感，还隐隐存于心头。"一时有所感罢了，说不上妙句。"杜牧有点怅惘地谦虚地说。稍停顿后，又接着似征询小翠似地说："一时想不出恰当的诗题，就题为《柳长句》吧？"

还未等小翠答话，崔乙已来到面前。"《柳长句》，贤弟又被柳条惹起情思（丝）了！能否对愚兄说说，是哪条柳丝儿缠住了贤弟的心？"

"那有柳丝缠惹情思（丝）之事，小弟不过触景生情，怀念家园樊川，故胡诌几句，仁兄可别见笑。"杜牧见崔乙说中了自己的心事，不免强作辩解。为证实自己确是因思乡而咏，他又不请自献地说："愚弟久离家园，见湖边无穷垂柳依依，顿起乡国之思，虽有《柳长句》之咏，然意犹未尽，今再赋《柳绝句》，还祈仁兄、小翠见教。"

"表哥莫谦虚，小妹洗耳恭听。"

"贤弟文思泉涌，七步成诗，愿闻佳什。"

杜牧与崔乙、小翠等人边穿花过柳，边轻声吟着：

数树新开翠影齐，

倚风情态被春迷。

"情韵双兼，柳似怀春少女，妙！"崔乙不禁称赞。

杜牧眉宇间似有无穷感喟，放缓步子，更低着调子接着咏道：

依依故国樊川恨，

半掩村桥半拂溪！

"好个'半掩村桥半拂溪！'"崔乙不无话中有话地称扬道。

"表哥此诗蕴藉风流，流情感慨，端的感人至深。只是那樊川恨莫要老缠心头，且放开心欣赏它湖州春光一片才好。"

"翠丫头可称解人，所说殊是。贤弟既到湖州游览，就纵情赏览湖光水色。这儿山好水好人更好，当不比樊川差。你看那秋千架下的女子们，哪位不是南国的佳丽？湖边柳树下的姑娘们，何等可爱活泼。真可谓是'窈窕淑女，君子好逑'。贤弟诗中的'数树新开翠影齐，倚风情态被春迷'句，想来也未必纯是咏柳，或亦别有寄托，至少也为我湖州之柳撩惹起丝丝情态了吧？以此可见贤弟于湖州风物亦多有深情呢！"

杜牧听着崔乙的这一番别有深意的话，自然心领神受，听出话中之音。他一时也别无可说，只是观览着四周的景物与人群，静静地朝前走着。说实在，打从府中出来至今，他也留心着街上和湖边行走游玩着的姑娘们。也有不少身材姿色不错的女子，要是一般人，对于这样的女子，说是不动情心，那才是强着面子骗人。可在杜牧眼中，虽然也会多瞧上几眼，可就是难以让他有震撼心灵之感，觉得还比不上小翠，光是那韵致就略逊几分。以此尽管湖边仕女如云，柳色依依，风光绮丽，鼓吹阵阵，热闹非凡，但他总有若有所失之感。

约莫沿着湖边逛了二里路，众人来到湖畔泊靠游船的码头，登上一艘早已等候他们许久的大彩船，朝湖心划去。

湖上风光自与他处不同。湖面开阔，碧波淼淼，时有白鸟掠波飞翔。彩船来来往往穿梭一般，有的船只齐头并进，好似在暗中竞赛似的。船上自然披红戴绿，彩旗船帘五颜六色，绚烂多彩。有的大船上，萧笙并奏，歌呜哑哑；有的则吟诗唱曲，斗酒猜拳，好不热闹快活。更有一些当地有点身份的人家，携儿带女，妻妾伴随，也在湖中船上观览风光，逍遥自在。

杜牧陪伴着崔乙并坐在船头，呷茶闲聊，观览水上风光。为了不引人注目，也因为两人都好清静安闲，故船上除了插上彩旗等装饰外，没有鼓乐萧管，也不安排歌伎戏子。女眷们则在船舱中自在嬉乐，时而凭窗观赏。

"牧之贤弟，水上风光何如？可比岸上强？"

"仁兄好安排，愚弟好山又好水，山水之游令人逸兴遄飞。只如弟前所作诗，即多有咏山水之篇。前人所作，于山水之篇，某多好之。"

"若论前人此类之什，当推《诗经·蒹葭》之篇最为愚兄所爱，况且今日在湖面上游览，更能体味此诗之佳妙。"

"弟亦颇喜此诗，敢请仁兄为弟一唱，以增雅兴，何如？"

崔乙此时亦颇有兴致，且有意借这首诗发挥，故兴致勃勃地说："贤弟，你瞧前头的那艘船，看个仔细，待愚兄为你助兴。"说罢即朗声诵着：

蒹葭苍苍，白露为霜。

所谓伊人，在水一方。

溯洄从之，道阻且长。

溯游从之，宛在水中央。

蒹葭萋萋，白露未晞。

所谓伊人，在水之湄。

溯洄从之，道阻且跻。

溯游从之，宛在水中坻。

……

在崔乙吟诵时，杜牧纵目凝视着左前方的彩船。这是一艘颇为讲究的游船，湖州城中一位颇有资产的富商正携家带眷在船上游乐。杜牧早就注意到这艘阔气的船，船头上富商正摇摆着一把扇子，与两位也是商人模样的人高谈阔论。只是听不到在谈些什么，偶尔随风送来几声哈哈的大笑声。对这几位商家，杜牧自然不在意。但是船舱窗中，一位红妆粉面的女子却让他不时地紧瞧上一阵。可惜两船相距不够近，还看不清那引人注目的红衣女子的面容眉目。

杜牧的举动早就被崔乙使君发觉，何况他们今天湖上游乐的目的，也正是提供一个机会，好让杜牧遍览湖州佳丽而有所得。因此他才借机有意吟诵《蒹葭》诗，以营造气氛。见到杜牧此时正全神贯注地凝视前方，似乎已忘却了旁人，崔乙明白杜牧正在想着什么，即止住吟诵，暗中吩咐水手使劲划桨，追上前方那艘船。

没多会儿，两船逐渐接近，船上的人们已历历在目。商人见赶上来的船上站着崔使君，便忙不迭地打躬作揖，"大人、大人"地称呼不已。而杜牧则似熟视无睹，只略微点点头示意，便又往船舱窗口看个认真仔细。只见那红妆女子细眉秀目，红红的小嘴儿嗑着瓜子，端的有些姿色。粗略看去，也有点水上仙女的味道。两船相并时，那女子正视了杜牧一阵，那目光则让杜牧觉得过于狂野些。特别是她此时那种故意搔首弄姿、顾盼生情的模样，顿使杜牧不自在起来，觉得有失温柔蕴藉风韵，虽秀色可餐而教养不足，心中一盆炽热的火焰也就如被雨淋水泼一般，冷熄了下去。随即离开船头，退回舱中。

崔使君和人应酬罢，见杜牧进入船舱，也就随后入舱中，与杜牧坐在一处。婢女忙着重新端来一壶热茶和几样时鲜瓜果。小翠也从崔夫人王氏身边座上起身，笑吟吟地走过来，坐在一处谈话品茗。

时间也过得快，已是午后太阳西斜时。其间，也有不少各种船游荡而过，不少女孩儿在船窗口、船头上露过笑脸，摆弄过身姿。崔使君也有意瞅着几艘船令水手赶去，或沿着湖岸巡视一番，并热心地与杜牧时而商议着，时而调侃试探着。然而穿花过柳，差蜂使蝶，终难觅得名花芳踪。这不仅杜牧心怀郁郁，也使崔乙使君不免心急又过意不去。但他不愧多长些岁数，阅历既多，处世待物也能耐得住气。所以仍然打起精神，雅兴不浅地对杜牧说："贤弟，可记得白乐天《长恨歌》否？"

"哪有不记得的。此诗当日歌伎都能吟诵，还以能吟此诗而自高身价哩。"

"诗中海上仙山一段怎么说？愚兄有些记不得了。"崔乙为引起杜牧兴致，故意这样说。

杜牧一时未理会崔乙之狡狯。"诗写临邛道士为感玄宗寻觅杨贵妃之精诚，遂'排空驭气奔如电，升天入地求之遍。上穷碧落下黄泉，两处茫茫皆不见。忽闻海上有仙山，山在虚无缥缈间。楼阁玲珑五云起，其中绰约多仙子。中有一人字太真，雪肤花貌参差是。金阙西厢叩玉扃，转教小玉报双成……'"

"太感人了！"没等杜牧打住，崔乙便赞叹不绝。

"杨贵妃听说玄宗派人找她的一节更是精彩动人呢。"不等崔乙答话，杜牧又吟道：

闻道汉家天子使，九华帐里梦魂惊。

揽衣推枕起徘徊，珠箔银屏迤逦开。

云鬓半偏新睡觉，花冠不整下堂来。

风吹仙袂飘飘举，犹似霓裳羽衣舞。

玉容寂寞泪阑干，梨花一枝春带雨。

含情凝睇谢君王，一别音容两渺茫。

昭阳殿里恩爱绝，蓬莱宫中日月长。

崔乙知道杜牧没悟出他的用意，又好逗才子气，就让他吟诵了这一大段。此时杜牧也止住道："'梨花一枝春带雨'，小弟最欣赏此句。有此一句，贵妃之绝世容貌与含情脉脉情态，真是仿佛可见了。"

"所说极是。不过为兄倒是对其寻觅杨妃之精诚最为感动。唯有此精诚思念与追寻，方能觅得海上仙山之仙子，亦能赢得杨妃之'含情凝睇谢君王'，以至梨花带雨，泪湿玉容。"崔乙说着，手抚胡须，脸上呈出长者般的表情。又关切地对杜牧轻声道："只要精诚所至，金石为开。耐心寻访，终可觅得可意人儿。《蒹葭》诗不即云：'溯洄从之，道阻且右。溯游从之，宛在水中沚'吗？凡事耐心着好，俗语云好事多磨，不可先自泄了气。"

杜牧觉得崔乙所说有理，此时也醒悟刚才崔使君引他吟诵《长恨歌》的用意，不禁对崔使君的热心与厚意充满感激之情。想到他陪了自己游湖一天，还是这样热心不减，反而更挂意着自己的寻芳之事，心中颇为感动而过意不去。又见此时天色向暮，游人也渐有散去的，心想也该是返回的时候了，便提议道："仁兄，来日方长，今日也已尽兴，咱们再绕湖岸游会儿，也就罢了。"

"还早着呢！别忙着回走。"崔乙说着，又吩咐水手将船划向湖岸，绕着湖边行驶。

说来也巧，当船沿着湖边行驶不久，岸边一位白衣绿裳的少女蓦然出现在杜牧的眼前，顿时使杜牧的心神为之一震，像触电一般，不禁身心酥麻，心中只觉得一股股的柔情蜜意不断涌出。他心摇摇，意荡荡，仿佛入云雾缭绕的仙境，又宛如曹子建忽睹洛水女神而精移神骇，忽焉思散。只觉得其婉丽世间从所未睹，又仿佛在心间追寻已久。人道情人眼里出西施，一见钟情之事古来多有。在杜牧眼里，白衣少女之美宛如天仙，其动人神魄之丽，也用不着再另加描绘形容，她似乎即是他心中钦慕已久，成为神追心想的理想中人的洛神一般。自然杜牧眼前的白衣少女，也就与曹子建笔下的洛水女神融成一体，其容态情致自可借洛神神态以形容之：

> 其形也，翩若惊鸿，婉若游龙，荣曜秋菊，华茂春松。仿佛兮若轻云之蔽月，飘飘兮若流风之回雪。远而望之，皎若太阳升朝霞。迫而察之，灼若芙蓉出绿波。秾纤得衷，修短合度。肩若削成，腰如约素。延颈秀项，皓质呈露，芳泽无加，铅华弗御。云髻峨峨，修眉联娟。丹唇外朗，皓齿内鲜。明眸善睐，靥辅承权。瑰姿艳逸，仪静体闲。柔情绰态，媚于语言。

杜牧凝视岸边柳荫下的白衣女子的入神情景，船上众人都注意到了。小翠见了，掩着嘴笑，怕笑出声来，心中倒想着杜牧果真是好眼力，又情痴如此，不愧为多情才子。崔乙见了，忙令人倒划桨，缓住船，贴着湖边，让杜牧看得更真切些。崔夫人王氏见状，探出窗口，两眼从上到下打量着白衣少女，不免也为她朝霞春花般的艳丽所惊，更喜欢她娴雅文静、举止温柔得体的仪态，心中欢喜着。她也见到，白衣女子身旁还有一位老姥和另一位婢女模样的丫鬟。看得出老姥是白衣女子的母亲。

船在岸边跟随着白衣少女许久，杜牧依旧入神地目随着，仿佛将船上岸边的其他人全忘了，只有眼中的洛水女神也似的。这时白衣女子似乎也发觉船上有人注视着她，顿时双颊飞红，罗袖轻掩，娇羞地转目偷看了杜牧一眼，随即低头侧身，想避开船上人灼灼的目光，欲行又止地攀着柳条摆弄着，似乎有无限的情意。老姥见女儿抚弄着柳条，还以为女儿恋着柳枝儿，想让她多玩一会儿，也索性和丫鬟在旁边的一条石椅上坐下歇息。女儿见母亲坐下，也松开柳枝，偎着母亲坐着，神情却显得有些心慌意乱。

"牧之贤弟！牧之贤弟！"

"哦，仁兄。"杜牧被叫了几声，才似从梦中醒来，见到崔乙一张喜滋滋的笑脸，那宽厚的双眼中流露出长者似的关切的目光。

"那位白衣少女，贤弟已注视多时，可否称心？"

"太美了，正合小弟心意。"杜牧是个豪爽的性情中人，此时也不隐晦地坦然应道，说时犹自不时往岸上看。这时，也才发现所乘的船早已停靠在岸边，自己与白衣女子相距也仅有二三十步之遥，连她泛红双颊上的两个浅浅的酒涡也依稀可见。更增添了脸上几分妩媚的春色，显得温柔可爱。

"贤兄可认得那母女俩？"

"从不相识，看模样似是湖州城中人。"崔使君虽是湖州之长，但到任不过一年余，又政务繁忙，湖州人口众多，哪能认得那母女。不过，从杜牧话中，他明白杜牧已看上了这位年约十三的白衣少女，并有希望自己从中作伐之意，所以才这样问。

"那……"

"贤弟之意莫非想会会那母女俩？"没等杜牧说出，崔乙即抢先一步询问。

"正是。"杜牧看着那母女俩，点头轻声应道。

"表兄，这下可好了，您'溯洄从之'，从早至暮，'所谓伊人'，宛在柳岸边。"小翠一直在旁静观默察，这时才找到机会插上几句打趣的话。

"这翠丫头可会耍贫嘴！"崔夫人王氏一脸祥和地笑道。

"你们不要我帮忙？我也不管了！"

"你可认得那母女俩？"崔乙惊讶着。

"快说说，家住何处？姓甚名谁？"杜牧见小翠这么说，以为她果真认识，急切问着。

"咦，这下可用得着我了！"小翠故作娇嗔。

"翠丫头，你就帮个忙，看你表兄这些天来关心体贴你的份儿上，你就忍心不帮，让他急着！"王氏拉着小翠，贴耳细语道。

"其实我也不知她们姓甚名谁，只是与老姥有些面熟。去年夏天，经过城东街上，忽地从楼上掉下一把小锦扇子，差点打在我脚上。抬头一看，一位老姥在阳台上正忙不迭地向我道歉着呢！我也不在意，笑着捡起扇子，等候丫鬟来取交给她。老姥再次道谢，我也即离去。岸上的这老姥和丫鬟看来面熟，像即是城东街上遇到似的。"

正当小翠叙说时，岸上老姥见天色已不早，立起身，和女儿、丫鬟咕噜几句，正准备离去。杜牧见状，心急火燎，恋恋不舍，唯恐这一离去而芳踪难觅，断了消息。情急处，想登上岸去，和那母女搭个话，船虽靠岸，但又不便攀登上去，故只能眼睁睁地看着那母女们轻移脚步，心里干着急。还是崔乙有主意，忙命下人搬来踏板搭上岸，又一头嘱咐小翠赶上岸去，请那母女俩到船中叙叙话。

小翠二话没说，也顾不得女儿家要举止端雅，急忙连蹦带跳，踏上船踏板赶上岸去，追上那母女俩，道个万福叙说去夏街上拾扇一事，拉个关系。那老姥此时也回忆起来，自是意外地欢喜。又是道谢，又是向女儿介绍着。白衣少女温柔地甜甜一笑，两个小酒涡漾在笑脸旁。一双明眸亮如秋涧中倒映的明星，水汪汪的明亮生辉，又饱含温柔颖慧之色，让小翠感到既欣羡又难免有些女人特有的嫉妒。

"我家老爷和夫人有请三位到船上叙叙话。"

那老姥本待往家走，又见天色向晚，原不想多停留。但见到小翠，一时喜欢，又见人家老爷夫人善意相请，也就允诺，带着女儿、丫鬟，随着小翠缓步返回岸边，上得船来。

崔使君、王氏已在船上热情欢迎着。崔乙又介绍母女俩与杜牧相识，便在前引路，带众人入船舱坐下。王氏自陪着老姥坐在一处，小翠则拉着白衣少女亲热地在一旁耳语着，有似一见如故，说不完的悄悄话。杜牧则和崔使君并肩齐坐，有如一对亲密的同胞兄弟。

众人稍事寒暄，气氛渐渐亲近自然起来。叙谈中，老姥才知道这位面善和气的崔老爷原是本郡刺史，而面前的这位气宇轩昂、英俊潇洒的男子也是官衙中人，又是前朝名相杜佑的孙儿，不免心生敬畏，有些不安。好在崔老爷一团和气，没有一点官架子。崔夫人王氏又极为亲善，和她像姐妹般的亲昵。众人也面带笑容，和和气气，倒有些奉承她的样子。见此，老姥也才宽下心来，只是不太清楚崔老爷为何请她到舟中。

王氏也问起老姥的身世。原来她夫君原也是读书人出身，登进士科后官至县令。不幸操劳政事，身体本是虚弱，又不慎染上时疾，遂抛下她母女俩，至今已四年了。女儿自小随父，虽是女孩儿家，却颇有男儿读书翰墨的嗜好。平日里读经书，诵诗章，又生性颖慧明敏，把他父亲喜得个乐滋滋，自己也视若掌上明珠。

杜牧知道母女身世，对白衣女子更添上了千般惜万般怜。他本是个怜香惜玉的多情男儿，此时更是意绵绵、情荡荡，更觉得白衣女子就是自己心慕已久的洛水女神也似的女子。此时这追慕已久的女子就在咫尺之前，她那光彩照人的丽色，竟不免使自己有自惭形秽之感，虽禁不住想多看她几眼，却奇怪地又有些胆怯心慌起来，竟然丢失了平日颇为倜傥潇洒的气概。他几次想找个机会吐露爱慕之意，却又话到嘴边反而又吞了进去，只是讷讷地与白衣女子说点今日游湖观感的话，又向老姥闲谈几句长安京城景况，一句儿女之情的话儿也挤不出来。不过，杜牧的举止表情，却也瞒不过白衣女子的慧眼。她已敏锐地感觉到杜牧那双灼热的眼光的逼人热力。在他那炯炯有神的眼中，含蕴着对她的深情爱慕。他的每一次短暂的一瞥，都使她莫名其妙地心头震荡一下，似有一种神魔之力在她的身心之中微妙地拨弄着。她清楚地自觉到，这种力量已非她所能控制，好似不以自己的意志所转移，自己倒是无能为力地被控制、被制服着。不过说也奇怪，她倒是心甘情愿地为这魔力所控制，一点也不想反抗挣扎，因为在这神奇之力下，她心中泛起了甘泉似的暖流，心头又有些醺醺的醉意。自感如此，她也羞赧得低下头，有意识地把脸尽量往小翠肩后藏。

"夫人，在下有一事相求，还请您做主应允。"崔乙见杜牧几次欲言又止，向来那慷慨谈吐的劲儿已消失净尽，知道已是由自己讲出真情的时候，遂向老姥说道。

"哦，啥事有求老身？"老姥讶然。

"令千金青春几何？"

"今年还小，只十三哩。"

"可曾许与人家？"

"未曾。去年有户商贩人家找人来提亲，老身一者因女儿年纪尚小，二者也因日夕相依，舍不得，故说什么也没答应。"说至此，她警觉起来，似乎已明白了崔老爷的用意。"老爷之意是……"

"令千金也是读书人之后，又得夫人调教呵护，自然与一般人家女儿不同。不说夫人百般疼爱，她兰质蕙性，人见人爱。就是在下一家见了，也自觉亲近怜爱。虽说年纪尚小，不过也该替她找个可靠之人，将来你们母女俩也有个依靠。"

"老爷所言有理。不过，话虽如此，这可靠之人却一时从哪儿找？当今的公子哥儿，拈花惹草，心性不定，口中却甜得很。一时不察，将女儿许他，到头来却苦了女儿。"

"婚姻人生大事，夫人所说自是在理。当今少年，浮华谑浪，自是所在多有。不过也有些后生，出自名门望族，虽看似倜傥风流，但骨子里却极重情感，倒是为人可靠。"王氏在旁插话，边说边打量着白衣少女，只见她一脸羞红，默声不语，看上去真有闭月羞花之美。

"如此说来，名门望族子弟倒还有可靠之人。可这湖州……"

"夫人，这湖州现在倒有一位这样的人物。"崔乙笑着说，一眼看住杜牧，示意他莫错过时机。

"这位是谁？"

"就是我们这位兄弟。"崔乙指着杜牧。

"夫人，小生蒙兄长厚爱，今日游览，幸遇夫人小姐。可谓三生有幸，天赐机缘，还望夫人垂恩赐爱。"杜牧一时也不知为何忽地鼓起勇气来，上前口齿流利地说了以上的话，颇令崔乙满意。

老姥见说，瞧瞧女儿，女儿似乎有心许之意。不过做娘的难免想得多，心想虽有崔老爷夫妇作伐，但毕竟自己对眼前的这一位年轻人不甚了解，可靠与否终是心中无底。再者，他乃客游湖州，家在京中，为吏于宣城。如将女儿许与，自己又得与女儿分离，这可为难。但又想，看这年轻人一表人才，谈吐风雅，不仅是名相之后，自身又是连中科举，现又任职宣州幕，为人器重，看来倒是前程远大的人。女儿若跟了他，倒也有个依靠，自己一桩心事也自可了。况且，崔夫人王氏所言，明明在称赞杜牧重情可靠，似可相信。想到此，她一时思前想后，欲决不能，只是和蔼地向杜牧笑笑，不作一声。

崔乙看出老姥心疼女儿，自己一时提起这事，难免她心有顾虑，一时委决不下，遂更详细地将杜牧的身世经历讲给她听。并说杜牧笃于情感，来湖州好多日子，见了不少年轻貌美的女子，都未留意。倒是今日一见钟情，可见天地作合、良缘暗定等等。说得老姥渐渐听下心去，心中疑虑渐消，踏实起来，已有应允之意。

杜牧是聪明善解人意之人，老姥的心思哪能不知。他知道老姥爱女情深，况又母女二人朝夕相伴，相离不得，哪能让女儿随自己离湖州而去，四处为官作宦，如浮云飘荡不定。又转念自己虽爱慕情深，但如今依然依人作幕，虽得幕主沈传师器重，但毕竟如寄人篱下，生活尚不安定。而况自己也不愿长久为幕下吏，默默无闻一生，倒想有鸿飞鹏举之日，这样方不负自己平生志向，也不致带累家小，有以报答先祖早年对自己的栽培与厚望。因此，现在也还不到别有所娶的时候。更何况，老姥谓其女年尚小倒也是实情，也用不着今日即忙着婚嫁之事。只先定下这门婚事，待来日方便时再迎娶也不妨。心想至此，便彬彬有礼地向老姥说道："小生有个主意，还请夫人考虑。"

"什么主意？请讲。"老姥从疑虑中解脱出来，心里松动了许多，听杜牧如此一说，倒乐意听听。而崔乙、王氏和小翠等人听杜牧这话，一时也不知他有何主意，心中均未免嘀咕，感到突然，因此众人各把惊讶的眼光投向杜牧。

杜牧见众人讶然瞧着自己，知道担心自己说出一番唐突的意外话，反而更胸有成竹地说："夫人体谅小生一番爱慕小姐之心，万望垂恩玉成。不过，小生虽百般爱慕，自思尚不必于此时即迎娶。只要今日定下这门亲事，双方言定即可。待往后小生有个飞腾之日，再来迎娶也不迟。不知夫人以为如何？还望赐话。"

众人听杜牧如此一说，觉得在情在理，惊讶之心才松下来。但又未卜老姥如何想，能否答应，于是便又默然等着老姥的答话。

"这倒是个好主意，只是不知需等候多久？"老姥说。

杜牧略一思索，即说："小生这一番离湖州而去，自当以功名为念，一酬平生抱负。最多不过十年，功成名就即来湖州迎娶小姐，并在湖州安居下来，和小姐一起侍奉夫人，这可安妥？"

众人齐说："好主意，有志气。"老姥也点头称是。白衣少女心中虽喜，却出声不得，唯满脸羞红，低头默默不语。她虽不语，但知女莫如母，老姥自是心中有数，懂得女儿的心思。

"倘若十年不来怎办？"老姥想得心细。

"小生心念小姐，万不敢忘却！"杜牧诚恳道。沉思片刻，又说："万一十年还不来，不敢误了小姐，就悉听尊便。"

杜牧这番知情知理的话，不但众人听了觉得高兴，也颇使老姥心中满意，顿时笑容可掬，暗自称许。崔乙见老姥脸有喜色，眉眼漾着慈祥的笑意，揣摩她已应许了八九分，便趁热打铁，向老姥道："我这位贤弟知情知义，既然如此说了，驷马难追，绝不失信，必不敢误了小姐。再说还有我和内人担保，夫人小姐自可放心。今日求亲之事，还请夫人赐允为好，未知意下如何？"

王氏见丈夫如此说了，也接着说："我看他们两人郎才女貌，今日巧遇，天赐良机。难得两人一见钟情，想必是月老已将红丝早暗系于两人足上，再也分开不得的姻缘。夫人，这般好事你就成全了吧！"

"既然老爷、夫人这么说了，老身也不是不知情的，就依你们所请。趁着老爷、夫人在场，我就允了此事。还望你们做主，万勿食言，误了我家女儿。"

"小生多谢夫人深恩。"

"我们担保一定不亏待你家小姐！谢谢夫人！"崔乙大喜道。说着，即向身边的丫鬟耳语着。

"莲萍，过来拜谢老爷、夫人。"

白衣少女见母亲呼唤她，只得从小翠身后出来，掩袖敛身道："小女子拜见老爷、夫人。"说时如莺声细细，千般羞态，万种风情。还没等崔乙、王氏回话，杜牧即抢上一步，施礼道："小姐！"刚称呼罢，还没说下去，转念崔乙还未出话，自己情急抢了先，便止住不语。

"小姐，来，与我贤弟杜牧见见。"崔乙见杜牧自觉不好意思，便机灵地介绍二人相见。两人一时也不便说什么，只是暗中四目传情送意，以目代言，心中各自倾慕欢喜而已。

老姥见女儿与杜牧正式见过，两人虽默默而已，但年轻儿女的心事她哪里有不晓得的！看着两人真是郎才女貌的一对，心中也自觉欢喜不胜，不禁喜上眉梢道："杜公子，小女是老身掌上明珠，命根子，疼爱万般。公子莫亏了我女儿，千万善待珍惜才是。"

"夫人放心，小生亦视小姐为掌上明珠呢！怜惜还来不及，岂敢辜负夫人、小姐。"杜牧毅然动情地说。

"这就好，我也就宽心了。"

"夫人。"

"杜公子，有话请讲。"老姥见杜牧似有话说。

杜牧从怀中解下一块玉佩，双手捧着说："小生到此地做客游览，身边无长物。只这一玉佩，乃是先母所赐。今日既与小姐有缘，即以此玉送小姐，也算是纪念之物。还请笑纳。"

"说得也是，就作定情之物吧！"老姥说着，转向女儿道："莲儿，你收下，珍藏着。"

女儿遵母亲之命，手接玉珮，谢过杜牧，便退回与小翠坐在一边，依旧偎着小翠。小翠不知跟她说了句什么，惹得她粉脸飞红，娇羞万般。众人见了，却呵呵笑开来，显得喜气洋洋。

"老爷，车马准备好了。"丫鬟向崔乙回报。

"知道了，请他们稍候。"

此时夕阳半衔西山，晚霞万道，湖面上余晖闪烁，暮色渐浓。老姥即欲告辞，却被崔乙、王氏留下来。原来崔乙已吩咐人多准备了车辆，并知道老姥家也在回府上的道上，便执意留下老姥三人，同乘马车一道返回。众人离船上岸，崔乙、杜牧将老姥母女扶上马车，与王氏同乘。其他人也各自上车，打道回府。不多时即到了老姥住处，老姥邀众人上楼歇息。崔乙等因时间已晚，谢过邀请，约定回访之日，便告辞而去。

闲话休说，过了几天，即到约定回访老姥母女的日子。杜牧和崔乙、王氏、小翠一行，也不作声张，悄悄地来到城东街老姥家。这次来访见面，自然更是亲热欢喜，宾主颇为相得。尤其是杜牧与莲萍小姐，更多了互叙心曲的机会，两人情意殷殷，不胜儿女之乐。老姥也更喜欢杜牧，说了一大堆她女儿千般好、万般美的话。又千叮咛万嘱咐杜牧休一去不回头，把她女儿忘了。杜牧也诚恳地说，不管如何，十年内一定要回湖州任一官半职，遵守誓言，迎娶小姐。又把崔乙夫妇为他准备好的一份厚重的彩礼送给老姥母女，定下婚约，为盟而别。

杜牧与湖州女定下盟约后，次日即辞别崔乙夫妇，离湖州回宣州幕府。

杜牧虽是贵家公子出身，也难免好色之讥，行为举止倜傥风流，但也绝不是好随意拈花惹草、朝秦暮楚之人，倒是颇重感情，遵守信义的礼节之士。自从离别莲萍小姐后，他也曾日思夜想，心魂牵挂，可谓"一日不见，如隔三秋"。他曾多次修书托崔乙使君和小翠，请他们前去看望老姥母女，关照小姐。并也亲自托人带信给莲萍小姐，说了不少无限爱慕思念，万望小姐珍重的话头。他也曾想告假再赴湖州，看望小姐，会会崔使君、小翠他们。无奈身在幕府宦途，其间风云变幻，世事沧桑，杜牧自己也如飘蓬一般，难以主宰自己，故一直没找上机会再到湖州，未免心中常为此事郁郁不乐。

正可谓光阴如箭，日月如梭，时光无情，日子匆匆而过。没几年，崔乙使君又奉调离湖州任，一家人也随他迁往别处，遂断了他们和湖州母女的联系。更想不到的是，后来湖州一带闹了饥荒，引发了一场小小的兵乱。江湖上的强盗又趁机打劫，闹得湖州满城动荡不宁。湖州街上更是鸡飞狗跳，骚扰尤甚。老姥、小姐在这场骚乱中，也离开住处，避往别处。以此，杜牧便失去了她们的消息，一直联系不上，心中十分焦躁不安……

在往后的十余年中，杜牧辗转于仕途中。忽而在长安为京官，忽而分司东都洛阳，忽而寄身扬州、宣城，又出入京城，飘转外郡，自感偃蹇幕僚，浮沉朝籍，壮志飘萧，才人落魄。加上又莫名其妙地裹入牛李党争中，为人所排挤，颇为郁郁不得志。以此之故，虽也颇以湖州为念，但壮志未酬，仕途未达，也难以如愿一往湖州践约。此中种种不快与周折，难以一一叙述。好不容易，待到唐武宗薨逝，李德裕罢相南谪，唐宣宗即位后，杜牧的仕途方有转机。大中四年（公元850年）秋，经种种恳求与努力，杜牧才如愿从京中吏部员外郎任，获准任湖州刺史。

杜牧此次出守湖州，心中格外兴奋激动，多年的愿望就即将实现了。他终于有机会再踏上湖州土地，一圆与湖州女重逢的夙愿。赴任时，他欢快得情不自禁赋诗抒志道：

> 捧诏汀洲去，全家羽翼飞。
> 喜抛新锦帐，荣借旧朱衣。
> ……
> 清尚宁无素，光阴亦未晞。
> 一杯宽幕席，五字弄珠玑。
> 越浦黄甘嫩，吴溪紫蟹肥。
> 平生江海志，佩得左鱼归。

一到湖州境上，多年阔别，一山一水格外亲近有情。又终于摆脱了京官的宦海风波，机诈险恶，此时犹如鱼入大海，鸟返林中，心情格外舒朗，喜得他不禁有《题白苹洲》之咏：

> 山鸟飞红带，亭薇拆紫花。
> 溪光初透彻，秋色正清华。
> 静处知生乐，喧中见死夸。
> 无多珪组累，终不负烟霞。

从杜牧诗中所咏，不难见到他此时欣喜愉悦之情。"无多珪组累，终不负烟霞"，实际上正是他此行想安家湖州，过上啸傲烟霞的优游自在生活打算的表白。然而，事与愿违，当他费尽心力，多方托人寻觅到湖州母女时，他不禁怅然心伤，一怀欣快之情忽地烟消云散，重又陷进感情的痛楚中。

原来，湖州老姥母女在湖州那场骚乱后，自己的楼房已为兵火所毁，一时生活颇为艰难，遂借寓于远房亲戚家。十余年来，家境更为清贫，又断了杜牧的消息。莲萍每想到湖州湖上与杜牧的相会盟约，无不伤心落泪，暗自记挂忧伤。时间一长，音信又全无，她也不免疑虑杜牧薄情忘约，故不但人影不见，而且鱼沉雁落，连片纸只字也没有，遂渐渐淡了此心，全心与寡母相依为命。虽说如此，老姥也自不敢毁约，其间多有人登门送礼求亲的，有的还是官宦人家子弟，或是颇有家产的当地财主，无奈均为老姥以有盟约在前而一一回绝。莲萍实在也难忘旧情，也一口咬定十年内不嫁人。因此媒人们个个兴冲冲而来，又无不败兴悻悻而归。春来秋往，花开花落。眼见十年已过，莲萍也已20余岁。她虽然不以婚嫁为念，但做娘的却着急起来。后来实在难以拒绝一户殷富人家的苦苦求婚，老姥才应允了这门亲事。起初莲萍说什么也不答应，但最终只好勉强听从母亲的苦心求劝，嫁给了这户人家子弟。至今已有三年，并生育了三个孩儿。

话说杜牧闻知这一消息，心中万般怅然不快。心想自己历尽千般辛苦，无论东飘西荡，始终不忘湖州母女。如今赶来湖州，一心火热，却顶头遭了这盆冷水，浇了个身心冰凉，好不伤情恼人。遂委派人前往召唤莲萍、老姥。

　　老姥、莲萍母女一知杜牧已来湖州，并荣任湖州刺史，既惊喜，又心惧。想起当年湖上盟约，至今尚历历在目。就是昔日情感，今日也隐隐犹在。可恨的是阴差阳错，冥冥中被拨弄，反成了今日这尴尬局面，所以不好自找上门与杜牧相见。此时杜牧既已差人来请，虽尴尬如此，也得随人前往一会。于是老姥和莲萍遂跟从差人，登车前往湖州府中。老姥还特意带上一个孙儿。

　　杜牧与湖州母女相见，自是一番欢喜，一番感慨，一番怅怅。湖州母女心情也似杜牧一般复杂，莲萍尤是感愧万千。杜牧已多年不见莲萍，此时相见，莲萍虽已不是含苞待放的少女了，脸上也少了往年那稚嫩的光彩，而显得成熟丰满些。不过往日的风采犹存，依然娉娉袅袅，体态盈盈。眉目间也依然柔情似水说不尽的温柔婉媚，让人恍如见了瑶台仙女下凡似的，更不用说杜牧见了更会做如何痴想。

　　双方互叙别后经历，引起了阵阵叹喟，各自惋惜着、同情着。当杜牧了解了莲萍苦苦等他十年，后来才不得已嫁人等详情后，不禁更加感慨系之，心中也就消尽了恼怨之气，转而更怜惜敬佩她母女俩了。心想自己从前约定十年内必来湖州迎娶，没料到反是自己违约食言，误了莲萍青春华年，让她吃了好多苦楚，又带累了老姥。如今虽赴湖州来，却已违约数年之久。事情已如此，怪不得他人，只怨自己命乖运蹇，竟终与莲萍无缘，实在遗憾终身，真应了白乐天《长恨歌》所云："天长地久有时尽，此恨绵绵无绝期"了。这么想着，杜牧也就在心中自怨自艾，反而更加礼遇湖州母女了。临别，嘱咐莲萍、老姥，常来府中走动，有事尽管来找他，就像一家人一样，千万别生分了。又送给她们一份厚重的礼物，差遣下人驾车送她们母女回去。

　　杜牧送走了湖州母女，许久心情依旧怅怅。回想与湖州母女的这一段经历，不禁心潮起伏，惆怅感慨，遂赋诗自伤云：

　　　　　　　自是寻春去校迟，
　　　　　　　不须惆怅怨芳时。
　　　　　　　狂风落尽深红色，
　　　　　　　绿叶成阴子满枝。

听涛斋主说罢杜牧这一段湖州寻芳的故事，一时尚未从故事的氛围中摆脱出来，只是默默地呷着茶，头脑里似乎还萦绕着"绿叶成阴"的诗情。望洋居士大半天不作一声，只是倚在沙发上，静静地听着。时而点燃香烟，小口小口地抽着，丝丝的烟缕缓缓飘袅，仿佛似主人的思绪，随着听涛斋主的叙述，飘悠进遥远的时代。

"怪不得电影中的主人公要吟诵这首《叹花》诗，原来这首诗中还蕴藏着这么一个既美丽动人、又令人惆怅的本事。"望洋居士打破了一时的沉默。

"电影中融进了杜牧这首诗，说明杜牧诗歌影响至今。"

"可不是，我在国外，遇到华人相聚，谈起古代诗歌，不少人都能吟诵他的《山行》和《清明》诗，不过听到最多的还是这一首。"望洋居士弹掉烟灰，念道：

> 娉娉袅袅十三余，
> 豆蔻梢头二月初。
> 春风十里扬州路，
> 卷上珠帘总不如。

"又有一首，也与风流放情生活有关。"望洋居士又念道：

> 落魄江湖载酒行，
> 楚腰肠断掌中轻。
> 十年一觉扬州梦，
> 赢得青楼薄幸名！

"你念的这两首，一首题为《赠别》，一首则为《遣怀》。确是脍炙人口，人人喜诵。前人如李调元对他的诗歌评价甚高，说他的诗是轻情秀艳，在唐贤中另是一种笔意，故学诗者不读小杜诗必不韵。另一位诗评家翁方纲也颇是推崇杜牧诗。杜牧又称杜樊川，以他家下杜樊乡别墅的小河樊川而名。翁方纲在《石洲诗话》中称：'樊川真色真韵，殆欲吞吐中、晚千万篇，正亦何必效杜哉？'所谓'效杜'，即指效学杜甫。你看翁方纲把杜牧抬得多高，竟认为整个中晚唐诗坛，杜牧乃领一时风骚的人物，甚至学诗也自可从学杜牧诗入手，不必规模盛唐大诗人杜甫。"

"杜牧确实很有才气。"望洋居士说。他随手翻到冯集梧《樊川诗集注》一书所附录的《杜牧诗评述汇编》部分。"你看，这条评论也极为赞赏杜牧。评论说：'小杜之才，自王右丞后未见其比，其笔力回斡处，亦与王龙标、李东川相视而笑。少陵无人谪仙死，竟不意又见此人。只如"今日鬓丝禅榻畔，茶烟轻飏落花风。""自说江湖不归事，阻风中酒过年年。"直自开、宝以后百余年无人能道。而五代南北宋以后，亦更不能道矣。此真悟彻汉魏六朝之底蕴者也。'《石洲诗话》对杜牧可说推崇得很，慧眼识英雄。王右丞指盛唐称为诗佛的田园山水诗人王维，这我知道。王维确是了不起的大诗人，只如'红豆生南国，春来发几枝'一诗，即让人顶礼膜拜，杜牧确实难以超过他。评论中谪仙指李白，少陵谓杜甫。只是王龙标、李东川我却不知何人，想也是唐代诗人吧？"

"王龙标即指任龙标县尉的王昌龄，李东川即谓诗人李颀。两人均为盛唐著名诗人。王昌龄诗名鼎鼎，你自是知道。李颀以边塞诗著名，其《古从军行》《别梁锽》二诗最为著名。盛唐人殷璠的《河岳英灵集》就称许李颀诗，说是'发调既清，修辞亦秀，杂歌咸善，玄理最长。'又说他的诗'足可歔欷，震荡心神。'翁方纲将杜牧与王昌龄、李颀相提并论，确实别具论诗只眼，很有眼光的。"

"不过，"望洋居士欲说还止，顺手端起茶杯，慢慢品着。沉默了一下，又接着说："杜牧的声望似多在儿女之情上。人们常说他纵情声色，是位风流放浪的公子哥儿。刚才那湖州寻芳的故事，那人们吟诵的'赢得青楼薄幸名'等诗篇，也说明他这一特色。如从慷慨报国，系心民瘼方面论，可就没什么可称道的了。"

"唉呀！这可枉杀了杜牧！千百年来，世人也确有如此看待他的。可这不公平呀！我可不这么看！历史上有人不仅大谈杜牧如何风流放浪，连他的孩子也连累而及，说是颇有父风。也就是老子好色，小子也沾上这癖好呢！"

"这如何讲？我倒没听过。"望洋居士感兴趣地询问。

"好吧，我就讲个事例你听听。南唐时，有位笔记小说作家名刘崇远的，他撰有《金华子杂编》一书。书中就记载杜牧之子名叫杜晦辞。晦辞被辟为淮南节度判官，淮南幕府驻地即在今日的扬州。书中记晦辞赴辟之事是这样说的：'（晦辞）始方应召，狂于美色，有父遗风。赴淮南之召，路经常州，李瞻给事为郡守。晦辞于祖席，忽顾营妓朱娘言别，掩袂大哭。瞻曰：此风声妇人，员外如要，但言之，何用形迹。乃以步军随而遗之。晦辞自饮筵散，不及换衣，便步归舟中，以告内子。内子性仁和，闻之无难色，遂辇而迎之。其喜于适愿也如是。'听他这一描述，好像杜晦辞的好风声妇人也秉承家风似的。父亲既好拈花惹草，儿子也染有其父狂于美色的遗风。笔记小说所载多有渲染夸张之词，其实是未可轻信的。"

"所说不无道理。但他所写的风情艳诗总不能说是造假，又偏偏流传于众口，这又为啥？"望洋居士心有未解地问道。

"杜牧生于晚唐，其时浮艳放浪的狎妓风气还颇时髦。他写下艳情之作也是有的，其中有些也确是他狎妓生活的反映。你看他这些诗又写得特别富有情韵，俊迈流情，风流倜傥，所以也特别为人所喜爱，众口相传，千载不绝。其实，这只是杜牧诗文的一小部分而已，并非主流。他的感时报国之篇，讥时讽世之作却也不少，可惜倒为人们所忽视，被掩于艳情诗之下。更何况，他的诗也每为人所误解，明明与风情无关，偏有人从这风月场中作想。譬如《寄题宣州开元寺》诗中有'松寺曾同一鹤栖，夜深台殿月高低'句，有自谓解人者却说'所谓同鹤栖者，恐是与妇人同宿，托名为鹤尔。'你看好端端的一个优雅清高的境界，却让人塞进了一位红妆风声妇人！变雅为俗，反淡为艳。如此解诗，杜牧诗也就多有低级情趣了。此尤可恶，所以元代的吴师道即痛诋这般人说：'此尤谬妄。牧之跌宕，遂以此归之，可发一笑。'一般人多不甚了解杜牧，故每为这等人所误导，遂众口一辞，以'青楼薄幸'归咎于杜牧。你说这公平不公平？"

"哦！原来还有这奥妙。"听了听涛斋主这一席话，望洋居士有茅塞顿开之感。也觉得世人已多少误解了杜牧，不禁有些感慨。"了解一个人并不容易啊！耳食之言往往多有谬误不实的。"他似自言自语道。

"尤其对于古人，没有一番深入的了解、研究，人云亦云总是靠不住。历史人物，常有见仁见智，评价不同的，甚至极为相反的情况。比如这一段评论，恐怕与大家听到的就不同。"

望洋居士接过书，一看是明代胡应麟《唐诗谈丛》的一则评论：

> 杜牧之门第既高，神颖复隽，感慨时事，条画率中机宜，居然具宰相作略。顾回翔外郡，晚乃升署紫微。堤筑非遥，甄裂先兆，亦繇平昔诗酒情深，局量微嫌疏躁，有相才，无相器故尔。自牧之后，诗人擅经国誉望者概少，唐人才益寥落不振矣！

"确是推崇备至！称他'有相才'，确是闻所未闻，不知具体何指？"

"说来就话长了，很难三言两语说清的。不过，古人亦有盛赞其才的。晚唐的崔道融有首《读杜紫微集》的诗，其中就称道：'紫微才调复知兵，长觉风雷笔下生。'清人姚莹也有慨于对杜牧的偏见与曲解，至赋诗云：'谁从绛蜡银筝底，别识谈兵杜牧之！'真可谓杜牧的知己，可惜能有如此见识的人还不太多！"

"我倒有个建议。"

"什么建议？"

望洋居士环视着书斋一座座挤满了书的书橱，看看书案上的《樊川文集》《唐才子传》《唐诗纪事》《杜牧论稿》等书籍，笑道："不知你肯不肯呢？"他心想，听涛斋主是位严谨的学者，向来推崇言必有据，有一分事实说一分话，从不向壁虚构，有意夸张渲染的。而自己的建议虽也以事实为主，但却也免不了合理的虚构渲染，否则是万万写不成的。想到这一层，也就不好直接说出。

"说说不妨。"

"我想你也暂时改一改学术文章的调子，写点文学传记换换口味。如今，像你一样沉浸于严肃的深奥的古典文学研究的人已不多了。你研究的那样精严深奥，但曲高和寡，虽很有价值，但无奈能看得下去的人却寥若晨星。就算你对杜牧有那样多的了解，可谓古人知音，但读你写出的学术论著的人能有多少？人们还是不了解杜牧，还照样说杜牧是位风流放荡的才子呢！你说，你就不为你的辛苦的研究感到遗憾吗？"

"说的也是，现在已少有人读古人原著，看研究文章了。"

"所以我才有这一建议。"望洋居士见听涛斋主没有驳斥自己的意思，也就放开说下去。"要想让众多读者了解杜牧，纠正世代相传的偏见，最好的办法即是做些普及工作。"

"如何普及？"

"就是我已说的写文学传记。你如将史传、诗文笔记所载的杜牧生平事迹、文学创作，以及轶闻琐事，据你的研究所得，将它们写成文学传记。有历史事迹有故事情节，容得合理的必要的虚构生发，加以文学性的叙述描写，就如你上面所叙述的湖州寻芳的故事一般。从中又注入你的研究成果，阐述你对杜牧的看法，纠偏补漏也不妨。只是需有文学色彩，让人读得懂，有兴趣读下去。这样杜牧这一位杰出的诗人也就能为更多的人所了解，他的事迹与才华，也才能拨开历史的积尘而广为传开。而且，人们读了你写的《杜牧传》，也才能知道历史上的杜牧原来是这样的一位胸有大志的经国人物，而不是作得几首风流艳诗的浪荡公子。这岂不是更好？"

听涛斋主边听边点头，心想这一番主意倒颇合时宜。虽说是文学传记，所叙之事免不了揣摩联想，或有添枝加叶的地方，与自己所推重的实学有异。但十不离八九，历史事实总是主体架构。自己也努力多据本质事实写去，写出历史人物的真实精神风貌，不歪曲历史人物，这也还是可以的。能让更多的人了解杜牧的真实风貌，多少纠正历史偏见，这也是颇有意义的了。这么一想，心里也甚为赞同望洋居士的建议。"好吧，就依你所说，我也来当回传记文学作家吧。"

"一言为定！"

"决不食言！且听下文一回分解。"

我家公相家

剑佩尝丁当

大唐德宗李适贞元十九年癸未（公元 803 年）的一个晴朗的日子，在都城长安朱雀门街东第一街，从北边算起的第三坊安仁坊的一座巍峨辉煌的宰相府第里，杜家又降生了一位公子。这位公子即是后来与著名诗人李商隐并称为"小李杜"的晚唐杰出诗人杜牧，字牧之。

这一天，时任大唐检校司空、同中书门下平章事，也就是宰相的德宗朝臣杜佑显得分外高兴，脸上时时露出温和的笑容。他虽然已 68 岁，双鬓白发，垂着胡须，平常在朝中有着一副庄重威严的面孔，但今天在家中，他却显得和颜悦色，心中有一股按捺不住的快慰，手脚也似乎比平日灵活轻便起来。打从今天退朝回到长安城中心的这座颇为气派的府中后，他不像往日那样，回到家中就到书房中批阅史籍经书，一待个半天不出来，而是时时在庭院中四处走走，或是到第三子杜从郁的房屋周围转转。他知道，他最小的儿子从郁的媳妇今天就要为他生下一个孙子了。

他有三个儿子，老大名杜师损，老二叫杜式方，从郁排第三。三个儿子都已为官从宦，并已为他生下一群孙儿。如大儿一房即有杜诠、杜愉、杜羔；二儿式方也有杜恽、杜憓、杜悰、杜恂、杜慆诸儿。但常使他挂心不安的是小儿子杜从郁从小身体就长得羸弱多病，后来他的母亲梁氏又过早亡故，更缺少护持照料。所以成人后身子骨儿远远比不上两位兄长，经常闹病。而且成家也有几年，虽然已有一女，但还未有弄璋之喜。为此，杜佑总感到美中不足，心有缺憾。他总盼望着在自己的有生之年，他特别怜爱的小儿子能给他再添小孙儿。真是皇天有眼，上苍垂怜，如今小儿媳妇即将临产，多年的盼望就要随着一声声娃啼而实现了，这怎能让他坐得住，而不满心欢喜地等待着那上天赐给他的福音呢。

"哇、哇、哇……"

一声声儿啼传了过来。杜佑从太师椅上忽地站起，向厅堂前紧迈出几步，又站住了，等候着。他脸上像青天上的阳光那样的灿烂明朗。

"老太爷，恭喜了，是位公子！"一位上了年纪的女佣兴冲冲地快步走来，人未到即报告了这一喜讯。

"是公子?!"杜佑怕耳重听误了。

"没错，是孙子啊。哭声响亮有力，看来一定健壮！"

杜佑见说是位孙儿，又生得健壮，心中无比高兴。"呵，呵……"他不禁快慰得笑出声来，乐得直捋着长须。

"老爷，看你恁地开心，像皇上又给你加官晋爵似的。"杜佑的继室密国夫人从儿媳妇房中出来，见杜佑如此高兴，走到他身旁说。

"加官晋爵已是司空见惯，又不是头几回，有什么可高兴的！比不得如今三个儿子都有后嗣，从郁儿的这一胎又是位公子。说不定咱杜家就靠他再闻名天下呢！"

"皇天赐福，但望如此。"密国夫人附和着说。

密国夫人原非杜佑正室发妻，而是位婢妾。杜佑的正室，也是杜从郁兄弟三人之母梁氏，乃安定郡人，苏州常熟县令梁幼睦之女。梁氏温柔淑慎，举止仪态端庄，可称是一位贤惠温和的贤妻良母。可她生下杜从郁后身体即不好，没等到小儿子成人，也就因病而逝。还在杜佑以检校礼部尚书，出为扬州大都督府长史，充淮南节度使时，杜佑因梁氏已殁，即将李氏扶为正室。李氏原为婢妾，按当时礼俗，士大夫不便以妾为夫人。杜佑却违礼俗扶妾为正室，以此颇为时论所非议。就是亲族子弟，也多有加以规劝者，认为于德行有所亏蔽。但杜佑就是不听，认为不必处处遵从礼法，礼法应随时代而有所改变。他在男女婚姻习俗上的有违传统礼俗之举，倒是对他的孙儿杜牧有所影响。此是后话，如今不提。

"夫人，三媳妇可好？"

"媳妇见添了丁，安心地睡着了。有从郁儿守护着，老爷不必过虑。"密国夫人回道。见杜佑还站着，笑容可掬地侧着耳朵，似乎还想谛听孙儿的哭啼。密国夫人心里明白，杜佑为小儿子的遗憾从此可谓烟消云散了。她知道这位小孙儿的诞生可是杜家的大喜事，也是老爷晚年期盼着的一桩心事。

"老爷，该给这小孙儿起个名字啦。前面的孙儿都是你给起的名，这回你可考虑好？"

"这还用你提，我早就想好了。"

"起啥名？"

"就名牧吧，叫杜牧。"

"可有深意？"

杜佑得意地瞧了瞧密国夫人。"深意，自然有的。起名可是正经要紧之事，容不得马虎。"杜佑边说边退回坐下。密国夫人也陪着坐在一旁。

"我想这孙儿也生得是时候，今年我杜家喜事多，这又添了一喜。"

密国夫人点点头，"说的正是，正是应着双喜临门啊！"

原来，这一年初，杜佑还在淮南节度使任上。春二月，朝廷即宣杜佑入长安朝中。三月，德宗颇器重杜佑，拜他为检校司空、同平章事，充太清宫使。从地方上入任为宰相可谓隆重尊贵，显赫一时，这对于杜府真是天大的喜事。而且杜佑的入朝为相，并且能检校司空，并非靠阿谀奉迎、巴结走门路而获得的，完全是仗着功勋卓著、治理有方而赢得上上下下敬重，可谓深孚人心。

他刚到淮南就任那年，骄阳如火，数月无雨，天下大旱，庄稼都枯萎了。淮南百姓人人面黄肌瘦，唉声叹气，忧心忡忡，深陷在濒临死亡的绝境之中。杜佑上任见状，立即宣布免除百姓的各种浮费，蠲免杂征税收。豪家富户，家中有粮食委积的，官府则出高价收购以赈济饥民，以此缓和一时灾情。同时杜佑还发动民众，挖掘雷陂，修筑渠道以广灌溉。又把濒海一带长满荆棘草茅的荒弃土地开辟起来，种上蔬菜、稻谷等农作物。经过一番艰苦努力，在杜佑的辖区内，生产恢复，百业重兴，百姓生活渐渐安定下来。没多久，转灾年为丰年，以至积米五十万斛，百姓安居乐业，人人称颂。同时，杜佑又重视德化教育，推行礼节，打击市井无赖不法之徒，整肃秩序，严明官吏军士纪律。他将扬州的军营列为三十余区，整饬士马，加强操练，修整武备。一时军威大振，为四邻所畏服。以此当地的军民百姓颇为称扬杜佑的功绩，可谓行歌道讴，有口皆碑。

杜佑离淮南入朝后，当地人们感念他的清明廉直、宽仁惠爱，一直酝酿着为他修建遗爱碑。他的后任王锷在父老百姓的请求下，至今还累上章奏，请建杜公遗爱碑以表彰他在淮南的政绩恩惠，只是一直被他所谦让而已。正因他功绩卓著，仁声远扬，所以德宗皇帝又将他调入朝中为宰相，想借重他以整肃朝纲，加强中央的力量。如今，好似皇天也奖励他的劳绩似的，家中又添了一位孙儿，他怎能不喜滋滋的。就是密国夫人，也是美上心头。这位三儿媳，平素特别孝敬慈惠，惹她喜爱。唯多年未再育，当婆婆的未免心中有憾。如今，皇天嘉佑，二媳已产麟儿，当婆婆的一块心病也全落下，岂不喜上眉梢。

"他生在我入朝为相之年，想必日后成人也会仕宦至公相，继承我杜家功业，光宗耀祖的。夫人，我把他取名牧，即有此意。"

"这又怎讲？牧，乃牧人。王绩诗即有'牧人驱犊返，猎马带禽归'之句。牧人乃放牧牲畜之人，这与仕宦公相有何关系？"

"夫人只诵得诗句，而于经书则有所不知。《易经》云：'谦谦君子，卑以自牧也。'此为讲究自我修养之意，我也希望孙儿先能如此，此一也。又《礼·曲礼》有言：'九州之长，入天子之国，曰牧。'此即州官的意思，乃二也。再者，《逸周书·命训》谓：'古之明王，奉此大者以牧万民，民用而不失。'此牧者，则为统治、治理之意，此三也。如此看来，这牧字岂与仕宦公相无关？古人云：修身、齐家、治国、平天下。我用的也正是此意呵！"杜佑说罢，兴犹未已，又接着说："将来取字，我也想好了，就取牧之，你说可好？"

"老爷学识渊博，深思熟虑。就将孙儿取名杜牧，字牧之好了。想必他父母也喜欢，说不定这孙儿将来真不负老爷所望呢！"……

古人很重视门第家风，与人交往、教育子孙，往往讲究它。特别在仕途官场上，高门望族往往占据要津，世代相袭，荣崇不衰。而寒门弱族，则势单力弱，无所依倚，故社会地位卑微，难有出头之日。唐代也如此，虽不同于魏晋时代的门阀制度，寒士也有跻身仕途，朝为田舍郎，暮登天子堂的。甚至也有时来运转，为帝王赏识而平步青云、扶摇直上的。如唐太宗时的马周，虽孤贫好学，精研诗、传，但落拓不为州里所敬重。后来客居中郎将常何家，为常何陈述国事二十余条。常何以此上奏唐太宗，太宗颇怪其能。后来知道奏章乃马周所草，即遣使数回召见。及谒见，言谈颇合帝意，即令直门下省。后来凭着自己的才能，深为太宗器重，频频擢升，竟拜中书侍郎，兼太子右庶子。后又仕至中书令。病重时，太宗竟亲为调药，皇太子亲临问疾。死后，太宗还为之举哀，赠他为幽州都督，陪葬昭陵。还有一人，即后来官至宰相、中书令的李义府，虽生性褊忌阴贼，笑中有刀，柔而害物，被人称为"李猫"。但其初却以貌状温恭，又善属文，掩饰自己，遂为剑南道巡察大使李大亮与黄门侍郎刘洎、持书御史马周所称赏表荐。时来运转，飞黄腾达。其时，唐太宗召见他，令其咏鸟。义府赋诗寓意云："日里飐朝彩，琴中闻夜啼。上林如许树，不借一枝栖。"太宗明白他借诗求进，遂允其所求说："与卿全树，何止一枝！"不过，像马周、李义府这样巧遇机遇，置身公卿的人毕竟很少。无论是官是民，依然讲究门第出身。就是飞黄腾达如李义府，也摆脱不了这一观念。他因门第不高，耻于唐太宗时所修的《氏族志》中家代无名，遂在掌权时奏改此书，加以重修。重新规定，以在本朝得五品官者，皆升为士流。以致兵卒以军功致五品的人，也尽入《姓氏录》中，并奏收天下《氏族志》而焚弃之。

在这种重门第家风的时代，杜佑一门可谓簪缨世代相传，是当时少有的钟鸣鼎食、煊赫一时的公卿之家。怪不得后来杜牧长大成人，身在仕途时，颇以自己出身豪门而自豪，并赋诗训导他的侄儿阿宜说："仕宦至公相，致君作尧汤。我家公相家，剑佩尝丁当。旧第开朱门，长安城中央。"确如杜牧所言，杜家世系绵长，数百年来代有其人，列祖列宗功勋卓著，官崇位显，锦衣玉食，贵盛煊赫，是长安城中少有的豪贵之家。

杜佑是历仕德宗、顺宗、宪宗三朝的著名宰相。他不仅在杜氏家族中是位了不起的人物，而且对杜牧的成长具有重要的影响。杜佑字君卿，京兆万年（今陕西西安）人。若说起京兆杜氏，可是当时人人景慕盛称的大族。这一族可以追溯至西汉时的御史大夫杜周。杜周原本居住在南阳（今河南南阳），后来因是豪族，被迁徙到茂陵（今陕西兴平西北）。杜周的儿子叫杜延年，官任御史大夫，又迁徙至杜陵（今西安市南）居住，世代为官。杜陵是汉宣帝的陵墓，其东南又有少陵，汉宣帝的许皇后即葬于此。长安城南有著名的韦曲和杜曲，韦氏和杜氏两大望族即居于此，时称韦杜。唐时人称"城南韦杜，去天尺五"。说的就是韦、杜两族，声势煊赫，乃当时的高门望族。两族中多有名公巨卿，世代相传。

单就这杜氏，从魏晋以来数百年即一直是高门世族，出了不少著名的人物。如东汉时的杜笃，擅长文章，作有著名的《论都赋》。西晋的杜预，官至镇南大将军、荆州刺史，封当阳侯，尤是声名卓著的历史名人。他不仅精通战术，屡建功勋，为晋朝重臣。而且博学多通，明于兴废之道。尝慨然谓"德不可以企及，立功立言可庶几也"！可见他的志向抱负。若说起他的为人及成就贡献，颇有可以称道的。当时车骑将军贾充等人定律令，既成而杜预为之注解，书成而诏颁于天下。他为人恭谨有礼，善于结交接物，心地坦然而诲人不倦，况且又有敏于事而慎于言，从不夸夸其谈的务实作风。他更有超过祖辈的特殊之处，即文武兼备，耽思经籍，曾撰有《春秋左氏经传集解》，又参考众家谱第，撰成《释列》。晚年又著《盟会图》《春秋长历》《女记赞》等书。杜预又精通历法，因其时历差错，与晷度不合，即为作《二元乾度历》，通行于世。又见到孟津渡险恶，船只有覆没之患，又请建桥于富平津，以为舟车之便。杜预又关注国计民生，为民排忧解患。晋武帝司马炎咸宁四年（公元 278 年）秋，天久雨成霖，又加上蝗虫为灾，颍州、襄城一带下不了种子，百姓官府均深以为忧。杜预目睹灾情，又上疏陈述农要，以为"既以水为困，当恃鱼菜螺蚌，而洪波泛滥，贫弱者终不能得。今者宜大坏兖、豫州东界诸陂，随其所归而宣导之。交令饥者尽得水产之饶，百姓不出境界之内，旦暮野食，此目下日给之益也。水去之后，填淤之田，亩收数钟。至春大种五谷，五谷必丰，此又明年益也。"如此之类出谋献策、释患解忧之事，可谓不可胜数，以至朝野称美，把他称为"杜武库"，意思是说他无所不有，无所不能。他的杰出贡献，使得史家为之立传称美。唐初房玄龄作《晋书》时，即为他作传，其中一段记述他的事功，赞扬他道：

> 预以天下虽安，忘战必危，勤于讲武，修立泮宫，江汉怀德，化被万里。攻破山夷，错置屯营，分据要害之地，以固维持之势。又修邵信臣遗迹，激用滍淯诸水以浸原田万余顷，分疆刊石，使有定分，公私同利。众庶赖之，号曰"杜父"。旧水道唯沔汉达江陵千数百里，北无通路。又巴丘湖，沅湘之会，表里山川，实为险固，荆蛮之所恃也。预乃开杨口，起夏水达巴陵千余里，内泻长江之险，外通零桂之漕。南土歌之曰："后世无叛由杜翁，孰识智名与勇功。"

......

　　杜预不有生知，用之则习，据长策而攻取，兼儒风而转战。孔门称四，则仰止其三；《春秋》有五，而独擅其一，不其优钦！夫三年之丧，云无贵贱。轻纤夺于在位，可以兴嗟；既葬释于储君，何其斯酷。徇以苟合，不求其正，以当代之元良，为诸侯之庶子，檀弓习于变礼者也，杜预其有焉。

　　说来也颇巧，杜牧和盛唐大诗人杜甫均以诗名，文坛上合称他们为"大小杜"。而恰巧这两位诗人都同为杜预之后。只不过杜甫乃杜预之子杜耽后裔，而杜牧则出于杜预的小儿子杜尹一脉，为杜预的十六代孙。若论起承继杜预的事功作风，则杜佑、杜牧尤能克绍其裘，颇有祖风，深受杜预的影响。杜预少子杜尹之后，也出现些著名的后嗣。其六世孙名杜颙，乃西魏、北周时的雍州刺史，封为安平公，卒即葬于少陵。唐玄宗时的杜希望也是一位颇有声望的人物。他是杜颙的六世孙，官至鸿胪卿、恒州刺史、西河郡太守，赠右仆射。这杜希望曾在交河公主嫁突骑施时任和亲判官。又曾自边郡代州召还京师，对奏边事，为唐玄宗所赏识。后来吐蕃攻打勃律，勃律求归大唐，边疆多事，唐玄宗拜杜希望为鄯州都督，知留后。时希望率部击败乌莽兵众，进拔新城，大胜凯旋。朝廷置镇西军，杜希望又率师屯扎边塞，吐蕃颇畏惧他，遗书求和，为希望所拒。后经大小数十次争战，希望俘获酋首，兵抵莫门，大获全胜，边威为之一振。杜希望的功业作风可谓承前启后，其子杜佑即受其影响。而且他为人重信义，一言既出，驷马难追，从不食言，故所交游的多为一时俊杰特出的人物。他本人也颇有儒风，爱重文学，所延辟的门下士如崔颢等人都有盛名于当时。而这爱重文学延辟人才的美德，又恰为其子杜佑所承继。

　　杜牧的祖父杜佑是杜预之后杜氏一族在政治上最有作为的出色人物。而且官崇位重，后拜司徒，封岐国公。他将杜家推上了最为鼎盛贵重的高峰。在杜氏家族中是一位了不起的宰相，在家中又是位宽厚温和的长者，因此也备受子孙爱戴、敬重。他虽然官重位高，政务繁忙，案牍山积，但生性尊儒嗜学，勤敏无倦。常是手不释卷，昼夜读书，孜孜不倦。天明照常处理公务，接对宾客僚佐，暇时喜好和宾客僚佐、文人学士讲学谈论，援据古今，广征博引，辨误释疑，议论蜂起，以致幕客宾佐多惮其辩而伏其博学，深为敬重钦佩他。更值得提起的是，杜佑敦厚强力，尤精吏职。为学该涉古今，平生以富国安人之术为己任。他注重民生疾苦，审察利病之要，革除弊政，尤注意财赋兵甲之事，发展生产，为政惠人。故累历州郡方镇，所至多有政绩，颇有治声能名。

这杜家还有一桩颇引起后代子孙自豪的功业，也与杜佑有关，这就是他所著的皇皇二百卷的《通典》。此书对杜牧的成长影响巨大，最受他的重视与称道。后来，杜牧教育子侄，即称誉不已，至赋诗云："第中无一物，万卷书满堂。家集二百编，上下驰皇王。多是抚州写，今来五纪强。尚可与尔读，助尔为贤良。……愿尔闻我语，欢喜入心肠。大明帝宫阙，杜曲我池塘。我苦自潦倒，看汝争翱翔。"可见此书在杜牧心中的地位何其隆重。

说起此书之作，也有一段经历。原来，开元末时，刘秩采经史百家之言，取《周礼》六官所职，分门别类撰成《政典》，共三十五卷。《政典》一书包罗古今，搜采甚广，对为政及治史者颇有裨益，故大为时贤所称赏。肃宗朝宰相房琯见到《政典》，推崇备至，以为刘秩之才远超过汉代的刘更生。这刘更生字子政，即汉成帝时改名的刘向。他可是位著名的大学问家，曾任光禄大夫，校阅经传诸子诗赋等群籍，撰成《别录》一书，是我国历史上最早的一部分类目录。此外，还著有《新序》《说苑》《列女传》《洪范五行传论》等书，可谓通今博古，知识渊博，著作等身。刘秩被誉为才过刘向，可知其著作《政典》之为当时人所推重。

可道是长江后浪推前浪，一代新人赶旧人。人间多是后人超前人，撰著也往往是后出转精的。杜佑对于《政典》也用心阅读精究，认为此书颇有益于世，极为推重。不过，经过一番深入研究，比勘经籍史书，他觉得《政典》还有所未详尽周到，尚有可补充的。经过长时期的准备，在唐代宗大历十三年（公元778年）前后他任江西抚州刺史时，就着手以《政典》为基础，加以增补条目，扩充内客，采择新成不久的《开元礼》《乐》等资料，仔细推敲天下之义理，精究历代之法制，集中时间进行撰著。经过三纪多的用心撰写，终于写成《通典》一书，共有二百篇。书分食货、选举、职官、礼、乐、兵刑、州郡、边防八门。所记下迄唐天宝年间，肃宗、代宗后的重要沿革，内容远广于

《政典》，是现存最早的典章制度通史。这一皇皇巨著，嘉惠士林，流泽后代。

唐德宗贞元十七年（公元 801 年）杜佑时节度淮南，派人将写好的《通典》带往长安，上献朝廷，并上奏书云：

> 臣闻太上立德，不可庶几；其次立功，遂行当代；其次立言，见志后学。由是往哲递相祖述，将施有政，用乂邦家。臣本以门资，幼登官序……徒怀自强，颇玩坟籍。虽履历叨幸，或职剧务殷，窃惜光阴，未尝轻废。夫《孝经》《尚书》《毛诗》《周易》《三传》，皆父子君臣之要道，十伦五教之宏纲，如日月之下临，天地之大德，百王是式，终古攸遵。然多记言，罕存法制，愚管窥测，莫达高深，辄肆荒虚，诚为亿度。每念懵学，莫探政经，略观历代众贤著论，多陈秦失之弊，或阙匡拯之方。臣既庸浅，宁详损益，未原其始，莫畅其终。尚赖周氏典礼，秦皇荡灭不尽，纵有繁杂，且用准绳。至于往昔是非，可为来今龟镜，布在方册，亦粗研寻。自顷缵修，年逾三纪，识寡思拙，心昧辞芜。图籍实多，事目非少，将事功毕，罔愧乖疏。固不足发挥大猷，但竭愚尽虑而已。书凡九门，计式百卷……

书上之后，大得唐德宗嘉赏。认为此书于礼乐刑政之来源演变记述详悉，观之则千载典章制度可了如指掌。此书后来流传开来，大为士人所称道。权德舆后来为杜佑作墓志铭，还特地称誉道："著《通典》二百篇，诞章宏议，错综古今，经代立言之旨备焉！"

杜家既有这么辉煌的历史，又有杜佑这样一位现任宰相支撑着这个子孙三代同堂而居的家族，自然家族兴旺，人丁众多。三房子孙上上下下，加上仆役丫鬟、用人保姆也有百来人。光是孙儿即已有 13 人，所以杜牧已是排行第十三，后来他的朋友同辈也就有称他为"杜十三"的。

杜牧降临人间时，也正是这个家族的兴旺时期。他的长辈都在杜佑的恩荫之下，为官做宦，安享荣华富贵，过着锦衣玉食的太平生活。他的二伯父杜式方，字考元，以荫授扬府参军，转常州晋陵尉。后仕途顺利，入京为太子通事舍人，迁太常寺主簿。这太常寺唐时乃主管邦国礼乐、郊庙、社稷之事。下分八个部门：一曰郊社，二曰太庙，三曰诸陵，四曰太乐，五曰鼓吹，六曰太医，七曰太卜，八曰廪牺。太常主簿官阶为从七品上，其职责为掌印，勾检稽失，省署抄目。杜式方任此职颇为尽心尽责。加以他明练钟律，考定音律，深为太常卿高郢所称赏，在朝中颇为顺遂称心。而且他人缘好，善于交结，在朝廷常与同僚、时贤来往游从，有礼有节，颇是欢乐。唯感不足的是，他的三弟杜从郁，也就是杜牧的生父，从小多疾病，很使他操心。式方又生性最讲孝友之道，和弟兄尤为亲密和睦。弟弟杜从郁一生病，他常亲自为他煎药调弄。凡药膳水饮，如不经杜式方之手，从郁即不入口，故两兄弟感情格外地亲笃。待到杜牧出世时，这杜式方因父亲杜佑入朝为宰相，不便在朝中任职，就出任昭应县令。昭应县属京兆府，离京城不远，来往京都府中尚为方便。杜牧的降生，好像又给这个家族带来了一份福气和好运。

杜牧出生后不久，他的父亲又以门荫再迁太子司议郎，官正六品上阶，掌管启奏记注东宫内祥瑞等事务，也算是一份对他颇为适合的职务，因这职务隶属太子东宫，较其他中书、门下等部门的职务为闲散，事情不繁剧。这倒适合他这身体羸弱的人。反正事儿不多，自己一则可免除劳累，二则也比较有时间照顾家庭，和幼小的女儿、儿子逗乐玩耍，和夫人一起侍奉父母，关照两个哥哥的子女。特别是二哥式方的子女多，杜悰也才十多岁，杜恂则更小，虽都长得机灵可爱，可就是调皮好玩儿些，有点纨绔子弟的习气。而他们的父亲式方又离家任昭应县令，在家时间不多，所以从郁得分心关照他们，也算是对二哥对自己照顾备至的回报。在这个家族的子侄辈中，大哥杜师损的儿子杜诠年纪最大，也最懂事。他字谨夫，人如其字，这时已是个精明能干的青年了。他为人忠厚笃实，勤敏肯干，又有善于经理冗务家事的才干，最为一家上下所夸奖，杜佑、从郁也格外看重他。杜府祖孙三代百来口人，也亏有这个小管家帮着料理，家中繁杂生活细事，他条治裁酌，柴米油盐酱醋等日常生活所需，也由他安排处置。故阖府井井有序，和睦安乐。

转眼杜牧已三岁了，已能和其他的小兄弟在自家庭院、花园里四处跑来跑去，蹦上跑下，嬉戏游玩。他长得头圆额阔，一双亮亮的眼睛，看起来炯炯有神，好像可以看穿人心似的。双眉浓黑而长，延伸到双鬓，眉宇间有着一股灵秀之气，同时又不乏俊爽的神采。嘴唇则厚而稍凸，以至堂兄弟们都爱拿他的厚唇开玩笑，常趁着他不注意，用手指忽地刮着他的厚唇说："别翘嘴啦！"他遇到这种情况，也不生气，只是羞怯似的有意紧抿着嘴唇，似乎想把微凸的厚唇变小些。不过，这一对厚唇却赢得了祖父杜佑的喜爱。他喜欢这小孙儿那一对很有灵气的眼睛，说是人的灵慧全凝集在眼神上，现在他那样有灵气，就全仗这一对眼睛。凭着这灵气，将来一定大有作为。他也喜欢杜牧的厚实的双唇。照他的说法是，唇厚的人敦厚朴实，谨重可靠。能踏踏实实地干一番事业，而不是那种巧弄舌头、投机取巧的人。

杜牧虽然和其他小孩一样好动，但并不调皮。玩耍当然是这三岁的小男孩不可缺少的主要事情。他也与其他孩子一样骑竹马，耍弄假刀枪，捉蝴蝶，玩蝈蝈儿，甚至学着想攀树摘瓜果。为此父亲或祖父等长辈见了，总是焦急地把他从树干上抱持下来，没少惹得生气。不过，这孩子倒有惹人爱的地方，他总是喜欢听大人们讲历史故事，学吟诗。而且又好问，总是睁着那双炯炯有神的眼睛盯着你，不时地问东问西，好像有提不完的问题似的。还有一桩其他孩子比不上的特点，那就是他的模仿能力特别强，记性又格外好。大人给他讲的历史故事，别说情节能记住，就是人名和地点，他也记得牢。杜佑每闲暇时教他吟诗，他不仅学得快，没几遍就能记住，默念起来。而且那姿势声调，也活像杜佑似的，常惹得做爷爷的不禁乐得哈哈大笑起来，直抚摸着他那圆圆的脑袋，直夸"有出息！"杜牧的父母在一旁见了，也喜滋滋地，更加紧了对他的启蒙教育，盼望着他真的会有出息，也才不负杜佑对他的夸耀与期望。

杜佑因为杜牧聪敏好学，也格外疼爱他。他对孙儿的疼爱自与一般人的溺爱不同。一般人总以为让晚辈锦衣玉食，处于花团锦绣之中，随顺着他们的心意，尽量满足欲求就是疼爱了。杜佑是位实干家，又博学多识，通古今兴亡之理，晓得孟子"天将降大任于斯人也，必先苦其心志，劳其筋骨，饿其体肤，空乏其身，行拂乱其所为，所以动心忍性，曾益其所不能"的大道理。又认识到自己虽依靠门荫入仕，但能有今天这般事业地位，也多靠自己的自强不息，勤勤勉勉地苦干而取得的。他自己又生性嗜学，懂得学问的重要，因此他对杜牧的疼爱，也就更多地表现在对孙儿的用心教导，严格要求，以及对他的殷切期望上。

杜牧从三岁起，杜佑已有意地教他识字吟诗。待到四五岁，就更用心地向他灌输各种古今知识、名人事迹格言。诸如东周列国，春秋五霸，楚汉相争，魏、蜀、吴三国鼎立的历史；殷纣王残忍无道、周武王起兵推翻商朝；秦穆公招揽人才，用五张公羊皮赎回逃到楚国宛地的百里奚，并任用他为宰相；秦孝公任用卫国人商鞅，支持他两次变法革新，移风易俗，以至人民殷盛，国家富强；以及西楚霸王项羽火烧阿房宫，一直烧了三个月火才熄灭。他后来又被困于垓下，四面楚歌，最后痛别虞姬，无脸回见江东父老，遂自刎乌江；诸葛亮辅佐刘备，联合东吴，赤壁一战巧借东风，火烧曹军。后来又七擒孟获，六出祁山，身丧五丈原，忠心耿耿，鞠躬尽瘁，死而后已，功名彪炳千秋等历史故事。

唐代读书人一般都走科举之途。而科举考试有明经、进士、制科等。诸科之中，人们又特别注重进士科。唐高宗时有个著名宰相名叫薛元超，他虽为宰相，官高位显，但因不是进士出身，所以自觉终生遗憾。以致对知己感慨地说："吾真是不才啊！富贵虽如此，但生平有三大遗憾：第一，不是进士登科出身；第二，所娶妻子不是五姓家族之女；第三，高官位显，但不能参与修撰国史之事。"人们注重、奔竞于进士一科，在当时已是普遍的社会风气，晚唐时的王定保所著的《唐摭言》，就真实地记载了这种风气：

> 进士科始于隋大业中，盛于贞观、永徽之际；搢绅虽位极人臣，不由进士者，终不为美，以至岁贡常不减八九百人。其推重谓之"白衣公卿"，又曰"一品白衫"；其艰难谓之"三十老明经，五十少进士。"……其有老死于文场者，亦所无恨。故有诗曰："太宗皇帝真长策，赚得英雄尽白头！"

这种风气和登进士科之难，杜佑身处其中，自然是很有体会的。他因父亲杜希望的门荫而入仕。也未经进士登科入仕。自己的三个儿子，也没有一个是由科举入仕的。这虽然也照样出将入相，显赫于朝廷，但终不免有薛元超式的遗憾。所以他暗发誓言，一定要栽培自己的孙儿，好歹让他们在科场上显露头角，攀桂入仕，以释心中之憾。

　　进士科考试，要考贴经、射策。自然，儒家经典、时事策论的研习讲究是免不了的基础课。不过杜佑也知晓，进士科尤重诗赋。诗赋优长华美，容易为试官所赏识，擢第的机会也就大了。因这般缘故，杜佑对孙儿杜牧的教育也注重在这上头。平常只要公余闲暇在家，他就把杜牧叫进自己的书房，亲自教他念《论语》《孟子》等经书，认为这些书籍是读书人入门所必须熟识的，也是做人的基本知识礼义基础，对长大后为官处事大有裨益。除此外，诗赋的背诵也是日常的必修之事。他尤重《诗经》，规定杜牧每天必须能背诵几首，而且要略知诗旨大义。因此杜牧小小年纪时，已能将诗三百背诵得流利自如、滚瓜烂熟的。什么"参差荇菜，左右采之。窈窕淑女，琴瑟友之。参差荇菜，左右芼之，窈窕淑女，钟鼓乐之"呀；什么"节彼南山，维石岩岩。赫赫师尹，民具尔瞻。忧心如惔，不敢戏谈。国既卒斩，何用不监"呀，虽然杜牧年小，有的句子尚难以理解，可只要将某首诗的首句点出，他即能出口接着朗声背诵下去，少有中途停顿的。

　　背诵得《诗经》，杜佑又搬出王逸注的十六卷《楚辞》、郭璞注释的十卷《楚辞》来，自己从中挑拣些名篇作为杜牧必读之篇。其中有屈原、宋玉、贾谊、东方朔、王褒、刘向等人的赋作。如屈原的《九歌》《九章》，宋玉的《九辩》《招魂》，贾谊的《惜誓》，东方朔的《七谏》等等。这些辞赋家的作品，杜佑尤其推重屈原之作。如《离骚》《湘君》《湘夫人》《国殇》《哀郢》《涉江》《橘颂》《悲回风》等篇，杜佑说什么也要求杜牧能背诵下来，说这些篇什都是屈赋的精华，从中可以学得屈原的高尚人品和爱国忠君、以身殉道的思想气节。

　　杜牧也确实是棵好学上进的好苗子，虽然到他学《楚辞》时，也不过是六七岁的孩子，可他却显得有学诗的天分。不仅听从祖父的教导，从不贪玩误了功课，而且兴趣很高，又有常人难以企及的悟性。比如《离骚》文字艰奥，篇幅又长，可杜牧却格外地喜欢它，没多久就把它背得如行云流水一般流畅悠扬。常见他在庭院中独自昂首向天，以清亮的声音念道：

　　　　纷吾既有此内美兮，又重之以修能。
　　　　扈江离与辟芷兮，纫秋兰以为佩。

汨余若将不及兮，恐年岁之不吾与。

朝搴阰之木兰兮，夕揽洲之宿莽。

日月忽其不淹兮，春与秋其代序。

惟草木之零落兮，恐美人之迟暮。

……

有时他的父亲杜从郁听到他在吟诵，不禁在旁悄悄地听着，不时满意地点着头，不无得意地对夫人道："瞧，这孩儿多长进！小小年纪就背得那么多的诗赋，想必是登进士科的材料。我杜家就靠他折桂登科，光宗耀祖哩！不似我们几个兄弟，都靠门荫才入得官场，碰到进士科出身的同僚就不免短了气焰。"

夫人听得夫君如此说话，心中也自是高兴自豪。不过她心细，怕姒娌侄儿们听到心有不快，倒是压低声劝夫君别这么夸奖。一来，别房的侄儿也多有聪明好学的，能考取进士的也还有其他杜家子弟；二来，别夸坏了孩儿，还早着呢。

杜佑教授孙儿，看着杜牧好学勤敏，天资颖异，大有长进，没几年就学了子书、诗赋的不少名篇佳什，还能在来客前，顺口就朗诵出好几首诗，背诵《论语》《孟子》的章句，有时还能颇有心得地回答客人对于诗句的提问，心中颇觉快慰。他常对杜牧说起屈原的事迹，赞颂屈原的高风亮节，希望杜牧要向这位爱国诗人一样，洁身自好，忠贞爱国，体恤民艰，匡时济世。万不可曲阿时好，"背绳墨以追曲兮，竞周容以为度。"

有一次，杜佑为了检查杜牧读《楚辞》的收获，问杜牧道："《楚辞》中你以为哪篇最可为人所取则？"

"那自然是《离骚》呗！"杜牧不假思索，冲口道。

"喜欢这首诗的哪些句子？"

"喜欢的可多啦！如'彼尧舜之耿介兮，既遵道而得路。何桀纣之猖披兮，夫唯捷径以窘步！惟夫党人之偷乐兮，路幽昧以险隘。岂余身之惮殃兮，恐皇舆之败绩'。又如'余既滋兰之九畹兮，又树蕙之百亩。畦留夷与揭车兮，杂杜衡与芳芷。冀枝叶之峻茂兮，愿俟时乎吾将刈'。这些句子都是三闾大夫此诗的精粹处，可见他的爱憎、志向与品格。还有他的'高余冠之岌岌兮，长余佩之陆离。芳与泽其杂糅兮，唯昭质其犹未亏'。'民生各有所乐兮，余独好修以为常。虽体解吾犹未变兮，岂余心之可惩！'这种洁身自好、宁死不变节的崇高风范，真令人'高山仰止，景行行止'，心慕神往。爷爷，孙儿说的可对否？"杜牧一口气背诵出自己喜爱的句子，问道。

杜佑两道浓浓的寿眉洋溢着喜气，满意地微微点着头。"正是，正是，爷爷也说这些诗句像精金百炼钢，可谓掷地有声啊！"

"孙儿以为屈大夫的佳篇妙句还多着呢！"

"还喜欢哪篇呢？"

"《橘颂》。"

"那就背诵一遍，让爷爷听听。"

于是，杜牧声音时高时低地一口气把《橘颂》背诵完毕。

"好极了！托物寓志，其志可知。正是'嗟尔幼志，有以异兮'。孙儿，咱杜氏家族代有能人，诗礼传家，仕宦至卿相，爷爷老了，现在就看你的了。列祖列宗的荣耀，可要世代相传保重啊！"杜佑感到自己的心血没白费，说罢这语重心长的话，舒心地笑了起来。

这一年是唐宪宗李纯元和四年己丑（公元809年），杜牧时年七岁。

自杜牧出生至元和四年（公元809年），朝廷发生了不少重大的事情，可谓是天翻地覆，人世沧桑。在这段时间中，杜府一家也有些变化。

就在杜牧来到人间的贞元十九年（公元803年），从开春至秋七月，京畿关中一带，滴雨不降，天下大旱。入秋又早降寒霜。庄稼多干死，十不存一。京兆尹嗣道王李实明知旱象，百姓多颗粒无收，正嗷嗷待哺，但为了进奉升官，却苛征急敛，并禀报皇上说："今年关中虽大旱，但禾苗长得很壮，又获得了好年成。"这可苦坏了百姓，租税不免，官府逼迫之下，只好卖屋卖田交税，流离于道路。

此时唐代有一位著名的古文家、诗人韩愈，字退之，正在朝中任监察御史。他目睹人间惨象，遏制不住为民请命的一腔怒气，遂上了《御史台上论天旱人饥状》的奏章。向皇帝报告了关中大旱人饥的灾情，其中有言：

上恩虽弘，下困犹甚。至闻有弃子逐妻以求口食，拆屋伐树以纳税钱，寒馁道途，毙踣沟壑。有者皆已输纳，无者徒被追徵。臣愚以为此皆群臣之所未言，陛下之所未知者也！

……今瑞雪频降，来年必丰，急之则得少而人伤，缓之则事存而利远。伏乞特敕京兆府：应今年税钱及草粟等在百姓腹内徵未得者，并且停徵；容至来年，蚕麦庶得少有存立。

韩愈上此疏虽讲出了人间灾荒实情，却也为京兆尹李实等权臣所嫉恨。他们找了个借口，把韩愈赶出京城，远贬为连州阳山令。同时京中的优人成辅端，也因编顺口溜讥嘲大旱人饥事，李实也以诽谤朝廷的罪名，将他乱棒打死。

这个年代正值唐德宗末年，朝政混乱，社会弊病丛生。地方官吏为升官发财，极力敲诈敛财，进奉朝廷，巴结讨好上司。朝中又有宦官干政把权，与朝臣之间你争我夺，矛盾重重。还有宫市、五坊小儿之类，更是强取豪夺，欺压百姓，令人痛恨。比如那五坊，乃雕坊、鹘坊、鹞坊、鹰坊、狗坊，属朝中宣徽院，专饲养这些禽兽以供朝中玩乐。各坊均有给役者，即称小儿。小儿们多横行街里，为取人钱物，以张捕鸟雀为借口，甚至有故意张罗网于人家门口，不许人家出入的。或者干脆把网张在井上，使人不敢汲水。如有敢于靠近的，就以"惊动供奉鸟雀"为罪名，一番痛打后，出钱物讨饶求谢，才罢了。有的小儿呼三吆五，相聚饮食于酒店饭馆，大吃大喝，醉饱扬长而去。若有不晓事的店主人向他们要酒饭钱，多有被呵斥谩骂、自讨倒霉的。有的小儿更是刁钻耍赖皮，见你向他要钱，就把一筐蛇留做抵押，说道："这些蛇是宫中为捕鸟雀而养的，就留给你好了。可得好好饲养，千万不要让他们饥渴着。否则，不好交代！"弄得店主人赶紧赔不是，千哀万求，他们才携蛇而去。如此弊病，朝野所在都有。闹得上上下下众口腾怨，朝政日非。

德宗末年，翰林待诏王伾以擅书，王叔文以擅棋，都出入东宫，侍奉太子李诵。这王叔文为人多计谋，乘间常对太子说起民间种种疾苦和朝中弊病，获得了太子的信任宠爱。日子久了，太子颇听从王叔文、王伾的话。两人也趁机常为太子说谁可为将军掌兵权，谁又宜以任宰相治理朝政。同时又密结翰林学士韦执谊，以及朝中名士陆淳、吕温、李景俭、韩晔、韩泰、陈谏、柳宗元、刘禹锡等八人。这柳宗元、刘禹锡都是著名的诗人、古文家，当时都在朝任监察御史。与其他六人后来都贬为州司马，史称八司马。二王与八司马交结，依靠太子李诵，秘密谋议，酝酿着革除朝中与天下的弊病，只是在等待着时机的到来。

革新的时机渐渐来临了。贞元二十年（公元 804 年）九月，太子中风，不能言。贞元二十一年（公元 805 年）正月初一，德宗因太子以疾不能来朝贺，涕泣悲叹，遂得病而日甚一日。不久，猝然崩驾。在翰林学士卫次公、郑纲力主下，太子李诵即皇帝位于太极殿，这就是唐顺宗。

唐顺宗虽即帝位，但因病，声音喑哑，话也不太讲得出声来，朝事不太过问，只是在宫中施帘帷，装装样子而已。宦官李忠言、昭容牛氏侍左右，百官如奏事，由二人传达顺宗的意旨。后来，王伾、王叔文又与李忠言、牛昭容转相交结，每事先下翰林院，使王叔文定可否，然后宣诏于中书省。朝中又有韩泰、柳宗元、刘禹锡等人谋议唱和，互相呼应，推行除弊革新的一系列措施。一时朝中人事更选，贬斥拔擢纷纷。王叔文及八司马等人主宰朝中政事，其党十余家之门，昼夜车马来往如市，士大夫们颇为畏惧。

除弊政、改革之事尽管有人阻挠、反对，但仍在进行着。贞元二十一年二月辛酉，顺宗下诏斥责京兆尹李实残暴掊敛之罪，贬为通州长史。百姓闻知此事，欢呼雀跃。许多人袖藏瓦砾，候于道中，准备在李实经过时用瓦砾痛击他，吓得李实只好从小路避走。

二月甲子，顺宗登上京城丹凤门，大赦天下。史载其改革措施为：

> 诸邑逋负，一切蠲免，常贡之外，悉罢进奉。贞元之末政事为人患者，如宫市、五坊小儿之类，悉罢之。

三月庚午，朝廷在安国寺放出宫女三百人，又在九仙门放出掖庭教坊女乐六百人，宣召她们的亲属领回。

德宗末年，群臣因微小过失即遭贬斥，不复叙用。此时遂加以改正，群臣得以量移。三月壬申，追忠州别驾陆贽、郴州别驾郑馀庆、杭州刺史韩皋、道州刺史阳城赴京师。可惜陆贽、阳城都未闻追诏而先卒。

王叔文自知朝内外官吏多有憎恨改革的，于是想夺取宦官兵权以巩固自己的势力。五月辛未，他任命右金吾大将军范希朝这位老将军为左、右神策京西诸城镇行营节度使。稍后，又以同党度支郎中韩泰为范希朝的行军司马，目的在于控制范希朝军。

六月丙申，顺宗下诏除免贞元二十一年十月以前百姓所欠各种课利、租赋、钱帛，共 52 万贯。

这一年，王叔文，王伾等人依靠顺宗的支持，改革弊政，清除异己之事也引起了朝中群臣如武元衡、窦群、贾耽、郑珣瑜、杜黄裳、俱文珍等人的嫉恶憎恨，朝外强藩如剑南西川节度使韦皋、荆南节度使裴均、河东节度使严绶等镇帅也对此强烈不满。他们或公开抵制，或上奏刘禹锡等人挟邪乱政，不宜留在朝廷。贾耽则气得称疾不出，屡乞告老还家。裴均、严绶以重兵要挟，上表指责王叔文等人枉法乱政。韦皋于贞元二十一年六月上表唐顺宗，以顺宗哀毁成疾，不宜再重劳万机，请令皇太子李纯亲监国政。之后又上笺太子李纯，直言不讳地极言王叔文之奸：

圣上远法高宗，亮阴不言，委政臣下，而所付非人。王叔文、王伾、李忠言之徒，辄当重任，赏罚任情，堕纪紊纲，散府库之积以赂权门。树置心腹，遍于贵位；潜结左右，忧在萧墙。窃恐倾太宗盛业，危殿下家邦，愿殿下即日奏闻，斥逐群小，使政出人主，则四方获安。

朝内朝外群臣节将又互为倚援，共同反对王叔文等人。当初，宦官俱文珍、刘光琦、薛盈珍都是德宗朝旧人，他们恨王叔文、李忠言等人专权，遂和朝中大臣郑绚，卫次公、李程、王涯等扶立广陵王李淳（后改名纯）为太子。册封太子时，百官见太子仪表英俊，喜相庆贺。而王叔文独有忧郁之色，似已感到厄运即将来临，口中不禁吟着杜甫《蜀相》诗云："出师未捷身先死，长使英雄泪满襟"之句。后来，诸宦官领悟到兵权为王叔文、韩泰等人所夺，不禁大怒，密令边将不听从范希朝、韩泰指挥。王叔文感到事态严重，百毁将至，遂以母丧为由去位离朝。王伾等人因王叔文归守母丧，更感到前后失据，遂求宦官和首相杜佑起用王叔文为宰相，均遭拒绝。失望之余，知事将败，王伾遂于夜半大呼"伾中风矣！"也乘机归而不出。这一场史称"永贞革新"的事件已注定了它失败的结局。

这年八月庚子，顺宗逊位，称太上皇；太子李纯即皇帝位，次年改元和，史称宪宗。当月，贬王伾开州司马，王叔文渝州司户。王伾不久病死于贬所。次年，王叔文赐死。永贞元年九月后，韩泰、韩晔、柳宗元、刘禹锡等人均贬为远州刺史，不久又改贬司马，史称"八司马"。永贞革新彻底失败，唐宪宗以镇压永贞革新巩固了帝位。次年，改元为元和。

再说杜佑一家的事。在唐德宗崩驾、顺宗即位时，朝廷因杜佑为元老重臣，就以杜佑摄冢宰。不久，又进位检校司徒，充度支盐铁等使，仍任宰相。没多久，又加杜佑为弘文馆大学士。杜佑虽总统政务与度支盐铁等财政大权，但当时王叔文倚恃顺宗，名义上为副使，却大权在握，杜佑反而大权旁落，并不起主宰作用。有时，甚至他还畏惧王叔文、韦执谊。一次，杜佑、高郢、郑珣瑜四位宰相会食于中书省。按照当时规矩，此时百僚不敢入中书谒见。恰巧王叔文想找韦执谊议事，不顾值班员劝阻，径入中书，和韦执谊议事许久。杜佑等三位宰相虽心怀不满，但畏于叔文势力，只好停箸等待。没料到，这边三人穷等，而王叔文与韦执谊竟同食于阁中。对此，杜佑、高郢也无可奈何，怒而不敢言。

元和元年（公元 806 年），唐顺宗崩于兴庆宫，杜佑又摄冢宰。四月，杜佑自请解除财赋之职，举荐兵部侍郎、度支使、盐铁转运副使李巽自代。这李巽可是一位理财行家，唐代自刘晏之后，居财赋之职者竟无一人可与李巽相比。可见杜佑所举甚为得人。事实上，杜佑也是理财能人。在他为度支盐铁使时，就将繁而难理的财赋之事重加整顿。如奏营缮归于将作监，木炭之务归于司农司，染练等事归由少府所管。经过整顿，纲条整肃，诸事务井井有条不紊，颇受称赞。这一年，唐宪宗又册拜杜佑为司徒、同平章事，封岐国公。

杜牧的父亲杜从郁于贞元末迁太子司议郎。元和初，转任左补阙。这时谏官崔群、韦贯之、独孤郁等人认为杜佑任宰相，儿子不宜在朝任谏官。否则，如朝政有得失，不可使儿子议论父亲之事。于是杜从郁遂改任左拾遗。又以为不妥，终改为秘书丞。

元和二年（公元 807 年），杜牧 5 岁。这年杜家又有两件重要的事。其一是杜牧增添了一个弟弟，名杜顗，字胜之。杜顗自幼体弱多病，目力昏弱。中年以后遂失明。杜牧与弟弟甚为友爱，关系密切，此是后话不提。其二是杜牧的祖父杜佑德高望重，乃三朝宰相，颇受朝廷礼重。唐宪宗常称呼他司徒，而不称名。不过，杜佑这时已 73 岁，自感年老有病，请求致仕回家休养。宪宗因敬重他，极力挽留，下诏许他可免常参，每月只入朝三次至中书议论国家重大事务，平日可在家颐养天年。

杜佑自此之后，在家与孙儿相处的时间更多，也更抓紧对杜牧的教授培养。杜牧也渐渐长大，一年比一年更为懂事好学。杜佑觉得这孙儿器识不凡，颇堪造就，也就更乐于向他传授经世致用之学，并常常对他讲论朝内外所发生的事情。因此，杜牧对当世之事也多有了解与注意。从此，长安城中央安仁坊的这座颇有气派的朱门高墙的宰相府第中，这位英俊有为的少年，正在父祖辈的呵护下，渐渐成长。

经书括根本

史书阅兴亡

　　长安城南面有三个城门，靠东的叫启夏门。从启夏门南出，约十六里有一处风景极为幽静恬美的地方，这就是长安南下杜樊乡。樊乡本名后宽川，汉高祖赐功臣樊哙食邑于此，故又名为樊川。樊川一带是长安城南面著名的风景名胜之地，也是王公贵族别墅林园集中的地方。在其旁高冈郁起，苍松翠柏连绵成一片，这就是名闻遐迩的杜陵原，汉宣帝的陵墓就雄踞在这里。杜陵之南，又有著名的神乐原。过神乐原十里，就是香积寺。樊川、御宿之水交流其下，名为交水。交水与丰水汇合，流入渭水。在这山水逶迤连绵的一带，又形成多处林木掩映、水泉淙淙、亭馆参差错落的幽僻胜地。如那御宿，即名御宿川，在万年县南三十七里。这里汉代时，已是朝中权贵疗养休憩之地。一座座别致幽静、颇有气派的离宫别馆星散分布在这里，只有王公大臣、名门望族才有权在这里消闲游玩，而一般人则禁御不得往来游玩观赏，更不得止宿其中，故名为"御宿"。而香积寺与麻池相近，其左右两旁又有菩提寺和惠昭寺。寺东有交水流过，寺西又临着丰水。这香积寺，建于唐高宗永隆二年（公元 681 年）。寺中供奉着许多菩萨的石像，又有砖塔高耸。寺院中种植着青翠的松柏树，又遍植着奇花异木。院中寺塔旁，香烟缭绕，景色庄严肃穆，幽僻清寂。盛唐大诗人王维曾经来寺中礼拜，写过一首赞美香积寺的诗：

不知香积寺，数里入云峰。

古木无人径，深山何处钟。

泉声咽危石，日色冷青松。

薄暮空潭曲，安禅制毒龙。

这首诗写出了香积寺的幽僻庄严，在唐时已为人喜爱，寺僧还将它题写在寺壁上，供香客游人观赏。

杜佑官高禄厚，不仅在长安城中有庭院深深、朱门碧瓦的宰相府第，在这城南的名胜地樊川也建有别墅。樊川周回三十里相望，处于杜陵原和神乐原之间。从巍峨连绵的南山流来的潏水，终年碧波泱泱，流经樊川，缓缓地流向皇子坡。樊川土壤丰腴，四处有蔬菜瓜果园地，稻塍麦垄，如围棋盘中的方格般整齐有序。在这儿举眼瞭望，田庐鸡犬，流泉池渠，令人如入江南水村图画之中。若循着高原旁西望，青苍苍的林木耸地连天，蔚然深秀。在重叠的山崖和曲屈的山坳里，还有一处处园林村庄，如韩宅、郑庄、朱坡、杜固、何氏山林、樊水园点缀其间。又有清明渠、杏花坪、雁鹜坡、第五桥、定坤池等名胜。如是登高而望，终南山、太白山，就如列屏幛于目前；玉案、紫阁诸峰，霞霏翠叠，遥遥在望；辋川、鲍陂诸名胜，亦环绕于左侧。真是百里山川之壮观，千年宫阙之遗迹，均罗列于眼前，一览无余。所以人们认为关中胜迹虽多，而樊川实为之首；长安城南最多名胜，而樊川乃其中之最。

杜佑的这处樊川别墅，即处于这风景名胜之地，而这座别墅又卉木幽邃，林亭佳美，所以杜佑非常喜欢它，常在休沐之日携带杜牧等几个孙儿，至此处游玩休憩，共享天伦之乐。有时，也与公卿同僚宴集于别墅中，沉浸在亭台园林、山光水色里。

杜牧幼年时，就时常随祖父杜佑到樊川别墅游玩，或由他父母亲带着到这里住几天。这一带的山水名胜，他都已游览过。就是附近的三象寺、兴教寺，更远些的香积寺，他也曾随母亲去游览礼拜过。在这儿，一草一木，一山一溪，都曾吸引过他，给他留下极为美好的印象，成为他后来诗赋创作的对象。他深深地眷恋着樊川别墅，以及儿时在这里度过的美好时光。在他后来为官于他乡时，他时常深情地回忆、想念着它。

可怀想的美好日子，对杜牧来说可谓是太多了。不仅有玩得痛快，徜徉于潏水旁、九曲池的时候；也有在池西的玉钩亭中，夜里望着天上的明月，和父亲、母亲一起咏诵着"月出皎兮，佼人僚兮，舒窈纠兮，劳心悄兮"的时刻；也有登上朱坡的华严寺，下瞰终南山之莽莽苍苍，指点雾岩、玉案、圭峰、紫阁诸峰的心旷神怡，豁然朗畅的快慰；还有与祖父杜佑临流垂钓，池畔赏芙蕖，闲馆会客纵谈，幽斋共读书的美妙回忆。

然而，在众多值得回忆的日子里，唐宪宗元和五年（公元810年）三月初一这一天，却是最让杜牧常想起的，也是杜府的樊川别墅最热闹而隆盛的一天。

这一天之前三日，仲春将过，然而长安春光依然明媚。杜佑带着孙儿杜悰、杜愉、杜牧等人游玩于曲江、杏园、慈恩塔等处。那一天，天气暖和，百花开得黄红一片，清香郁郁，扑鼻而来。因为久雨初晴，又值春光明丽，长安城的王公士女多有倾家出游，或三五成群结伴来到各名胜地游览、集会的。游玩中，杜佑不时地遇到朝中公卿大臣或同僚朋友故旧，常常停下来叙谈一阵，或同路共游。趁着高兴，同僚朋友们也多说起杜家在樊川的别墅。有的说长安城的风光虽然美，但可惜这些名胜地游人如织如潮，拥拥挤挤，轻尘飞扬，倒不如樊川一带的清幽恬静；有的更熟的故旧则干脆将樊川杜家别墅赞扬不绝，甚至有建议杜佑选个日子，大家在别墅中尽尽兴的。杜佑虽位居宰相，持身有术，但为人却平易谦和，宽厚仁慈，与人多亲善和睦，尤喜与朋友故旧交游往还。听人这一说，也乐得与同僚故旧在自己的别墅聚一聚，遂约请诸位同僚友人，于三月初一宴集于樊川别墅。

这一天杜佑的兴致也特别好，尽管已是76岁高龄，但仍显得儒雅健谈，与到别墅来的太子宾客郑絪，中书侍郎、同中书门下平章事裴垍，门下侍郎、同中书门下平章事李藩，户部侍郎李绛，以及太常卿权德舆等十几位同僚友人，时而沿着曲池观鱼赏花；时而一起登上亭阁指指点点，向客人们介绍着，评点着周围景色的特点，讲述着自己在此处经历过的生活趣事；时而又列坐于庭院中高谈阔论，从秦汉的历史，一直到本朝的政事，都是他所感兴趣的话题。在他和同僚们的游赏景色，谈论历史时政，或宴请同列之时，他都把最疼爱的孙子杜牧带在身边。大家也都知道杜佑在诸孙子之中，特别钟爱杜牧，对杜牧寄予厚望。所以这一天，杜牧也就成了最让诸位公卿大臣们注目的小孩。

"杜牧，听说你爷爷有件价值连城的宝物，是吗？"李藩拉起杜牧的小手，半俯着身子问。

"价值连城的宝物？"杜牧一时未解李藩所指，心想爷爷为官清廉，并无此宝物，不觉疑惑到。不过，他心灵思敏，马上明白了这"宝物"所指，遂答道："有的，可这价值连城的宝物并不是奇珍异宝的隋珠或和氏璧之类啊！”

“那是什么呢？”

“我爷爷所著的《通典》啊！有二百卷呢，这就是我家的无价之宝。”

“你读过了没有？”裴洎抚摸着杜牧的肩头说。

“还没有读过。”杜牧昂起头，瞧着裴洎。“我以后一定会仔仔细细地阅读钻研它。爷爷已好多次向我讲述过这部书的内容，我知道要懂得历代的典章制度就要读这部书。读好了这部书，就能增长治理好财政兵甲等事务的本领。”

“那这怎么能算是无价之宝呢？”李藩故意问。

“怎么能算？”杜牧心想这老头有些俗气，眼睛里只有金银财宝，和自己的爷爷所想的很不同，不免有点不服气地噘着嘴顶了一句。略停后又说：“珍珠金银价值固然高，但有限。可是，治国方略、匡世济民之术的价值却是难以估量的。这就是《通典》的价值，难道还不能算无价之宝！”语气有点咄咄逼人的气势。

“好，说得对极了！”

“有出息，有志气。真不愧是名相之后嗣！”

李藩、裴洎笑呵呵地称赞着，弄得杜牧倒为自己刚才的鄙夷人家的态度不好意思起来，“唰”的红了脸蛋。

“诸位莫笑话，老朽这孙儿年小气盛，说话唐突了诸位，恕罪恕罪。”杜佑心中高兴，嘴上却故意这么说。

“令孙年小志高，见识不凡，前程必然无量。还是大人教导有方，真可敬佩，敬佩！”李绛赞叹着。说罢又问杜牧：“历史上哪些人物你最为敬重？”

“我呀，敬重的人可多啦。有远古时代的尧啊舜啊禹啊；有吕尚啊、周公；有孔子、孟子；还有管夷吾、商鞅、屈原、贾谊、司马迁、苏武、曹植、陶潜；本朝的李世民、李白、杜甫、王维、颜真卿……”

“还真是敬重不少人哩！”权德舆与杜佑关系最亲密，见杜佑所宠爱的孙子年小有志，一连列举了这么多历史名人，心中乐滋滋的，一把抱起了杜牧，亲了一下小脸蛋，又轻轻放下，摸着他的头顶说：“这些人物值得敬重，他们可归纳为五种人。第一，太平盛世的贤君；第二，儒家的圣人；第三，治国平天下的名臣；第四，忠君爱国的气节之士；第五，著名的文人。这些人彪炳千秋，皇皇业绩，确实令人肃然起敬。你小小年纪，敬仰他们的志气可不小。真可谓后生可畏，可喜可贺呀！"说着，便对着杜佑恭贺起来，众人也纷纷称赞着。

这权德舆如此高兴，确是出于真心。他的称赏杜牧，也并非想以此恭维杜佑。原来，他也是个儒雅之士，在当时可说是一位蕴藉风流，为时所称的著名文章大家。他字载之，天水略阳（今甘肃秦安）人。四岁时即能赋诗，十五岁已有文数百篇，曾编为《童蒙集》十卷，颇有声誉。其才能早即为杜佑称赏，曾在杜佑淮南幕府中任职。后杜佑又曾推荐他入朝，历任太常博士、左补阙，累迁司勋郎中、中书舍人、礼部侍郎。三掌贡举，延揽人才，颇有时望。他是杜府的常客，看着杜牧长大，因此也是最了解杜牧的人，又因为他爱才如命，故有这般称颂的话。若就童年、少年时代的杜牧来说，除了杜佑对杜牧的影响最大外，权德舆对杜牧的影响也是不可忽视的。

杜佑见众人都喜欢自己的小孙子，夸他有志气、前途无量，不觉心花怒放，喜形于色。趁着众人称赞，自己也高兴，他对大家谦虚了几句后，也不禁流露出自得之色，说了好些杜牧如何懂事好学，聪慧灵敏、胸有远大志向的话。说得众同僚不禁啧啧称赞，不时地附和着一起赞扬起来。这一下可把杜牧赞扬得怪不好意思的，但也使他暗下决心，一定不负爷爷的期望，像爷爷一样匡世济民、出将入相，光宗耀祖。

谈话间，杜佑和同僚们谈论起读书的体会。权德舆、裴泊等人纷纷回忆起自己小时挑灯夜读、与人探讨商议的情景。有的说如果没有那时的朝夕诵读经书，就过不了进士试贴经的关卡，也就榜上无名；有的谈起自己读《论语》的体会，说每读一遍就有一遍的新认识，也真是孔子所说的"温故而知新"；有的说他最喜欢的是《孟子》一书。孟老夫子的文章气势充沛，论辩善用巧妙的比喻，而且常常采用"欲擒故纵，引君入彀"的方法，逼得对方只好"王顾左右而言他"。有的表示附和，说孟夫子教人养吾浩然之气，倡导"民为贵，社稷次之，君为轻"，都是金玉之言，为官做宦的人是必须懂得的；也有的推崇庄周的文章，说他的文章篇篇精彩，想象极为丰富，汪洋恣肆，文辞瑰丽。《秋水》《逍遥游》尤为出色。如那《逍遥游》中的"北冥有鱼，其名为鲲。鲲之大，不知其几千里也；化而为鸟，其名为鹏。鹏之背，不知其几千里也；怒而飞，其翼若垂天之云。是鸟也，海运则将徙于南冥；南冥者，天池也。齐谐者，志怪者也；谐之言曰：'鹏之徙于南冥也，水击三千里，抟扶摇而上者九万里，去以六月息者也。'"这等文章是天地间之绝品，令人赞叹。有的也议论到屈原、宋玉、司马迁、扬雄、李白等辞赋诗文家的特色。

杜牧静静地听着众人高谈阔论，虽有的议论他尚不太明白，但大家所说的他大体也能理解，觉得所说的都很有道理，便默记在心。不过使他印象最深的还是爷爷在众人议论后所说的这么一段话："不管是读经书，还是观览史书，最要紧的是领会前贤的思想经验，总结历史经验教训，用到治国富民、安定天下上。经书是根本，非熟读探究其奥义妙旨不可，人生社会的要义都在这里面。史书让人懂得兴亡史，国家之所以兴盛，所以没落的道理就寓在史实中。要治理好州郡、国家，甚至是一县一邑一家，读读《史记》《汉书》等史乘是不可少的。秦始皇想传万世，但只到二世就灭亡。陈后主、隋炀帝也以荒淫无度而国祚不永，灭国毁家。这兴亡史值得探讨记取啊！"

杜牧记得爷爷还讲到屈原、宋玉、班固、司马迁以及李白、杜甫等人的事迹，说到这些人的文章诗赋，也是天下第一等诗文，读书人是应以之为楷模的。杜佑的这一番话平时杜牧也陆陆续续听爷爷说过，只不过这时爷爷讲得更集中全面，也更兴致勃勃、神采飞扬罢了，所以留给杜牧的印象更为深刻。后来他即遵照杜佑所说读经阅史，结合社会实际，自己也深有体会，多年后他在给晚辈的一首诗中还以这样的诗句教导他：

> 经书括根本，史书阅兴亡。
>
> 高摘屈宋艳，浓熏班马香。
>
> 李杜泛浩浩，韩柳摩苍苍。
>
> 近者四君子，与古争强梁。
>
> 愿尔一祝后，读书日日忙。
>
> 一日读十纸，一月读一箱。
>
> 朝廷用文治，大开官职场。
>
> 愿尔出门去，取官如驱羊。
>
> ……
>
> 愿尔闻我语，欢喜入心肠。

大明帝宫阙，杜曲我池塘。

我苦自潦倒，看汝争翱翔。

诗中的"杜曲我池塘"，即指杜曲的樊川别墅。这座别墅以及如这一次杜佑与同僚宴集之类的情景，让杜牧留下了极为美好的印象，以致终身不忘。也就是元和五年三月初一这一天，对于樊川别墅来说，可谓是最荣耀辉煌的日子。当时，唐宪宗得悉岐国公杜佑与宰相裴洎、李藩以及权德舆等公卿大臣在樊川别墅宴集游乐，特别高兴，也想趁此表示对三朝元老杜佑的礼重之意，遂派遣中使赶往樊川别墅，赏赐杜佑酒馔等物品。宪宗选择这么多公卿大臣在场的机会，特地派人慰问赏赐，这一番心意和给他的荣耀，杜佑自然心领神会，无限感激。在场的公卿大臣也因此更有面子，个个喜气洋洋。就是杜牧虽然年纪小，也懂得这是他们杜府最荣耀的事，是樊川别墅最为风光的一天。

当然，杜牧对这座别墅的深厚感情不仅在于与他祖父相联系的诸多盛事，也在于它那优美的景致，以及对他的陶冶。这座著名的别墅甚至也引起史家的称赏。《旧唐书》的《杜佑传》即载："（杜）佑城南樊川有佳林亭，卉木幽邃，佑每与公卿宴集其间。"至于其景色之美，杜佑与同列友人宴游之盛况，当时权德舆所作的《司徒岐公杜城郊居记》有所记述，其中描述道：

> 司徒岐国公以盛德相三朝，以大中敷五教。……既致用于方内，亦宅心于事外……萦回岩巘，左右胜势。径木逶迤于木杪，亭台巉岏于山腹。下崇冈，冒青苍，步履平夷以至于堂皇。四敞宾榻，中容宴豆。孤斋闲馆，幽概随之。乃开洞穴，以通泉脉。其流泠泠，或决或渟。激而杯行，瀑为玉声。……白波沦涟，缭以方塘。轻舻缓棹，沿洄上下。见烟霞澄霁之状，鱼鸟飞沉之适。濯于潺湲，风于碧鲜。红葩火然，素英雪翻。芊眼葱倩，杳窱回合。含虚籁以四达，溯清辉而交映。故其休沐燕息，盍簪投辖，则有鸣佩拖绅、宗工隽人、金闺玉堂之宾，淑姿修态，流光含睇。回风遏云之艺，中饮笑抃，交欢击节，不知公相之为贵，适其适故也。

这一篇郊居记当时即刻于别墅岩石上。后来杜牧每到樊川别墅，就拜读它，从而引发他对儿时樊川别墅盛况及对爷爷的美好回忆。在他成人后游宦他乡时，对樊川故园也曾多次深情地思念，以至有《望故园赋》之作以寄情思。其中抒发思归之情道：

> 余固秦人兮故园秦地，念归途之几里！诉余心之未归兮，虽系日而安至……余之思归兮，走杜陵之西道，岩曲天深，地平木老。陇云秦树，风高霜早，周台汉园，斜阳暮草。寂寥四望，蜀峰联嶂。葱茏气佳，蟠联地壮。缭粉堞于绮城，矗未央于天上。月出东山，苔扉向关，长烟苒惹，寒水注湾。远林鸡犬兮，樵夫夕还。织有桑兮耕有土，昆令季强兮乡党附。怅余心兮舍兹而何去？……赋言归兮，余之忘世，徒为兮纷扰。

常言道人无金石固，寿无百年永，盛衰荣替乃人世间常规。摩天大厦总有崩塌之时，鼎盛一时的家族也有家道衰微之日。

长安城中央安仁坊中的杜府，尽管因司徒、岐国公杜佑的三朝为宰相而隆盛无比，但也避不过这人世间的常规、历史的劫数。从唐宪宗元和七年（公元812年）入春以后，年已78岁高龄的杜佑患病而日加沉重，身体极为虚弱，已到了风烛残年的时候。随着这一家之主的患病，支撑杜家大厦的顶梁柱的朽腐，杜府的上空笼罩着一片浓厚的乌云。杜家三房儿孙们也都脸无笑容，心情抑郁，仿佛已预感到一场灾难即将到来。

"杜牧，咱杜家的传统你可记牢？"杜佑倚坐在靠背椅上好一会儿，觉得有些精神，问着侍立在身旁的孙儿。

"爷爷，孙儿记住了，岂敢忘掉。"杜牧幽幽地说，声音中有着凄凉的味道。

"这就好，爷爷……放心了。"一阵咳嗽，使杜佑额头上的一道道深深皱纹显得更粗，眼角也可能因为一时使劲咳嗽或心情激动而缀着泪水。

"爷爷，您……"杜牧用手轻轻地抚拍着杜佑的背部，想以此缓解他剧烈的咳嗽。

"爷爷没事。年纪大了……放心不下……是你们几个小孙儿。我们杜家……几百年世代相传……是儒道儒学，诗礼相传。这是我们的家风。……你已十岁了，很懂事。这家风要永不失坠。"杜佑吃力地说了这些话，停下歇口气。

"爷爷，药汤快凉了，您喝吧。"杜牧端起盛着药汤的杯子，掀开杯盖说。

杜佑喘气稍平，接过药杯，慢慢地喝下半杯浓浓的药汤。"孙儿，我家的《通典》，是爷爷平生的心血。爷爷以后不在了……"

"爷爷莫这样说，"杜牧拦住杜佑的话。"您会好起来的，孙儿要永远陪伴着爷爷。"

"傻孙儿，人哪能是打不烂的金刚呢！记着，《通典》就交给你们。你再过些年更懂得世道时，用心看一看。以后传给杜家的一代代儿孙……这也就不枉费我的一生心血了。"

"《通典》是咱杜家的传家宝，孙儿一定用心钻研，以后像您一样经世致用为民报国，不负爷爷的期望。"杜牧虽只十岁，但多年受杜佑教育，已很懂事了。

杜佑苍老疲乏的脸上露出了笑容，就有如一片阴云中亮出几道淡淡的阳光。他为有这样懂得他心思的孙儿感到高兴，为有这样有抱负的后代而舒心，也为自己的《通典》有了传人而欣慰。人到晚年，还有什么能比这些更令人宽慰的呢！在杜佑的眼中，尽管儿孙成群，儿孙们也多有长进的，比如老二杜式方的第三子杜悰，此时年 19，已是一位颇为英俊的青年，并且也因门荫而入仕，三次迁升而任太子司议郎，看来是杜府的一位颇有前途的后起之秀。但是，杜佑最喜欢的还是杜牧。杜牧是在他亲自教育下成长的。耳濡目染之下，杜牧最受亲炙，因此杜佑也便把承继杜家门风事业的期望寄托在这年仅十岁的孙儿身上。

"说得好啊，乖宝贝孙儿！经世致用，为民报国，这就是爷爷的座右铭，也是我对你的希望啊。……你今后学史书，要更注意历代治乱兴亡的事迹；也要留心考察社会民情，研究国家的财赋和兵甲之事。总结历史，究心当世之务，匡世济民，这样才……"激动、兴奋使杜佑心跳得厉害，气也喘急了。

"爷爷，孙儿牢记教诲。"杜牧边说着，边上下抚着杜佑的胸口。待杜佑喘气平息些，又扶起他到床上躺下休息……

光阴荏苒，转眼已是炎夏六月。此时杜佑病虽曾有一度好转，但好景不长，又因暑气所侵，热邪入身，又病了起来。

在此之前，杜佑因患病已向朝廷上章乞骸骨，恳求致仕养老。按唐代制度，人到七十即可悬车告老，致仕还家休养。有不致仕的，有时还反遭人家议论。当时著名诗人白居易的《秦中吟》十首中即有《不致仕》诗以讥刺贪恋官爵不肯告退的："七十而致仕，礼法有明文；何乃贪荣者，斯言如不闻？可怜八九十，齿坠双眸昏。朝露贪名利，夕阳忧子孙。挂冠顾翠绥，悬车惜朱轮。金章腰不胜，伛偻入君门。谁不爱富贵？谁不恋君恩？年高须告老，名遂合退身……"后人说白居易写这首诗是针对杜佑而发的。这种说法不可信。因为杜佑为三朝元老，唐宪宗对他特别礼重，所以尽管杜佑多次求退，宪宗仍不允准，一再挽留。但时至今日杜佑又再上章恳请，说得情理切至，宪宗不禁为之动容，大为感叹。又想到杜佑确实年事已高，尽管优待他三五日一入中书省议事，但他已久患病，实在难以入朝，遂不得已割爱允准他致仕，在家养老。

六月癸巳，唐宪宗下诏允准司徒、岐国公、同平章事杜佑以光禄大夫、守太保致仕，并派遣中使到安仁里杜佑府第赐绢五百匹、钱五百千。这天，杜佑勉力扶着病体，率领阖府儿孙迎接中使。这时杜牧也和父亲杜从郁一起跟随着杜佑，和伯父杜师损、二伯父杜式方，堂兄杜诠、杜恽、杜悰等人一起在大堂上迎接款待朝廷派来的官吏。此时杜府处处张灯结彩，鼓乐阵阵，人人穿戴着礼服，上上下下呈现着一派热闹喜庆的气氛，好像过节一般。但杜牧却不免有些悲凉的感觉，脸上怎么也舒展不开笑容来。

中使展开诏书，极为庄重地面对着杜佑，朗声道："请司徒、岐国公杜佑大人接旨！"

杜悰、杜牧扶着杜佑连忙跪下，静听着。此时阖府庄严肃穆。杜牧听中使念道：

宣力济时，为臣之懿躅；辞荣告老，行己之高风。况乎任重公台，义深翼赞，秉冲让之志，坚金石之诚。敦谕既勤，所执弥固，则当遂其衷恳，进以崇名，尚齿优贤，斯王化之本也。
……岐国公、食邑三千户杜佑，岩廊上才，邦国茂器，蕴经通之识，履温厚之姿……博闻强学，知历代沿革之宜；为政惠人，审群黎利病之要。由是再司邦用，累历藩方，出总戎麾，入和鼎实。聿膺重寄，历事先朝，左右朕躬，夙夜不懈。……臣有耆艾以求其退，君有优赐以徇其情……俾养浩然之气，安于敬止之乡，庶乎怡神葆和，永绥福履……

杜牧听到诏书中对他爷爷的赞誉，心中真是又高兴又自豪。特别是"知历代沿革之宜，为政惠人""兹可谓国之元老，人之具瞻者也"云云尤让他振奋、激动。他为有这样的爷爷而骄傲自豪，暗自把爷爷作为自己的楷模。可是，一看到身旁的爷爷白发苍苍，身病体衰，心中又涌起一种悲凉的滋味，心情沉重得像铅一样。这种心情久久盘踞在心头，一直到中使离府回宫时也没有消退……

杜佑在病榻上又度过了艰难的五个月，疾病日重，已到了回天无术，犹如夕阳即将沉没于群山中的时刻。

元和七年十一月辛未，在干燥而峭冷的寒风里，安仁里的杜府正沉浸在巨大的悲哀中。三朝宰相，名重一时的光禄大夫、守太保杜佑溘然长逝，抛开了这座他亲手经营的巍巍府第，离开了他疼爱的孙儿杜牧等人。这时杜悰 19 岁，杜牧 10 岁，而杜牧的弟弟杜顗才 5 岁。杜牧的大伯父和父亲都在朝任职，而二伯父杜式方正在昭应县令任上。所幸二伯父前几天听说父亲病重，已告假回到长安府中，算能见到老人的最后一面。

杜佑的死讯马上传到朝廷。朝廷为悼念这位名重一时的元老，宣布废朝三天，并册赠杜佑为太傅，谥曰安简。杜佑的葬礼是在次年元和八年（公元 813 年）四月初三举行的，葬于长安城南少陵原杜家祖茔中。权德舆为他撰写了《唐丞相金紫光禄大夫守太保致仕赠太傅岐国公杜公墓志铭并序》，其铭云：

> 斤斤岐公，祗事三后。谟明盛时，其道甚夷。乃将乃相，乃公乃师。六府和平，五福丛滋。齐之温良，商之慈爱。推本性术，发舒光大。宣力中外，勤劳翼戴。

后来，史臣把杜佑列入《旧唐书》中，并评道：

佑承荫入仕，谳狱受知，博古该今，输忠效用，位居极品，荣逮子孙，操修之报，不亦宜哉！

杜家的荣盛，随着杜佑灿烂的晚年而达极顶，又随着杜佑的逝去而渐退辉煌的光彩。杜府开始了新的变化。特别是杜牧一家，盛衰荣败的惨烈更带给这一位少年以苦涩的滋味、从未体验过的艰难。

杜佑在世时，三个儿子虽都已成家立业，各有子女多人，但仍然合在一起过日子。杜氏大家族显得长幼有序，和和美美，贵盛煊赫。但杜佑死后，这个大家族就突然失去了顶梁柱，没了主心骨，杜氏家族三房的关系有了变化，家庭内部的矛盾也自然出现了。不久，杜氏三房遂各自分开过日子。虽然也都居住在安仁里杜氏宅第中，但房产、田地、奴婢等都分到各房去。于是这座创置于唐玄宗开元末的杜氏府第开始被瓜分了。杜氏祖宗所开创、积累的产业也被一分为三。封建时代大家族合久必分、分而衰荣不一的命运也在杜家重演着。

杜佑三子中，要算第二房最为发达。后来这第二房虽然不如杜佑时的贵盛显赫，荣耀无比，但也有出将入相的子孙，也算是荣耀一时的。原来，杜牧的二伯父杜式方自杜佑撒手人寰后，即和大哥杜师损、三弟杜从郁一样因丁父忧而辞官，从昭应县令任上退回守孝。孝期一满，杜式方即升任司农少卿。不久，又升迁为太仆卿，一直在朝中做官。他本人虽然后来也官至御史中丞、桂管观察都防御使，成为方面大员，但毕竟不能与杜佑相比。不过，他的第三子，也就是杜牧的堂兄杜悰，却时来运转，机遇频得，官运亨通，可算是杜佑儿孙中最荣贵的人。杜牧虽然才能志向远过于他，但却远不能与杜悰的飞黄腾达的官运相比。世间就是这么地不公平，这使得杜牧常郁郁不乐。这是后话，暂不详说。

杜牧的这位堂兄字考元，长杜牧九岁。以门荫在朝任职。三次升迁，已官至太子司议郎。杜悰也长得秀朗严整，风度翩翩，一表人才。他毕竟出自杜府，少小就饱读诗书经典，也受到祖父杜佑的指点、督促，所以也对今古治乱，国家兴亡之事颇为留意，也可称得上杜府中一位有德行文学的出色后辈。杜牧和这位堂兄因爱好有些相同，尽管年纪差不少，但也乐于和他在一起，有时和他谈论着史书经典中自己不太理解或有疑问的问题。不过，杜悰为人比较自私，凡事多考虑到自己的利益，比较缺少兄弟情谊，这和他的父亲杜式方是大不相同的。杜式方对弟弟杜从郁可谓友爱之至。就是分家之后，也时常照顾患病的弟弟，经常亲自为他延医治病，煎调药膳水饮。后来从郁病死，他伤心得终年号泣。这种友睦之情，不管是杜家人或是友人同僚都称道不已。杜悰因缺少他父亲的这种友睦和雅量，所以后来也得了个"秃角犀"的绰号，杜牧对他也难免有点遗憾。

可是，命运却对杜悰特别钟情。他不仅大有桃花运，而且成了皇帝的乘龙快婿，娶了始终尽妇礼，颇具淑德柔风，为天下人称美的岐阳公主。这岐阳公主是唐宪宗的嫡长女，系郭妃所生，为尚父汾阳王郭子仪外曾孙女。她也就是后来穆宗皇帝的妹妹，敬宗皇帝的亲姑母。

说来也是杜悰的命运机缘好。元和九年（公元 814 年）的一次好机会被他遇上了。当时，与杜牧家有通家之谊的权德舆任宰相。权德舆的女婿是独孤郁，他是一位颇为出色的人才。他字古风，河南人。他的父亲即是天宝间与古文名家李华、萧颖士等人齐名一时的文学家独孤及。当时他所著的《仙掌铭》传诵人间，很为当世名流所称赏。人说有其父必有其子。独孤郁不愧是文学名家之后，颇有其父风概，乃是位饱学之士。宪宗元和初，他应制科试，中才识兼茂、明于体用科，以高等登科入仕，官拜拾遗，进右补阙。后来颇有政绩，又兼史馆修撰。不久，又召充翰林学士，迁起居郎。可以说独孤郁是当时人们艳羡的一位儒雅风流的文学之士、政坛上的一颗明亮的新星。不过因为权德舆拜宰相，按唐代习惯，作为权德舆女婿的独孤郁却不便在朝廷任内职，所以他也就避嫌辞去内职。唐宪宗本就羡慕权德舆有这么一位才气出众的女婿，每感叹自己还没能为公主选一位理想的驸马。这时知道独孤郁因权德舆为相之故而辞内职，看到独孤郁儒雅英俊、才气焕发的模样，不禁叹道："德舆能够得到佳婿独孤郁，我堂堂天子，反不能吗！"于是命当朝宰相在公卿、大夫子弟中选文雅可居清职的人为驸马。

宪宗此令一出，可为难了宰相等人。起初，他们在文学后进中挑选驸马，可这些人家都以种种借口推辞，甚至有称病不应的。原来，人们不愿做皇家驸马也是有原因的。在唐德宗时，因为朝廷软弱，推行姑息政策，所以王武俊、王士真、张孝忠几个强藩之子都成了皇婿。唐宪宗也宠用于颀，结成儿女亲家。这些人成了皇亲国戚后，更是挟恩仗势，平日里聚集少年无赖、侠客武士，追逐狗马之乐，纵逸恣肆，横行霸道，殴打平民百姓，强取豪夺人家财物，以致官府不敢过问，人们侧目以待，名声极坏。再有一层原因是，唐代的公主们大都仗着出身高贵，因此骄纵成性。出嫁之后，也不收敛分毫，有的更是变本加厉，根本不把婆家人看在眼里。所以往往将婆家搅得鸡犬不宁，家庭矛盾纷纷，一个好端端的家庭也因此被弄得乌七八糟。出于这些缘故，一般的公卿子弟人家都对娶公主之事避之有如不及，不愿意成为皇家的驸马，把自己变成如同傀儡一般。

正当宰相愁于难有人选时，忽然想到前宰相杜佑之孙杜悰，时正青春年少，又为名相之后，也有文学之才，正是适合的人选。宰相遂亲自到杜府中来，会见了太仆卿杜式方，说明了来意。杜式方不置可否，可在一旁的杜悰则表示愿意应选。宰相巴不得杜悰如此爽快应允，遂大喜而回。翌日即入朝进言道：

> 前所奉诏，臣谨搜其人。……司徒岐国公有孙儿悰，年始弱冠，有德行文学，秀朗严整。臣尝为司徒吏，熟其家事，官族世婚，习尚守治，臣一皆忖度，疑悰可以奉诏。

唐宪宗听奏，亦喜不自胜，马上下诏召见杜悰于麟德殿。宪宗爱女心切，又见杜悰一表人才。听他谈论又声音朗润，应对如流，颇有慷慨潇洒之概，不禁龙心大悦，允了此事，决定招杜悰为婿。元和九年（公元814年）七月戊辰，宪宗下诏以太子司议郎杜悰为银青光禄大夫、殿中少监、驸马都尉，尚岐阳公主。八月癸巳，杜悰与岐阳公主成婚。

婚礼是由唐宪宗亲自主持的。那天，宪宗登上朝中正殿，为公主举行隆重的成婚仪式。婚礼毕，杜悰伴着岐阳公主由西朝堂出。时节幡鼓铎，仪物毕备，隆重热闹非凡。回长安昌化里赐第的途中，唐宪宗又登上延喜楼，赐酒食金帛无数，并奏朝中乐曲，赐嫔御奴婢以送行。

杜悰尚岐阳公主，成了驸马，这给杜氏家族带来了新的荣耀，更重要的是杜悰本人又凭着这一层关系而飞黄腾达，官位日进。当时宪宗赏赐给他的昌化里宅第也很气派富丽。堂有四庑，雕梁画壁，缋橡藻栌，金碧辉煌。公主的外族郭家，也不甘示弱，又将尚父汾阳王大通里亭沼送给岐阳公主作为别馆。在当时，杜悰的隆贵显荣，难有人能和他相比。但更有福气的是，这岐阳公主却是一位难得的贤淑守礼的公主，颇得杜府一家的称赞敬重，以至后来杜牧也对她颂扬备至。在为她所作的墓志铭中，写下了一段记述她的贤淑事迹，赞颂她的话：

> 杜氏大族，其他宜为妇礼者，不翅数十人，主卑委怡顺，奉上抚下，终日惕惕，屏息拜起，一同家人礼度。二十余年，人未尝以丝发间指为贵骄。始与尚书合谋曰，上所赐奴婢，卒不肯穷屈，奏请纳之。上嘉叹许可，因锡其直，悉自市寒贱可制指者。自是闭门落然，不闻人声，尚书（按指杜悰）读书考今古治乱，主职妇事，承奉夫族。时岁献馈，吉凶赗助，必亲自经手。池塞馆陟，辟球场种树。不数十年，搢绅间杂然称尚书为贤。
>
> 尚书旋出为澧州刺史，主后尚书行，郡县闻主且至，杀牛羊大为数百人供具。主至，从不二十人、六七婢，乘驴阑茸，约所至不得肉食，驿吏立门外，舁饭食以返。不数日间，闻于京师，众哗说以为异事。尚书在澧州三年，主始入后出，中间不识刺史厅屏。……姑凉国太夫人寝疾，比丧及葬，主奉养早夜不解带，亲自尝药，粥饭不经心手，一不以进。既而哭泣哀号，感动他人。

岐阳公主下嫁杜家后的贤淑，不仅她成为杜悰的贤内助，使杜悰从此步步高升，而且也多少改变了公主下嫁后飞扬跋扈、婆家畏避的旧习俗。

与杜式方、杜悰一家的荣耀发达相反，杜牧一家随着杜佑的去世、杜佑兄弟的分家而日益显得败落、艰辛起来。

杜佑虽然官位隆贵，但为官清廉正直，不像一般的官吏一样贪婪地搜刮民脂民膏，积累金银珠宝。他所注重的又是诗礼传家，承传儒家道统，并以此教训儿孙。所以三房儿子虽都为官做宦，但也如他一样清廉不贪，因此杜家的财富也是有限的。只是那座安仁里的府第空有其辉煌的外表，与他身为三朝元老的地位还算相称而已。因此，杜牧的父亲杜从郁在杜佑死后，尽管也分了些家产，但并不很多。从那座安仁里的旧第中，他分得了三十间房屋而已。

杜从郁从小就多疾病，身体一直很虚弱。虽然在朝任驾部员外郎，但也因身体拖累，自然常力不从心，因此政绩不显，也难得再升迁的机会。后来又病体缠绵，长期卧床难起，不但家中的财源断了，而且也累得杜牧的二伯父杜式方为他多方求医求药。就是当时只有十几岁的杜牧，也常为抓药延医之事而奔走于长安各街坊间，十分焦心劳累。为了治病买药，支撑一家大大小小以及奴婢用人的开销，没多久，杜牧一家的财产积蓄也渐渐耗空了，不得不常把所存不多的财物拿去典当或卖掉。杜牧从小就喜好书画，家中也收藏着几幅前朝或当世著名书画家的字画，如晋代张华的草书《得书帖》、陆机的行书《望想帖》、梁代沈约的《今年帖》，以及隋代画家阎毗的长安车马人物图，后周冯提伽的山川草树图，唐代阎立德的《玉华宫图》《斗鸡图》，吴道玄的山水图等。但为了给父亲治病急需用钱，杜牧也不得不将这些心爱的书画卖掉，以致为此心中郁郁怅闷，极为惋惜。

几年之后，杜从郁的病一点起色也没有，反而更显得日渐严重。病得吐红不止，骨瘦如柴，只剩下一口气。这时杜牧的家境变得有些穷窘，以至于有时也不得不向亲友借贷以维持生活之需。家中原有些奴婢，在杜家还富裕时就在府中，过着衣食不愁、寒饿不知的还算体面的生活，也仗着杜家的地位较一般官宦人家的奴婢光彩些。但随着杜牧家家境的日渐穷窘，为了节约开支，省下费用，杜从郁不得不解雇了几个用人奴婢。而用人奴婢也有巴不得早点离开杜家、自谋生路去的。所以一等主人发下话来，就赶紧收拾行李包裹，像放出笼的鸟儿奔向山林一样。有的竟也没留下一句告别的话，就三步作五步走地离开了这座曾使他们感到光彩的宅邸。

在杜家的亲友中，算是杜牧的堂兄杜慥和二伯父杜式方最有亲情。他们也常来家中看望病中的杜从郁，问寒问暖，并时时送来食用的物品。这点接济尽管是杯水车薪，但有时也真是缓解了杜牧家一时的为难。而对杜从郁、杜牧父子来说，这两位亲人的关心抚慰，就犹如寒饿的人喝上了一碗热汤，披上了一件棉衣，感到难言的暖意。

长安京城的冬天也是大地冰封，冷风梳骨寒峭的。这天杜式方听一位久病而愈的朋友说，他也曾患过和杜从郁一样的病，起初也请了不少医生，吃下了几大箩筐的药，却不见效。后来找到了城东的一位李医生，真是药到病除，妙手回春，没吃下几帖药就转危为安，调理一个月后渐渐康复了。

"这位李医生在城东何处？"杜式方听说有这么一位神医，连忙问道。

"家在常乐坊，地方比较偏僻。"

"好兄弟，快告诉我李医师的具体地址。"

"我也说不上，第一回找他是朋友带去的。到了常乐坊东拐西转，总算找到了。后来去得多了，路也熟了。可就是没有具体的门牌号，叫我也说不清。"

"那我自己到常乐坊找他去。"杜式方急于求医，也顾不得与这位久别的朋友刚刚见面，就急匆匆地想奔城东去。

"唉，偌大的常乐坊，李医师家又偏僻难走，你往哪儿找去！天还飘着大雪，冷得人脚都冻麻了。还是改日我带你去吧。"

"这哪行，救人如救火，我这就去。"说着，杜式方拔脚就想走。

"难得，难得。朋友们都在称赞你兄弟情深，果然不虚。"

"你若是见到我那兄弟的病态，你也会急得掉泪的。"杜式方红湿着双眼，哽咽地说。

"走，我带你去，咱兄弟就喜欢你这片心。"

杜式方大喜，似乎已感到他那奄奄一息的病弟有救了。遂像小孩似地兴奋地拉着朋友的手，往城东奔去。他们顶风冒雪，经过长兴坊、亲仁坊。又奔往安邑里，穿过东市，转入常乐坊。下了马车后，又东拐西转，走了一段偏僻不平的路才到了李医生家。可真不巧，李医生不在家，出访朋友去了。家人说医生明日才能回来，今晚在友人家过夜，是断断回不来的。

杜式方听罢，犹如一下子跌入冰窖，心头的一盆火被泼下一桶水，心似乎都冷透了。无奈，只好留下自己的名刺，说明来意，约定明天再来拜访。

次日，鹅毛般的大雪仍然纷纷扬扬，仿佛要把整个长安城裹在雪花中似的，天气奇冷，路上难见到行人。

　　杜牧知道了昨天二伯父往城东寻医的事，心中甚是感激，竟暗暗地流下热泪来。他今天说什么也要随同二伯父一起去请李医生，心想家中有堂兄杜悰留下照料病人，弟弟杜颛也十岁多了，虽身体虚弱，眼睛不好，但也还能帮着端茶送药，做些杂事。所以也就比较放心，执意和伯父一同前去。

　　一路上，风雪肆虐，峭风往车里钻，雪花也时而卷进车中，车外一片白茫茫。马车在风雪中颠荡着，马儿不时地喷出一口口寒气。

　　杜式方一路上向杜牧讲述了他父亲从郁小时和他如何挑灯苦读的情形。当时家中藏书多，他们恨不得一口气全读完。所以不管腊月寒冬，或是又闷又热的三伏天，他们全然不顾寒与热，沉浸在书房里，品味、研讨着儒家的经典。杜从郁从小好强争胜，但体质差，又因为过分用功、耗心劳神，以致积劳成疾，病成现在这样子。又谈到杜悰虽然成了驸马爷，但另居在昌化里赐第，闲时又往大通里别馆居住，平时难得见一面。还好岐阳公主不像杜悰那样只顾自己，还能一个月来家三两趟走走，问候起居平安，也算是一位贤惠的儿媳妇。此外，还问起了杜牧家里的一些家常琐事。谈起家中奴婢，有的耐不住不宽裕的生活，竟然不服管，悄悄地溜走了。说得伯侄两人不禁黯然伤感，一起感慨着杜佑死后府中的暗淡，杜氏家族的今非昔比。

　　伯侄两人好不容易见到了李医生，送上礼金，恳求医生大慈大悲，千万能应允到杜府救病人一命。两人说得十分伤心诚恳，杜牧竟忍不住掉下泪来。这李医师也是个热心助人的长者。虽然长须飘飘，霜发满头，步履迟缓，但看到两人心急火燎，大为感动，遂不顾天寒路遥，慨然道："走，为了岐国公的儿孙，老夫说什么也不能推辞的！"

　　原来，这李医生在贞元末时也给杜佑看过病，并且得到杜佑的恩惠与鼓励，对杜佑颇是崇敬，常存报恩之心。只是杜佑和他毕竟地位悬殊，多年来竟难有见面报答的机会。现在杜家有急难，他可有义不容辞之责。所以，也就即刻动身，冒着风雪，随杜牧伯侄二人赶往安仁里。

　　李医生望着杜从郁的脸色，青黄中泛黑。又看过舌头，仔仔细细地切过脉，问过了有关病情，遂默默地退出房来，轻声地叹口气。

　　"我三弟病情怎样？"杜式方已从医生的脸色看出不妙。杜牧跟在二伯父身旁，也意识到父亲病情的严重，心情沉重得像一座大山压住似的。

李医生摇摇头，"太晚了，如果早些时候对病下药，也还有办法。"声音低沉而苍凉。

杜牧一听，如五雷轰顶，耳朵"嗡"的一声，头脑顿觉有些恍惚，两脚软如踩在棉花上，差点没倒下来。

"可还有点办法？"杜牧恍惚中听二伯父问道。

"吃几帖药看看吧，不过只是延长些时间，不大济事的。"李医生无奈而感抱歉，开下药单，告辞而去。

杜牧和二伯父等人送走李医生后，全陷在悲凄之中。风更冷峭尖利，雪花大片大片地在庭院中随着寒凛凛的峭风打旋儿飘动。杜府一时显得从没有过的空寂、昏暗……

人生的变幻无常，世事的沧桑，往往令人想不到，也常使人感到不平而无可奈何。命运是一种最难以捉摸、最让人无奈的东西。谁又会想到当时轰轰烈烈、贵盛一时的杜佑一家，在他死后不久，他的儿孙又会有这么大的变化，以致荣衰悬殊，令人惊异呢！

杜悰因为成了驸马，又继杜佑之后隆贵显荣，难与为比。当时诗人鲍溶有一首《夏日怀杜悰驸马》诗，即可见到杜佑的这位被称为"秃角犀"的二房孙儿的富贵：

> 五月清凉萧史家，
> 瑶池分水种菱花。
> 回文地簟龙鳞浪，
> 交锁天窗蝉翼纱。
> 闲遣青琴飞小雪，
> 自看碧玉破甘瓜。
> 仍闻圣主知书癖，
> 凤阁烧香对五车。

可以想见，杜悰这位驸马当日就凭着皇帝的乘龙快婿的身份，过着锦衣玉食、富贵华丽的生活。而谁又会想到，同是杜佑之孙，杜牧在杜佑去世后，尤其在他父亲病故之后，却过着与杜悰截然不同的生活。命运对他显得格外残酷与不公平。当时的情景，他后来在给宰相的一封启中曾加以描述：

> 某幼孤贫，安仁旧第置于开元末，某有屋三十间而已。去元和末，酬偿息钱，为他人有，因此移去。八年中凡十徙其居，奴婢寒饿，衰老者死，少壮者当面逃去，不能呵制。止有一竖，恋恋悯叹，辇百卷书随而养之，奔走困苦无所容，归死延福私庙，支柱欹坏而处之。长兄以驴游丐于亲旧，某与弟颐食野蒿藿，寒无夜烛，默念所记者，凡三周岁。

尽管杜牧少年时家境出现了巨大的变化，经历了丧父之痛，尝到了生活的艰难困厄，但是他从这宰相人家却继承了经世济民的精神财富。唐武宗会昌二年（公元842年），他曾在给御史中丞李让夷的信中，提到自己早年承继家学的情形说：

> 某世业儒学，自高、曾至于某身，家风不坠，少小孜孜，至今不息。性巇固，不能通经。于治乱兴亡之迹，财赋兵甲之事，地形之险易远近，古人之长短得失……或因时事召置堂下，坐之与语，此时回顾诸生，必期不辱恩奖。

确如他后来所说，杜牧少小时即承继了杜佑的那种奉守儒学、注重国事民生、匡世济民的传统。早在16岁之前，他就读过了许多儒家经典，披阅了厚厚的一部部史书，始终奉行着"经书括根本，史书阅兴亡"的原则发奋地攻读着，思索着。

有一次，他研读着《礼记》，读得滋滋有味，全神贯注。他觉得书中所讲的道理极为深刻精彩，每每为那真知灼见而拍案称绝，赞叹感慨不已，越读下去，越感到一种深沉的厚重的历史感，越觉得人生特别是一位有志气的男儿所应承担起的历史的、人生的责任与义务，越发振起精神意志，受到激励。

"四郊多垒，此卿大夫之辱也。"杜牧读到这一句，一连反复读了好多遍。

"太好了！太好了！"

"哥哥，什么太好了？"在一旁默诵着《尚书》的弟弟杜颛，听到杜牧一连称好，不禁好奇地询问着。

"杜颛，你说'四郊多垒，此卿大夫之辱也'。这话说得不是太好了吗？"

"《曲礼》上的这句话我也读过，但没细想。不过，战争之事，似应多责备武将才是，怎么倒怪起卿大夫来？"

"兵来将挡，水来土掩。争城打仗之事，自然乃武将之责。四郊多敌垒，也是武将的耻辱。他们难逃责任。不过，现在有一种很不好的风气，以为带兵打仗只是武将的事，与卿大夫毫无关系。这可真是枉为卿大夫，毫不知耻！"杜牧越说越感到国家兴亡，匹夫有责；越说也越激动、越愤慨。说着说着，不由得"啪"的一声，将手重重地击在书案上，两眼似乎要喷出怒火似的。

杜颛时虽只有12岁，但对时事也略有所知，见到哥哥这么激动，知道他是有感于讨伐淄青节度使李师道事而发的。"哥，朝廷征讨李贼的事也真是太窝囊了！要是咱爷爷还在世，想来必不如此！"

"说起来也真令人气愤不过，你看这些年来，强藩拥兵自重，狼狈为奸，勾结一气以反叛朝廷。先是淮西镇的吴元济，他父亲吴少阳一死，就擅自领军务，非但不把朝廷看在眼里，称王称霸，而且得寸进尺，派兵遣将，四处侵掠。屠舞阳，焚叶县，掠取鲁山、襄城，关东震动，一直打到东都附近，还好皇上圣明，排除阻力，坚决下诏削去元济官爵，命宣武等十六道军讨伐他。"

"这一仗也打得好久，还亏宰相裴度亲自出马才获胜哩！"杜颛也不觉议论着。

杜牧听杜颛一说，也就来了劲，索性说开了："那一仗也真不容易。吴元济狂得很，抵死反抗。又勾结成德节度使王承宗、淄青节度使李师道，三道兵串通一气，百般与朝廷作对捣乱。征讨了三年，还久久不能平息反叛。而朝中有些卿大夫慑于贼势，真是孱弱胆怯，反倒心寒胆战，力求罢兵。还亏得皇上主意已定，裴度、李愬尽力征讨，总算平定了淮西蔡州。逼得王承宗、李师道恐慌起来，献给朝廷数州的地盘表示归顺。可那李师道又贼心不死，听信其妻魏氏、奴胡惟堪、杨自温、婢蒲氏、袁氏等人的话。不久，又悔献沂、密、海三州，执意与朝廷对抗，气焰嚣张至极。可你看从今年七月皇上命宣武、魏博、义成、武宁、横海等五道兵征讨，到现在又过去了几个月，还是拖在那里，进展不大，真急死人！"杜牧重重叹了口气，又自责似地说："国家兴亡，匹夫有责啊！"

"哥，您所言甚是。可惜咱们年小，要不……"

杜牧见弟弟一脸的稚气中呈露出义愤慷慨之色，不禁心有所感，"连三尺书童都懂得羞辱与责任，可恨就有那帮自命知书达礼的卿大夫，反而恬不知耻。他们睁眼看着盗贼四处连州跨郡地占地为雄，凶残地杀戮将相，把反抗他们的刺史官吏绑的绑、杀的杀。遭殃的百姓、军士尸塞城郭，填满沟壑。山东一带可谓烽火漫天，杀声动地，可他们也真是毫不心动，你看那帮卿大夫，一个个在朝廷中行列进退，一如常时，笑歌嬉游，毫不以为辱。更有一班人，非但该辱而不辱，反而以为山东叛乱征讨之事非我辈所宜当知，征战之事乃是武将之责，是壮健善击刺者之事，与我无关。这还谈得上什么'四郊多垒，乃卿大夫之辱'！"

杜牧说罢，将书签插在《礼记》上，合上书，走出书房，在回廊中心有所思地踱着步子。步子是那样的缓慢，他陷入了沉思。也许他这时所想的，也有着多年以后他注《孙子兵法》，在《注孙子序》中所写的这些看法：

> 兵者，刑也，刑者政事也，为夫子之徒，实仲由、冉有之事也。今者据案听讼，械系罪人，笞死于市者，吏之所为也。驱兵数万，撅其城郭，系累其妻子，斩其罪人，亦吏之所为也。木索兵刃，无异意也；笞之与斩，无异刑也。……俱期于除去恶民，安活善人。……
>
> 子贡讼夫子之德曰："文、武之道，未坠于地，在人。贤者识其大者、远者，不贤者识其小者、近者。"季孙问冉有曰："子于战学之乎，性达之也？"对曰"学之。"季孙曰："事孔子，恶乎学？"冉有曰："即学之于孔子者，大圣兼该，文武并用，适闻其战法，犹未之详也。"复不知自何代何人分为二道，曰文、曰武，离而俱行。因使搢绅之士，不敢言兵，或耻言之，苟有言者，世以为粗暴异人，人不比数。呜呼！亡失根本，斯最为甚。

周公相成王，制礼作乐，尊大儒术，有淮夷叛则出征之。夫子相鲁公，会于夹谷，曰有文事者，必有武备，叱辱齐侯，服不敢动。是二大圣人，岂不知兵乎？周有齐太公，秦有王翦，两汉有韩信、赵充国、耿弇、虞诩、段颎，魏有司马懿，吴有周瑜、蜀有诸葛武侯，……隋有杨素，国朝李靖、李勣、裴行俭、郭元振。如此人者，当其一时，其所出计画，皆考古校今，奇秘长远，策先定于内，功后成于外。彼壮健轻死善击刺者，供其呼召指使耳，岂可知其由来哉。

……主兵者圣贤材能多闻博识之士，则必树立其国也；壮健击刺不学之徒，则必败亡其国也。然后信知为国家者，兵最为大，非贤卿大夫，不可堪任其事，苟有败灭，真卿大夫之辱，信不虚也。……彼为相者曰："兵非吾事，吾不当知。"君子曰："叨居其位可也。"

那天，他在回廊中徘徊思索得很久、很久……

唐穆宗长庆四年（公元 824 年）正月，穆宗驾崩于寝殿，年仅 30 岁。16 岁的皇太子李湛即皇帝位于枢前，此即是唐敬宗。次年春正月，皇帝亲祀昊天上帝于南郊。又登上丹凤楼，大赦天下，改年号长庆为宝历。

这位唐敬宗皇帝乃唐穆宗长子，母亲是恭僖太后王氏。长庆元年（公元 821 年），13 岁的李湛封景王。翌年 12 月，又立为皇太子。

敬宗皇帝登位时还是个少年。他从小长于宫中，锦衣玉食、花团锦簇地生活惯了，根本就不懂得人间的灾荒水旱，百姓的饥寒流离之苦；也不去关心这时强藩悍将拥兵自重，刺杀镇帅，杀戮刺史，反叛自立，割据称雄，闹得天下鸡犬不宁的险恶状况。这种对世事的无知，到了他做上皇位后，也依然没有多大改变，可说是一位乳臭未干的小儿皇帝。

这小皇帝虽没有治国的本事，可也有他的荒唐的爱好，他善于击球，又酷好于夜深人静时外出捕捉狐狸，自觉得其乐无比，把这事称为"打夜狐"。他登帝位的二月丁未这一天，早就把穆宗皇帝驾崩之事忘了个一干二净，也把朝内外大事抛到九霄云外，带领一帮人驾幸中和殿击球为乐，又赏赐教坊乐官绫绢三千五百四。他整整玩了一天，自觉好不痛快。几位朝中大臣急着想把紧急军情向他禀报，也没找到机会，还被他呵斥回去，说是"朕方潜心于击球，汝等勿来干扰。所奏小事，卿等自为裁处！"他玩儿球玩儿了个痛快，兴头一来，又一连几天游宴、击球、奏乐，赏赐宦官、乐人，终日沉浸于游乐中，简直忘却了满朝的文武百官，正等着他上朝理事呢！

敬宗不仅贪玩乐，也喜欢别出心裁。他叫人制造纸箭、竹皮弓。又在纸间密贮龙麝没香，每次宫嫔群聚玩乐时，敬宗皇帝也厮混其间，亲自弯弓射击。如果射中谁，不用惊慌，倒是浓香触体，一点痛楚也没有，更不用说皮破流血了。于是，宫中人们就把这种箭称为"风流箭"。又编出顺口溜："风流箭中的，人人愿。"除此之外，他的小主意也多，但无非是游宴享乐之事。如他令宫中订出清风饭制度，教宫中厨师在大热天依法炮制。调制的方法是把水晶饭、龙晴粉、龙脑末、牛酪浆调弄好，然后放入金提缸中。又将金提缸垂下冰池中，等食物冷透得冰冰凉凉，才提出来食用。

敬宗皇帝即位时，杜牧已是 20 多岁的青年了。他身材修长，面目清秀。两片嘴唇虽与少年时一样，较一般人厚凸些，但也不太碍眼，倒更在风流儒雅之中显出几分的厚重朴质。略微显方的脸庞，一双炯炯有神的大眼，流露出一股英俊刚毅之气，使人感到这是一位儒雅而又不乏英刚之色的有为青年。

的确，杜牧小时蒙受祖父杜佑的教导与熏染，饱读经书文章，胸怀匡世济民的壮志。又注重财赋兵甲实用之学，对历史和社会现实问题尤其重视，颇花了功夫调查探讨。他 20 岁前后，又更系统用心地阅读、钻研《尚书》《毛诗》《左传》《国语》和十三代史书。从这些浩瀚的经籍史书中，他更深深地明白了治乱兴亡的道理与规律，也更用心地考察着社会的各种现实问题，诸如君臣关系、藩镇叛乱、宦官与朝官的矛盾、百姓的赋税和徭役，以及佛教、道教与儒道的关系，边防与失陷的河湟地区的问题等等。在这位年轻人胸中，有着一股像杜甫似的"致君尧舜上，再使风俗淳"的强烈愿望。他熟读过这位诗坛前辈的诗歌，也最喜欢这两句诗，并亲自把这两句诗工整地写成条幅，悬挂在自己的书房里，时时诵读，以此激励自己。

有一次，他在长安郊外碰到一位从河湟地区逃出来的难民。这位难民身穿着一套已过时了的汉装，衣服已十分陈旧破烂了，他的衣袖肘弯处已补了两大块颜色不同的补丁，肩膀上的一处破烂，看起来是新近剐的，还来不及补缀。

"大伯，敢问到哪儿去？"杜牧见这难民走得跌跌撞撞，显得极为疲倦，关心地问。

"哦，往长安可是从这儿走？"难民抬起白发蒙盖的头，白髭须一抖一颤地说。他的眼睛没有神采，昏昏浊浊的。

"正是，还五里地就到了长安城了。"杜牧扶住他热心地回道。"看模样，大伯可是从边塞来的？"

"已走了许多日子啦，逃出来了。"难民见杜牧是个热心人，直率地告诉了自己的来历。

"咱们一道走吧，我正好也回长安去。"杜牧说着，搀扶着难民，缓步朝长安城走去。路边有卖馍的，他又掏出钱，买了几个送给难民。这难民三口两口已吃完了一个馍，又接着狼吞虎咽似地吃起来。他已两天没吃一口饭了，只喝过路边的溪水。

难民大伯吃下馍，才显得有些力气，也才向杜牧道谢过。接着话也多起来，一路上向杜牧说起河湟沦陷区的苦难境况，诉说着移民的非人遭遇，也激动地说起移民的爱国赤胆忠心……

杜牧在激动中听着这位难民的讲述，双眼时时湿润着。到了长安，难民辞别后，他心情犹自平静不下来。他想起了唐代宗时宰相元载的事。大历八年（公元773年），吐蕃侵入邠宁。元载曾在西州，熟悉河西陇右险要形势，遂言于唐代宗说：国家西部边境达到潘原，吐蕃防戍在摧沙堡，而原州在其间，水草甘美，尚有旧日的防守工事存在。请徙京西军守卫原州，又将郭子仪大军调往泾州，分兵守卫石门、木峡、陇山诸关。如此北抵黄河一带都是连绵的险峻山峰，敌军根本难以翻越。又进一步布置鸣沙县丰安军作为羽翼，北连灵武五城，互为依靠。然后攻取陇右，直抵安西。这样好像砍断了西戎的腿，朝廷可以转危为安、高枕无忧了。元载建议罢，又亲自画了地形图，派人潜入原州，进行具体考察，以图进取。可惜田神功谗毁元载，后来事遂不成。

杜牧又感叹着唐宪宗。他虽不乏为一位想收复河湟失地的英主，可惜天命不永，未及措手而驾崩。……想到这些，杜牧不禁翘首西北，情难自已，遂摊开纸，濡笔写下了《河湟》诗：

元载相公曾借箸，

宪宗皇帝亦留神。

旋见衣冠就东市，

忽遗弓剑不西巡。

牧羊驱马虽戎服，

白发丹心尽汉臣。

唯有凉州歌舞曲，

流传天下乐闲人。

    杜牧写罢，意犹未已。站起身来，捧着诗稿一会儿默念，一会儿又高声诵读着。声调时而激越，时而又悲凄哽咽。特别是念到"牧羊驱马虽戎服，白发丹心尽汉臣"两句，他更是凄楚得读不出声来。后来，他面向北方，仰首冥冥青天，将诗稿焚化，算是献给筹划收复河湟的元载相公和宪宗皇帝，也算是寄寓着自己对沦陷区人民的一瓣心香。

    话说敬宗皇帝的所作所为也一直吸引起着杜牧的注意，他早就听说过这位小皇帝的种种荒唐不稽之事。他的一位朋友名叫李甘，字和鼎，长庆末年登进士第。这李甘乃是一位极富血性的男儿，凡有看不惯的事，都敢于当面指斥，毫不退缩半分。杜牧对他这种疾恶如仇的性格很是钦敬。两人也气类相合，说话投机，是经常过从的好朋友。这一天，李甘来访，两人不禁又谈起朝中之事。

    "那小皇帝简直不是玩意儿！夜里鬼混，白日里做梦。太阳都三丈高了，却常不上朝睡大觉，真不成体统！"李甘愤愤地对杜牧说着。

    "听说上早朝时，文武百官候于紫宸门外。等久了，老弱有病的臣子，几乎要站不住仆倒下去。真也太过分了！"

    "而且还拒谏不听，变本加厉哩！"

    "怎么回事？"杜牧追问道。

    "那谏议大夫李渤真是看不下去，就鼓起勇气上疏，劝皇上早些上朝听政。可你说那小儿皇帝怎么着？他根本就当作耳边风，不仅不改，反而第二天故意更迟上朝。左拾遗刘栖楚再也忍不住了，也进言劝他当宵衣求理，不要嗜寝乐色，日晏方起，以免令闻未彰而恶声远传。说着以额头叩台阶，声传殿外，流血不止。没料到，这刘栖楚捧头而起，还想论宦官事时，皇上早已听得不耐烦，连连挥手喝令撵出去。"李甘说得义愤填膺，两眼似乎要喷出怒火来。"这昏庸之君，早晚会把大唐江山给断送掉！"李甘脚往地上一跺，气愤地骂道。

"自从他即位后，就更是沉溺于声色。"

"兄尚不知，"李甘打断杜牧的话头，"说起来也够无道的。皇宫里本就三宫六院，美女如云，嫔妃媵嫱，应有尽有。可还不满足，巴不得天下的美女都要搜罗尽净，以供一人之欲！一年多来，四处征选明眸皓齿、冶容窈窕的佳丽，闹得天下慌慌，鸡飞狗跳，有好女儿的人家东躲西藏，民怨沸腾！到处骂声不绝。"

提起搜求美女之事，杜牧也有同感。他的一位表妹，也因长得体态婀娜，面目娇好，光彩照人，生怕被召进宫中去，所以一直躲在偏僻的山乡中，至今还不敢回到长安城来。

"皇上游幸无常，昵比群小，声色之欲，简直是欲壑难填！还有耗财伤民的大起宫室，到处兴建离宫别馆之举，更是劳民伤财，空耗国库。怪不得官吏的赋税逼得更紧了。有的百姓被逼不过，逃的逃、死的死。"杜牧也气愤地说着。

"牧之兄，孔夫子谓'苛政猛于虎也'！此真乃今日之谓也！"李甘甩甩袖子，说得咬牙切齿。

"听我堂兄杜悰说，浙西观察使李德裕也憋着一肚子气，曾给皇上献上《丹扆六箴》。这六箴是《宵衣》，即讽劝皇上视朝希晚之事，还有《正服》《罢献》《纳诲》《辨邪》《防微》等箴。"

"正是如此，那时我正到一位官任拾遗的朋友家。李拾遗正从朝中回来，也说起此事，并说《防微箴》中甚至有'乱臣猖獗，非可遽数''柏谷微行，豺豕塞路'的话。可惜皇上也只是一笑置之而已，依然我行我素。"

"和鼎兄，上个月还有谏幸骊山之事，可闻知否？"

"我倒还不知，怎么回事？"

"还不是皇上我行我素，拒谏不从之事！"杜牧遂把事情的经过说了。

原来，敬宗皇帝于宝历元年（公元 825 年）十月，想效仿唐玄宗和杨贵妃，到骊山洗温水澡，游览逍遥一番。可当时昭义节度使刘悟刚死不久，其子刘从谏正阴谋着反叛之事，情势颇为紧急。因此，左仆射李绛、谏仪大夫张仲方等人屡次上谏，但敬宗却一意孤行。这下可急坏了拾遗张权舆，猛地伏在紫宸殿上，叩头上谏说："昔日周幽王幸骊山，为犬戎所杀；秦始皇葬骊山而国亡；玄宗宫骊山而安禄山叛乱；先帝幸骊山却享年不长。"话是说得难听些，可敬宗却反而道："骊山竟是如此之山吗？我更应该一往以验彼言。"遂不听劝谏而前往骊山。回宫后又对左右不以为然地说："张权舆那呆子说的那番话危言耸听，哪值得相信！"

杜牧又和李甘谈论起暴君秦始皇。议论间，杜牧忽想起前些日子自己经骊山时所写的一首诗。"和鼎兄，说起秦始皇，弟倒作有一诗，还请指教指教。"杜牧说着，边在案头上翻动着，拣出一诗稿，递给李甘。

李甘接过一看，还未细读诗，倒称赞起来："牧之兄一手好字，流利潇洒，颇得六朝人气韵啊！"

"过奖，过奖。纵笔写去，不成书法，比不上吾兄那颜家书体，我这首诗题为《过骊山作》，不知可合吾兄之意？"

李甘捧着诗稿，只见上面写着：

> 始皇东游出周鼎，
> 刘项纵观皆引颈。
> 削平天下实辛勤，
> 却为道旁穷百姓。
> 黔首不愚尔益愚，
> 千里函关囚独夫。
> 牧童火入九泉底，
> 烧作灰时犹未枯。

"骂得好，这秦始皇与商纣王都是众叛亲离的独夫！"李甘看罢，痛快地评说起来。

"《尚书·秦誓》说：'独夫受，洪惟作威。'我取'独夫'正是此意。"杜牧想了想，又接着意味深长地说："历史有着惊人的相似。尽管残暴荒淫各有不同，但他们为百姓所切齿痛恨却是绝对相同的。这'独夫'，正是百姓给予他们的共同称号！可惜当今的权势者总是重蹈历史覆辙，不吸取殷鉴，到头来也难逃这独夫的命运！"

"依我看，当今皇上也没吸取殷鉴，还不知竟是如何结局呢！"李甘说罢，感叹一番，遂辞别杜牧而回。

李甘离开后，杜牧还没从刚才的议论中脱出来。一想到唐敬宗，他就联想到这两年朝政混乱，社会弊病丛生的种种景象，就越感到唐敬宗的荒淫无道，也就自然地将他和秦始皇连在一起想。他又想到阿房宫，忽然灵机一动，脑子里产生了一个主意："宝历大起宫室，广声色；秦始皇穷奢极欲，建阿房宫。"他越想越多，越感到两者的相似。一时文思泉涌，按捺不住，遂拿起纸笔，作起《阿房宫赋》来。

不到一个时辰，赋写成了，他又润饰一番，觉得心中的情感全融进赋中，不禁有吐出骨鲠之快，遂朗读起赋来：

六王毕，四海一。蜀山兀，阿房出。覆压三百余里，隔离天日。骊山北构而西折，直走咸阳。二川溶溶，流入宫墙……

妃嫔媵嫱，王子皇孙，辞楼下殿，辇来于秦，朝歌夜弦，为秦宫人。明星荧荧，开妆镜也；绿云扰扰，梳晓鬟也；渭流涨腻，弃脂水也；烟斜雾横，焚椒兰也；雷霆乍惊，宫车过也，辘辘远听，杳不知其所之也。一肌一容，尽态极妍，缦立远视，而望幸焉。有不见者，三十六年。

燕、赵之收藏，韩、魏之经营，齐、楚之精英，几世几年，摽掠其人，倚叠如山。一旦不能有，输来其间。鼎铛玉石，金块珠砾，弃掷逦迤，秦人视之，亦不甚惜。嗟呼！一人之心，千万人之心也。秦爱纷奢，人亦念其家。奈何取之尽锱铢，用之如泥沙？……使天下之人，不敢言而敢怒，独夫之心，日益骄固。戍卒叫，函谷举，楚人一炬，可怜焦土。

……秦人不暇自哀，而后人哀之；后人哀之而不鉴之，亦使后人而复哀后人也。

"哥哥，您作此文当有寄托吧？"当杜牧在抑扬顿挫地诵读《阿房宫赋》时，正是晚间亥时。杜颛因身体虚弱，目力昏近，不便在夜间久看书，所以已先躺在床上休息，但没有睡着，他闭着眼全神贯注地听着哥哥那时高时低、声调时而舒缓、时而激越、时而慷慨的朗读，心中暗自称好，特别是末尾的几句，更把他的情感推到高潮。他再也躺不住了，挺身坐起问道。

杜牧听弟弟发问，放下文稿，走到杜颛床边，与弟弟并肩坐着。"知道你目力不好，晚间更不济，所以有意念给你听。不知此赋写得如何？"

"自汉以来赋作，我所见者可谓多矣！不过以弟愚见，古人之赋多为盛夸宫室之宏丽壮伟，园林羽猎之壮观盛大，铺排辞藻，罗列名物，意义不大。求其有用于世，则百无一焉！即有寓托，亦如扬子所谓'劝百而讽一'。如吾兄此作，实不多见。此赋宏壮巨丽，驰骋上下，痛快淋漓，累数百言。至'楚人一炬，可怜焦土'可谓惊警人心，寓意深刻。依我看，置之古人赋中，亦可谓佼佼者也！"

"恐是弟弟偏爱愚兄之见，实不敢与古人争胜。"杜牧谦虚地说。不过他对自己的弟弟是很了解的。杜颛虽因目视昏近，读过的书没有自己的多，但《尚书》《礼记》《汉书》等重要经史典籍也没少读。他更有一般人所不及处，就是悟性极好，见识超群。以此不论是谈论或是撰文，总是以独到之见为人称扬。而且，他还与自己一样，生性耿直，从不阿好别人，甜言蜜语，而是心直口快，有啥说啥，从不拐着弯说话的。所以，杜颛的称赞，杜牧心底也有个实数。"我这篇赋，"杜牧又接着回答杜颛最初的发问，"确实有所寄托。不过，寓意也很明显。"

"这可是'秦人不暇自哀，而后人哀之；后人哀之而不鉴之，亦使后人而复哀后人也'？"

"弟弟不愧是愚兄的知心人。"

"这'后人'中，恐怕也包括当朝天子吧？"

杜牧笑了笑，"我的心思都被你看穿了，真是知兄莫如弟啊！"

杜颛也随着笑出声来。"咱们朝夕相处，对榻而眠。哥近来蒿目时艰，颇多忧国忧民之语，于当今皇上多有指陈是非之言。弟故知此赋必为此而作，就如您不久前作那篇《上昭义刘司徒书》一般，都是有为而发，绝非无病呻吟之作。"

杜颛所提到的《上昭义刘司徒书》，乃杜牧上给昭义节度使刘悟的一篇规讽之作。

刘悟本是强藩李师道手下的部将，少有勇力，以此为师道所用。宪宗元和末，宪宗下诏征讨李师道。刘悟反戈，擒斩李师道献朝廷。以此授义成节度使，又徙镇昭义。穆宗长庆初，卢龙镇大将朱克融反叛，朝廷遂调刘悟为卢龙节度使。本期望刘悟能讨伐朱克融，没料到他却奏请朝廷"且授克融节钺，徐图之"。朝廷无奈，只好复以刘悟镇昭义。后来，成德军都知兵马使王廷奏不仅杀了镇州主帅田弘正，自称留后，逼监军宋惟澄为他奏求节钺，又派人暗杀冀州刺史王进岌，占据冀州。朝廷出兵征讨，刘悟亦无动于衷，反而效学跋扈抗命的河北三镇，颇是纵恣不逊。

这一切杜牧都看在眼里，觉得刘悟恃功而不识大道，遂上书刘悟，晓以大义，劝他听命朝廷，不负朝廷所望。其中指斥河北三叛镇道："彼三房屠囚天子者老，劫良民使叛，衔尾交颈，各蟠千里，不贡不觐，私赡妻子，王者在上，此辈何也？"又对刘悟说："天下之人无如将军，爵号禄位，富贵休显，宜驱三旋，上校恩泽，宜出万死，以副倚注，天下之人亦无如将军者。是将军负天下三无如之望也。"

杜牧听到弟弟提到自己上刘悟的书信，不禁回想当时自己是如何的激昂愤慨的情景。他清楚地记得，当他写着下边的这一段话时，他的心在狂跳，情感像涨潮的海浪奔突冲激。一种忧国忧民而发出的义愤之语再也控制不住了，他让它尽情地流泻在信笺上：

> 始者将军赖齐，然后得禄仕，入卧内等子弟，一身联齐，累世之逆，卒境上争首，其恩甚厚，其势甚不便。将军以为大仁可以杀身，大忠不顾细谨，终探怀而取之。今者将军负三无如之望，上戴天子，四海之大，以为缓急，所宜日夜具申喧请，今默而处者四五岁矣。负天下之三无如者，宜如是邪？不宜如是耶？是以天下之小人，以为将军始者取齐见利而动，今者安潞见义而止。而若是，则天下利无穷，义有限，走无穷，背有限，则安不识之哉！

现在回想起这一段文字，杜牧还怦然心动。对于朝廷至今尚隐忍而不敢发怒斥责的刘悟司徒，他当时竟然有这一股冲劲而仗义讽谏讥刺。细想所以如此，他明白这与少时蒙受爷爷的教导有关。"经书括根本，史书阅兴亡。"学经史，本就为了经世致用、匡世济民啊！

家在城南杜曲傍

两枝仙桂一时芳

唐敬宗宝历三年（公元 827 年）正月，时节已入春，江南已是细雨霏霏、春风微拂、桃红柳绿、万物复苏的和暖天气。但是，北方依然还未见柳梢的嫩绿，桃花的春蕾，只有寒梅伴着漫天飞扬的雪花，吐露着丝丝的幽香。大地仍然寒凛凛的，长安东北三百余里外的同州澄城县，也同样显得阴冷萧索，没有一点儿春意。

在寒峭的山风中，杜牧正行走在通往澄城县的山野间曲折小道上。寒风裹挟着细碎的雪花，不时地吹拂着他的脸颊，飘落在浓眉上，甚至钻进衣领，使他的脖子觉得又冷又湿，不时地有意耸耸脖子，似乎这样一来就能抖落停在肩膀上的雪花，驱赶掉侵体的寒气似的。因为路狭而斗折蛇行，又有雪花覆盖着，路面又时上时下，凹凸不平，难以行走，所以杜牧这段路走得格外小心，不敢放开步子猛行。

这些年来，杜牧的朋友如李甘、李方玄、李中敏等人已陆续地参加进士科考试，有的并且已登科入仕了。交谈来往间，朋友们纷纷提议他参加科考，并给他出主意。有的还主动提出可以为他出面找某某要人，或带他去拜访自己熟悉的朋友，托人家打通关节，造造声势。杜牧本就有考进士的愿望，只是觉得时机尚未成熟，所以至今尚未正式入场屋参加考试。不过，他也做了些准备。他不但想考进士，而且想更进一步，踏入制科的大门，来个双榜及第，一鸣惊人！他这次一过年，就独自一人来同州澄城这一偏僻的小山城，就是为今后的策试做准备的。他想经过更多的实地调查了解，亲自体验民生疾苦，从而了解社会的真实面貌，准确地掌握弊病之所在，提出解除社会弊病的有效对策与办法。

从京城长安出发，经过新丰、渭南，抵华州、华阴，又转而北上冯翊县。过同州后，即渐渐多有通涧巨壑，小山峭径，地势犬牙交错，十分险要难度。杜牧走过这一段山路已花了几天时间。虽然路遥道险，对于他这位 25 岁的年轻人来说，也不能说不累，但沿途所观察到的百姓的饥寒苦乐，市廛的风貌，乡村的生活，工商杂役者的议论，却有许多是他在京城中难以见到听到的，他觉得自己更贴近了生活，更了解了社会。

　　他长期生活在京城中，京城中多是巍巍的宫室，富丽豪华的王公府邸，两旁栽种着槐树的宽广大道。还有热闹、百货齐集的东市、西市，街坊中的青楼酒馆、商铺店家。大街上来往的是官府的高头骏马的马车，川流不息的红男绿女。尽管也还有衣帽不整的百姓、落魄寒酸的文士、甚至也偶有沿街乞讨的衣衫褴褛的乞儿，但是表面看来，整个长安却也还显得繁华富庶，歌舞升平。如果不走出长安，深入到京畿之外的乡村小邑，听听百姓的诉苦与咒骂，看看那饥寒交迫的困苦生活情景，杜牧还以为自己少年时父亲死后那一段日子是最苦的呢。现在他明白了，看一个社会的状况，是不能以京城作标准的，那只能见到表面的浮华、虚饰的繁荣。应该到远离都城的乡邑村庄，那里才有社会的真面目。经过这些天的跋涉与考察，他顿时感到自己更懂事更成熟了。他更能理解他所崇慕的杜甫所写下的"朱门酒肉臭，路有冻死骨"的深刻含义。也进一步体会到他这首《自京赴奉先县咏怀五百字》诗中所揭露的"彤庭所分帛，本自寒女出。鞭挞其夫家，聚敛贡城阙"的悲哀和惨痛。

　　这时，澄城县已遥遥可见了。它在丛山环绕之中，远远望去又低又小，仿佛就只有几顶破烂的斗笠那么大，一点儿也不显眼。不过，几天的辛苦奔波，终于目的地已在眼前。杜牧放眼注视着县城，心里倒是轻松了起来，不觉加快了步伐，朝着一条打着几个弯的通往县城的沙石路走去。

　　离县城还有二里地时，杜牧遇到了一位素不相识的人。因路上没其他行人，两人又同往澄城，打过招呼后也就成了临时的朋友，互相了解，聊起话来。

　　"在下姓杜，单名牧。字牧之，家在长安安仁里。"

　　"可是岐国公杜佑之后？"

　　"正是。岐国公乃在下的祖父。"

　　"失敬，失敬，没想到在此遇见阁下。"

　　"大哥难道认识我祖父？"杜牧仔细地瞧着那人问，脸上呈现出一丝惊讶之色。

"我并不认识，只是常听家兄说起罢了。家兄叫谭忠，对阁下的祖父颇是尊敬，并说起尊府就在长安安仁里。您一提起安仁里，我就联想到了。可惜家兄也亡殁了。"那人不禁叹了一口气，显得有些伤感起来。声音也哽咽了。

"大哥的兄长怎么了？"杜牧见他感伤，关切地追问。

那人见杜牧追问，又因杜牧乃他兄长所敬慕的杜佑之孙，遂一边走，一边讲起来。

此人姓谭名宪，绛州（今山西新绛）人。长得身材高大、魁梧，脸色微黑，声音洪亮，性格粗犷爽快。他曾任范阳安次县令，后因兄长谭忠亡殁，遂持兄丧归葬于故里绛州。这次因事到长安，路过澄城，遂与杜牧相遇。

谭宪对杜牧说起兄长谭忠之事。原来，谭忠兄弟的祖父名谭瑶，天宝末年任内黄县令。不久，因兵乱，谭瑶死于兵寇中。谭忠也是一位豪爽健壮的汉子，平生尤喜谈兵论战，又富有谋略，是一位智勇双全的壮士。他又到燕地统帅刘济的军幕中，带领两千人，守卫在白狼口。后来，又率领渔阳军，驻扎在范阳。

宪宗元和五年（公元810年），朝廷派中黄门出禁兵讨伐赵。魏博镇帅田季安感到有唇亡齿寒之忧，遂听从部下的怂恿，决意出兵抗拒朝廷，大呼说："壮矣哉；兵决出，格沮者斩！"

恰好，当时谭忠为燕出使魏博，看到这紧急情况，为了不使田季安对抗朝廷，于是乘田季安身旁无人，进入军幕中对田季安说："某人所出的主意，是引来天下大兵的馊主意。危险极了，万万鲁莽不得！"田季安一时被他说蒙了。他又向田季安分析了形势，说明了利弊，提出了解决的办法与策略。谭忠说得清清楚楚，事事在理，说得田将军不禁称好，感激地说："先生之来，是天眷魏也！"于是采用谭忠的计谋，不出兵对抗朝廷。谭忠又回到幽燕，劝说刘济出兵，帮助朝廷攻讨反叛的成德镇帅王承宗。

后来，刘济死了。其子刘总承袭其职。谭忠出于维护国家统一，反对分裂之心，又劝刘总说：

凡天地数穷，合必离，离必合。河北与天下相离，六十年矣，此亦数之穷也，必与天地复合。……自元和已来，刘闢守蜀，栈道剑阁，自以为子孙世世之地，然军卒三万，数月见羁。李锜横大江，抚石头，全吴之兵，不得一战，反束帐下。田季安守魏，卢从史守潞，皆天下之精甲，驾赵为骑，鼎立相视，可为强矣。然从史绕堑五十里，万戟自护，身如大醉，忽在辒车。季安死，坟杵未收，家为逐客……齐人经地数千里，倚渤海，墙泰山，堑大河，精甲数亿，……首竿于都市。此皆君之自见……今天子巨谋纤计，必平章于大臣，铺乐张猎，未尝戴星徘徊，颖玩之臣，颜涩不展，缩衣节口，以赏战士，此志岂须臾忘于天下哉。今……唯燕未得一日之劳为子孙寿，后世岂能帖帖无事乎？吾深为君忧之。

刘总听谭忠说得透彻有理，一时恍然大悟，不禁哭泣下拜，对谭忠说："如今幸蒙大教，我归顺朝廷之心定矣！"后来，刘总果然以幽燕之地归顺于朝廷。不久，刘总卒，谭忠护其丧来归。没料到，谭忠也跟着亡殁了，真令人遗憾。

杜牧听罢了谭忠的爱国事迹后，十分敬佩这位通晓大义的忠诚之士，心中很受感动。他本就反对藩镇割据，痛恨强藩恃强反叛，主张国家统一，反对分裂。谭忠的所作所为，正也是杜牧所主张称赏的，两人的思想相合若契。所以，杜牧与谭宪告别后，后来遂根据他讲述的谭忠事迹，写成《燕将录》，以表彰谭忠的爱国之举。又在《上知己文章启》中指明此文之作意："伏以元和功德，凡人尽当歌咏记叙之，故作《燕将录》。"

话说杜牧与谭宪分手后，不一会儿就到了澄城。时已是午时时分，杜牧走了大半天的山路，又渴又累。见了一家小酒店，便一脚踏了进去，放下了包裹。店小二先端来茶水，问道："客官，还要什么？"

"有否杏花春？"

"有。"店小二恭敬地答道。

"来四两，外加一盘牛肉，半斤面。"杜牧吩咐罢，端起茶，没两三口即喝下一杯。又连喝了几杯，才解渴。

酒店里还有几位酒客，年纪都在六七十模样。他们慢慢地品着酒，边聊家常。看来是当地的几位朋友借着喝酒，在小店小聚闲聊。

"咱们这地方太偏僻了，交通又不便。我活了 70 多岁了，才出过这山窝窝两回。有时真想趁现在身骨子还硬朗，又空闲，到京师看一回皇家的热闹景象，也就值了。"

"王兄这么想正合我意！"

杜牧放下酒杯，抬眼瞧去，说话的是一位 60 多岁的老者，个子矮小，一身黑色棉衣，却很精神。只听他又说："我足迹所到，也只在这方圆百来里地内转。最多也只到京郊一带，却从没在长安大街上走过一步。听人说京城里车水马龙，珠宝满街。有的公子哥儿所骑的马，用的是金马鞍，连弹丸也都是金的。真是造孽呀！咱这山窝里穷得连铁犁都难买得起，他却是挥金如土！"

"这伙公子哥儿真不知天高地厚！他那锦衣玉食，金银宝器，还不是搜刮天下穷人百姓的不义之财！远的不说，咱这地方，穷乡僻壤，高山千遮万拦，连鸟儿也不愿飞来。可是，官府的税赋是免不掉的，差一斗米，短一寸麻也不行。咱们辛苦劳作，最后都变成了公子哥儿的财宝。真活气死人！"一位约莫 70 岁的白长须者愤愤不平着。他又呷了一口酒，"我才不想到京城去呢！见了那些阔佬阔少，还不是更气饱了一肚子。官府里的人越是少见，就越是好！兄弟们没看到咱这儿西去四十里，便是京畿郊外了，可那儿官府来的人多了，不是更糟？还不如咱这儿天高皇帝远，虽穷些，也落个清闲点！"……

杜牧见众人说得激烈热闹，说的又是京城、京郊和这儿的情况，正是自己所感兴趣的，便端过酒菜，走到这几位老者桌旁。

"诸位大伯，小生敬大家一杯。"杜牧对众长者道，手端着酒杯。

"请坐。"

"欢迎，欢迎！"

"来，跟我们一道喝喝酒，热闹热闹。"

众人七嘴八舌地招呼着。杜牧见大家颇为客气，但脸上也呈现几分对他这位不速之客的惊讶，便自我介绍道："小生就从京城来，小名杜牧。听老伯们议论，说得在理，敢请多加指教。"众人见他来自京城，也引起兴趣，便一连问了些情况，打听了传说消息的真假。杜牧一一据所知回答了，又转过话头问道："刚才这位老伯说到离这儿四十里外的京郊，情况比这儿更糟，小生愿听其详，有烦老伯开导开导。"

白须老者见杜牧一身书生打扮，又来自京城，揣摩他准是位将来要参加科考的秀才。心想让他知道人间的苦情也好，他将来如是登科做官，心里也多少懂得百姓的苦水，免得像那些黑了心肝的官家爪牙。"杜秀才，你来敝地没经过西边一带？"

"我从南边来，那儿地势虽也崎岖，但较好走些，敢问老伯尊姓？"

"老朽小姓张，排行五，人称张五。"

"哦，失敬、失敬。张五老伯，此处西边京郊是否有天灾？那儿地理条件不会比这儿差，怎会更糟？"

"杜秀才有所不知，说来也够气人的。如是天灾，人难与老天抗，倒能咽下一口气，自叹老天不作美。可人祸可就恼人了。老朽没读过书，可也听到白乐天有这么几句诗，中咱百姓听。"

"不知什么诗？"杜牧也见过白乐天的一些诗，知道他的诗通俗浅近，传得广，老百姓喜欢。不过，他却喜好韩愈的高古奇奥的诗风，对白居易的这种浅切诗作有自己的看法。再加上白居易《秦中吟》中的一首《不致仕》诗，人们相传是讥刺他爷爷杜佑的。他对这种传闻当然不以为然，不过心中到底也因此对白乐天心有芥蒂。这时听张五提到白乐天的诗，故有此一问。

"哦，就是《杜陵叟》。有道：'典桑卖地纳官租，明年衣食将何如？剥我身上帛，夺我口中粟，虐人害物即豺狼，何必钩爪锯牙食人肉？'写得真切合实际，骂得够解恨的！"张五稍停顿，"杜秀才，你说这诗可好？"

"这写的合乎事实。"杜牧虽对白乐天有所不快，但也承认这类诗有的能反映现实，敢于揭露社会弊病，为民说话，却也和自己的主张一致。

"这儿西边的京郊，灾难就是人祸。白乐天这首诗所反映的事也和那京郊的状况相类似。我告诉你吧……"

张老五告诉杜牧，离这儿西行40里即是京畿郊外之地。那里地势较平坦，土壤也肥沃，溪流渠水也能满足灌溉之需，所以瓜果蔬菜、麦谷棉麻也自然长得比澄城好得多。这些年虽然偶有少雨干旱，但也不碍事，那儿的生产算是较兴旺的。可你别高兴，真是福兮祸之所伏！你生产越兴旺，肥水越多，早就有盯着你，等在一旁想瓜分肥肉的人。凡有一利就有一弊。那儿土地平旷，无高山险壑阻拦，又在京郊，正是瓜分者眼前的一块肥肉。于是朝廷中的各色人物也就纷纷到那儿各取所需了。比如那禁司东西军、禽坊龙厩的五坊小儿们，就是彩工梓匠、善声巧手之徒，也都纷纷像走马灯般轮流来来往往。这个要粮，那个要帛，第三个要猪羊，假公济私，以一括十，真是强取豪夺，巧立名目。倘有稍不能满足其意，或敢吭一声以示不满的，往往还被他们谩骂羞辱一番，甚至被痛打一顿才罢。这样鸡飞狗跳地轮番来搜刮骚扰，苦得百姓尽管平日晨炊夜舂，极为劳苦，到了收成之日也不敢放心品尝自己的劳动果实，而是提心吊胆地留着，等候着那些如狼似虎的各色人物来盘剥搜刮了。日子久了，百姓受不了骚扰敲剥之苦，遂悄悄地逃的逃，走的走。因此，本来一个五谷丰登、六畜兴旺的好端端的地方，竟变得乌七八糟，连该交给国家的赋税也交不起了。

可澄城县又不同，它西北一带高山峻岭环绕，交通十分不便。县城的土地又多是沙石混合，十分贫瘠。如久下豪雨其他地方的土地就汪然一片，浸满了积水，而澄城倒恰好土壤湿润，能获丰收。但如果十天不下雨，则干旱成灾，收成无望。因此，澄城县常是十年九歉收，又绝无丝麻果实之富饶，也没有豪族富室居住于此。但你别看它这么贫穷偏僻，该交给官家的赋税，却从未落后，也没有一个因拖欠而被惩罚的。在这西面，四十里外京郊倒是越富饶而越相形见绌。不知究竟的人总想不通，这到底为什么？

其实，道理简单得很。澄城县西边有通涧巨壑，涧壑叉牙交吞，又有小山峭径，野水荒林。京城里那些驰鞍马、张机关罗网的各色人物因山川险阻，不便来此，所以绝迹不到。何况澄城土壤贫瘠干旱，绝非鱼米瓜果丰饶之乡，没有一点秀润气象。所以不仅如狼似虎的瓜分者不到，就是富家豪室也绝不愿居住或游玩于此。这就是澄城县尽管贫穷，人民尚能平安生活、交纳税赋的原因。如果澄城的地形坦夷如京郊，那一定会百受其苦，恐怕会变成一片荒墟了，那还敢与其他地方相比呢？

听了张五这一番诉说，杜牧才恍然大悟，更能理解百姓的苦难。他又细问了澄城县百姓的生活状况，了解了此地与其他地方的不同风俗习惯。张五等人也问他有关长安中的情况。彼此边喝酒，边议论着。杜牧从此知晓了京城外更多的人间甘苦与风俗民情。

此后，他又在澄城县住了两天，四处考察山川物产，地理风物，走访了三五户人家。他又拜访了县里的官吏，请他们谈谈治理澄城的体会。他颇有感触的还是张五等人所说的那一番澄城与京郊相比的话。恰好当地的官吏也闻知杜牧的文名，请他写篇游览澄城的感受文章。他遂挥毫把自己的感触写成《同州澄城县户工仓尉厅壁记》一文。文末他情不自禁，写下了这么一段话：

> 嗟乎！国家设法禁，百官持而行之，有尺寸害民者，率有尺寸之刑。今此咸堕地不起，反使民以山之涧壑自为防限，可不悲哉！使民恃险而不恃法，则划土者宜乎墙山堑河而自守矣，燕、赵之盗，复何可多怪乎？书其西壁，俟得言者览焉。

杜牧从澄城县回到京城后不久，其时已二月初了。二月的长安天气逐渐暖和，雪早停了，经过一冬的雨雪滋润，群芳渐渐吐蕾开花，柳梢头也冒出了略显鹅黄的嫩绿，街上游人也多了起来。整座长安城彻底摆脱了严冬，复活骚动起来，依然是车水马龙，人群涌动。

然而，最令整座长安城激动的莫过于进士放榜之事。

唐代进士放榜有时在正月，一般则在二月。大和元年（公元827年）放榜的这一天，与往年一样，长安城比平日更是人来人往、熙熙攘攘了。人们纷纷赶往尚书省礼部南院的东墙观看进士榜文。特别是那些已应试或将应试的举子进士，显得格外的兴奋与激动，因为决定他们命运的时刻也就是这放榜之时。唐人有诗描写这放榜情景云："禁漏初定兰省开，列仙名目上清来。飞鸣晓日莺声远，变化春风鹤影回。"又说："喧喧车马欲朝天，人探东堂榜已悬。"这"兰省"即指尚书省，"列仙名目"即说的是进士榜，"东堂"则是指礼部南院的东墙，榜文即悬挂于此。放榜时是颇庄重的。此时禁中击鼓敲钟，礼部中小吏高声唱第，举子进士们个个心情既兴奋又紧张，因为是鲤鱼跳龙门而化龙腾飞，或是跳不过龙门而依然是困渊之鱼，就在于这一声声的高呼中。因此这种场合留给士人们极深的印象与感触。皇室的李旭曾写诗说："凌晨晓鼓奏嘉音，雷拥龙迎出陆沉。"韦庄有一首《放榜日作》诗就是描写这一场面的："一声天鼓辟金扉，三十仙材上翠微。葛水雾中龙乍变，缑山烟外鹤初飞。邹阳暖艳催华发，太皞春光簇马归。回首便辞尘土世，彩云新换六铢衣。"

杜牧和李甘等几个朋友这一天已早早来到礼部南院观榜，他们一齐来到东墙。这时，榜文已张挂在东墙的榜墙上。榜墙外有一道棘篱围住，一大群人已围在榜墙前紧张地观看着、议论着。时而有人唉声叹气，面如土色；有的竟骂骂咧咧："这年头结朋党，走关节，哪有清贫子弟的份儿！""那主考官真是瞎了眼，李兄的文章那么出色，竟名不上榜，天下哪儿还有公道！"

"我中了，我中了！"有人高兴得叫着、跳着。

"萧傲，恭喜你高中了。"杜牧见喊的是熟人，祝贺道，又挤往前看那榜文。只见榜上第一名是状元李郃，下面登进士科的同榜进士还有：崔慎由、陈会、许玫、崔铉、侯固、陆宾虞、韦愻、房千里……"

"共33人登进士科。据说赴京城考试的举子有1500多人，可真是不容易啊！"杜牧看毕，感叹地对李甘说。

"我长庆四年及第的那一年也是33人登科，朝廷每年所放的人数都差不多。考中哪有那么轻而易举的！都下人流传着这句话：'三十老明经，五十少进士。'有的人考了二三十年才考上榜来，也竟有终身老于场屋，至殁而不第的。"

"是啊。"杜牧应和着，和李甘等人看完榜，离开礼部南院，找一处安静的池边亭子说话。

"和鼎先辈，您看今年中科的人如何？"杜牧因李甘早些年已及第，交往多，对举场也颇熟悉，所以请教他。

李甘看了看杜牧，取下嘴唇含着的一片绿柳叶。"依我看，诸人都赶不上你的才华。你的《阿房宫赋》，若放在今年试卷中，准能夺魁。我看今年秋你就试试吧！"

"小弟也正有此意，只是……"

李甘是个性急豪爽之人，又挺热心、爱才，没等杜牧说完，就抢着说："文场、官场名人中我也有几位有交情的，我可以找他们推荐推荐你。我手头就有你的诗文数篇，就将它们呈送上去。这年头，光有锦绣文章还不行，也得有人吹嘘吹嘘。老弟想必也知道这风气的。"

"这我也知道，此事多谢先辈提拔了。"

唐代举场有荐举吹嘘之风，举子若经官场或文坛名人品第推荐，就有较大的中第可能。朱庆馀曾为水部郎中张籍所知，把自己的新旧诗呈送给他。又作了一篇《闺意》诗献给张籍以为试探："洞房昨夜停红烛，待晓堂前拜舅姑。妆罢低声问夫婿，画眉深浅入时无？"张籍明知朱庆馀以诗试探他对所呈诗的态度，遂赋诗酬唱说："越女新妆出镜心，自知明艳更沉吟。齐纨未足人间贵，一曲菱歌敌万金。"又把朱庆馀的诗篇置于怀抱中，见人便推赞夸奖。于是朱庆馀的诗名流传四海内，诗篇处处为人讽咏。不久，也就顺利地登科中第了。另一位进士项斯，也受到杨敬之的赏识。杨敬之赠诗云："处处见诗诗总好，及观标格过于诗。平生不解藏人善，到处相逢说项斯。"项斯有这一名人称扬，也就登了高科。

这些不久之前举场的胜事，杜牧当然也知道。这两三年来，朋友们以及父祖辈的故旧友好知道杜牧将参加进士试，已不下 20 人争着要推荐他，或替他走门路的。杜牧生性尽管气盛高傲，颇为自负，不太愿意处处托人跑门路、找关节，但他也知道时风如此，这并非见不得人的事，因此如是熟人或家族世交故旧主动为他吹嘘，找人推荐，他也不拒绝，并送上自己的诗文，以作行卷之用。

"牧之兄，近年可还有其他诗文？"李甘看杜牧似有所思，似乎在构思着什么诗，遂问道。

杜牧被问，一时也想不起究竟自己还有什么诗作没送给他的。"我所作的大都呈送您指教了，前两月还呈上数首。"

"哦，那数首中有《出宫人二首》，写得隽永含蓄，颇见风调。我还能背诵哩。"说着，李甘就吟诵起来：

> 闲吹玉殿昭华管，
> 醉折梨园缥蒂花。
> 十年一梦归人世，
> 绛缕犹封系臂纱。

"'十年一梦，两句意味深远，最是好句！"李甘评论罢，又接着念第二首：

..

平阳拊背穿驰道，
铜雀分香下璧门。
几向缀珠深殿里，
妒抛羞态卧黄昏。

"您一念这两首诗，我倒想起来了。"杜牧等李甘吟罢拍着手说，"这《出宫人》诗是我有感之作。此后春末，我游杏园等处，还乘兴咏了两首。"

"是哪两首？快说！"

"就题作《杏园》和《春晚题韦家亭子》两首呀！送给您了没有？"

"哪有啊！你老弟也真还留有一手。好诗留住自己欣赏，莫不是怕我偷了你的诗意？"

"哪敢。我回头抄好送上就是了。"

"唉，还不知道我这急性子，哪有耐心等候慢条斯理送来！还请老弟先念为快！"

杜牧见李甘急着央求，想了想，说道："两首都是绝句，还请前辈赐教。"

"哪敢赐教，快快吟来！"

杜牧站起身来，在池边踱着慢步，吟道：

夜来微雨洗芳尘，
公子骅骝步贴匀。
莫怪杏园憔悴去，
满城多少插花人。

"构思新颖，后二句尤妙。"同来的许秀才不禁赞叹道。

"伤春之咏本就是牧之绝唱嘛。后一首一听诗题，想当也是伤春之什了？牧之，可是如此？"

"先辈听我再念拙诗好了，有污尊耳，还祈恕之。"

拥鼻侵襟花草香，

高台春去恨茫茫。

蔫红半落平池晚，

曲渚飘成锦一张。

"果然不出所料，牧之不愧是多情才子！朋友们都说你善感多情，好写伤春伤别之什，果然如此出色。我有个主意，回去后你也把这两首诗抄好，交给鄙人。再由我一起呈送太学博士吴武陵好了。此人倒是一位乐于提掖后进的人物，和我也有交情。我的文章，他就曾鼓吹推荐。"

杜牧答应回家后将自己近来所作写成一卷子交给李甘。他早就知道吴武陵在文坛上的影响非一般人可比，能得此人揄扬，当然是求之不得的事。

提起吴武陵，许秀才也赞叹佩服不已："和鼎兄，见到吴博士，请代为问候，顺便也为我美言几句。"许秀才也认识吴武陵，只是交情不深而已。不过，他倒对吴武陵颇为了解。这吴武陵乃信州（今江西上饶）人，宪宗元和初已擢进士第。擅长史学，曾以史才直史馆，撰有《十三代史驳议》二十卷。又长于文学，擅古文，所写文章颇有两汉文的气格。柳宗元谪官永州时，吴武陵也因事流放于永州，为柳宗元所赏识，两人一起游山逛水，写作古文，文名以此而驰誉于文士之口。他还是一位对大唐忠心义胆的敢为人士。当初淮西镇将吴少阳闻其名，派门下郑平邀他入幕，将以宾友之礼对待他，吴武陵连理都不理。后来吴少阳子吴元济反叛，吴武陵亲自作书规劝，指出"夫势有不必得，事有不必疑，徒取暴逆之名，而殄物败俗，不可谓智；一日亡破，平生亲爱连头就戮，不可谓仁。"最后又劝告他说："足下勿谓部曲勿我欺，人心与足下一也。足下反天子，人亦欲反足下。易地而论，则婴凶横之命，不若奉大君官守矣。枕戈持矛，死不得地，不若坐兼爵命而保胤嗣矣。足下苟能挺知几之烈，莫若发一介，籍士马土疆，归之有司。"可惜吴元济得书不悟。其时裴度率师征讨吴元济，韩愈为行军司马。吴武陵又和韩愈商议讨伐策略，献策裴度，为平叛事业而谋虑操心。他还是一位热心助人，喜于延揽人才的人。他从永州北返后，得到宰相裴度的器遇，遂每说柳宗元无子，"西原蛮未平，柳州与贼犬牙，宜用武人以代宗元，使得优游江湖"。也因此事又上书工部侍郎孟简，情辞悲凄地说："子厚与猿鸟为伍，诚恐雾露所婴，则柳氏无后矣！"而他推荐李景俭、王湘给名将李愬，两人果然是健智沈敏之士。此事也为人所称，时号知人。

吴武陵的事迹与为人，杜牧也素有所闻。对于他的忠心王朝，反对藩镇割据反叛的立场，杜牧尤其肃然起敬。

杜牧、李甘等人聚谈后，又乘兴游览了附近的一二处园亭曲池，见时已近午，遂各自归返。途中，又时而遇见一帮人敲锣打鼓，手持金花榜贴前往及第人家报喜；有的人家还放起"噼啪"作响的大长串鞭炮，庆贺起来。路上人们议论纷纷，满城都在议论着今年放榜登第之事，"李郃状元"成了一时的新闻人物，是此日知名度甚高的人物。

所见所闻，使杜牧更坚定了来年应进士试的决心。

不久，朝廷又大赦天下，改宝历三年为大和元年。皇上也发布制令，由公人在街上到处贴着。杜牧只见其中写道：

> 天下诸色人中，有贤良方正、能直言极谏者，及经学优深、可为师法，详闲吏理、达于教化，军谋弘远、堪任将帅者，常参官及方牧郡守各举所知。无人举者，亦听自举，并限来年正月到都。
>
> 自今以后，天下勋臣、节将子弟，有能修词尚学，应进士。明经及通史学者，委有司务加奖引。

杜牧见了告示，遂加紧了应试的准备……

秋天又到了，金风阵阵送爽吹凉，大雁展翅飞掠过高耸的慈恩塔，成群地飞向南方，飞往衡阳。长安街上，人家院落里的梧桐树叶开始转黄而飘零，稀疏而带着凉意的秋雨，一滴滴打在瑟瑟翻动的梧桐叶上。然而在一片略呈萧瑟的景象中，槐树却迎来了它灿烂的季节，满树的槐花迎着秋风秋雨开放，蝉儿没完没了地"知了"地叫着，仿佛在不停地为槐花唱着一首首单调的颂歌。这时节却引起了举子们格外的焦虑、激动与奔忙。

唐俗云："槐花黄，举子忙。"到了七月槐花黄时节，长安中的举子们就忙起来了。不管是落过第的，或是新近将应试的举子们，就更躁动不安，使出浑身的解数。有投献新课的，有托人找门路推荐的，有亲自携文卷投谒主司以祈援引的，也有没有新作而将过去投谒过的旧诗文再次投呈行旧卷的……一时官场显要，文坛耆宿，社会上有门路可通达权要者之门的人家门槛，顿时热闹起来。州府也于此时接纳、推荐举子，准备不久赴京期集应试之事。故唐代进士们对槐花黄时节颇多感受，翁承赞即有《咏槐花》诗云：

> 雨中妆点望中黄，
> 勾引蝉声送夕阳。
> 忆得当年随计吏，
> 马蹄终日为君忙！

杜牧也与众举子一样，免不了向几位显达投文行卷。而亲朋故旧，以及一些在社会上有点头面的人，也多有主动举荐揄扬他的。正像他后来在《投知己书》中所说的"大和二年，小生应进士举。当其时先进之士，以小生行可与进，业可益修，喧而誉之，争为知己者不啻二十人"。当时他也将自己的诗文卷轴早已交李甘代呈吴武陵博士，后又亲自到吴武陵府上拜访了一回。但他只是礼节性地拜谒前辈，并没有讲出那些甘言谀词，也没有带上时鲜礼品，贡谀献媚。倒是武陵问起杜佑卒后杜家的状况，询及他读了哪些书，写了哪些诗文。杜牧一一回答。后来，又议论起时事来。

这年的五月，朝廷下令调天平军节度使乌重胤为横海军节度使。同时命摄横海军节度副使李同捷，以检校左散骑常侍，兼兖州刺史的身份，充任兖海沂密等州节度使。

这李同捷也是个图谋不轨、称霸一方的叛将。他父亲李全略为横海节度使时，他为副大使。父亲一死，也就擅领留后事，并重赂邻藩为他向朝廷求官要官。朝廷知他意图，久搁置不理。这次将他和乌重胤对调，即是为了削弱他的势力。没料到，李同捷见朝廷调他往兖海，大为恼火，遂托以三军乞留，拒不受朝命，还暗中交结幽州、镇州二镇，图谋反叛。

对于李同捷拒命谋叛之事，杜牧十分愤慨。在吴武陵面前，他也没顾及自己还是个在朝官家中做客的举子，任凭自己的性子，慷慨指陈，痛骂了李同捷一番。他说："自从安禄山反叛于幽州范阳后，军队聚集于中原，强藩互相勾结，两河之间多为叛将所据，造成祸害。这些强藩叛镇，蝉联勾通，互通声气，对抗朝廷。他们之间逆子嫁虏孙，急热同手足，一唱一和，有如宫徵旋韵，各以次从。而且目无中央，自制法制礼文，称王称霸，根本不把朝廷放在眼里。可惜朝廷征讨无力，更造成今日李同捷的猖狂恣肆。真是令人揪心，气愤难平啊！"说到忧虑之处，他声调凄楚；谈及征讨方略，他又侃侃而谈，纵横议论，壮志凌云。……这一番对时事的议论，颇引起了吴武陵的同感与欣赏。

七月辛巳，朝廷颁布了有关明经进士考试的条文。朝廷敕："今年宜权于东都置举，其明经、进士任便在东都赴集。其上都国子监举人，合在上都试及节目未尽者，委条流闻奏。"八月，礼部贡院又奏东都置举条件事。认为京都国子监、宗正寺、鸿胪寺举人，请等待于东都考试完毕，再返回长安考试。这一奏请，又得到唐文宗御准。不久，在东都考试事也就晓谕天下，举子们也纷纷做着各种赴东都应试的准备。

杜牧获知来年进士试将在东都洛阳举行后，也在筹划着南行之事。他是北方人，见惯了北方的山水风光，却从未去过南方。南方秀丽的风光景色，那蓊郁的草木，清洌的泉水，碧绿如茵的草地，呖呖婉啭的鸟鸣；那画船听雨眠或斜风细雨不须归的小舟垂钓……这一切对他这一位诗人气质浓厚的青年都具有极大的魅力。他早就读过了有关江南山水风光的文章，其中最使他沉迷陶醉的莫过南朝吴均的《与朱元思书》中的这些描绘："风烟俱净，天山共色，从流飘荡，任意东西。自富阳至桐庐，一百许里，奇山异水，天下独绝。水皆缥碧，千丈见底；游鱼细石，直视无碍。……泉水激石，泠泠作响；好鸟相鸣，嘤嘤成韵……"文中江南的绮丽景色，曾使他神追冥想。现在乘着在东都期集考试的机会，他决定作一次南方之游，所以心中也感到一种愿望即将实现的兴奋。

他的堂兄杜悰，自从娶了岐阳公主后，生活富裕，官运亨通，这时正在湖南的澧州任刺史。杜牧此次南行，也想趁着这一机会，先到澧州见见杜悰和堂嫂。南行之前，他先在京兆府办完了应试的一切手续，处理安排好了家事，向几位要好的朋友辞别就上路了。弟弟杜颛和李甘、李中敏等人，一直送他到灞上，然后他独自南去。

杜牧此行经蓝田，取道商州、襄州而南下，一路上晓行夜宿，翻山过岭，渡水过桥，穿村落，过城邑，说不尽旅途的风尘仆仆，辛苦劳累。不过此行也使他饱览了名山大川，观赏了溪流碧涧，陶醉于山间的野菊，村庄的修竹，江边的芦花。他是个多情善感的诗人，沿途的景色使他触目兴感，诗兴遄飞。他写下了许多的诗作，抒发着自己的情感，见到秋露中的紫薇花，他吟道：

晓迎秋露一枝新，
不占园中最上春。
桃李无言又何在？
向风偏笑艳阳人。

遇到江边的渔父，他和渔父攀谈。没料到这渔父可不是一般的世俗村夫，他冷眼观世，阅尽了来来往往于江边的红尘奔竞者，对这一个世界颇有自己的思考与冷静的看法。他感激这渔父的指教，欣赏他的睿智，遂赋《赠渔父》诗以贻之：

芦花深泽静垂纶，
月夕烟朝几十春。
自说孤舟寒水畔，
不曾逢着独醒人。

他经过一处庄园，主人刘秀才热情地款待他，并一起观赏新栽不久的小竹。杜牧是个爱竹的人，他觉得竹子带有一种令人喜爱的气质与秋韵。刘秀才知道杜牧善作诗，遂请题诗一首。杜牧欣然提笔写道：

数茎幽玉色，晓夕翠烟分。
声破寒窗梦，根穿绿藓纹。
渐笼当槛日，欲碍入帘云。
不是山阴客，何人爱此君。

刘秀才知道诗中的山阴客是指在茂林修竹、清流激湍的会稽山阴兰亭集会修禊的王羲之等文士。杜牧以此暗誉他，他感到很高兴，所以非常宝重此诗。谁又能想到，后来杜牧的《樊川文集》中竟无此诗。或许是因作于途中，写毕即赠刘秀才，未留底稿之故。幸亏人间还有有心人，此诗才得以留下，至宋人才收到《樊川外集》中。他的有些《樊川文集》外的诗，恐或有因此类缘故而留传下来的。或许他的传诵人口的《山行》诗，也正是这样留传下来的一首名作；也许这首诗也是此行翻越某座山时的即景之作：

> 远上寒山石径斜，
> 白云生处有人家。
> 停车坐爱枫林晚，
> 霜叶红于二月花。

杜牧一路上就这样或触景生情，或即兴写景，创作了不少的诗作。写诗对于他来讲既是兴到手至而诗成的容易之事，但有时又是颇需苦心经营的。他此时已是一位 25 岁的青年，在文坛上也可算崭露头角，小有文名了。他对诗作也有自己的看法与追求。还在京城时，他曾向一位名人行卷，并写了一篇《献诗启》。在这篇书启中，他表明了自己的创作态度，其中说：

> 某苦心为诗，本求高绝，不务奇丽，不涉习俗，不今不古，处于中间。既无其才，徒有其奇，篇成在纸，多自焚之。今谨录一百五十篇，编为一轴，封留献上。握风捕影，铸木镂冰，敢求恩知，但希镌琢。

诚如他所说，杜牧作诗本求高绝，所以也多有苦心锤炼诗句的时候。你别看他的有些诗歌看来好似出口而成，其实并非如此出口成章的。就如这首《山行》诗，除了后两句为人激赏称绝，自是锦心绣口之句外，那"白云生处有人家"句中的"生"字，也是颇费了一番琢磨推敲功夫的。或许杜牧当时为了吟安这一字，虽无唐代另一位诗人卢延让所自述的"吟安一个字，捻断数茎须"那样惨淡经营，但恐怕也是边走边推敲一阵的结果，或是得之前辈诗人孟郊《游终南山》诗的"南山塞天地，日月石上生"句的启发。

杜牧在南行途中，也不时地听到李同捷不受调遣，图谋反叛的消息。后来又传来消息说，武宁节度使王智兴实在看不惯李同捷之所为，奏请朝廷让自己率领本部军三万人，自备五个月的粮草以讨伐同捷。朝廷允准了他的请求，王智兴正率军北上，将与李同捷开战。八月后，朝廷下诏削去李同捷的官爵，命乌重胤、王智兴、康志睦、史宪诚、李载义与义成节度使李听、义武节度使张瑶各率领本军共讨李同捷。消息传出不久，杜牧遇到路上的行人，旅店的游客纷纷在谈论此事。人们流露出又愤慨、又兴奋的表情。杜牧听到这些消息，心情也与人们一样，他也加入议论中。

从李同捷的父亲李全略死，李同捷自为留后起，杜牧就一直关注着此事。他当初已看出了李同捷据镇称雄的野心，心中暗感不安。一种国家兴亡、匹夫有责的责任心使他为此而焦虑过。后来李同捷的拒命、密图不轨，使杜牧更是义愤填膺；而朝廷久久未出兵征讨，又不免使他焦急、失望。他恨自己是一介儒生而非一名壮士，不能执枪握刀，亲临前线与叛军来一场厮杀；他遗憾自己还是一个穿褐衣未入仕的举子，尽管胸怀报国杀敌之策，而却未能有施展的机会。如今，他听到朝廷终于征调各路军马以讨伐李同捷，自然极为兴奋。刚好听到消息的第二天，他就来到了澧州，见到堂兄杜悰。当晚，一来因久别他乡聚首，令人高兴；二来也为了朝廷终于出兵征讨叛镇，令人兴奋鼓舞，两兄弟遂在家中举杯畅饮，高谈阔论，喝了个杯盘狼藉，不知东方之既白。岐阳公主到底是位知情达理的贤淑嫂子，见到丈夫和小叔子如此痛饮，知道他们难得高兴，也由他们喝个黑天昏地，只是时时关照他们而已。

第二天，杜悰处理罢州中公事，又带着杜牧登上澧州城楼，观赏郡城风光。此地山青水绿，郡城房舍鳞次栉比，楼台亭阁点缀其间，看过去颇有南方鱼米之乡的富庶景象。杜牧望着离州城南边不远的澧水，在波光闪烁中，三两片渔舟在夕阳辉映下，缓缓地划向江岸……

"这次南来，我先经过荆州松滋县，见到了摄令王淇。"

"此人我认识，"杜悰插话道，"他现在已75岁了，记性真好，每天还可以记诵千言。他 11 岁时念五经,曾举童子科及第。此人现在如何?"

"如兄所说,他记得唐德宗建中时事还清清楚楚。当时李希烈与李纳、田悦、朱泚、朱滔等人僭诏书檄,争战胜败,以及当时的地名人名都记得清楚明白,说起来如数家珍。他还向我说起李希烈之妾窦氏的事。此女真是一位有奇谋远略的出色女子。"

"这女子有何奇迹?"

杜牧见杜惊有兴趣,遂讲道窦氏小字桂娘,生得容貌秀美,秀色可餐,引起李希烈馋涎欲滴,遂找个机会将桂娘掠为妻。后来桂娘如何用计结纳李希烈部下大将陈先奇夫妻。待李希烈死,其子谋乱,窦氏又将其子阴谋书于蜡帛,制成如含桃状,借赠含桃给陈先奇之机而使先奇知其阴谋,并杀掉李希烈子,归顺朝廷。后来,吴少诚杀了陈先奇,知桂娘曾出谋之事,也一并杀了她……

杜牧向杜惊讲述了窦桂娘事迹后,犹感这一美丽女子的事迹可记下流传于后代,就将它写成《窦列女传》一文。其中评论此事有这么一段话:

> 希烈负桂娘者,但劫之耳,希烈僭而桂娘妃,复宠信之,于女子心,始终希烈可也。此诚知所去所就,逆顺轻重之理明也。能得希烈,权也;姐先奇妻,智也;终能灭贼,不顾其私,烈也。六尺男子,有禄位者,当希烈叛,与之上下者众矣,岂才力不足邪?盖义理苟至,虽一女子可以有成。

杜惊听杜牧讲述了窦桂娘的传奇事迹,又读了《窦列女传》,赞叹不已,"牧之,这等明丽绝色的女子,又读书有文,聪颖多智,人间可太少了!"

"可不是。美丽聪明,一可爱也;读书明理,二可爱也;有气节,知逆顺,灭贼归国,尤可爱也。"杜牧流露着敬仰神往的感情评论着。

"桂娘如活在现在,我还真想娶她为妻。可恨春兰秋菊不同时啊!"杜惊情不自已,脱口而出。

"小声点,嫂子听见了,看您怎么交代!"

"就她在这儿,我也敢说。好美色本是男儿本色,有什么说不得?你不也常到平康里逛，围着石榴裙转，粉黛们对你转盼多情，搔首弄姿，难道你就是石头狮子不动心！"

杜牧一听说到他到长安北里狎妓之事，心中不免惊诧。心想这只是近年的事，而杜悰离开京城远在澧州，怎么会知道得这么快？难道自己与妓楚儿、芳儿的事，也传到这儿？"我的哥，您可别这么说，我只是偶尔到那里看看朋友，哪有石榴裙的事儿！您可还听了些什么？"杜牧试探着问。

杜悰诡谲地一笑，"我离长安千万里，哪能听到什么桃色新闻！只是听到有人曾写了些艳诗，被传得满城风雨，我也只听了几句。说什么'娟娟郤月眉，新鬓学鸦飞。……袖红垂寂寞，眉黛敛依稀'。还有'盼眄回眸远，纤衫整髻迟。重寻春昼梦，笑把浅花枝'。这等诗句也不知道是哪个多情的男儿所作？可真是体贴入微，不愧女儿知音。听说还有这么两句：'小市长陵住，非郎谁得知？'这也是大实话，非此郎谁又能怜花惜玉？只不知此郎为何人？可敬，可佩！"

杜牧红着脸，知道杜悰已听说了自己的风流之事，连诗句也背得出，明知不能隐瞒，遂以攻为守道："小弟还不是向兄长学的！平康里的娘儿们还在念叨着您了。说什么有人当了乘龙快婿，就渐渐地把人忘了。不知道那皇帝的女儿有什么奇招魅力，把个好色的郎君治得乖乖的听话，连我们这个常让他销魂落魄的神仙窖也不来了。真是忘恩负情！"

"怎么，她们也这么说？可是真的？"杜悰急了，追问着。

"哪敢假造半句！还好我至今还替您把这些话保密着，否则恐怕也传遍天涯海角了。起码嫂子的耳根也不会这么清静的！"

"你嫂子果真不知？"

"我不说，谅她未必知道。嫂子恪守妇道，大门不出，风雨不进，连蚂蚁也爬不进闺房来，哪能听到这些红粉桃花故事！"

"不知就好。"杜悰喃喃道。

"嫂子生于帝皇之家，长得天仙也似漂亮，贤淑端庄。可有人还有福享腻了，竟然吃着碗里，看着碗外，说是别人的老婆更艳丽动人，还想娶桂娘为妻呢！"杜牧看出杜悰的心理，有意这么说。

"好弟兄，玩笑话，认真说不得的。"

房外有了细碎的脚步声，杜悰知道岐阳公主来请他们吃晚饭，顿时止住了话。两兄弟会心地挤挤眼，迎住了美丽的岐阳公主……

唐时进士期集在每年十月，各州府的举子们都在这时或随计吏偕往京都，或独自前往。因大和二年（公元828年）将于东都洛阳试举人，故杜牧在澧州盘桓一段时间后，就辞别杜悰和嫂子岐阳公主，赶赴东都去。

杜牧从未到东都，一到东都就感到果然名不虚传，到底是旧日皇都，气派自是不凡。那外城方圆四十余里，有护城河，阔十余丈。城壕内外皆种上杨柳树，绿树成荫，水光树影，交相辉映。城中粉墙朱户，宫室巍峨壮丽，广厦万间，高显宏丽。通衢大道，车往马来，士女如云。道旁商店林立，市廛繁荣。那江陵之橘、陈夏之漆、齐鲁之麻、姜桂藁谷、丝帛布缕、鲐鳖鳏鲍、酿盐疏豉，还有那会稽之竹箭、华山之金石、梁山之犀象、霍山之珠玉、幽都之筋角，都罗列陈放于商肆，可谓奇珍异宝，山珍海味，殊形妙状，目不暇接，颇为热闹。杜牧觉得洛阳虽然已非唐高宗、武后时可比，但也并不比长安差多少，物产上恐怕还比京城多得多。而且路上的那些女子，穿着蝉翼般薄的衣裳，尽管已到秋凉，也还低垂领口，微微袒露粉胸，妖妖调调，拖罗曳锦，如神似仙般地款款而去。其中有一位穿紫衣的女子，正当妙龄，也最妩媚动人。她见到杜牧抿嘴一笑，走过去了，还回过头来秋波一转，似有深情。那模样儿，比起北方长安北里的歌伎们还更娇嫩，更具有颠倒人神魂的魅力呢。就是叫杜牧看来，也真有移神动魄之感，还不免目授神与，痴迷了一会儿。他对东都顿有一番欣美与迷恋，这恐怕也是他后来一有机会，就称疾移官分司东都的一个隐秘的原因吧！这是后话，此处且不表。

东都毕竟是大地方，虽还不算政治中心，可此处毕竟是副都，官邸衙门多。再加上政界显要年老致仕后，多在此处置房产，建别墅，过着清闲安适的日子。所以官方的公文传得快，民间的消息也来得多，特别是军国大事，发生没几天，就可在这儿传得沸沸扬扬。杜牧一到东都，满城也都在议论着李同捷的事。

"这李同捷可真他妈的会耍手腕，朝廷发诸道兵讨伐他，他就来了个收买瓦解的招数！"街上有几个商人模样的人在谈论着，其中一位四十开外，穿蓝袍的汉子愤愤地说。

"这贼拼命地搜刮百姓、商人的钱财，这时却派上用场了。听王员外说，他派遣亲信子弟带了珍宝玩好和美女，四处贿赂河北各镇将帅，还许下了许多好处，和他们勾结起来。这些将帅有的也真黑心，全忘了朝廷的恩典。呸！"一位年轻些的商人指手画脚，轻蔑地吐一口唾沫。

"王老弟说的我也听到了，"年纪稍长的留着短须的人说，"诸位不知听到没有，还有人竟吃里爬外哩！"

"是谁？"

"哪个王八蛋？"

"说来也真气人，还是受朝廷重用的人呢！"短须人说。

"难道是裴度大人？"

"你胡说什么！裴大人可是当今的顶梁柱，第一号大忠臣！"短须人见有人胡猜裴度宰相，不禁生气。"实话告诉你吧，此人就是史宪诚！"

杜牧一听说是史宪诚吃里爬外，也不免一惊。他在京城时已知道，今年五月朝廷又加魏博节度使史宪诚同平章事。八月份，朝廷又命他与诸道兵共讨李同捷。怎么连他也吃里爬外起来？这可是非同小可的事。他不禁走上前去，"请问老伯，您说的可是当真？"

短须的长者瞧了瞧杜牧，见他一身书生打扮，堂堂正正，脸上有一股凛然之气，知道是个可以说话的人，便答道："我的消息来源绝对可靠，是我的在朝廷兵部中任职的一位侄儿说的。"

"不知道有何说法？"杜牧追问。

"跟大伙儿说说也不妨，不过此事还先别太张扬开去。"

"我们不四处传就是了。"众人见他有些顾虑，保证道。

"诸位当也知道，史宪诚将军和李同捷的父亲李全略本有婚姻之亲，关系本就密切。李同捷这小子反叛了，史将军却割不断这层关系。这还罢了，更不该的是暗中和他来来往往，通风报信，竟然还密助他大批的粮草军需。这不是吃里扒外又是什么？"

"这真是吃了豹子胆了！"杜牧一听火了，怒火中烧。又问道："朝廷难道就不知晓？"

"当然没有不透风的墙啰！韦处厚大人就知其所为。但裴大人确实不知其所为，还替他说话，说他没贰心。裴大人是老实人，年纪也大了，耳目不灵，一时被瞒着。"

"那韦大人知道总不能默而不言吧？"杜牧对韦处厚宰相一向是崇敬的，这位宰相字德载，京兆人。他虽长得并不魁伟，甚至有点懦弱的样子，但是却是位深明大义、敢于廷争，劲确巍然不可夺的忠贞之士。当年唐敬宗狂恣，屡出畋游，每月坐朝没三四日，他就敢于冒死面谏。宝历末年，朝中内变，文宗皇帝平息内难，却碍于情面，一时委决不下如何处理参与变乱者。处厚其时闻难奔赴，上言："《春秋》之法，大义灭亲，内恶必书，以明逆顺。正名讨罪，于义何嫌？安可依违，有所避讳！"文宗遂依言而行。杜牧非常崇拜韦宰相的忠肝义胆、直言敢谏的气概，把他作为自己的楷模人物。

"韦宰相大人确是一位耿直忠义的好官。他知道史将军中怀向背之事后，为了争取他，曾派遣一位亲吏秘密赴史将军处，请他来中书省议事。对他说：'史将军，裴晋公度可是一直信任你的！曾在皇上面前以一家百口保你，你可得善自为之啊！'据说史宪诚一听又惊惧又感动，现在不敢和李同捷来往了。"

"朝廷里多有韦宰相这样的人，就不会像如今这样窝囊了！"杜牧听罢感慨地说："我前两天来东都路上，还听到王庭凑为李同捷出面向朝廷求节钺，朝廷不允，他遂出兵境上对抗魏博军，助李同捷为乱。这些叛将勾通一气，如此猖狂，真令人气得非把他们千刀万剐不解恨！"

"这帮人该下十八层地狱！"

"被我撞上了，非一刀宰了他不可！"

"朝廷也太无能了……"

众人议论纷纷，义愤填膺之际，忽听得"嘚、嘚、嘚"的马蹄声从远而至。杜牧抬眼循声看去，见两个人骑着黑色快马疾奔而来，街上的行人纷纷地避在两旁。众人和杜牧也赶忙往后退几步，伫立在一家百货店铺前。不一会儿，两位公人疾驰而过，还听得快马"呼哧""呼哧"的大口喘气声。

"不知道发生了啥事！"

"莫非军情紧急？看那两位公人气喘吁吁、面如土色的样子。"

杜牧听到众人猜测纷纷，升起了一种忧虑不安的感觉，心中乱糟糟地向皇城走去。

当晚，杜牧在客栈住下来。一盏油灯伴着他，他怎么也静不下心来。回想街上人们的议论，追念安史之乱后藩镇割据、叛乱接二连三，战乱迭起，兵连祸结，国家蒙受兵乱之苦，百姓不仅遭到烧杀掳掠、流离颠沛之灾，还要被急征暴敛所逼，纷纷破产逃亡的景象，心中充满了忧伤痛苦。又看到朝廷征讨不力，甚至姑息养奸，遂使得强藩叛镇越来越嚣张，而国家灾难日益深重，心中更是愁闷愤慨。他喝下一杯一杯的酒，想借酒消愁。没想到酒入愁肠，愁更愁，恨更深，感情的怒涛激越澎湃，冲击着他的心扉，震荡着他的灵魂。热血在冲涨，感情的炽烈的火焰在燃烧，他不禁将奔突的感情流泻在诗句中：

> 茹鲠喉尚隘，负重力未壮。
> 坐幄无奇兵，吞舟漏疏网。
> 骨添蓟垣沙，血涨滹沱浪。
> 只云徒有征，安能问无状。
> 一日五诸侯，奔亡如鸟往。
> 取之难梯天，失之易反掌。
> 苍然太行路，翦翦还榛莽。

他一口气写下来，看着墨迹尚未干的诗句，觉得感情得到了发泄，心中似乎不像刚才那样憋得透不过气来。夜静悄悄的，只有窗外的秋风瑟瑟缩缩地吹动着窗纸。他想起祖父杜佑，想起爷爷撰写的《通典》。他感慨自己所掌握的财赋兵甲之学一直无施用之地，自己也没有机会向朝廷献策出计，报效国家。自己毕竟是一介书生，未解褐的举子，谁会理睬自己的匡时之策呢？他忧心悄悄，怅怅不乐，又伏案疾书道：

> 关西贱男子，誓肉虏杯羹！
> 请数系虏事，谁其为我听！
> 荡荡乾坤大，瞳瞳日月明。
> 叱起文武业，可以豁洪溟。
> 安得封域内，长有扈苗征！
> 七十里百里，彼亦何尝争。
> 往往念所至，得醉愁苏醒。
> 韬舌辱壮心，叫阍无助声。
> 聊书感怀韵，焚之遗贾生。

夜沉沉，灯闪闪，杜牧写罢这首五言古诗《感怀》，一直睡不着。他感慨壮志未酬，报国无门。挂念着北方战场，想念着长安、家园和弟弟，想着即将到来的期集与考试……当然，也回想起今天街上那几位飘然而过的天仙一般的女子，尤其是那个穿紫衣、对他秋波一转的少女。她那润红的双颊，犹如初放的玫瑰。小小的双唇，如樱桃般的美，蕴藏着多少的甜蜜。尤其是那蛾眉下的一双明丽的眼睛，那让杜牧一接触就点起一团心火的秋波，更是让他在这不眠的深夜心旌荡漾，想入非非。这邂逅，这抿嘴一笑的诱惑的魅力，这一转的秋波所点燃的青春的火焰，既使杜牧感到一种沉醉的希望和甜蜜，又使他感到像失去了魂灵的怅闷与惘然。是啊，在这车如流水马如龙、人群熙熙攘攘的中原大城市中，又到哪里去追寻这一朵令他心醉的小小娇玫瑰呢？这一朵在他眼前一晃而过的娇艳的花儿，在这沉寂的深夜中，又开放在哪家的庭院中呢……

长安城的长乐传舍今天显得热闹非凡，京城的不少达官贵人乘车的乘车、骑马的骑马，也有骑着驴子的，纷纷赶到这儿，为本年礼部知贡举的礼部侍郎崔郾饯行。他即将离开长安赴洛阳主持进士科考试。送行的人们既有按照礼节前来送行的官员及下属，也有亲朋好友、门生子弟。

饯送的一桌桌丰盛的酒宴早已排开了。筵席上美酒已开封，飘出缕缕的酒香。鼓声、箫音伴着清脆欢快的筝乐，更使长乐传舍洋溢节日似的欢乐气氛。女乐们也细声细气地甜美地唱起了骊歌，那曲《阳关三叠》被一遍一遍地唱着，更增添了饯别的浓郁的气氛：

> 渭城朝雨浥轻尘，
> 客舍青青柳色新。
> 劝君更尽一杯酒，
> 西出阳关无故人。
> ……
> 劝君更尽一杯酒，
> 西出阳关无故人。

礼部侍郎崔郾已在朝中要人和属下的大小官员簇拥着来到筵宴间，

在主桌旁坐下。他和群僚友朋们招呼着、叙谈着。

"崔侍郎真不愧重名雅望，此次再主贡闱，可贺！可贺！"一位穿绯衣、系着金鱼服饰的官员拱手贺道。

"都是皇上恩惠，王郎中等诸位大人吹嘘。多谢诸位了。"崔郾连连拱手谦虚。

"崔大人也忒谦逊了。"一位紫衣金带，留着长须的官员站起身来，声音清亮地说："谁不知道崔大人早年任监察御史、刑部员外郎时，就以资质秀伟，神情重雅，公正清廉为人所称颂。去年主礼部贡举一榜，人人夸奖，真可谓奸吏不敢欺，孤寒无援者未尝留滞啊！"

"李大夫所言诚是……"

"诸位谬誉，在下惭愧、惭愧……"

"我提议诸公为崔大人再主贡闱，为国家选英才干一杯！"

"应该，应该。"

"祝崔侍郎一路顺风，干杯！"

酒杯轻碰声、祝贺声、美酒的馨香、歌伎们的浅笑与媚语混成一片。有人借着酒意与故意微露着腴白胸乳的妖艳女子，偎依着、调情着……

"诸位大人。"一位神情清朗、儒雅的官员在干杯稍停之后，站起来。

"是谁？"

"太学博士吴武陵。怎不认识？"

"哦，原来是这位名人！我刚调来京城，所以不认得。他的文才雅望，可是久仰！"两位官员悄声道。

吴武陵等众人安静下来，看着人们都注视着他，这才又一作揖，笑道："崔大人是在下旧交，在朝又同事多年，鄙人也可算是崔大人的知己了。诸位可能有知道的，穆宗皇帝初即位时，喜耍玩野禽，好通宵达旦痛饮，以此坐朝常晚。忠君爱君就得挺身上谏。当时崔大人身为谏议大夫，即敢犯龙颜，与郑覃大人极谏于延英殿。穆宗先帝颇为感动，从此畋游稍简。崔大人敢直言上谏，在下极为钦敬。诸位说说这种精神，当今能有几人？"

"确是难得！"

"真可敬佩。"

"朝廷中能多有崔大人这样的人就好了，我就做不到。"众人议论着、赞同着。

"不是我是他的知己，当着大家面前献谀送媚。"

"吴博士当然不是这等谄谀之辈……"

吴武陵又接着说："崔大人去年一榜，平心阅试，赏拔艺能之士。选拔之美，朝野称道。所选状元李郃，确是一位文学优雅，通达古今，颇有识见而又敢说真话的难得人才。陈会的《螳螂赋》也大播人口，甚有时誉。至如崔铉、陆宾虞、房千里等人，也个个挺出，颇为一时之选。就说崔铉吧……"

"莫不是崔大人的从子？"一位年轻些的小官悄声问旁边人说。

吴武陵却听到了，看了那个小官一眼，"咱崔大人是清河武城人，崔铉之父崔元略则是博陵人。两人虽均姓崔，可并无亲戚关系。"

那位年轻的官儿听吴武陵这么委婉之说，知是回答自己唐突的疑问，顿时不好意思地低下头。

吴武陵见到了，有意开解他的难堪说："有人不知道他们并非亲戚，这也是正常之事。不过有个别举子因为考场失利，遂生出种种话头。今年春榜后，我即听到无名子造谣说崔铉是崔大人的从子，真是笑话！再清廉公正的人，也会有人说三道四的！"

"吴大人说得是。"刚才说过话的穿紫衣金带的李姓御史大夫一脸正色地插话。"那崔铉我是认得的，真是个人才！"

"李大夫，崔进士有何令闻？"座中有人问。

"此人为儿时，即随其父拜访韩晋公滉。韩晋公指架上雄鹰，令崔铉赋诗咏之。他略一思索，即成诗一首，吟道：'天边心胆架头身，欲拟飞腾未有因。万里碧霄终一去，不知谁是解绦人。'韩晋公一听，惊喜地抚摸着他的额头，对崔元略侍郎赞叹：'此儿可谓前程万里也！'如此文采、胸襟，其志向前程可知！崔大人擢其登第，确是公道无私。"

众人纷纷赞同，有夸崔铉的，有颂美崔郾的，有议论着人才难得，伯乐不常见的……

吴武陵见众人情绪颇高，即举杯离座走到崔郾面前。众人见他对崔郾小声几句后，又转向大家，高声说："人才难得，伯乐少有。可是今天在下要举杯向诸公祝贺，伯乐就在咱面前，这就是……"

"崔大人！"

"就是崔侍郎！"

没等吴武陵说完，众人就欢呼起来，场面十分热烈。

"不敢当，不敢当！"崔郾连声说。

"大家真是好眼力！"吴武陵等呼声停歇，赞同道。"还有一桩可祝贺的事啰，不知诸位可知道？"

"什么事？"

"莫非又有一位伯乐？"

"请快说说。"

"伯乐难得，"吴武陵兴奋地感叹着，"可人才也难得啊！去年崔大人一榜，得到崔铉，诚为可喜可贺。明年崔大人又将放一榜，以我愚见，得到的人才将更卓尔出色。以此之故，当着诸位面前，我预先向崔大人恭贺。"

"吴博士不知有何见教？"崔郾侍郎满脸笑容。今天这么盛大的饯送，场面又热闹热烈，真让他高兴。他见吴武陵特地走到他面前，又说了"伯乐""人才"之类的话，心知他必然要有什么让人惊奇的花样弄出来。

"崔大人，"吴武陵也一脸恭敬地笑着说，"众人对您的伯乐之誉诚出真心。您以俊德伟望，荣任礼部侍郎，再为大唐选拔杰出人才，真是众望所归啰！在下虽然才疏学浅，孤陋寡闻，不过也真愿意尽微薄之力。不知大人可肯听我一言？"

"吴博士谦虚了。在下再蒙圣恩，忝任知贡举之职，真是诚惶诚恐，怕有负圣恩众望。能有吴博士指教，再荣幸不过了。"

"大人官重事忙，未必尽知天下英才。"吴武陵见崔郾颇为诚恳，也就直率说开了。"今有一位难得的英俊杰出之才，今年将参加进士试，不知侍郎知道否？"

"是哪位？博士请讲。"

吴武陵有意让在座众人听到，故意面朝大家说："崔侍郎谦虚谨慎，广纳众言，愿听鄙人推荐一举子，可谓虚怀若谷……"

"吴博士所推荐者是何人？"李大夫心急，没等吴武陵说完，兴冲冲问。

吴武陵也不说出此人名字，故意绕着说。他知道这才更有吸引人的魅力。"不久前，我上朝途中，见有十几位太学生围成一团。只见他们扬眉拍掌，手舞足蹈，连声喝彩，情景十分兴奋激昂。只听有人高声道：'文采绚丽，想象非凡人所及。这等文章，比之司马相如亦不为过！'另一太学生又啧啧连声夸道：'江淹、庾信之赋声情并茂，若比此赋亦见逊色得多。此赋不说文采，且论寓意托讽，也是前人所不及的。以某之见，真可推古今难得之奇文！'"……

"谁的赋有这么出色？"

"到底是什么赋？"

"别急嘛！"吴武陵见吊起了大家的兴趣，又慢慢地叙述着："我也惊奇得很呐，究竟是何等文章，竟然使这些太学生称赞得如此眉飞色舞？我更凑近，问道：'你们怎如此高兴呀？'众人认得是我，更是兴奋了。'吴博士，这样出色的赋作可真是今古难得之文！您评评看，这样的文章，能有几人写得出？'没等我作声，另一位太学生又抢着说：'吴博士，我念一段，您评评吧。'说着就念起来：

> 六王毕，四海一。蜀山兀，阿房出。覆压三百余里，隔离天日。骊山北构而西折，直走咸阳。二川溶溶，流入宫墙。五步一楼，十步一阁。廊腰缦回，檐牙高啄。各抱地势，钩心斗角。盘盘焉，囷囷焉，蜂房水涡，矗不知几千万落。长桥卧波，未云何龙？复道行空，不霁何虹？高低冥迷，不知东西。歌台暖响，春光融融；舞殿冷袖，风雨凄凄。一日之内，一宫之间，而气候不齐。

'把阿房宫写得如此壮丽巍峨，绚烂多彩。单单是前面四句三字句即先声夺人，何等气派啊！'另一位接着夸道：'我以为写宫女们的一段也极尽描绘刻画，情态毕现。吴博士，我也来这一段您评评。'他也朗声摇头晃脑地吟道：

> 妃嫔媵嫱，王子皇孙，辞楼下殿，辇来于秦，朝歌夜弦，为秦宫人。明星荧荧，开妆镜也；绿云扰扰，梳晓鬟也；渭流涨腻，弃脂水也；烟斜雾横，焚椒兰也；雷霆乍惊，宫车过也，辘

辘远听，杳不知其所之也。一肌一容，尽态极妍，缦立远视，
而望幸焉。有不见者，三十六年。

　　'好！''吴博士，够不够状元文章标准？'我问他们道：'这是出自
何人之手？'众人争着说：'是进士杜牧的《阿房宫赋》呐，博士没读
过？''此人如何人物，吴博士您认识否？''其实此人我早已见过面，《阿
房宫赋》也读过，只是先不说，看看他们怎样评说罢了。'"

　　"那么，博士以为如何？"崔郾询问吴武陵。

　　"我以为杜牧其人，不仅文章诗赋超绝一时，即是其胸襟才气，也特
立独行，卓尔不群啰！真可称为王佐之才啊！"说着，吴武陵一时兴起，
把早已带在身上的《阿房宫赋》拿出来，又高声地吟诵一遍。吟得抑扬
顿挫，比起太学生们更是声情并茂，回肠荡气，感人至深。在场众人有
的也跟着轻声吟诵，有的击节称妙，有的竟为吴武陵的声情所感动，昏
花的老眼缀着闪闪的泪花……

　　崔郾也是位饱学之士，读过的诗赋文章也可说是汗牛充栋了，不过
这样出色的文赋毕竟极为少见。他也感到此赋的分量，只觉得在场屋中，
此赋夺魁是无可争议的。待吴武陵一吟诵完，他也不禁拍手称好。"确是
难得的好赋啊！在试卷中，如有如此妙文，阅卷时也就精神百倍，不会
昏昏然打哈欠了！"

　　"那么，崔大人！"吴武陵听崔郾也夸奖起来，趁势单刀直入道。"既
然您慧眼识才，明年进士榜，就让杜牧为状元吧！"吴武陵悄声与崔郾
商议。

　　"这不好办呐！"崔郾低语。

　　"如此王佐之才，第一名也不过分！"

　　"吴博士有所不知。"吴武陵见崔郾面有难色。

　　"怎不好办？"

　　"状元已有人了，岂能一榜有两个状元？"

　　吴武陵见崔郾这么说，自然明白状元已安排好了，不好再坚持。他
当然知道，当时科场有通榜的风气。比如贞元十八年（公元 802 年）权
德舆主贡举，陆傪员外通榜帖，韩文公愈曾推荐侯喜、侯云长、刘述古、
韦纾等十人给陆傪。权德舆前后放三榜，其中有六人及进士第，其余四

人以后也都擢第。而且榜中名次，也多有在考试前即已内定的。因此，明年一榜状元，此时已内定，恐是有力者所托，不好再改动以为难崔郾。他想了想，又提议："那么，这样吧。降而求其次，再不行给个第三名。反正万不得已就给他第五名吧！"声音强毅，似不容商量。

崔郾俯首蹙额，在思索着、掂量着，一时也难以出口应答。

吴武陵见他低首沉思，久久不语，不禁恼火地想："我吴武陵也算是个见过场面的人，所荐举的英俊之才也不少了，又有哪回错过？我的话还不够分量，还要东想西虑个半天！"想到这里，他那满心的不快也就写在脸上了，气恼地冲着崔郾说，"崔大人相信不过我吴武陵也就算了，这样的才俊之士，连第五名也不给，公道何在？"说着拔脚就想离席而去。

"就依博士所说，给个第五名吧！"崔郾慌忙拉住吴武陵的衣袖，"请别走，有话好商量嘛。吴博士所推荐，在下哪有过半个不字！"

"这还算公道，就是状元也难保比杜牧强呐！"听崔郾已应允，吴武陵也就口气缓和下来。"一言为定，可别临时变了主意啰！"

"不敢，不敢。一言既出，驷马难追，博士放心好啦。"

"我提议，大家举杯！"吴武陵转向众人，举杯倡言。众人也纷纷端起酒杯来，一双双眼睛全盯住吴武陵。"刚才咱们崔大人又选到了一位特出的英俊人才，为此诸位为他干杯祝贺！"说罢，吴武陵首先将酒杯"当"地一声，碰了崔郾刚举起的杯子，仰头一口喝个滴酒不剩。"痛快哉，美酒！"

一阵阵碰杯的"当""当""当"声，一声声畅快的话语："干！""祝崔大人旗开得胜！""崔大人又当了一回伯乐，可喜可贺呀！"

"崔大人，不知这位英才是何人？"一位穿绯色衣服的官员忽然问道。

"对啊，他名叫什么？"有人附和。

崔郾见人发问，也不隐瞒。"刚才吴博士推荐了第五名进士。此人确是个才气卓特的英俊人才！他所作的《阿房宫赋》，文辞见识均是天下第一流……"

"此人是否名叫杜牧？"有人插问。

"这篇文章我也读过，确是难得之笔！"有人议论着。

"《阿房宫赋》的作者正是杜牧。他还是岐国公杜佑的孙子呐。"

"这个人不拘细行小节，人们的议论可不少呀！"一位身着深绿袍衣的中年官员站起身说。

"李员外，怎么不拘细行小节？请言其详！"有人追问，一时人们也交头接耳起来。

李员外瞧了瞧那发问的人，见是李大夫，知他是御史大夫，为人倒挺和气，遂放心地说："杜牧为人豪宕，可就是有点放荡不羁。特别是常出入北里平康，那个地方大家都知道是妓女们的天地，公子哥儿的欢乐场。烟花柳巷之处，依红偎翠，恣情放浪，能有什么好事！出入此地的人能有几个清白？"

"那也不能这样说吧？试问李员外，当今在朝诸公，不说今日，年轻时有几个不进出那里的？可就污了清白？"问的是一位青色袍服的三十开外的官儿。

"话说重了，恕罪！恕罪！"李员外也自觉自己刚才所言不够八面玲珑，把到过平康巷的人全骂了。"不过，杜牧游平康则与众不太同。他和妓女芳儿、楚儿相好，以致争风吃醋的事流传开来，名声可不太好呢！"

"究竟怎么回事，我也想听听。"崔郾问道。

李员外见崔郾问他，遂把事情说了个大概。

原来，杜牧也时常去那些烟花柳巷之处。他毕竟是长于公相之家，本就染上了贵族公子的放浪风流习气。而且他又特重情感，尤有女色之好。对那些年轻貌美，温柔多情的女子，特别怀有欣慕怜爱之心。如若那女子有点文墨，能吟得些言愁说爱、相思恨别的诗句，则更是对她怜爱有加，尤为垂青。

他在平康巷与妓女亲狎中，尤其喜爱芳儿和楚儿。她们两人年龄也正在二八上下，正是人事方知、情窦初开的如花似玉年纪。在她们柳叶般的秀眉之下，都有一双清澈如山泉的媚眼，一道能勾人魂魄的闪闪秋波。论脸色，楚儿洁白如瓷如玉，而芳儿则白里透红，更辉耀着美丽和青春。两人均体态婀娜，腰如初春的柳枝，柔细轻盈，别有情致。酥胸白嫩，轻罗裹不住那浓郁的春色，时时逗露出雪白的莲花花瓣来，叫杜牧见了也真忍不住多窥几眼，半天凝视着那令人动情的春色，好似呆住了一般。

楚儿、芳儿也都能唱曲子，声音圆润清滑，甜美含情。杜牧常把她们招到一处，由楚儿、芳儿轮流地柔声细气地唱着。那流行的《柳花怨》

《折杨柳行》《攀杨柳枝》以及《六幺》《水调》《白雪》《梅花》等曲，都被她们珠圆玉润地歌唱过。唱到入情处，杜牧有时竟忘了旁人在场，一把搂着她们的细腰，来个软玉温香拥满怀。而楚儿、芳儿本就恋着倜傥风流的杜公子，巴不得杜牧的用情体贴，也就乘势含羞作娇地依偎上去，把满身的温软香甜贴在杜公子身上，那樱桃般的小口还细声嗲气地吟着"想夫怜"的曲子。

日子久了，杜牧虽对芳儿、楚儿体贴怜爱，但也免不了有所轻重不均的时候。那楚儿善琵琶，人也伶俐聪慧，可性情却狂逸得很。芳儿则明慧温柔，善解人意。能吟得诗句，尤擅长锦瑟，常常弹瑟而歌，歌声更是甜美动人。杜牧对芳儿更欣赏些，所以言谈举止中也难免流露出点厚此薄彼的意思来。

也该有事。这一天，楚儿有事外出不在，杜牧来时，只有芳儿和他谈谑吟唱，弹瑟诉情。她先弹唱了杜牧前日为他作的小诗，喜得杜牧心花怒放，握住她的纤纤小手轻揉个不停。后来，芳儿也芳心动荡，眼里流情，口中甜滋滋地唱起了正在流传的几首《杨柳枝》：

依依袅袅复青青，
勾引春风无限情。
白雪花繁空扑地，
绿丝条弱不胜莺。

苏州杨柳任君夸，
更有钱塘胜馆娃。
若解多情寻小小，
绿杨深处是苏家。

杜牧沉醉地听着芳儿的歌唱，细细地品味着诗中的意韵。他明白这聪慧透顶的芳儿挑选这词唱的用意，她是借《杨柳枝》来抒发自己的情意。那"无限情"，那"多情"，分明是在吐露自己的心曲，在向他诉说衷肠，在勾引出他们间的无限春情春意啊！他不禁心头狂荡，像小鹿在清泉香花间奔突狂跑。这时他已有些意迷心乱了，又听芳儿唱道：

叶含浓露如啼眼，

枝袅轻风似舞腰。

小树不禁攀折苦，

乞君留取两三条！

“好个‘小树不禁攀折苦，乞君留取两三条！’芳儿，你比谁都动人可爱！”杜牧充满怜爱地赞美，使芳儿情不能自持，一头扑进杜牧的怀中，娇嫩而泛着胭脂色的香腮紧紧地贴在他的怦怦跳的胸口，娇声娇语道：“我芳儿命苦，落在这个地方，犹如那柳枝儿，这人攀了那人摘，可就是没得个人真心爱。”

“我不是把你放在心儿里吗？”杜牧激动地安慰她，把她搂得更紧，一手还轻轻地抚弄她的秀发。还低下头来，嗅着从她的发鬓中散逸出的脂粉香。

“可公子心中装着的人何止我一个芳儿！那楚儿不也让您魂不守舍？我可没有她那样娇媚动人，弄姿弄色，把公子哥儿们迷得心猿意马嘛！”芳儿幽幽地说着，似有无限的委屈，一手拉过杜牧的手，放在自己半露的酥胸上，“您真不懂我的心，我的心比楚儿还真着呐！”

此时杜牧触着芳儿柔软的酥胸，使杜牧有如触电般地身心酥软，一下子像灌进了千杯酒、万杯蜜，又甜又醉，顿时情迷心荡，把芳儿那迷人的酥胸恣情地注视着……

“您说呀，我的心是不是比楚儿的真？”芳儿娇嗔地追问。

“你俩真是春兰秋菊，都令人喜爱呀！”

芳儿听这么一说，心中不快。“我把心全给您了，还这么说！我的心比谁都真嘛。哦，我知道了，那楚儿更懂得浪情荡性，千娇百媚地诱惑得您……”

“谁‘浪情荡性’狐媚人呐！”没料到楚儿已回来，耳贴着门缝已听了一阵。看到他俩那温存场面，本就一肚子的妒火，又听到芳儿这一说，她可忍不住了，“咣”的推开门，劈头抛出这一句。

杜牧、芳儿犹抱在一堆，见楚儿气冲冲地闯进来，杜牧松手想站起来，可芳儿却故意拦腰抱住他，口中含讽带刺地说：“就许人家恣情浪性地紧关着房门厮守一整天，却不准别人有半刻的相会！”

楚儿听芳儿拿话讽刺她，知说的是前日自己与杜牧厮守在一起的事。她是个性急狂逸惯了的人，那能忍得住这些带刺的话。更何况，看到此时芳儿竟还搂着杜牧不放，更是妒火狂燃。一头冲过去，推开芳儿，拉着杜牧。"别人说我浪情、千娇百媚，我今儿就索性浪一下，也来娇媚个够！"说着，也不避人耳目地搂抱着杜牧，恣情亲热起来……

那结果是可想而知的。没两天，风月场中人都在传着芳儿、楚儿二娇争宠吃醋的风流事。

"这般放浪狎妓、不拘细行的人，怎能让他中高第呢！"李员外说罢杜牧狎妓之事后，心有不平，一脸正色地评说。

"是啊，进士放浪得也太惹眼了，真是斯文扫地！"

"可不能这么说！进士放浪，别人就正经？"

"多少所谓礼法之士，着紫戴金的官儿还不是妻妾成群，歌伎成班。还嫌不够，犹自竞选佳丽。可有人却说这样的人不够格当官，不能中进士？"

……

众人纷纷议论着，争论着，一时谁也说服不了谁。

"诸位静一静，静一静！"吴武陵高着嗓门喊道。人们渐渐止住了蜜蜂般的嗡嗡声，一齐看向吴武陵。

"诸位，游北里，逛平康，听艳曲，狎歌伎，固然有看不惯这风风流流的人，这也是可以理解的。不过，我朝儒、释、道并行，胡风夷俗兼容并包。精神、文化大为开放，容得下群山万壑、五湖四海，习俗风气已与秦汉不同。自是泱泱大国气象，恢宏盛世风概！年轻人、进士们得风气之先，与歌伎们亲狎，这也可以理解嘛！谁还不是曾年轻过，用情过？何况如大家所说，就是年纪大些的，为官做宦的，养几个妓儿怡情放性，在今日也有的是，谁曾责难过？"

"是呀，吴博士说得好。那达官名人，如大家敬仰的李昕、白居易、牛僧孺等大人也是如此。"

"还有曾任过宰相的被称为'宫中元才子'的元稹，他眠花宿柳、蜂狂蝶恣的事儿也不少呐！他的《会真记》就是明证！"

吴武陵听到众人的议论，又朗声说下去："就算杜牧不拘细行，惹得人们传说议论纷纷，这固然不太雅，但也无关大节，提醒他检点就是了。

更何况人才难得啊！此人不只是文采飞扬，下笔倚马可待，锦绣文章，吐凤文字，让人击节赞赏，写得伤春伤别的诗赋，而且满腹经纶，研究财赋兵甲，地理天文。更兼胸怀壮志，气局不凡，善谈兵论政，指陈历代得失，可谓慷慨激昂、壮气凌云之士。这样卓尔不群的人才，真是太难得了。现在正是国家多事，急于搜罗人才之秋。皇上还特地下了征选人才的诏令，我们不能因小节而失干才啊！"吴武陵越说越激动，看见有些人在不时地点头默许，赞同他，遂心头一热，接着说："我吴武陵当着大家，敢以自己的名声担保杜牧！这等人才连第五名也不给，崔大人的公正名气也就给毁了！"

"不过，那狎妓争宠的事儿正传得紧，这恐怕……"

"诸位，"崔郾打断了那人的话头，"我看不必再争议了。"他看了看吴武陵，又对着众人说："吴博士对杜牧了解多，他知人的器识是大家公认的，我信得过！既然我已答应了吴博士，一言承诺，容不得反悔！杜牧就是个杀猪宰羊的，只要吴博士一句话推荐他，我也给他个第五名！"

"这才是大家风度！"

"真是伯乐识才啊！敬佩、敬佩！"

"那杜牧可真是位特立独行的英才啊！"

"杜佑的孙儿嘛！说不定杜家的功业，将在他身上重振雄风呢！"

……

赞许声、祝贺语、干杯声，场面十分热烈。一时杜牧成了人们的热门话题……

一场场纷纷扬扬的瑞雪过去了，春天又回到了洛阳。梅花渐渐地随着春天的到来而收敛了她迎风傲雪的花朵，瓣瓣含着幽香的花片飘向润泽的大地，融进春泥中。呢喃的小燕子飞来了，停在桃李枝头、屋檐上。梅花迎来了春天，迎来了喜讯；小燕子在欢快地歌唱着春天，欢呼着大和二年（公元 828 年）春的进士科榜。

这一年春正月，礼部侍郎崔郾在东都主持了进士科考试。试题中有《缑山月夜闻王子晋吹笙诗》，可惜杜牧当年所作已佚失了，现在只保留有厉玄和钟辂的诗作。或许从下引厉玄诗，我们尚可窥见杜牧所作诗模样……

缑山明月夜，岑寂隔尘氛。

紫府参差曲，清宵次第闻。

韵流多入洞，声度半和云。

拂竹鸾惊侣，经松鹤舞群。

蟾光听处合，仙路望中分。

坐惜千岩曙，遗音过汝坟。

当年二月，礼部放榜于东都。结果进士 37 人擢第，状元是韦筹，第五名进士果然即是杜牧。其他登进士科者尚有崔黯、郑薄等人。

杜牧此时 26 岁，算是少年登科，自然颇为踌躇满志。何况登的是进士科，更是士子所重。若论此科乃始于隋代大业中，唐朝因袭下来。当时风气，缙绅虽然位极人臣，但如不由进士科出身，终感到心中有憾。所以当时推重进士，称之为"白衣公卿"，又叫"一品白衫"。那些胸负倜傥之才、变通之术，以及有超凡胆气谋略的人，都争着投考进士科。以此能考上进士，算是颇为荣耀风光的。

唐代制度，士子擢进士第后，即称"前进士"，但还需至吏部考试，称关试。吏部试判两道合格后，便获得了做官的资格，从此由吏部铨选派官。杜牧在东都放榜后，因需回到长安过关试，所以也就和众同年一起赶回京城来。

途中，新及第进士们当然个个兴高采烈，意气风发。杜牧想起了唐德宗贞元十二年（公元 796 年）登第的诗人孟郊来。孟郊字东野，洛阳人。他登进士第时已 50 多岁了，却欢喜得作起《登科后诗》来："昔日龌龊不足夸，今朝放荡思无涯。春风得意马蹄疾，一日看尽长安花。"他赋了此诗，还感到兴犹未已，又有《同年春燕诗》抒发喜极之情："少年三十七，嘉会良在兹。高歌摇春风，醉舞摧花枝。意荡腕晚景，喜凝芳菲时。马迹攒骖骎，乐声韵参差。视听改旧趣，物象含新姿。红雨花上滴，绿烟柳际垂。……永与沙泥别，各整云汉仪。盛气自中积，英名日四驰……"比之孟郊，杜牧不禁觉得孟东野虽然值得高兴，但毕竟年已逾"知命"，终有悲凉味道，真如人们诗中所讥讽："太宗皇帝真长策，赚得英雄尽白头！"而自己一举登科，名列第五，说来也真是少年得志，前程光明。想到此，他放松马缰，让骏马"嘚""嘚""嘚"地缓步前行，自己也心情舒畅地吟起诗来：

> 东都放榜未花开，
> 三十三人走马回，
> 秦地少年多酿酒。
> 却将春色入关来。

杜牧此时赶回长安过关试，心中自然兴奋，离别家园近半年，怀乡之情自然难免。更何况弟弟杜颛、诸位堂兄也让他时常想念。还有芳儿、楚儿几个花一般的女子，也时常让他日思夜梦……还不知道她们如今怎么啦，可还在互相赌气，想着自己？不过，很快地自己就可以回到长安，可以和想念的人促膝欢聚、吟诗唱曲，痛痛快快地玩乐几天，补回这近半年来的寂寞和离别之苦。想到此，他心头颇是舒畅。不过，舒畅过后，隐隐地他又觉得若有所失，心中好像丢掉了什么似的。而且随着离东都越来越远，这种感觉就越是强烈，越使他遗憾而怅怅。他自然明白，这是为了洛阳街头对他抿嘴而笑、回眸送秋波的紫衣女子的缘故。

说来也凑巧，在洛阳住下一段时间后，杜牧又偶然碰上了这位紫衣少女。两人可谓郎才女貌，彼此欢悦。有过几次私来暗往后，他就难免儿女情长起来。此中委曲细节也难以细说，只说放榜的第二天，杜牧欢快之际，即为她赋得了这么一首诗：

> 才子风流咏晓霞，
> 倚楼吟住日初斜。
> 惊杀东邻绣床女，
> 错将黄晕压檀花。

他把这首诗送给了这名叫紫云的姑娘，紫云姑娘高兴得把诗笺直贴在红唇上吻了好半晌。不过，当杜牧告诉她，过几天他就将回长安时，她却顿时黯然神伤，明眸中缀起了晶莹的泪花……

杜牧回到长安后，与弟弟杜颛，堂兄杜诠、杜憬等人相聚，畅谈东都见闻，赴试登科等事。诸人为他登科自是喜上眉梢，高兴地欢庆了数日。其间，杜牧也到北里，将自己擢进士科之事告诉了芳儿、楚儿。两人也为他高中而喜得眉开眼笑，面呈红艳之色，有如两朵盛开的红牡丹。久别重逢，又加上喜事临门，自然格外欢畅，情意绵绵。说不尽儿女心事，道不完那云情雨意、风流浪漫……更可喜的还有芳儿、楚儿也被时光弥合了感情的裂痕，两人还犹如姐妹似的亲近着，一起陪伴着新及第进士……

过了吏部关试，杜牧又忙着和同年们期集于慈恩塔下题名、游览。又有闻喜宴、樱桃、月灯、看佛牙等宴集欢会。其中曲江宴、杏园探花等宴会游览更是仕女如云，车水马龙的欢庆热闹，真让杜牧和同年们占尽了春光，出尽了风头。

这些日子，春光明媚，柳绿花红。杏园里花开如云如霞，曲江池畔人歌人舞，游人如潮。公卿名士倾家出游，纵观新及第进士风采。钿车珠鞅，栉比而至。新第进士在花团锦绣之中，赏春景，采名花；或戏谑于花丛绿草地间，或泛舟于曲江碧波之上，热闹非凡。杜牧一连几天就沉浸在新及第的欢乐之中。其中场面也不必把这笔重新追述，唐人欧阳詹的《曲江池记》、王棨的《曲江池赋》就有现成的描绘，可让我们回到杜牧游曲江的盛况中去：

> 重楼夭矫以紫映，危榭巉岩以辉烛。……都人遇佳辰于今月，就妙赏乎胜趣。九重绣毂，翼六龙而毕降；千门锦帐，同五侯而偕至。……骈罗缇绮，交错五色。

《曲江池赋》写道：

> 只如二月初晨，沿堤草新。莺啭而残风衮雾，鱼跃而圆波荡春。是何玉勒金策，雕轩绣轮；合合沓沓，殷殷辚辚；翠画千家之幄，香凝数里之尘。公子王孙，不羡兰亭之会；娥眉蝉鬓，遥疑洛浦之人。是日也，天子降銮，舆停彩仗，呈丸剑之杂伎，间咸韶之妙唱。帝泽旁流，皇风曲畅。

唐代士人游览长安东南进昌坊的慈恩寺时，常喜登上慈恩塔。在高耸入云的塔顶层凭栏纵览京城风光，抒发情怀。当年杜甫、高适、薛据、储光羲、岑参等人都登临过，又写下了感慨激昂的诗篇。杜牧这些天也和同年们联袂登上塔顶。他凭栏远眺，眼前一派苍苍茫茫，无边无际，一种遗世独立之感兴发于心头。然而这一感觉在他想起杜甫的《同诸公登慈恩寺塔》诗时却消失了。特别是当吟到"秦山忽破碎，泾渭不可求。俯视但一气，焉能辨皇州？回首叫虞舜，苍梧云正愁"时，一种国家兴亡、匹夫有责的忧国忧民之感，强烈地震撼着他的心灵。他不禁想到了沧景一带李同捷、王庭凑的反叛，真不知道朝廷为何如此征讨不利，致使这场战争旷日持久。他感慨自安史叛乱后，藩镇割据局面渐渐形成，致使尾大不掉，朝廷政令被置若罔闻。他气愤那些负有征讨之责的将领，有的为了保存自己的实力，或为了其他各自的利益，竟借故拖延不进，虚与委蛇，甚至有与叛镇勾结一气的。想到这些，他心中既不快又无奈，只能吟起杜甫的诗句："惜哉瑶池饮，日晏昆仑丘。黄鹄去不息，哀鸣何所投？君看随阳雁，各有稻粱谋。"……

下了慈恩塔后，杜牧又和同年们一起在慈恩塔上题名。有的人因初次游览慈恩寺，从未题名过，所以径题前进士某某。而杜牧此前游览时已题了"进士杜牧"，这次只在题名前加上一"前"字。

不久，三月二十五日这天，唐文宗御宣政殿，亲自主持制科考试。左散骑常侍冯宿、太常少卿贾悚、库部郎中庞严等人为制策考官。

制科考试在唐代并非常科考试，朝廷根据需要而设置。考试由皇帝主持并出题。制科名称有多种，如"博通坟典，达于教化科""军谋弘达，材任将帅科""日试百篇科""详闲吏理，达于教化科""博学宏词科"等。其中"贤良方正，能直言极谏科"较常举行，也为士子所重。杜牧大和二年擢进士第后，即又参加此科考试。

这次唐文宗特别注重"贤良方正，直言极谏科"策试，亲自出题问举人。杜牧见试卷上问道：

> 朕闻古先哲王之理也，玄默无为，端拱司契。陶甄心以居简，凝日用于不宰。厚下以立本，推诚而建中……而心有所未达，行有所未孚，由中及外，阙政斯广。是以人不率化，气或

埋厄，灾旱竟岁，播植愆时。国廪罕蓄，乏九年之储。吏道多端，微三载之绩。……子大夫识达古今，明于康济，造庭待问，副朕虚怀。必当箴主之阙，辨政之疵，明纲条之致紊，稽富庶之所急。何施斯革于前弊，何泽斯惠乎下土，何修而理古可近，何道而和气可充，推之本源，著于条对……

杜牧见策问乃平日自己所关注的问题，本就有自己种种的看法和治理办法，正是素有所备，愁的是无由上达圣听。因此看完策题后，他就洋洋洒洒，将自己的见解、策略、办法尽情陈述，满满地写了几大张试卷。他真没想到，这次制科殿试，竟让他如此将积郁痛快淋漓地倾吐出来。一种代民上言、为民请命的责任感充溢在他的心头，使他下笔如飞，沉痛、慷慨、热烈的言辞倾泻于笔端，流注入试卷……

过了十天，也就是闰三月九日，唐文宗下诏，公布了这年制科考试的结果。

杜牧已闻近日将公布，据说自己的文章也颇为考官所赏识，不过言辞嫌激烈了些。他听到这风声，心中又喜又忧。诏书一贴出来，他赶忙挤开人群，站在诏榜前，只见写道：

王者谨天戒，酌人言……

他知道诏书前段准是公式化的无关紧要的文字，遂跳过一大段，看下去：

临轩致试，载搜尤魁，果副虚伫。贤良方正、能直言极谏科举人第三等裴休、裴素，第三次等李郃，第四等南卓、李甘……

见到第三等尚无自己的名字，杜牧未免心慌得跳起来。又见到第四等南卓、李甘两人，又没自己，心里真凉了半截。勉强晕着头看下去，"杜牧"两字却在转行前头跳了出来。他一下子惊喜得"啊"的一声，再也说不出话来，只是紧紧地拉着一起来看榜的李甘的手，半响放不开……

　　看毕榜后杜牧才知道共有 22 人登制科，其中李郜、李甘和自己等多人都是擢进士第后又中制科的，算是重登科，颇为荣耀，为人瞩目。可惜这年制科却出了件轰动朝野的事，引起了士人的不满、愤怒和同情。

　　原来有位举子名刘蕡，字去华，乃昌平（今山东曲阜东南）人。此人博学多文，尤精《左氏春秋》。他好谈王霸大略，耿介嫉恶。与朋友言及当世之事，颇有澄清世务的慷慨之言。他最痛心疾首的是自宪宗元和末以来，宦官把持朝政兵权，干扰政务，甚至天子废立都由其操纵。以此朝中分为南北二司，互相诋毁攻击，有如水火不容，朝政混乱，国事日非。这年他也参加制科考试，遂借策问的机会，切论黄门横恣，将危社稷，致云："臣以为陛下宜先忧者，宫闱将变，社稷将危，天下将倾，海内将乱。"而尤令李郜、杜牧所敬佩的是，刘蕡在策论中那无所畏惧的像尖刀一般锋利地痛切指陈：

　　　　……奈何以亵近五六人，总天下大政，外专陛下之命，内窃陛下之权，威慑朝廷，势倾海内，群臣莫敢指其状，天子不得制其心。祸稔萧墙，奸生帷幄，臣恐曹节、侯览，复生于今日，此宫闱之所以将变也。

　　　　……

　　　　陛下亲近贵幸，分曹补署，……因其货贿，假其气势。大者统藩方，小者为牧守。居上无清惠之政，而有饕餮之害；居下无忠诚之节，而有奸欺之罪。故人之于上也，畏之如豺狼，恶之如仇敌。今海内困穷，处处流散，饥者不得食，寒者不得衣，鳏寡孤独者不得存，老幼疾病者不得养。加以国之权柄，专在左右，贪臣聚敛以固宠，奸吏因缘而弄法。冤痛之声，上达于九天，下流于九泉，鬼神怨怒，阴阳为之愆错。君门万里而不得告诉，士人无所归化，百姓无所归命。官乱人贪，盗贼并起。土崩之势，忧在旦夕……

　　这一番沉痛指斥，获得考官冯宿、贾𫘝、庞严的赞叹称赏，士林也为其言论激切而大为感动。杜牧读到后，不禁引起强烈共鸣，以至热泪盈眶，拍案赞叹。他觉得刘蕡所言正与自己在策论中所述大致相同，正说出了自己还有所保留的心里话，而其言论之激切沉痛却是自己所不及的。他和李甘等人虽然不认识刘蕡，但读了此文后却深心敬仰，引为同志。

可恨的是，由于中官作梗，执政者畏惧，刘蕡竟然落榜。一时物议哗然不平，群情愤激。以至有人读其文时，还感慨得相对歔欷垂泪。连朝中的御史、谏官也扼腕愤发，大抱不平。此时一波未平，又荡起一波。中制科者李郃气愤不过，遂愤而上疏，认为"刘蕡所对，敢空臆尽言"，"汉魏以来，无与蕡比！"最后提出："况臣所对，不及蕡远甚，内怀愧耻，自谓贤良，奈人言何？乞回臣所授，以旌蕡直。"然而奏疏留中不出，被宦官强压下了……

　　杜牧连中进士、制科的消息，一夜之间也传遍了京城。他家的亲戚、朋友，以及他父祖辈的门生故吏也都纷纷登门祝贺，或修书志庆恭喜。而最为欢喜自豪的是吴武陵。当杜牧备上礼品到他府上拜谢时，他正和几位同僚朋友饮酒清谈。一见杜牧向他恭敬地施礼，他连忙走上前去。"这位就是刚才向大家提起的荣中双科的杜公子！"

"幸会、幸会！"

"真是后生可畏，敬佩、敬佩！"

"晚辈还请诸位先辈教诲、提掖。"

吴武陵待大家寒暄落座后，又举起酒杯，"来，为双科进士干一杯！"说罢和大家一饮而尽。"我早就向崔郾大人举荐过杜牧，担保这后生的才学器识。今天果然如老夫所说，哈、哈……痛快啊，痛快！"

"杜公子，"一位身穿浅绯色官服，方头大脸的官员亲热地唤着杜牧说："大作《阿房宫赋》确是出手不凡，才识惊人哟！这段日子来，无论举子、太学生或是官员庶民，都在传诵这篇赋，真可称洛阳纸贵啰！刚才，吴博士又让我们看了几篇公子的诗文，真是锦绣文字，才华横溢哟！"

"我说呢，"没给杜牧谦虚的机会，另一位绿服短须的儒士模样的人称道："怪不得满京城的人都在夸说杜佑的孙子杜牧！今天一见，果然名不虚传。一表人才，气宇轩昂，前程无量啊！"

……

杜牧在朝廷授官之前，又抽空和几位朋友一起到长安城南的文公寺游览。此处柏树参天，绿荫掩映，花草果木蓊蓊郁郁，蜂蝶禽鸟叽叽喳喳，自然景色极为幽美。而寺宇古朴幽深，颇为清幽恬静。

在寺庙中，杜牧和朋友们拈香跪拜后，就和一位老禅师闲聊起来。老禅师拥褐端坐，手执经卷。杜牧见那经卷原是自己也看过的《楞伽经》。在他座旁，还堆着《法华经》《大智度论》《十二门论》《涅槃经》《摩诃般若》等旧得纸质发黄的经书。

"方丈，何为三身四智？"杜牧等朋友们问过老禅师之后求教。

老禅师看了杜牧一眼，又垂首合掌说："三身者，清净法身，汝之性也。圆满报身，汝之智也。千百亿化身，汝之行也。若离本性，别说三身，即名有身无智。若悟三身无有自性，即名四智菩提。"

杜牧等人听他这些玄言妙语，实在难解其旨，只是礼貌地时时点头，似乎听懂其妙谛的样子。禅师见众人如此虔诚，继续道："听吾偈曰：自性具三身，发明成四智。不离见闻缘，超然登佛地。吾今为汝说，谛信永无迷。莫学驰求者，终日说菩提！"

此时杜牧想起李同捷反叛于沧景未平之事，这一段时间此事老横在他胸中，令他揪心。他想询求老禅师对此有何高见，遂合掌作礼道："大师觉体圆明，颇有洞达世事之真知。未知李同捷之叛，何时是了？"

禅师又看了杜牧一眼，似乎有点惊讶地说："施主何提此事，老衲未闻也，阿弥陀佛！人之本性犹如虚空，返观自性，了无一物可见，是名正见。无一物可知，是名真知。无有青黄长短，但见本源清净，觉体圆明，即名见性成佛，亦名极乐世界，亦名如来知见。"

……

众人又与老禅师清谈了一会儿，但禅师语多玄虚，了不及世事。仿佛为世外之人。

"这位施主大名，家住何方？"禅师指着杜牧。

未等杜牧回答，旁人即将杜牧的家世、才学及两登科，名动京城之事夸耀一番。可禅师听后道："老衲如浮云遮日，皆不知也！"……

杜牧根本没想到老禅师对世事竟然如此漠不关心，于人间功名利禄、盛衰哀荣皆置之度外。他感慨莫名，若有觉悟。注视着空寂的禅房寺宇，他忽然灵光一闪，遂在寺壁上题下一诗：

家在城南杜曲傍，
两枝仙桂一时芳。
禅师都未知名姓，
始觉空门意味长。

这一天，他对释教又有了新认识，开始对它注意起来。

十年一觉扬州梦

赢得青楼薄幸名

进士擢第，又连登贤良方正、能直言极谏科。一年而重登科，确实使杜牧春风得意，感到惬心快意。不久后他又解褐入仕，朝廷授予他弘文馆校书郎、试左武卫兵曹参军。从此，他在朝为官，走上了仕途。

虽然弘文馆校书郎只是门下省的从九品上小官，其职掌也只是校理典籍，刊正错谬等小事而已。但杜牧知道，这是当时进士及第入仕的正常安排，而且还算不错的，因为今后升迁的机会较多，故也颇为士人所重。

他的一位蜀籍朋友名叫李远，字求古的就很羡慕他在朝廷任职。此时李远尚未及第，故常在京中投谒行卷，谋求发展。他下得一手好棋，又喜喝酒吟诗，曾有"人事三杯酒，流年一局棋"，"青山不厌三杯酒，长日惟消一局棋"之句流传人口。杜牧也有嗜酒下棋之好，所以两人也时有来往。

这天遇到休沐之日，不用入朝上班。杜牧正在家阅读《孙子兵法》，准备为此书作注，恰好李远来访。

李远一进门，杜牧就按惯例直接将他引入书房中。他见书案上摊着书卷，旁边还摆着几本兵法类的书，如《吴子》《司马法》《李卫公问对》《太白阴经》《尉缭子》等，不禁脱口而出："好个谈兵论政的杜牧之！文武全才，志向可知！还不仅仅是个让我羡慕的弘文馆校书郎呀！您看，我都写了一首《赠弘文杜校书》的小诗给您，看来以后恐得献上一首《上兵部杜尚书》的颂诗了！"

"求古兄别开玩笑，从九品小吏一个，哪敢做兵部尚书之梦！只是历代兴亡、当今兵乱，用兵乃一大事。我辈虽是吟诗作赋之流，但对兵法也还是要讲究讲究的。说不定有朝一日，果还能派上用场呢！"

"贤兄所说颇是深谋远虑之高见！但愿有朝一日吾兄亦能如诸葛孔明一般，运筹帷幄，调兵遣将，决胜千里之外啰！不过，小弟今有一诗相赠，还乞笑纳。"说罢，李远恭敬地呈上诗笺。

杜牧笑着接过还散发着淡淡墨香的诗笺，只见上面用沉着健劲开朗的字体写道：

> 高倚霞梯万丈余，
> 共看移步入宸居。
> 晓随鹓鹭排金锁，
> 静对铅黄校玉书。
> 漠漠禁烟笼远树，
> 冷冷宫漏响前除。
> 还闻汉帝亲词赋，
> 好为从容奏子虚。

杜牧明白李远把自己比作司马相如，不免谦虚一番。不过这却引起了他的诗兴。他和李远就从司马相如的《子虚赋》谈起，又提起了他的传诵一时的《阿房宫赋》，引起了李远的啧啧称赞。而杜牧也连声夸李远的《吴越怀古》写得催人感慨怀想，尤其是"行人欲问西施馆，江鸟寒飞碧草多"之句，余韵不尽，令人怅想，感人至深，颇是情寓景中之作。

"牧之兄，若论咏史之作，前辈诗人刘梦得禹锡之外，恐还得让兄出一头地。且如《过华清宫绝句三首》，咏怀玄宗朝史事，委婉含蓄而不失咏史托讽之意，且能流情感慨，韵味隽永，殊为佳什。其中第一首写杨贵妃喜食荔枝事，更是脍炙人口。前些日子，我在长安郊外，还听见牧童在念着：'长安回望绣成堆，山顶千门次第开。一骑红尘妃子笑，无人知是荔枝来'呢！当时我故意问牧童说：'这诗是何人所作？'连牧童都能说是'新科进士杜牧'！真是诗名广播，可与刘禹锡郎中媲美呐……"

"怎敢，怎敢！刘郎中乃当今诗豪，又为先祖父旧人，在下敬仰已久，岂可相提并论！"杜牧摇着手，"切莫这般说。"

不过，说实在杜牧自己也确实喜欢自己的这一组咏史诗。这种喜欢，倒不在于它的隽永有味，而在于他能借这种咏史题材，抒发自己对历史与时事的见解，投合他喜谈兵论政的趣尚。他觉得借这一吟咏，他的激情与愤慨喷发了，他的谈兵论政的渴望得到了些满足，他的一腔爱国忧民的热忱痛快地奔泻出来了，心胸似乎也豁然开朗起来。他记得当时写这三首诗时，胸中是何等的郁闷阻塞，一种不吐不快的愤慨哽塞在心头，几乎使他喘不过气来。写完了第一首，闷塞之感仍未消释。于是在感情的冲动中，他一口气写下了第二首、第三首：

> 新丰绿树起黄埃，
> 数骑渔阳探使回。
> 《霓裳》一曲千峰上，
> 舞破中原始下来！

> 万国笙歌醉太平，
> 倚天楼殿月分明。
> 云中乱拍禄山舞，
> 风过重峦下笑声！

诗一写完，当时杜牧扔下笔，觉得痛快多了。他拿起诗稿一连读了几遍，又觉似意有未尽。细思一下，又拿起笔，在"数骑渔阳探使回"句下注道："帝使中使辅璆琳探禄山反否，璆琳受禄山金，言禄山不反。"写罢，这才平下心来。

两人在书房议论了一阵，几声宛转如珠的鸟鸣，悠悠扬扬地从窗外的绿丛中袅袅地透过窗户传过来。它像美妙的音乐，像感召人们心灵的春天的呼唤，使杜牧再也抵御不住它的诱人的魅力。他提议到院子里散步。

院子里，洒落着灿灿的阳光，一丛丛的花丛在轻风中微微摆动着，随着微风飘来了缕缕的花香。看那些红、白、黄的花朵，有的正在盛开怒放，像正处于美好年华的艳丽女子，婀娜多姿，艳色诱人；有的早开的花朵蔫了花瓣，卷曲着，瑟瑟缩缩，低垂下无力的花冠，像盛年已过，容貌已不再明艳照人的半老徐娘；有的则随着轻风的吹拂，凋零的花瓣随风飘落，掉在绿荫中，泥土上。墙外的一行柳树则干脆纷纷扬扬地将细蒙蒙的柳絮吹过墙来，落在庭院中，还有几点洒落在杜牧的脚前。已到了晚春时节，景色虽还迷人，但却让人感到丝丝惆怅。

杜牧性格虽豪爽，但却禀有浓厚的诗人气质，灵敏善感的心灵。他的心情常伴随着春花秋月、风雨霜雪而起伏变化、忧喜明暗。他会比别人更早地听到春天的脚步声，见到花蕾的含苞待放，柳芽儿的苏醒；但也更敏感地为春天的即将消逝而郁郁不乐，怅惘伤情……他是一个既倜傥风流、豪爽坦荡，却又多情善感、好伤春伤别的诗人。如今见到纷纷扬扬、蒙蒙扑人的柳絮，看到墙角架上的荼蘼花，杜牧心头掠过了一阵伤春的怅惘伤感。这种情感又夹杂着一种隐隐约约的对青春年华的虚度，壮志未酬的遗憾与忧伤。他不禁吟诵起一位朋友送给他的《惜春》诗篇：

> 花开又花落，时节暗中迁。
>
> 无计延春日，何能驻少年。
>
> 小丛初散蝶，高柳即闻蝉。
>
> 繁艳归何处？满山啼杜鹃。

"牧之兄真是位顶爱伤春伤别的才子，我已拜读过了您多首伤春诗。真不可思议，好谈兵论政，又这么花呀草呀的多愁善感！"

"这何怪之有？"杜牧从地下捡起一朵落在脚边的红色残花，轻轻地吹掉花瓣上的灰尘，放在掌心上爱抚似的细观着。"刚肠义胆本与柔情似水也并不炭水不相容啊！没有柔情似水的深挚火热的爱，又何来酷似冰霜的恨？不瞒仁兄，前些天才读到大作《立春日》，'暖日傍帘晓，浓春开箧红'两句起得好，一下子春意盎然，扑面而来。可那天却下着雨，刮起风，落英纷纭。一读大作，我更伤感啊！怎么才刚立春，又已到了伤春时节？恰像才是风华正茂的翩翩少年，没几阵风雨，月圆月缺，就成了龙钟老态的人了！真使人有'日月忽其不淹兮，春与秋其代序。惟草木之零落兮，恐美人之迟暮'之感啊！"杜牧的声音流露着伤感的情绪，甚至有点发颤。

"想必那天又有伤春之作了？我敢……"

"不用打包票，确实胡诌了几句。"

"可否让不才开开眼界？"

"哪敢藏拙，待我取来。"杜牧转身返回书房，取出诗稿，又回到庭院。他谦恭地呈上诗笺，对李远说："敢污李秀才慧眼，还祈赐教。"

李远接过诗笺，一看题目，"惜春！"他随口说出，"真是具有杜牧之特色的诗题哟！未读诗，已先情感动人啰！"他默看了一会儿，也似被伤春的情感触动了似的，只听他声音沉郁地吟道：

春半年已除，其余强为有，
即此醉残花，便同尝腊酒。
怅望送春杯，殷勤扫花帚。
谁为驻东流？年年长在手。

李远念到最后两句，声音哽咽了，他的眼角冒出了晶莹的小泪花。

"还说我好伤春伤别，原来你也是个多情种！"杜牧乐呵呵地反唇讥讽着李远。

李远见杜牧拿他开心，强辩道："我又不是为感春伤别激动，跟您还是不同呐。"

"咋不同？看您泪光闪闪，比我作这首诗时还感情冲动呢！那天，我也只是一连喝下了几杯闷酒，想解开愁怀罢了，后来倒头闷睡了整整一天多。但却没有您这粉珠儿又盈满着眼眶儿，沾湿了那绣衣裳。"

"牧之兄，得饶人处且饶人。"李远抹掉了眼角的泪花，感慨地说："我一连入京几趟了，可年年名落孙山，不知何时能如您春风得意，折桂入仕？这些年路途来往奔波，跋山涉水、披星戴月的劳顿之苦不必说，就说到了京师，处处求人，投文行卷，尝过了多少人间冷暖甘苦，陪了多少笑脸，有时还遭人白眼。真是如杜工部所哀叹的'朝扣富儿门，暮随肥马尘。残杯与冷炙，到处潜悲辛'啊！李白说：'大道如青天，我独不得出！'没想到自己也尝尽了这种苦味！"声音悲凄、愤慨，李远说着又重新掉下泪来。

一阵强烈的同情心兜上心来，使杜牧一时受着两种情感的袭击。本来那暮春的天气，一片片零落的花瓣随风的飘落，丝丝的柳絮的轻飏，已使他泛起了伤春的思绪。而李远落第的悲哀与辛酸，尽管他没有经历过，但充满同情心的他是可以感同身受的。他感到自己有责任帮助李远，提携李远，解除他的忧愁和痛苦。不仅李远，而且天下所有遇到困苦的人，他都有责任……强烈的责任心沸腾在他胸中，使他感奋、激昂，但又使他沮丧、感慨。他感到自己毕竟还只是个刚解褐入仕的微不足道的小校书郎啊，自己有什么能力去承担、完成那些义不容辞的道义上的责任？又有什么办法去解除人们的困苦？他逐渐地领悟到：要解救别人，首先还得解救自己。如果不是吴武陵等朝中显宦、文坛名人举荐自己，《阿房宫赋》即使流传于众举子之口，自己恐怕也难以就一举成名，两枝仙桂一时芳啊！想到这儿，他在伤春感慨中，又渐渐地激发起一股勃勃的力量，像雏鹰拍击着刚长成的翅膀，眼看着万里云天，即将展翅冲击高翔一样……

春去秋来。长安这一年的秋天似乎不像往年那样落叶满长安的肃杀萧瑟。也许是杜牧少年擢第登科，心中充满了理想壮志，正是壮志凌云、心胸开豁、意气风发的时候。所以在他眼中，景物气候别具一番朝气勃勃的生机。天是那样的湛蓝湛蓝，高远空阔，连一丝丝的云彩也没见，只有南飞的大雁排成"人"字，一行行、一群群地振翅而去，时而从高空中传来几声刚劲的似乎在召唤同伴的雁叫。透过楼前的染霜的树梢，远远望去，浑浑茫茫的终南山巍峨起伏，连天接地，直耸入蓝蓝的高空。看过去是那样的雄浑、抖擞、精神。他热爱自己的家乡故园，依恋着终南山旁的樊川别墅。这儿有他儿时的欢乐和美好回忆，有他和父母同游的足迹，也有他伴同爷爷宴集群僚友人的音容笑貌……他感到一种心旷神怡的陶醉。陶醉化成了诗句，诗句又荡着他的情感。在这高高的楼头，对着寥廓的长天，他情不自禁地高声朗诵着刚刚吟成的诗句：

楼倚霜树外，镜天无一毫。
南山与秋色，气势两相高！

这些天来，杜牧的心情确是处于激动之中。他的人生航程又将扬起新的风帆，命运将让他辞别故园，到那遥远的、自己从未到过的南方去。就像那雏鹰即将初次展翅而高翔，他不能不为这即将到来的远赴江西幕职而激动兴奋，何况幕主又是一位他所敬佩的人呐。

在大和二年（公元 828 年）十月，朝廷正式调尚书右丞沈传师任江西观察使，但此前消息就悄悄传开了。而沈传师也在为新任调选自己信得过的幕僚佐吏。说起沈传师，还是一位赫赫有名的人物，而且跟杜牧一家还有些亲密的关系。此人字子言，苏州吴（今江苏苏州）人，是当时著名的史学家、传奇小说作者沈既济的公子。传师亦如其父，也是位饱学能文之士。他治《春秋》，工书法，一手楷书遒劲流美极有功力。又擅长史学，曾修撰过《宪宗实录》。他年轻时即崭露头角，为杜佑所器重。沈既济与杜佑关系密切，两家常有来往。杜佑见沈传师一表人才，年少有为，曾惊喜地称赞道："既济员外有此麟儿，真可无遗憾了！"后来，杜佑又将自己的冯氏表甥女嫁给沈传师。从此两家即有通家之谊，经常有来往。沈传师对杜牧也颇多了解，极为赏识。

沈传师后来宦途顺利，曾任过史馆修撰、翰林学士、中书舍人等职。唐穆宗曾有意任他为翰林承旨学士，他却婉辞，自愿外任湖南观察使，成为方面大员。他为政明于吏治，下属官吏不敢蒙瞒马虎。又慎重处事，对刑法尤为谨慎。每次裁断狱情，都召集有关官吏详加调查审理，细心推敲研究，尽力做到评判公正、轻重合宜。所以任官以来，他常为人们所称扬，以廉正清明为人所重。

这次唐文宗拟调江西观察使李宪赴岭南为节度使，而将沈传师从尚书右丞任代换李宪，并征求了沈传师的意见。沈传师得到消息后，根据自己任湖南观察使的经验，懂得遴选好幕府僚吏，挑选好一批既有才学又有能力的能干精明的人充当幕佐，是至关重要的。这既能治理公务，又能培养人才。因此，他对江西幕府的僚佐人选十分慎重。当时，有位宰相找到沈传师，请他将一位亲戚安置在江西幕府中。沈传师听罢，认为此人不合自己所选幕吏的要求，一再地婉转拒绝。宰相则一再请托，沈传师只好摊牌说："如果宰相非要我安排他，那就请先罢了我江西观察使之任吧！"宰相见他这么说，也只好作罢不提。以此，沈传师颇有慎选幕吏僚佐之称。当时他选的僚佐李景让、萧寘、韩乂、崔寿、杜牧等人皆为一时之选，颇为大家所称赞。而杜牧等人也因能为沈传师亲自挑选为江西幕吏，感到荣耀自豪。

大和二年十月，时当初冬。杜牧辞别了亲友，又到平康里会过了相好的芳儿、楚儿，告诉她们自己即将到江西幕府任团练巡官、试大理评事。两人听了又喜又舍不得分别。相交几年，她们不仅欣赏杜牧的英俊倜傥，钦慕他的才华学识，也尊敬他的坦诚真挚。她们感到杜牧虽喜尚奢华，风流倜傥，免不了贵公子的习气，但是，与一般人不同的是，他真诚地对待，甚至是尊重她们。虽然有时也不无轻浮之举，但却从不把她们看作玩物，而是真心相待。同情、怜爱、真诚，使杜牧赢得了这两位风尘中女子的芳心。她们依依不舍，为杜牧即将远去而流下伤别的热泪。还在初听到南去的消息时，杜牧即告诉了芳儿。当时芳儿正在持镜梳妆，一听这消息，不禁"当啷啷"地镜落地上，碎成几片。眼泪盈上了秋水般明澈的双眸，猩红的双唇微微地颤动着，一时竟说不出一句话来。杜牧只好用温存宽慰她。他抚摸着她的双臂，轻揉着她的纤纤小手，理顺好如云的散发着脂粉香味的一头秀发，让她在热情的温存体贴中，渐渐地平静下来……当时，杜牧有感于此次分别，还为她写下了这么一首伤别的小诗：

佳人失手镜初分，
何日团圆再会君？
今朝万里秋风起，
山北山南一片云。

他将诗题为《破镜》，送给芳儿作留念。后来，到了江西南昌，又作了一首《寄远》诗，寄给思念中的芳儿：

前山极远碧云合，
清夜一声白雪微。
欲寄相思千里月，
溪边残照雨霏霏。

芳儿接到《寄远》诗时，那天兴奋得彻夜未眠。她深深地感到杜牧是一个重情重义的人，并不因为离别就把她忘掉。在她和其他的公子哥儿的来往中，他们往往只是逢场作戏，虚情假意地亲热、轻薄一阵，过后就把她忘在脑后，又玩儿别的女人去了。她辗转不能入睡，也作成一首小诗，托人寄给远在江西幕府的杜牧。

杜牧是大和二年冬随从江西都团练观察处置等使沈传师抵达江西观察使任所的。在幕府中，他任团练巡官，又依例带了个八品下阶的大理评事的京衔。作为幕僚，在他眼中"乃古之陪臣，以人为北面"他的工作无非是处理幕府中的来往公文、文件，为幕主捉刀代笔，或是临时出个小差，办理公事。闲暇时也奉陪幕主或与同僚们宴饮游览，听歌赏舞，或吟诗作赋，消遣一番。当然忙的时候则好似为簿书追逼似的，终日埋头于文件中，沉闷压抑得透不过气来，有时简直忙得手忙脚乱，头昏脑涨，令人要狂呼大喊一番以宣泄积郁，有如杜甫所描绘的"束带发狂欲大叫，簿书何急来相仍！"

杜牧刚入仕途不久，又初次在幕府工作，加上年少不更吏事，所以缺乏幕府工作、交往的经验。比如怎样妥当地接待因公事来往的官吏啦，怎样办理公事、起草来往公文信函啦，如何和同僚相处交接啦，这些看起来极为平常的俗务，在幕府中自有一套习俗与办法。初涉仕途的人即使满腹经纶，也是一时很不熟悉，难以事事时时掌握好分寸，做到得心应手，处理得圆融完满，混得上上下下、方方面面八面玲珑，如鱼游水似的悠游不迫的。幸亏江西观察使沈传师、团练副使卢弘止，以及幕僚韩乂等人都或以长者、或以友人的身份对杜牧甚为关切友善，时时加以指导、帮助。

沈传师作为江西观察使，集军政大权于一身，掌有生杀予夺之权。但此人就如杜牧后来在《沈公行状》所说的"公善养情性，自居方伯生杀之任，喜怒好恶是四者闭覆浑然，虽终岁伺之，不见毫发。故黠吏欲贼公之所向，高下其事，终不可得。每处一事，未尝不从容尽理，故所至之处，富庶欢康，理行第一"。而且他清廉有吏才，颇有治绩。杜牧深有感受地赞扬他："人困事繁，恶易滋长，官人调授，少得防冤，疏通蹊径，人情物理，无不曲尽。吏欲为欺于此，照验之端必明于彼；民有未伸于彼，开张之路必在于此。矗矗循环，皆极根本。……每有一犯，必具狱断刑之后，遍示幕府吏，虽十人有一人以为小未可者，必再详究。经费游宴，约事裁节，岁有水旱，不可减于常贡者，必为代之。江西、宣州联岁水灾，所贷万计。"此外，他为人谦和友睦，"在家无杖笞呵责，家人自化，兄弟生侄，虽绝服者，入门饮食衣服，指使其奴婢，无二等。亲戚故旧，周给所得，皆出俸钱，不以家为"。

有这么为杜牧所赞扬敬仰的人为幕主，又加上杜牧和他有"分实通家，义推先执……幼熟懿行，长奉指教"的特殊关系，所以杜牧在初涉官场的江西幕府中，颇得到沈传师的照拂指点，逐渐熟悉幕府的工作与习俗。而且有沈传师为表率，也使杜牧颇受教育熏染。他后来任刺史时的娴于吏事，努力为民解难排忧；为病弟杜颚及守寡的妹妹尽心尽力，奔走呼号，恐怕也得益于这一教育熏染。

在幕府中，杜牧的另一位良师益友是团练副使卢弘止。卢弘止字子强，乃大历时著名诗人卢纶之子。他也由进士科出身，在宪宗元和末即登第入仕。又多次为使府辟为掌书记，曾在朝任监察御史。沈传师出镇江西时，又表请他为副使，两人相得益彰，如鱼得水，相处得很好。杜牧初来乍到，缺乏经验，见卢弘止和善可亲，又办事干练精明，对他颇为尊敬。凡遇疑难麻烦，则主动向他请教。卢弘止见杜牧虚心好问，办事勤勉认真，也乐意悉心指点。两人于闲暇时又常在一块儿议论古今，指陈世事，颇有相投相合缘分，甚为快慰。后来，他们两人又随沈传师移幕宣州，前后共相处了六年之久，结下了深厚真挚的情谊。这一段情谊，使杜牧终身难忘。唐武宗会昌元年（公元841年），杜牧在致卢弘止之兄浙西观察使卢简辞的信中，深情地回忆了这一段经历：

> 某年二十六，由校书郎入沈公幕府。自应举得官，凡半岁间，既非生知，复未涉人事，齿少意锐，举止动作，一无所据。至于报效施展，朋友与游，吏事取舍之道，未知东西南北宜所趋向。此时郎中六官（即卢弘止）一顾怜之，手携指画，一一诱教，丁宁纤悉。两府六年，不嫌不怠，使某无大过而粗知所以为守者，实由郎中之力也。

幕府中的同僚韩义等人，也皆是一时之选的品学兼优、廉政高洁的人才。杜牧和他们相处和睦，颇为相得，也都结下了深厚的情谊。

江西观察使治所为洪州，也即在今日的南昌。洪州乃隋代开皇九年

（公元 589 年）平陈所置。因此地有著名的洪崖井，乃传说神仙洪崖先生炼丹之处，故有洪州之称。此地地处江南，西北距长安有 3285 里之遥，就是离东都洛阳也有 2275 里。这里气候较温暖，雨水充足，土壤湿润，风光秀丽，不像长安干燥寒冷。若论物产，也颇丰饶。盛产细葛布、纻布、丹参、旋覆花、麸金、粳米、竹簟、乾姜、蜜梅、蜜桔等物，可算是人杰地灵、物华天宝的鱼米之乡。

杜牧虽为京兆长安人，但他却颇为喜欢这江南景色。在这儿春夏秋冬四季景色不同，而却各具迷人的景色。即使是冬天，也像长安一样下过雪，然而却没有那样经常，也没有那么纷纷扬扬的浓密深厚。而且即使在严冬，也是青山绿水，萦青缭白，鸟儿啼叫，水禽嬉戏，照样充满了生机，更不用说那令人沉醉的春天了。当然，春天的绮丽景色：那姹紫嫣红、花团锦绣的原野，那淙淙流淌的清澈的山泉；那随风轻摆披拂、柔如少女的腰肢的河边溪畔的绿柳，那湖光水色中的彩舫水艇，那绿树与红花掩映中的楼台亭阁，那枝头上黄鹂的宛啭，屋檐梁间紫燕的呢喃，细雨蒙蒙中的子规的飞啼，布谷鸟的"布谷、布谷"的催唤……这一切都使杜牧感到一股浓郁的江南气息，觉得明媚温柔，情意绵绵，像一位初长成的焕发着青春气息的温情脉脉的少女。她吸引着他，充满了诱惑，使他心旷神怡，沉醉痴迷。他也赞美江南的春天、夏天，甚至秋天，用自己的诗笔尽情地描绘着江南旖旎的风貌，倾吐着藏在他心中的对江南风物的深情。他写了不少的诗。一次，见到溪畔的鹭鸶，他赞叹其惊飞远去的风姿，写道：

雪衣雪发青玉嘴，
群捕鱼儿溪影中，
惊飞远映碧山去。
一树梨花落晚风。

这梨花之喻的句子真是贴切极了。为了写出这一句子，他在溪边独自漫步着、思索着，一次次地修改着，最后还是得益于眼前梨花的触动，才借景设喻，成此妙句。

有一次休假，他邀上韩乂到郊外踏春览胜。初春的阳光照耀着满山遍野嫩嫩的青草，草叶儿上还有一粒粒细小的水珠，在早晨的阳光下闪着光。一丛丛的竹子，一行行的柳树，一株株的桃李，都沐浴在春风中，抽出了一点点、一丝丝的新绿……杜牧和韩乂尽情地呼吸着原野中清新的空气，踩着松软而润湿的泥土。有时轻松地蹦几下，在地上留下了一个个足印，有深有浅。他们穿村过庄，登山临水，遇到村民，也会停下来攀谈询问几句；见到牧童，又和他玩儿上一阵。牵牵牛，逗牛玩儿，甚至想骑上牛背去兜兜风。可惜杜牧是北方人，从未骑过牛，一连几次也没爬上牛背去，反惹得黄牛吹胡子、瞪眼睛，"哞、哞"地发顿牢骚，扬起后腿踢了几下，差点将杜牧摔在地上。韩乂是南方人，熟练地翻上牛背，还悠然自得地走了几圈，让杜牧羡慕极了。

他们俩都是诗人，写诗唱和自然是游览中少不了的。此外，杜牧还吟了几首景物诗，其中咏梅之作，可算是他较满意的。他把梅比作一位美丽的仙子来赞颂：

> 轻盈照溪水，掩敛下瑶台。
> 妒雪聊相比，欺春不逐来。
> 偶同佳客见，似为冻醪开。
> 若在秦楼畔，堪为弄玉媒。

韩乂十分喜欢这首诗的前面两句，称他善于用拟人的手法将梅花写得灵活灵现，轻盈而掩敛多情，仿佛你面对着的就是一位倩丽的素妆女子。她对你凝睇含情，可又矜持含羞，让你有恍入瑶台仙窟之感。"牧之兄，这梅花您可有寓托之意？比的是哪位钟情的淑女呀？"韩乂窥破秘密地探问，随手折下一小枝梅枝，往杜牧的身上插。

杜牧默而不答，只是舒朗地笑着，把梅枝插在自己的胸襟上……

一年四季，江南的景物，对于杜牧这位初到赣江畔的北方诗人来说，总是充满了新鲜感，常引起他创作的灵感和抑制不住的冲动。他描绘过鸂鶒，刻画它"日翅闲张锦，风池去翦罗。静眠依翠筱，暖戏折高荷"的形象。夏日，那火红的山石榴那样的红艳艳、光灿灿。当杜牧一见到它，就引起了种种的想象。最后他用这样的诗句来写出他的感受：

似火山榴映小山，

繁中能薄艳中闲。

一朵佳人玉钗上，

只疑烧却翠云鬟。

此外，他还咏过《鸦》《鹦鹉》等诗。他的《村舍燕》一诗，更是为幕府的同僚所赞颂。也不知是谁还将此诗呈送沈传师，赢得沈传师当着众人拍案叫好。当时就派人找来杜牧，夸奖了他一番，赏给他几瓶杏花春的好酒。说酒能助诗兴，更增诗人的风度。杜甫《饮中八仙歌》中就说"李白一斗诗百篇，长安市上酒家眠。天子呼来不上船，自称臣是酒中仙。"又称崔宗之酒后豁脱潇洒："举觞白眼望青天，皎如玉树临风前。"他赐给杜牧一杯酒，请他当众喝下，再吟诵这一首诗。杜牧举杯，谢过沈传师，又转了半圈，算是答谢众人的捧场，仰头一口喝个滴酒不留，遂抑扬顿挫，声高声低，时急时缓地吟唱道：

汉宫一百四十五，

多下珠帘闭琐窗？

何处营巢夏将半？

茅檐烟里语双双。

众人一片喝彩称好，沈传师也满意地捋着胡须，欣赏地看着诗笺，似乎在品鉴着一件精美的古玩。

"诸位，杜巡官诗情横溢，才气逸发。刚才他吟唱的《村舍燕》的确为咏物佳什，尤其是'茅檐烟里语双双'一句，何等活脱脱地逼真，又蕴含着何等难言的情调，可谓将燕子写绝了。不过，大家有所不知……"卢弘止见大家赞美杜牧的诗句，心中自是高兴。他比别人更了解杜牧，杜牧平常也喜欢把写成的诗歌呈送他，并谦虚地请教。他的确喜欢这位新科进士，赏识他的气质、风格和超凡的诗才。趁着大家高兴，沈传师兴致也高，所以他有意趁这个机会，让众人更了解杜牧，这也算是他扶掖后进的办法。

"听说杜巡官还写了许多诗，特别是描绘咱江南景色的，这可是真的?"有人插话道。

"卢副使，杜巡官不肯宣扬自己，您和他接触多，得到了不少诗歌，可否稍露机密，让我们欣赏欣赏几首阳春白雪之唱?"

"诸位兄弟，"卢弘止接着话头，"阳春白雪之什嘛，杜巡官的确赋成了不少。他的《阿房宫赋》就为吴武陵博士所激赏，推荐给崔郾侍郎，他也因此一举中第。他的《感怀诗》，感慨苍茫，历数兴亡盛衰，忧国忧民，大气淋漓，感人深致，亦可称难得之作。要说歌咏江南风光的佳作，我以为还是他的《江南春》一诗为压卷之作。"

"这首诗我也读过，确实写得轻倩秀丽。概写江南景物，立意既广，不专指一处一景，总而命题为《江南春》。即以题目而论，亦可见善于立题。此即胜人一筹之处!"

"还是请杜巡官亲自一咏吧!"沈传师接过韩乂的话，他转眼带着鼓励的目光看着杜牧说。众人也就叫开了:"杜巡官，请!"

杜牧听沈传师开口邀请，众人也那么热心，不好推却，走上前几步，拱手道:"多谢诸位捧场! 这一首绝句乃今年春登临之作。江南风光好，可诗不一定好，一气呵成，未加斟酌，还请指教。"说罢即又一揖，吟道:

千里莺啼绿映红，

水村山郭酒旗风。

南朝四百八十寺，

多少楼台烟雨中?

诗刚吟罢，即爆出了热烈的掌声、赞叹声。有人称道:"真是大手笔，四句短诗就写尽了江南风景之美，文物之胜!""江南丽景，尽在四句之中! 怡红快绿，令人陶醉!"……

"此诗果然可为压卷之作! 不过……"

众人听到"不过"二字，不免有些惊讶，齐把目光落在此人身上。原来这人不是别人，乃是沈传师的弟弟沈述师。

沈述师字子明，曾任过集贤校理，这时恰好也来到他哥哥的江西幕中。因任过集贤校理，从事过图书的校辑工作，所以对文字也就有句斟字酌之癖。这本是校辑工作所必需的谨慎态度，可是有时难免就有胶柱鼓瑟之弊。他说到"不过"二字时，也有意缓下来，想观察一下大家的反应。见众人大都以惊诧的目光瞧着自己，知道自己所见有异于众人，心中不免有些得意，遂接着说："此诗有一字尚可斟酌，不知是否误读？'千里莺啼'，恐当改作'十里莺啼'为妥。盖千里已听不着看不见了，哪能说莺啼绿映红呢？若是十里，则情理可通。'十'与'千'形似，容易致误，其误恐缘于此。不知牧之先辈以为如何？"

杜牧正想说出"千里"非"十里"之误，不料有人即抢着说："子明先生所言'千里'乃'十里'之讹，如以文字讹误言，十讹作千倒是有的。可即作'十里'，又如何听得见莺啼？看得见绿映红景象？即作十里，亦未必好，反不如千里矣！"

"在下以为李侍御所说有理，还是'千里'好。"韩乂说出自己的看法。众人也在交头接耳地商讨着、议论着……

"杜巡官，你的诗写的是'千里'？还是'十里'？"沈传师笑呵呵地突然问道。

"我原作'千里'。不过子明先生以为'十里'好，也有些道理。若以实际论，'十里'与所写景象似较为近，自然有可取之处。'千里'乃诗歌夸张之法，是概括江南广袤地域之语，更能表现江南春之题意，故舍十而作千。不知鄙意有否可取之处？还请子明先生有以赐教。"

沈述师听到众人议论，又听了杜牧所释，顿时如梦初醒，自觉自己所言过为胶着，以一般校勘古籍之法理解诗歌，故未能体味此处"千里"之妙。现在换一角度，则十里显然不如千里之贴切够味。想到此，又见到杜牧如此谦虚，遂有点不好意思起来，讷讷地说："一时未加细思，还是'千里'为好。"

"好啊！大家的意见总算统一了。"沈传师拍了拍手说，"我以为此诗如诸位所说，乃概言江南春色之丽。千里莺啼，园林相接。非此千里则不够味，未足见江南广袤无边之丽景。江南千里原野，红绿相映而水村山郭掩映其间，旗亭酒肆相望而鳞次。南朝佛寺庙宇，遍布江南名都城邑，至今犹有存者。眼前楼台、殿宇之多，烟林花雨之盛景，犹有六朝佳丽之风韵，美不胜收，如痴如醉。真为压卷之作，果然名不虚传呐！诸位，为这《江南春》，咱们共干一杯！"

一片喝彩、干杯、赞叹声……

杜牧在江西幕，由于江西观察使沈传师对他特别赏识，也有意栽培他，所以每每得到优待、奖赏。沈传师见杜牧年少，在京城时也养成了豪贵子弟的奢华习气作风，喜欢饮酒作乐，狎昵妓娼，每每暗中加以规劝引导。自来江西之后，他的浮华放浪也有所收敛，秦楼楚馆去得也较少了。那些风流放浪的事儿自然也较少传到沈传师的耳中。沈传师认为，培养人的实际才干，最好的办法就是让他多承担些繁杂的事务。因此，杜牧也比别人有较多的机会参与幕府中的复杂事务。在处理这些事务中，沈传师又注意在旁点拨，为他分析情况，提供解决的各种办法，提醒他应注意的方面，又给予种种方便。因此，经历了一段时间的培养，杜牧对处理幕府事务的能力大有提高，干起事来远比过去的毛手毛脚大有长进。有时还干得挺麻利漂亮，颇为称心如意。

不过，沈传师也知道，杜牧虽有雄心壮志，但涉世不深，对社会，特别是对普通的百姓毕竟还是缺乏了解。因此，他也有意让杜牧有接触社会的更多机会。幕府中如有涉及调查、了解社会百姓的事，沈传师也注意委派他参加。而杜牧也乐得多接触社会，每遇到这机会总是兴致勃勃，极为投入。

大和三年（公元 829 年）春天，沈传师派遣杜牧至临近的观察使幕公干。杜牧办完公事，顺便到三吴一带拜访亲友，探察民情。其中有一位朱处士，是个品行高洁、为人所崇敬的有道之士，杜牧在友人的陪伴下特地拜访他。

朱处士所住之处颇为清幽恬静。一条碧水悠悠的小溪从山坡旁流过来，绕过他的茅屋。屋旁苍翠的修竹上鸾鹤飞翔，十余株绿柳环绕着茅舍，时有不知名的鸟儿在柳枝上啁啾鸣叫。门前栽种着兰花、杜若，屋后则是一片绿油油的稻田。屋中没有什么摆设，最引人注目的只是书卷琴棋。一看就知道主人是一位知书达理、颇有情趣的高士。

朱处士颇为健谈，言谈也出语不凡，颇有独到之见。他和杜牧谈论着经史，推崇尧舜禹汤武之治。说到商纣王、秦始皇，他恨得咬牙切齿，连声谴责："独夫、蟊贼！"他说："国家兴衰，匹夫固然有责，但帝王为关键，应首任其责。"又说："一方的治乱，郡守固然重要，但乡县长官尤为关键。"他告诉杜牧，这地方气候湿润，土地肥沃。前有溪流碧泱泱，后有沃野绿油油。青山绿水，牛羊满山坡，凫雁飞成行。本是个"罢亚百顷稻，西风吹半黄。尚可活乡里，岂惟满困仓"的鱼米之乡。若说本地刺史，却也是个清廉的长者，只是过于宽厚，治下不严，有失精明，不善督察防奸。因此，乡县官吏特别狡诈贪苛。一到收成季节，则更是急征暴敛，如狼似虎，假公济私，中饱私囊。苦得百姓年年丰收，却年年如遇灾荒，饥寒交迫，痛苦不堪。

杜牧又和朱处士谈论起时事。别以为他是位隐居在乡间的处士，就忘却了天下。他对时事还挺关心呢！他和杜牧一起议论起征讨沧景叛将李同捷的战争。他认为李同捷窃弄兵柄，以求继袭，目无中央，反叛作乱，本是极为不道不义之举。而裴晋公乃国家元老，是一位功绩卓著、富有谋略的大臣。由他率领诸道几十万军马讨伐沧景叛镇，本该是易如卷席探囊之事。谁又知道至今出兵已三载，却征讨不下，令人失望。

杜牧虽作幕吏于南方，但始终关心着沧景之役。他敬仰朱处士身居茅屋而心怀天下的阔大胸襟，为他的鲜明爱憎所感动。他觉得，如果国人都如朱处士一样系心国事，深明大义，那么国家也就有希望了。他尽自己所知地告诉朱处士有关征讨李同捷的情况。说到诸道大军彼此推诿观望，延误了战机；又说到沧州一带因久处丧乱，骸骨蔽地，百姓流亡，田野荒芜；还谈起魏博大将亓志绍被叛将李同捷所唆使，阴谋谋杀史宪诚，领兵二万人作乱，进逼魏州。今年春正月，他又和成德镇兵联合，一起劫掠具州。后来，被李听、史唐两军合击，兵败后率领残兵五千奔往镇州去了……

这一次杜牧奉命公干，又拜访朱处士，考察地方民情，使杜牧更加了解了社会状况、百姓疾苦，印象甚深，以至在十三年后的会昌二年（公元842年），他身为黄州刺史，还深情地提及此事。他在黄州时能关心民瘼，为民解忧，或许即得益于此次的拜访、考察。

江西洪州是南方著名的大州，州治南昌前临赣江，风光秀丽，景物宜人，是著名的游览胜地。唐初贞观十三年（公元639年），唐高祖之子李元婴即受封为滕王，又曾任洪州都督。他在洪州任时，建立了一座气势宏伟的滕王阁，成为当地著名的一处风景名胜。唐高宗时的著名诗人王勃曾登临滕王阁，并写下了著名的《秋日登洪府滕王阁饯别序》。他还赋诗一首，歌咏了滕王阁的宏伟壮丽。这一诗一序使滕王阁更是名驰遐迩，吸引了历代文人墨客到此游览题咏。

洪州除了滕王阁之外，在州东还有著名的东湖。此湖广十里二百二十六步，北边与州城齐，南边回折至南塘。岸边遍栽柳树、兰、芷等香花，绿树环合，花香郁郁。周围朱楼画帘，湖中游船白鹭，景色绮丽，美不胜收。还有钟陵龙沙，也是当地的名胜之地。赣江北经龙沙西边，给龙沙增添了山光水色之美。这儿的沙石很洁白，堆积隆起，颇为高峻，连亘五里，形状像一条起舞的巨龙，故名龙沙。每到九月九日重阳节，州城的人们纷纷到龙沙登高览胜，游乐嬉戏，颇为热闹。

杜牧在江西幕府两年，有时伴随沈传师和幕僚，有时则自己和朋友到这些风景名胜之地游览宴集，度过了赏心悦目、悠游自在的美好时光，给他留下了终生难忘的美好印象。他离开江西幕府后，曾深情地回忆起在江西的日子，赋诗咏怀抒情，其中有两首分咏游览东湖、龙沙的情景：

十顷平湖堤柳合，
岸秋兰芷绿纤纤。
一声明月采莲女，
四面朱楼卷画帘。
白鹭烟分光的的，
微涟风定翠涵涵。
斜晖更落西山影，
千步虹桥气象兼。

控压平江十万家，
秋来江静镜新磨。
城头晚鼓雷霆后，
桥上游人笑语多。
日落汀痕千里色，
月当楼午一声歌。
昔年行乐秾桃畔，
醉与龙沙拣蜀罗。

不过，杜牧最常去游览，且使他流连忘返的地方还是滕王阁。他早就向往着这名闻天下的地方，从王勃所作的滕王阁诗文中，他已领略了江西南昌和滕王阁的物华天宝、人杰地灵的胜况，令他神思冥想，神往不已。他随沈传师来到江西幕府不久，在第一个休假日，他就邀上韩乂、萧寘两人一起游览滕王阁。

滕王阁果然名不虚传，当杜牧登上阁楼时，放眼四望，极目远天，水天开阔，立刻使人襟怀舒畅，逸兴遄飞，真使人有"襟三江而带五湖，控蛮荆而引瓯越""雄州雾列，俊采星驰"之感。瞭望着眼前的景色，杜牧情不自禁地想起了王勃的《秋日登洪府滕王阁饯别序》，觉得王子安的描绘确实道尽了滕王阁的景色之美，他不禁吟咏起这篇脍炙人口、他少年时代就能背诵的妙文：

……

时维九月，序属三秋；潦水尽而寒潭清，烟光凝而暮山紫。俨骖𬴂于上路，访风景于崇阿。临帝子之长洲，得天人之旧馆。层台耸翠，上出重霄；飞阁翔丹，下临无地。鹤汀凫渚，穷岛屿之萦回；桂殿兰宫，即冈峦之体势。披绣闼，俯雕甍。山原旷其盈视，川泽纡其骇瞩。闾阎扑地，钟鸣鼎食之家；舸舰迷津，青雀黄龙之舳。云销雨霁，彩彻区明。落霞与孤鹜齐飞，秋水共长天一色。渔舟唱晚，响穷彭蠡之滨；雁阵惊寒，声断衡阳之浦……

同游的韩乂、萧寘也沉醉在滕王阁高耸入云的飞檐，以及飞丹流彩的画栋珠帘之中。他们三人伫立于阁楼上，赞美着江山胜景，并由滕王阁谈到王勃，议论起和王勃齐名的骆宾王、杨炯、卢照邻这几位初唐的诗人。

"王勃在四人中，真可称神童，尤为佼佼者！牧之兄以为如何？"萧寘征询杜牧的看法。

杜牧赞同地点点头，"据说，王勃六岁时即解属文，构思敏捷无滞，词情英迈。他和兄长王勔、王勮都很有才华。其父之友杜易简尝称王家三兄弟为'王氏三株树'！"

"正是如此！"韩乂翘起拇指赞叹道。"我读过杨炯写的《王勃集序》，序中称王勃说：'每有一文，海内惊瞻。所制九陇县孔子庙堂碑文，宏伟绝人，稀代为宝，正平之作，不能夺也。'当时的崔融也称赞说：'王勃文章宏逸，有绝尘之迹，固非常流所及！'王勃的文名前人已有论定，弟少年时读四人诗文也每有这种感受。"

"韩乂兄所说的《王勃集序》中还记有这件事。不知二位可还记得？"萧寊接着韩乂的话说。

"这篇序早年读过，不知所指为何事？"杜牧问道。

"哦，即称王勃为神童的事！"

"那我还记得呢！"杜牧的记性虽常自谦不好，但实际上却是颇为超人的。"序中说王勃九岁就读颜氏《汉书》，撰著《指瑕》十卷。又称他'年十有四，时誉斯归'。还说当时朝廷的太常伯刘祥道巡行风俗，当他见到王勃时，颇为赏识他，当众称他说'此神童也'。说起神童，还有个传说呢！"

"什么传说？"萧寊感兴趣地问。

"有人说王勃写作《滕王阁序》时，年纪才14岁。"杜牧略微思索后又接着说："不过，这传说并不可信。《滕王阁序》是写在他往交趾途中经洪州时。不过，虽然他当时已年过弱冠，能写出如此才华横溢的文章，实在令人十分钦仰！"

杜牧说着，脸上流露着对前贤思慕敬仰的神情，他一时想起了许多有关王勃与《滕王阁序》的传说，越发增添了谈兴。"当时王勃经滕王阁时，被邀请参加宴会。主人是江西都督阎公，与会者大都为当地名宦宿老、文坛名人，可谓群贤毕至，盛会空前。本来，阎公有意让他的女婿孟学士撰写《滕王阁序》，以夸耀他女婿的文采，而孟学士也早就草拟好了序文。但阎都督却假意请诸宾客撰序。诸宾客都明知阎都督用意，故纷纷有意辞让。没想到王勃不知就里，操起纸笔即写开了。这一下气恼得阎都督拂衣而起，站到一旁暗自发怒。心中骂道：'这小子真不知天高地厚，竟敢一点儿也不谦让，我看你怎么收场！'他派人伺察王勃如何下笔，察知即刻禀报。王勃落笔后，人报云：'南昌故郡，洪都新府。'阎都督听报，脸露不屑之色说：'不过是老生常谈之句罢了！'又有人报告说：'星分翼轸，地接衡庐。'阎都督听到王勃写下此句，脸上一热，却又沉吟不语。后来有人惊讶地跑来报告王勃已写下了'落霞与孤鹜齐飞，秋水共长天一色'之句了！阎都督听到这两句，不由得转恼为喜，惊喜地跑到王勃身旁，当着众人称赞说：'这真是天才之笔啊！可以惊天地、泣鬼神而永传于世呀！'众宾客也称赏不已，《滕王阁序》也就从此久传四海了。"

"不过，天下总有那么一些嫉贤妒才的人，喜欢信口雌黄，说三道四。诋毁'四杰'浮躁啦，甚至抹杀他们的诗歌成就。真是岂有此理！"韩乂说罢，气愤地用手掌拍打了一下栏杆。

"韩乂兄用不着气恼。"杜牧走过来，拉起韩乂的手。"看，都把手拍红肿了，犯不着嘛。古往今来，或毁或誉，管他呢！真金不怕火炼，'四杰'的成就岂能抹杀得了。我爷爷在我小时，就对我讲起王勃等四人的成就，嘱我向'四杰'学习。当时他也说起有人非议'四杰'的事，也气愤，但又不屑一辩似地吟着杜甫的诗：'王杨卢骆当时体，轻薄为文哂未休。尔曹身与名俱灭，不废江河万古流。'你看，有杜工部对'四杰'的赞誉也就可算是千古定评了！"

"牧之兄说的是。"萧實附和着。

"'四杰'的成就不仅在诗文创作上，"杜牧接着说："还在于文论的主张方面。龙朔初期，诗文之作可谓争构纤微，竞为雕刻，文风纤丽萎靡，可真是骨气都尽，刚健不闻呐！王勃等人反对这种颓靡文风，以他们杰出的创作一扫颓波，开创新风气。此诚如《王勃集序》所说的：'长风一振，众萌自偃。遂使繁综浅术，无藩篱之固；纷纭小才，失金汤之险。积年绮碎，一朝清廓。翰苑豁如，词林增峻。反诸宏博，君之力焉。'王勃的这一贡献真应该肯定、重视。当今的文坛，我看也是颇为萎靡的。特别是江湖间所流传的什么'元和体'诗，真是浮靡淫艳，格力不扬的东西……"

"据说那些后生小辈，打着学习元稹、白居易的旗号，到处写这些浮艳诗，题在寺壁上，写在墙柱上，弄得沸沸扬扬的。"韩乂也不满地评说。

　　……

杜牧三人边游览，边谈今论古，玩了个痛快。傍晚时分，他们又登上阁楼，欣赏着滕王阁一带暮色，觉得岁月流逝而景物依旧，不觉一起在夕阳暮色中吟诵起《滕王阁》诗：

滕王高阁临江渚，

佩玉鸣鸾罢歌舞。

画栋朝飞南浦云，

珠帘暮卷西山雨。

闲云潭影日悠悠，

物换星移几度秋。

阁中帝子今何在？

槛外长江空自流。

杜牧本是个好言王霸大略、历代兴亡，心系国家财赋兵甲之事、喜谈兵论政的人。自到江西幕府为巡官后，虽然颇受沈传师赏识器重，凡幕府重要事务，沈传师也常征询他的看法，商量对策，并常信任地将有些要务交由他处理、谋划。但是，江西毕竟远离京城，消息比较闭塞，又幕府中的事情也大都是地方上一些十分具体、冗杂烦琐的事务，与国家的军政大事似乎没有关系。这对于像杜牧这样胸怀壮志，一心想匡济国家，"叱起文、武业，可以豁洪溟"的人来说，实在是英雄无用武之地。因此，尽管杜牧在幕府中颇有安闲自适的生活，但他心中时常有一种沉沦下僚、漂泊江湖的失落感。每有这种心情的时候，他常常以游逛、饮酒，或到柳巷、青楼中狎妓听歌的方式来打发心中的郁闷。他觉得酒虽不能彻底消愁释恨，但几杯过后，则可以暂时忘却沉闷苦恼，沉入醉乡，梦见自己运筹帷幄、出谋划策、施展才华。而当郁闷不乐，怅然失志之时，歌伎们明媚的笑脸，温柔的话语，甜美的歌声，多情的眼波，柔软的腰肢，甚至那紧挨着的丰满的胸脯、体贴而温存触摸的纤纤柔指，都能使他消愁解恨，感受到女性所特有的温暖、柔情与宽慰。这种从女性身上所得到的温柔与宽慰，抚平了他心中的不平与创伤，英雄失志的哀伤，暂时获得了安慰、平息，像一只受伤的小虎，依偎在母亲怀中一样。

他是一位感情纤细、丰富的诗人，在与女性交游、接触的耳鬓厮磨中，他有那样纤柔的细腻情感，有那样深细的感触与感情的冲动。他不仅在她们身上寄托着自己的一份柔情，宣泄着自己的忧伤与悲愤。同时他也同情她们，和她们交流着思想、情感，甚至喜怒与眼泪。他常为此而写诗，也替她们作诗，用诗歌抒发自己的情感，也用诗歌写出她们的忧喜和相思之情。他的诗歌有时连自己也忘却了，却传诵在相好的歌伎之口。他写过《送人》诗给一位妓女：

> 鸳鸯帐里暖芙蓉，
> 低泣关山几万重。
> 明镜半边钗一股，
> 此生何处不相逢？

也写了《咏袜》诗，但后来也没有收入自己的集子中：

> 钿尺裁量减四分，
> 纤纤玉笋裹轻云。
> 五陵年少欺他醉，
> 笑把花前出画裙。

有时他出于同情怜爱之心，有人求他代作诗时，他也曾捉刀代笔，为她写过这样的相思之什：

> 楼高春日早，屏束麝烟堆。
> 盼昤凝魂别，依稀梦雨来。
> 绿鬟羞妥麝，红颊思夭侻。
> 斗草怜香蕙，簪花间雪梅。
> 戍辽虽咽切，游蜀亦迟回。
> 锦字梭悬壁，琴心月满台。
> 笑筵凝贝启，眠箔晓珠开。
> 腊破征车动，袍襟对泪裁。

他到底为这些歌伎、妓女与闺中女子写过多少相思相爱、抒发恋情绮思的诗歌，后人实在是无法统计了。因为他随作随赠，不加保留。有的即使留下来，后来也因那是青年时代的流情之作，不甚重视，要么焚弃，要么不收入文集中，所以也就失传或散佚了。少数留传下来的，则多为后人辑入《樊川外集》或《樊川别集》中。但其真伪如何，实在也难以甄辨清楚了。

且说在江西观察使幕府中有一位歌伎，很受杜牧的赏识怜爱，也是幕府中最为走红的女子。此女姓张，名叫好好，乃江西洪州（今江西南昌）人。当她大和三年（公元 829 年）始来江西幕时，年纪才 13 岁。别看她是一位歌伎，论起才貌色艺可是一位百里挑一，人见人夸、人见人爱的出色小女子。她有一双丹凤眼，两道蛾眉却淡如远处的两抹春山，使人看了不禁油然而起一种温柔缱绻的情意。但令人更为心醉的还是那明澈如秋水，含情如春波的水汪汪、情绵绵的眼眸。当她的眼波投向你，仿佛如严冬中的温和的阳光照在你身上，会使你感到浑身温暖发热起来，暖洋洋的好舒服、好畅快；又像一位不善饮酒的少年喝下一杯芳香的醇酒，不久就觉得醉意醺醺，心旌摇荡，一种又甜又美又心醉又令人怅怅的情感，像一道激湍奔突的细流在心头上流淌。若是一个不善自持的血气方刚的人，多瞧她几眼，难免会心旌狂荡，想入非非而起轻狂之念。

她的母亲也是色艺中人，从小就教她吹拉弹唱，学会各种舞蹈。因此，在她十余岁时，她的善歌妙舞的名声就传遍了南昌城。加上她体态婀娜轻盈，长得楚楚动人，是远近闻名的色艺俱绝的小美人，因而颇为人们所赏识喜爱，但也因此常遭到当地豪家子弟以及年轻恶少的盯梢追随，言语嬉戏挑逗，甚至动手动脚、戏辱轻薄。

她母亲还在时，她还有个依靠、护持，也有个身心寄托之处。当地的豪贵之家，也有托人或亲自找上门来说亲的。有的要娶她做个二奶奶、三太太的，也有的要招她到府中当歌伎或丫鬟的……总之名堂很多，想方设法要将她骗到手，供他们淫乐玩笑。她的母亲一概回绝，凭她的亲身经验体会，这些人家没有安下好心，靠得住的。她虽然没有社会地位，家境也清寒，但她说什么也不愿将自己心爱的女儿往火坑里推，重蹈自己不幸的命运啊！

不幸的是，在她 12 岁时，她的母亲却染上时疾，不出一个月就饮恨病故，留下张好好独自一个失去护恃的小女子。所幸，张好好有一个表姨，见她年纪还小而无依靠，就让她住在一起，也好有个关照。她的表姨也是清贫人家，丈夫已殁，身边只有一个没出阁的独生女，靠着在家门口摆个茶水摊，卖点糕点，凑合着过日子。日子当然也过得艰难，现在张好好又在她家一起生活，一家三个弱女子，没个男人支撑门面，那份困厄也就可想而知了。张好好也是个知情识理、很能体贴人家的好女子，她见表姨生活艰难，也常在家帮她张罗生意，心情好时也唱唱曲子，弹几下琵琶……

自从张好好到了表姨王氏家，王氏家也不像以前那样冷清了，来往走动的人也渐渐多了起来。而且张好好的甜美诱人的歌声，那一曲曲的琵琶、筝乐，也时常从窗中飘逸出来，给人们带来欢乐、情感的波动，有时当然也催人泪下，令人心灵震颤，感慨不已。说起来也像时来运转一般，王氏家门口的茶水摊生意也兴隆了起来，再也不像以前那样门可罗雀了。不仅周围的人，来往的过路人，而且住在城中其他较远街区的人，特别是青少年，也都渐渐喜欢来到这个小小的茶摊喝茶闲聊，故意在这儿久久消磨光阴。当然小茶摊的这一变化，王氏心里清楚得很，并不是她有能耐，茶水变得比别家香美可口，而是因为张好好的美艳和她的能歌善舞。

渐渐地张好好知道人们喜欢在品茶闲聊时听她唱歌弹琴，她也就渐渐习惯于在人们邀她唱曲弹琴时献上几支歌曲，或抚丝弄弦，跳上几圈独舞。在这样的时候，她成了茶客最欣赏的人。人们为她鼓掌击节，为她喝彩欢呼，为她讲出了许多甜美称赞的话，为她投出了欣赏、怜爱、欣慕、同情的眼光，为她慷慨解囊。当然，在这些赞美怜爱声中，也时杂有猥亵的言语，下流的挑逗，还有那色眯眯的，直想看穿她薄薄罗衣的像刀一样锐利的眼光。

她美得实在像一朵朝阳下缀着点点雨露的初开的艳丽香花，不管是那转盼流情送暖的一双美丽的眼睛，还是那洁白如美玉白瓷的肌肤，或是那尚未完全长成的少女的腰肢胴体，一切是那样浓郁地散发着诱人的女性的魅力。在这种魅力的煽动下，叫一个年轻的男子不在心中躁动起情爱，不把眼光凝视着她，如痴如醉，想入非非，这的确也是太不容易了。

张好好也是个极聪敏的女子，人们对她的赏爱怜惜，她自然感激；对她的轻亵浮躁，她当然也心中有数。为了生活，为了王氏茶水摊的兴隆，她对这些轻浮之举视若罔闻，忍受下来。有时，她也会应邀到当地有门面的人家中，为他们的寿宴、婚宴或集会唱曲弹琴，或跳个柘枝舞什么的。为此，她也得到较丰厚的赏赐，并在有些地位的人家中渐渐扬名了。

杜牧来到江西幕府后不久，也听到人们谈起南昌城有一位色艺俱佳的女子名叫张好好，对她的色艺当然也颇有慕名倾心之意。不过初到江西幕府，他人地两生疏，幕府事务起初也较忙乱些，他又不熟悉如何处理这些事务，所以较少有机会出外潇洒游逛。张好好所住的地方又离幕府较远，来往也不太方便。加上初到江西，他心中一直挂念着长安城的芳儿、楚儿，一心思念着她们，闲暇时多在思念中给她们写信作诗，所以尽管想找个机会去见见张好好的芳容，听听她甜美的歌曲，目睹她婀娜的舞姿，但却一直没遇上机会。当然，杜牧是一位富有同情心的人。他听到张好好的经历，知道她目前的状况，心中竟酸酸的，他为美人的薄命而郁郁不乐了好一阵子。

说起来也凑巧，杜牧和张好好的相识，竟是那样地出其不意，像是老天爷有意安排似的。

杜牧的父亲杜从郁任驾部员外郎时，有一位姓张的同僚和他关系最为密切，两人志同道合，时有诗酒唱和，聚谈饮宴，结下了友情。杜从郁病亡时，张员外也极尽哀情，到杜家吊唁痛哭，关照过杜牧兄弟。只是杜牧、杜颛当时年龄还小，所以对这位父执虽有印象，但了解不多。后来，张员外致仕回江西老家，就居住在南昌城中。杜牧来到江西后，张员外闻知消息，曾特地到幕府中看望过杜牧。两人谈起过去的杜府往事，不胜感慨。后来，杜牧也在一个休假日，驱车到张员外家中回拜。张员外虽致仕在家，但毕竟是朝中命官，况且两个儿子也都进士登科，颇有出息。一个在朝中任职，一个在淮南幕府为掌书记，因此家中也挺气派，在南昌城中也算是一户颇为知名的书香仕宦人家。

大和三年（公元 829 年）仲夏的一天，正是张员外七十大寿。他延请亲戚朋友到家中，摆下宴席庆寿。杜牧也事先得到请帖，并备好了祝寿礼品。张员外大寿那天，杜牧和同时受邀请的沈述师一起到张府祝寿。

张员外府上这一天张灯结彩，大门上贴了红纸金字的"福""寿"两个大字。厅堂上悬挂着大幅寿星蟠桃图，一个金箔纸剪贴的大"寿"字贴在厅堂坐北朝南墙壁的正中央。两旁红烛高烧，香烟袅袅，各式各样的瓜果供品摆满了两张并排在一起的八仙桌。堂前庭院中，摆上十桌酒席。再前方留下一片空地，铺上地毯，一班歌伎乐人正在抚弦吹管，奏乐庆寿。

杜牧和沈述师一道坐在宾席上。这时他看到前方的歌伎乐人中，有一位身着粉红衫的女子年纪显得分外小，但却又格外楚楚动人，转盼生辉，自己却不认识。他想问身旁的沈述师，悄悄地拉了拉沈述师的衣袖。但拉了两次，却不见动静。侧转眼一看，只见沈述师两眼直勾勾地盯着前方。循着他的眼光看去，正是在目不转睛地凝视着那位粉红衫的女子呢！"怪不得这痴汉如泥塑木雕似的拉不动呐，原来却为这般！"杜牧心中暗自发笑想道，也没有再去惊动他，让他瞧个神魂出窍，心醉神迷。他知道这沈述师虽已有妻室，但仍然风情十足，一直想讨个年轻美貌的二房。他知道南方的女子特别秀气温柔，娇小俏丽，所以来到江西之后，就一直四处游览，借机物色佳丽，好讨个意中人做如夫人。

"诸位亲友，老夫今天请来几位歌女乐人给大家助兴，想听什么曲子的，就尽管点吧。"张员外等酒过三巡后，见大家兴致正高，请来的歌伎乐人也已在前方坐定，正听候他吩咐，遂红着一张醉脸，慢慢站起身来，拱拱手提议道。

众人见说，筵席上更热闹起来，交头接耳，热热烈烈，似乎在商量着唱哪支曲子合适，又似乎在互相谦让着。一时倒没有一个人应和。

"沈公子提个曲子吧！"张员外见大家互相谦让，笑呵呵地邀请着。

没想到沈述师还正在出神地瞧着前方，根本就没听到张员外的提议和邀请，兀自一手歪端着酒杯，一手支着下巴，像一橛木头似的纹丝不动。

杜牧见众人一齐瞧着他这副模样，有的已在窃窃地笑，连忙又拉了他一下，还没拉醒他，遂附耳对他说："述师，张员外请您呐！"这一下，沈述师才回过神来，但仍然莫名其妙，闪着一双如梦初醒的眼睛，四下里瞧瞧，仿佛在问："到底发生了什么啦？"

杜牧见难以一下子对沈述师说明白，灵机一动，遂提议道："今天是员外七十华诞，大喜日子，理应先来一段祝寿曲，诸位以为如何？"

"理该如此！"

"就唱一曲祝寿辞吧！"

杜牧的提议正如张员外之意，乐工歌伎也早有准备。没等张员外再吩咐，乐工就先吹弹开了。一段过门曲之后，歌伎们也就唱了起来。那位粉红衫的女子也张开樱桃般的小口，随着乐曲合唱着。

"牧之，见到了吗？张好好也在那儿唱着呢。你看那猩红的甜甜的小嘴，多可爱啊！"沈述师指着前方悄声地对杜牧说。

"张好好？她在哪儿？是哪位？"杜牧惊喜地一连追问。

"就是那位嘛，她的嘴唇又红又小。"

"那四位小姐哪个不是小红嘴唇的？您说明白点。"

"哦，我脑袋热烘烘的，没说清楚。乞恕乞恕。就是那位穿粉红衣服的。你瞧，她多美，粉衫轻薄，胸前两点隆起的乳峰，若隐若现，真让人销魂呐。"

"哎，小声点，让人听了好没意思。"杜牧压低声劝着。

"我才不在乎呢！"沈述师眯着眼，凝眼注视着张好好，不以为然地说。"老实告诉你吧，我已瞧上她好多时了。这样的美人儿哪能错过，我可要把她追到手！你看，她也正在瞧着我呢！"一丝得意的神态呈现在他的脸上，他不禁乐得随着歌曲摇头晃脑，双手交胸合抱着，仿佛已把张好好搂抱在胸前一样。

杜牧明知沈述师有好色之癖，平常举止也有些轻狂。但他虽喜口出狂言，但毕竟不是个黑着心专门玩弄戏辱女性的恶少，行为举动上毕竟也还有个分寸。所以尽管觉得他讲话不太注意场合，说得也不得体，但也知他是一时劝不住的人，所以也就不作声了。他们一起听着歌曲，注意地打量着张好好。

"唱得好！唱得真好听啊！"一等曲终，沈述师就先拍着手掌大声喝彩。众人也跟着叫好，但眼睛齐刷刷地看着狂拍着手掌的沈述师。

沈述师正来劲，又站起身来，指着张好好说："张好好唱得最动听，请她来一曲《采莲曲》吧！我听过她唱过这支曲子，甜滋滋的，可美妙动听啰！"说着自己又先鼓起掌来，"啪、啪、啪、啪"的好起劲。

张好好本就认得沈述师，知道他是江西观察使沈传师的弟弟，又是在朝中任过集贤校理。而且人也长得风度翩翩，虽举动有点轻浮，但心地却还好。平时有几次来到她家门口喝茶，倒也对她温和体贴，说过些使她感动的话。因此，她对沈述师倒也印象不错，甚至心中有些敬慕之意。如今她见沈述师当众捧她的场，指名要她唱《采莲曲》，心中也热乎乎地，遂走上前来，敛身施礼。一等乐工伴奏，她就张开樱桃小口，清圆细润地唱起来：

> 若耶溪旁采莲女，
> 笑隔荷花共人语。
> 日照新妆水底明，
> 风飘香袂空中举。
> 岸上谁家游冶郎，
> 三三五五映垂杨。
> 紫骝嘶入落花去，
> 见此踟蹰空断肠。

唱得果然腔圆字正，清美宛转，情韵丰美，让人如置身于溪边荷畔，与采莲女同游共语，和游冶郎穿花披柳。四目对望，欢情融融；目送离影，愁绪怅怅。那声音又如柳中花间，黄鹂宛啭鸣春；恰似山中清泉，时而幽咽，时而清圆。

杜牧和满座宾客全神贯注地听着，沉浸在张好好的歌声中。正听得出神，歌声却在袅袅的余音中停了下来。此时全场一下子显得十分空寂，似乎如入旷野空林，毫无声响。隔了好一会儿，人们才忽然发觉歌已唱完似的，"噼噼啪啪"地鼓掌喝彩。那喝彩声、赞叹声、邀请再唱和呼声响成一片，好不热烈，好不欢畅。那声音中，又数沈述师的喝彩声最为高朗，最为激动。

在沈述师和杜牧等众人的点唱下，张好好和其他三位歌女又一起唱了《菩萨蛮》《巫山高》《艳歌行》《今日乐相乐》《飞来双白鹤》等歌曲，众乐工也弹奏了几支吉祥庆贺场合用的曲子。临末了，杜牧忽然想起了边塞的戍卒，想起了从戎将士家人的苦苦相思之情，他点了一首《伊州歌》，请张好好唱。

张好好已注意到沈述师身旁的杜牧。杜牧机灵地为痴迷处境中的沈述师解围，他的儒雅风流的风度、得体的谈吐，使张好好对他另眼相看。她觉得沈述师的这位年轻朋友，要比沈述师来得稳重而又器宇轩昂些。只是初次见面，尚未有深入交往，也不知姓甚名谁。不过，她倒真愿意和他结识。如今听到杜牧彬彬有礼地请她唱王维作词的《伊州歌》，不禁轻移细步，走上前对杜牧和众人舒开笑靥，文雅地微笑致意。她笑得那样甜美，浅浅的两个酒窝更增添了她的妩媚娇美，让杜牧看了不由得怦然心动。

"好好小姐，他是我的朋友杜牧，两中科举，大名传京城，现任江西巡官！"沈述师当众介绍，在座的人听到后，有人就小声议论开了："喔，原来这位是杜公子，《阿房宫赋》就是他写的呀！"

"最近，文士间又传着《江南春》诗，也是出自他的手笔！"

"此人气宇不凡，看他点《伊州歌》，可见他绝非一般喜吹吟花弄草的文士……"

议论间，张好好已蓄足感情，轻启朱唇，张开小口，首句"清风明月苦相思"已把场中的窃窃私语压下去，静悄悄地只有她悠扬的歌声缭梁绕柱、穿空入云，扣动着人们的心扉，震颤着杜牧的感情和心灵。特别是那"苦相思"三字，唱得使人柔肠千结，渲染得如身临其境，特别动人情感，催人泪盈眉睫。杜牧注意到，此时张好好明澈的眼眸中，已缀上闪闪的小泪花。从她的朱唇贝齿间，又迸逸出饱含情韵的歌词：

> 荡子从戎十载余。
>
> 征人去日殷勤嘱，
>
> 归雁来时数附书。

刚一唱毕，还未等杜牧开口，沈述师就又快言快语地自荐道："诸位兄弟，难得有清风美酒，名士佳人在座。刚才张好好小姐唱了一曲《采莲曲》，可谓压场妙曲。我也唱得清商曲辞的《江南弄》，就吟唱上两首《采莲曲》献丑，助助兴。"说罢，在大家的鼓劲赞同下，他先吟而不唱，第一首是王昌龄的《采莲曲》：

荷叶罗裙一色裁，

芙蓉向脸两边开。

乱入池中看不见，

闻歌始觉有人来。

吟罢，他却走上前去，在张好好的耳旁说了几句。又回到座上，对大家说："第一首我吟诗，现在有请张好好小姐一展歌喉，请诸位欣赏。"这一新花样，顿使场面更热闹起来。张好好遂唱了起来。

"好，现在容在下献丑了。"沈述师清清嗓子，乐工奏起了《采莲曲》，唱的是白居易的诗作：

菱叶萦波荷飐风，

荷花深处小船通。

逢郎欲语低头笑，

碧玉搔头落水中。

杜牧本是位知情知趣的风流倜傥公子，他见沈述师如此表演，当然明知他的用意。他知道沈述师喜欢张好好，有意借歌词以宛转表达情愫。心想，既如此，何不促成其事？何况，也乐得逢场作戏开开心。于是提议张好好顺着沈述师的词意，再唱一首《读曲歌》。张好好也不便推辞，何况这类歌曲平常也唱多了，并不以为特别，于是唱道：

怜欢敢唤名，念欢不呼字。

连唤欢复欢，两誓不相弃！

"好个'连唤欢复欢，两誓不相弃！'"沈述师爽朗地笑着，称"这样的歌词才够味儿！爱就爱个痛快，将心肝剖给人看。老是躲躲闪闪，闪烁其辞，真不够滋味。牧之兄，我说的可有理不？"

"说的当然在理。"杜牧看看唱罢曲子的张好好，只见她和众歌女、乐工已在收拾着准备退下场去，又瞧瞧沈述师，"只是'两誓不相弃'，说的容易，真要一言既出，终身死守可就看你的了。那个女孩子，可真是美如天仙，洁如玉女，可别戏耍了人家呀！"杜牧努努嘴，示意着张好好对沈述师说。但他发现，此时沈述师对他的话已听不见，如耳边风，一点反应也没有。只见他伸长着脖子，脑袋前倾，正全神贯注地将目光，追随着缓缓离去的张好好的倩影……

杜牧和张员外等人又略为寒暄一会儿，遂施礼告辞，和沈述师一齐离张府回幕府。

此时已是傍晚时分，一轮炎炎的夕阳还在西山顶巅上，像个巨大的通红的火球悬在天边一样。天气还很燥热，大路上因无遮蔽，更显得热烘烘的。

杜牧、沈述师挑较偏僻的小道走。两旁时有绿树屋檐荫蔽，虽路迂远些，但却不那么烘热。两人余兴犹存，一路谈着今天见到张好好的情景、感受。杜牧以前已听过沈述师谈论过张好好，可沈述师所说大都是张姑娘的身材如何的苗条而又丰满啦！虽然还只是13岁，可已是柔腰丰乳，朱唇美目，情窦已开，颇有风情啦！如果要选美女，张姑娘可推倾城倾国，全江西第一美人啦。他还神秘兮兮地告诉杜牧，张姑娘的酥胸上还有颗小小的灰色的痣，正在两粒乳峰的中间上方。他是在有一次特别凑近她时，斜着眼从她的低垂的胸衣隙缝中见到的。当时，他见到时，差点掉了魂儿，心头狂跳，两脚酥软，一阵激情躁动，真想一把抱过她来，搂着亲个够，让狂荡的情感消融在她柔软俏丽的身躯上……这类情绵绵、意荡荡的对张好好的描绘，杜牧已听了多遍。他知道沈述师好色之癖特别强，所说未免渲染夸张些，但他毕竟也年轻，对女色的癖好虽不似沈述师的张狂，但也是颇为留意的。所以，虽未见张好好，却已有些羡慕。待到今日目睹张好好芳容，果然是色艺俱佳，留下了极为温柔美丽的印象。他甚至有些妒忌起沈述师的先他着鞭了。

……

"救命啊……"

"滚开，歹徒，无赖……"

一声声凄惶、愤怒的声音隐隐传过来，是女子的尖叫。

杜牧一愣，立住马。"子明，有人喊救命，在哪儿？"杜牧被突然传来的求救声震住了，他心中怒火中起，眼睛迅速地搜索着。

"像是张姑娘的声音。他妈的，看我不宰了这拦路的混蛋！"沈述师两眼怒睁，看见左前方的绿丛中枝头抖动。声音就从那儿传来。"在那儿……混蛋……"沈述师呼喊着，一边策马狂奔过去。杜牧也双腿一夹马，拍马直奔，边喊道："张姑娘别怕……"

没一会儿，两人已赶到绿丛木间。那无赖见有人呼喊着狂奔而来，已放开手，慌乱地朝旁边的一条小道逃去。杜牧和沈述师见那人已逃去，也无心追赶，一齐跳下马来，围住那女子，果然是张好好。

张好好见是沈述师两人，不禁啜泣起来。她的粉红色的上衣已被剥下半边，雪白的酥胸上还留下几道红红的被指爪乱抓过的痕迹。下裙也被撕开一条口子，大腿上有一块青肿，在凝脂般的肌肤上显得格外明显。头发散乱，几缕发丝斜掠过充满泪水的眼睛……她用手拉起被撕开的衣衫，尽量往胸脯上遮着，显得悲伤而又羞赧。"述师……杜公子……"她泣不成声。

"把这件外衣披上吧！"杜牧脱下衣袍，走上前去，把它披在张好好身上。沈述师扶起她，口中骂骂咧咧："这千刀万剐的无赖，看你滚得快，撞上非一刀宰了不可！这乌龟王八羔子。"

天色渐暗，沈述师一把抱起张好好，让她骑在马上。自己也纵身上马，和张好好同骑一匹马。三个人前往张好好家。将张好好送回家后，杜牧、沈述师安慰了张好好一番，才辞别回到幕府中。

回幕府后，杜牧总挂念着张好好，觉得她这样下去总不是出路。他突然有个主意：张好好色艺超凡出众，如能请到幕府中来，作为州府的歌伎，既为官府歌舞，又有个谋生安顿的好所在，岂不比现在强？况且，沈述师对她也颇有情意，说不定真能娶她呢，这样也有个终身依靠，岂不更好？他将这想法告诉沈述师。

"真妙，我怎没想到？苦得我朝思暮想的！"沈述师一听欢喜得咧开嘴，乐滋滋地说。

"此事得禀告令兄传师吧？"

"包在我身上，家兄没有不依的。我晚些就说去，明日包把好好接到幕府中来？"沈述师蛮有把握地说。

"还不知张姑娘肯不肯呢？若她不肯，总不能把她抢来呀？"

"哪有不肯的！今儿个要不是咱救了她，还不是被那龟孙子强暴了。好险啊，要是晚了一步，一朵鲜花就被糟蹋了。"

"我也这么想，"杜牧似乎在回想傍晚的惊险情景似的。他紧锁眉头，脸上流露着担忧的神色。"要不趁早给她安排个安全的地方，保不准日后这样的事儿不发生！她确实太美了，美得令人不由得不动心啊！子明兄，说实在的，您抱她上马，身子拥着她，胸口贴着她的胸口，什么感觉？您就不动心？我看得出，当时您那模样真是神魂颠倒啦！真可笑，您拉着她的腰带当马缰绳，还满口'驾、驾'地喊着。"

"哈、哈……"沈述师经杜牧一说，自己也笑起来。"不相瞒，我真想这样搂住她，永远走下去呀！可惜……"

"可惜什么？明儿把她接来，就天天在一起了，也免得您朝思暮想。明天，我和您一起去，您还和她同骑一匹马，再体味那软玉温香抱满怀的滋味……"

爽朗的笑声从沈述师的窗口传出来……

杜牧来到南方，江南的景物风光使他赏心悦目，甚至流连忘返，时常沉醉于春花皓月，湖光水色，亭阁台榭之中。为此，他写下了一首首歌咏江南美景的诗篇。他也时而征歌逐舞，偎红倚翠，让女性的温柔来冲淡自己壮志未酬的牢骚与怅怅之情。但尽管如此，无论山光水色，也无论歌舞女色，那只能暂时缓解他的牢愁，并不能消磨掉他对国事的关注。他虽身在江南，而所关心的不仅有北方的亲人，而且日夜萦系心怀的却是战乱的河北，是强藩反叛作乱的时事，他一直关注着朝廷如何处置这些战乱反叛之事。他研究大唐建国以来历朝的成败得失，考察得失成败的原因。他更注意当朝的举措，研究形势，思考最佳的应对策略。他有很多自己的考虑与想法，有自己一套治国平天下的策略与主张办法。可是，他自感到身处下僚，是一个远离政治中心的南方幕府中的小小巡官。他的策略与主张，不要说付诸实施，就是朝中的达官贵人，又有谁能听下他的意见，考虑他的主张呢？他时常为此感到郁闷，愤激与不平。但是，他觉得"古之政有不善，士传言，庶人谤"。他仍然按不下满腔的热忱，他要说，要发表自己的意见，管他在上者听不听，做不做。他研究了朝廷屡次征讨失利的原因，认为"兵非脆也，谷非殚也，而战必挫北，是日不循其道也"。他为此而写作了一篇《战论》。在这篇文章中，他指出：

河北视天下犹珠玑也，天下视河北犹四支也。珠玑苟无，岂不活身；四支苟去，吾不知其为人。何以言之？夫河北者，俗俭风浑，淫巧不生，朴毅坚强，果于战耕。名城坚垒，巇崿相贯；高山大河，盘互交锁。加以土息健马，便于驰敌，是以出则胜，处则饶，不窥天下之产，自可封殖，亦犹大农之家，不待珠玑然后以为富也。天下无河北则不可，河北既虏，则精甲锐卒利刀良弓健马无有也。卒然夷惊四边，摩封疆，出表里，吾何以御之？是天下一支兵去矣。河东、盟津、滑台、大梁、彭城、东平，尽宿厚兵，以塞虏冲，是六郡之师，严饰护疆，不可他使，是天下二支兵去矣。六郡之师，厥数三亿，低首仰给，横拱不为，则沿淮已北，循河之南，东尽海，西叩洛，经数千里，赤地尽取，才能应费，是天下三支财去矣。咸阳西北，戎夷大屯，吓呼膻臊，彻于帝居，周秦单师，不能排辟，于是尽刳吴、越、荆楚之饶，以啖兵戎，是天下四支财去矣。乃使吾用度不周，征徭不常，无以膏齐民，无以接四夷。礼乐刑政，不暇修治；品式条章，不能备具。是天下四支尽解，头腹兀然而已。焉有人解四支，其自以能久为安乎？……

他想得很多，写得很长。他有太多的意见、办法想找个人谈谈。但是在这远离长安的洪州，除了幕主沈传师和同僚韩乂、萧寊、卢弘止等人可以谈谈外，确实少有能和他深谈的人了。而且，就是沈传师、卢弘止等人，他们虽然也有与自己相似的见解，但是他们也在这偏僻的南方，他们的意见也难达上聪，为朝廷掌权者所采纳。这样，尽管和他们有共同的语言，可以谈论，但这又于事何补，只能是稍微抒愁解闷而已。因此，他要将这满腹的积郁倾泻在纸上，他要寻找机会，将来有朝一日把自己的看法上奏朝廷，或呈给当朝的宰相、大臣们。

当时，杜牧家有一世交正任要职。此人名牛僧孺，字思黯，乃隋朝仆射奇章公牛弘之后。说来正与杜牧相同，也是由进士科出身，又登贤良方正，能直言极谏制科。他家在长安南下杜樊乡东，离杜牧家樊川别墅极近。这牛僧孺也是位饱学之士，家中祖传大批藏书。他少年时代即苦读经籍，脚不随意迈出大门一步。苦读数年之后，业就名成，声闻京中。当时的宰相韦执谊很赏识他,曾特地派著名的诗人柳宗元、刘禹锡到樊乡拜访,表达韦宰相愿意召见他的想法。后来,牛僧孺果然受到韦执谊的器重,登科入仕后,不久,可谓仕途腾达、升迁频速。

更让杜牧敬佩的是,还在牛僧孺应制科试的元和三年(公元808年),他就敢和同年李宗闵、皇甫湜在对策中,指切时政之失,言甚鲠直,无所回避。甚至敢于历数强臣不奉法,以此遭到权臣的忌恨。当时,他们还指斥宰相李林甫,以至李林甫恼羞成怒,哭诉于宪宗皇帝前,要求责罚这些敢于讥讽时政的举子。后来,杜牧读到他们所上的对策,越读越觉得所言句句切中要害,事事皆是忠臣义士所当关切者。使他引起了强烈的共鸣,仿佛他们所说就是久蓄于自己心中的见解似的。他一遍遍地读着,每读一遍,一种天下兴亡、匹夫有责的正气就充溢着他,激动着他。他特别激赏对策中的这些激烈而鲠直的言辞:

> ……任贤而勿贰,招谏而必行,屏近习之邪佞,进周行之骨鲠,斯明目达聪之道也。……今宰相之进见亦有数,侍从之臣皆失其职,百执事奉朝请而退,而律且有议及乘舆之诛。未知为陛下出谏舌者为谁乎,为陛下爪牙者为谁乎?日夕侍起居,从燕游,与之论臣下之是非、赏罚之臧否者,复何人也?股肱不得而接,爪牙不足以卫,其何献替之有美?夫亵狎亏残之微,褊险之徒,皂隶之职,岂可使之掌王命,握兵柄,内膺腹心之寄,外当耳目之任乎?此贞夫义士之所以寒心销志,泣愤而不能已者。
>
> ……伏见兵兴已来,开权宜之道,行苟且之政。台省之官,王公之爵,溢于国郡,遍于舆台。将帅之臣,借绯紫而使令,定官位而奏请,名器均于土芥,操柄擅于爪牙。此其所以赏人而人不劝也。……今职备而不举,法具而不行。谏诤之官溢员,不闻直声;弹察之臣塞路,未尝直指。公卿丈夫则侧合苟求,持禄养交,为亲戚计迁除,领簿籍而已。兴利之臣专以聚敛计数为务,兴理之吏专以附上剥下为功,习以为常,渐以成俗。……

当时,牛僧孺虽因指陈朝政之事为权臣所忌,数年不得忘。但也颇得到朝野称赏，甚至拾遗白居易还挺身而出，上书为其呼吁云："臣伏见内外官近日除改，人心甚警，远近之情，不无忧惧。喧喧道路，异口同音，皆云制举人牛僧孺等三人以直言时事……被落第人怨谤加诬，惑乱中外，谓为诳妄，斥而逐之……今僧孺等对策之中，切直指陈之言……而遽斥之，臣恐非嗣祖宗承耿光之道也。书诸史策，后嗣何观焉！"以此反而声名遐迩。后来，权臣一死，牛僧孺即屡任要职，曾任至宰相，又加中书侍郎、集贤大学士，监修国史。此时他正带宰相京衔，任鄂州刺史、武昌军节度、鄂岳蕲黄观察使等。而牛僧孺同年李宗闵亦正在朝中任宰相，两人关系极为密切，声气相合，彼此援引，被认为是当时朝内牛、李党争的牛党两魁首。

杜牧因与牛僧孺有世交的关系，又敬仰他的为人，所以对这位前辈一直很敬重，时有书信给他。大和四年（公元 830 年）正月，杜牧闻知牛僧孺被召回长安任兵部尚书、同平章事。而且知道牛僧孺此次内召入相，乃是出于李宗闵之力。他觉得这两位前辈的任相，或有改革朝廷弊政、振兴朝纲的希望，心中自然很高兴。为此，他吟了一首赞颂牛僧孺的小诗：

> 汉水横冲蜀浪分，
> 危楼点的拂孤云。
> 六年仁政讴歌去，
> 柳远春堤处处闻。

他将这首绝句寄给牛僧孺，算是对他在武昌任的仁政的歌颂，也算是对他再次入任宰相的祝贺。同时，他修了一封信，禀告他来到江西的感受，也抒发了自己远离京师的苦闷、位居幕府而难有所作为的烦恼。在信中，他也阐述了自己对时政的看法，提出革除时弊的剀切意见。书信后，还附上了自己所撰《战论》中的这一段认为能供牛僧孺执政后参考的意见：

> 今者诚能治其五败，则一战可定，四支可生。夫天下无事
> 之时，殿寄大臣，偷处荣逸，为家治具，战士离落，兵甲钝弊，

车马刓弱，而未尝为之简帖整饰，天下杂然盗发，则疾驱疾战。此宿败之师也，何为而不北乎！是不搜练之过者，其败一也。夫百人荷戈，仰食县官，则挟千夫之名，大将小裨，操其余赢，以虏壮为幸，以师老为娱，是执兵者常少，糜食者常多，筑垒未干，公囊已虚。此不责实科食之过，其败二也。夫战辄小胜，则张皇其功，奔走献状，以邀上赏，或一日再赐，一月累封，凯还未歌，书品已崇。爵命极矣，田宫广矣，金缯溢矣，子孙官矣，焉肯搜奇外死，勤于我矣。此赏厚之过，其败三也。夫多丧兵士，颠翻大都，则跳身而来，刺邦而去，回视刀锯，菜色甚安，一岁未更，旋已立于坛墠之上矣。此轻罚之过，其败四也。夫大将将兵，柄不得专，恩臣诘责，第来挥之，至如堂然将阵，殷然将鼓，一则曰必为偃月，一则曰必为鱼丽，三军万夫，环旋翔伴，恍骇之间，虏骑乘之，遂取吾之鼓旗。此不专任责成之过，其败五也。

元和时，天子急太平，严约以律下，常团兵数十万以诛蔡，天下干耗，四岁然后能取，此盖五败不去也。长庆初，盗据子孙，悉来走命，是内地无事，天子宽禁厚恩，与人休息。未几而燕、赵甚乱，引师起将，五败益甚，登坛注意之臣，死靡且不暇，复焉能加威于反虏哉！今者诚欲调持干戈，洒扫垢汗，以为万世安，而乃蹈前非，蹈前非是不可为也。

　　杜牧寄出此信后，心里觉得好轻松。他觉得胸中的积郁已得到了宣泄。他也知道自己的看法不见得就会为牛僧孺所接受，即使接受了，拘于各种势力的交织矛盾，牛僧孺也不见得能顺利地推行他的建议。但他毕竟已说出了自己的见解，尽到了匹夫之责，这总比闷在心底、不为当政者所知好呀。当然，他此时并没有想到，数年之后，命运又将他和牛僧孺连在一起，而其纽带或也与这封信，这一首小诗有关。

　　自从张好好入江西幕府乐籍以来，杜牧在幕府中就多了一位红颜知己。当然，张好好并不热心于军国大事，也不懂得仕宦经济一类事，她只是一位能歌善舞的乐伎，只能以美丽的姿色，甜美圆润的歌声，优美的舞姿来供人们欣赏、取乐。但是，杜牧救过她，同情她的身世遭遇，理解她的情感与愿望，尊重她的人格，并不像其他一般人一样，只是把她看作一名仅以声色事人、供取乐嬉戏的乐伎。他常愿意和她来往，和她交谈，像一位关心她的兄长似的。她也喜欢和杜牧在一起，她敬佩他的渊博的学问，他的报国济民的志向；欣赏他的能诗善赋和一手潇洒秀逸的书法。在她的眼中，杜牧是一位胸怀壮志而又多才多艺的洒脱儒雅又不失倜傥风流的才子。他们的相处相知真诚而美好，浪漫而有诗意：

　　　　他们在一起赏花赏月，觉得花好月朗，

　　　　他们在一起游山逛水，山更幽，水更清，

　　　　他们在一起弹琴唱曲，曲更美，乐更甜。

　　　　她倾诉身世，杜牧充满了同情怜惜，

　　　　她唱歌跳舞，杜牧不禁陶醉而称赏；

　　　　杜牧吟诗抒情，好好则配乐以歌，

　　　　杜牧倾诉牢愁，好好眼中缀上了泪珠。

　　他们曾一道到东湖泛舟游览，也到过龙沙观赏过春光秋景。又曾和沈述师一道登上滕王阁，凭吊古迹，领略江山胜景。

　　有一次，张好好还在滕王阁上，和杜牧、沈述师一起度过八月中秋。那一夜，月色朗朗，清光万里。也许想起了家园，想起了长安的芳儿，杜牧凭栏远眺，若有所思。忽然，他对沈述师、张好好说："如此良辰明月，令人不禁远思长想。刚得一小诗，二位可愿意听？"

　　"这还用问，快快说来！"

　　"杜公子的诗，小女子最喜欢不过了。"张好好的话中带着祈望。

　　杜牧仰头又遥望那溢着清辉的明月，他觉得那温柔而辉朗的月光，多像眼前张好好刚才那祈盼他的目光啊。他心中思念的美人，似乎就是张好好，可又不是，他对张好好虽然也有怜惜之情，虽然在她的惊人的美丽的诱惑下，他也不否认曾有过几次感情的野性的冲动，但他毕竟克制住了。他的理智告诉他，沈述师喜欢张好好，这样他对张好好的感情就只能保持在友情的范围内，而决不能有非分之想。他重义气、重朋友之道，因此，他不能夺人所好。不过，张好好毕竟与他想念的芳儿多么相似！他常由张好好想到芳儿，又误把好好当成芳儿。这特别是在酒后，在月光朦胧的思念之夜。因此他这首诗中的美人要说是芳儿，可又像是眼前的好好呀！或许在他潜意识中，这美人既是芳儿，又是好好。想到这儿，他倒一时不好意思把诗念出来了。

"怎的？牧之兄，我们等着欣赏大作呢！"

"杜公子……"

杜牧见二人等着他，也不容他再犹豫，于是吟出一首小诗：

> 云阔烟深树，江澄水浴秋。
> 美人何处在？明月满山头。

张好好听到最后"美人"两句，不觉想起在张员外家与杜牧初见的那次寿宴上，杜牧请她唱《伊州歌》，起首即有"清风明月苦相思"句。而现在所吟也是同样的情景与心绪，可知他对明月情有独钟。她从平日的交谈中，清楚地知道杜牧心系边防，同情征人与离妇，自己何不唱支类似的曲子，也算是心心相映、彼此唱和呢？于是，她满怀情思地唱起了李白的《子夜歌》：

> 长安一片月，万户捣衣声。
> 秋风吹不尽，总是玉关情。
> 何日平胡虏？良人罢远征。

优美多情的歌声飘袅在清朗的月光之中，像月光一样地明澈，也如月光般的温柔。歌声既甜美，但又含蓄着一丝丝的忧愁，一缕缕缘于充满爱恋的忧思与苦涩。它使杜牧陶醉，也使他心头交织着一种多种情感相融相撞，既缠绵而又激烈，既是柔情，也有壮怀与哀怨的复杂的情感。这时，歌曲引起了杜牧对时局的忧虑。

自从大和元年横海节度使李同捷据沧州反叛以来，他又勾结叛将王庭凑等藩镇，狼狈为奸、一唱一和一起反抗朝廷。他们攻城略地，焚杀抢夺，无恶不作。弄得哀鸣遍野，民怨沸腾，举国混乱。朝廷虽派诸道兵征讨，但战争旷日持久，仍然是兵连祸结，难以讨平。战争一直持续了三年，好不容易于大和三年夏唐将李载义攻破沧洲。李祐也拔取德州，李同捷势穷请降。后来谏议大夫柏耆押送他赴朝廷，途经将陵，柏耆听说王庭凑将以奇兵袭击，劫夺李同捷，遂抢先斩了李同捷，沧景之乱遂平。但不久之后，一波刚平一波又起。六月，文宗皇帝派遣中使赐唐将史宪诚旌节。没料到，使者未至，史宪诚部下兵变反叛，杀了史宪诚，奉牙内都知兵马使灵武何进滔知留后，占据了魏州。魏博节度使李听进至魏州，何进滔叛军出兵攻击李听，李听军大败溃逃。八月，朝廷因苦于河北多年用兵，粮草馈运不济，对何进滔的反叛割据显得无可奈何，只好授他为魏博节度使，又把相州、卫州、澶州三地划归于他。

杜牧对朝廷姑息何进滔极为愤慨不满，他认为这是养虎贻患。何进滔反叛而反得封赏，这更会助长他的气焰。天下绝不会因此太平下来，反而将因此而有前例效法，国家的前途实在令人担忧啊！

张好好唱罢，见杜牧一声不吭，忧思悄悄，脸有忧愤之色，知他心中正想着藩镇叛乱之事，自己也不好提起此事劝慰，遂也默而不语，仰首对月。她记得前几天杜牧听到拜何进滔为魏博节度使的消息时，他气得连跺着脚，甩掉手上的茶杯，连喊"岂有此理！岂有此理！"又气咻咻地跑去找沈传师，请他奏上一本，谏阻朝廷……

沈述师那时没有发觉到杜牧和张好好两人心情的微妙变化，见他们一时不语，自己反而活跃起来，诙谐地打趣："良人在这儿呐，好好你何必望月长吁！有我疼你呐……"

"你嘴里吐不出象牙，看我不揍你！"好好娇嗔地举起右手，装着要扑向前的姿势。

"好啊，我偏爱你打呀！"沈述师边说边凑上前去，伸开双臂，一把使劲地搂住张好好，嘴贴在她的樱唇上，口中还喃喃地说："让你尝尝我这象牙，这象牙只有……你才能、才能……尝……"一手又在张好好胸前背后丰满柔软的部位抚弄起来。急得张好好挣扎着，双手乱推搡着，喊着杜牧管一管……

这种事情杜牧也已见到了好几回，他知道沈述师和张好好不一般的关系，也就睁一只眼闭一只眼，随便说几句应付。不过，他总觉得沈述师也太过分了些，有失文雅风度。

沈传师自从来到江西后，在公务之暇也喜欢和幕中文士有时下下棋，有时谈论诗文，作几首诗抒发情志。遇到四时佳节，春花秋月的美好时节，也喜欢和幕僚们四处游览。如龙沙、东湖啦，滕王阁和西山等处名胜，就是他们经常闲游集会的地方。每当这种场合，杜牧多陪沈传师前往。沈传师对他的能诗擅赋，博学多才颇为赏识，尤其器重他胸怀匡国之志，俊爽豪迈的志向与气质。他们经常一起纵论时务世事、匡国济民之策，也在一起诗文酬唱，题咏联句。他欣赏杜牧伤春伤别的诗句，认为杜牧将这类诗写得既宛转流情，而又不乏俊爽峭健之致。他也称赞杜牧抒发感时济世之情的古诗，说这类诗写得豪宕感慨，奥衍劲健，颇得杜甫、韩愈一路古诗的神韵格调。他常在大庭广众间称赞杜牧的《感怀诗》，说这首古诗无论内容、风格、气韵，均可推是上乘之作，当今已很难有这样造句瘦劲、气势矫健、充满爱国情怀的佳作了。

　　而杜牧对这位前辈也极为敬重。他感激沈传师对他的格外礼遇与赏识、器重，感谢这位前辈对他的谆谆诱导与关照。尽管他在幕府难以施展雄才大略，常有壮志难酬之感，但是，他却深深感到沈传师是一位难得的能理解自己、呵护自己的上司和前辈。他感到，自己一入仕即能碰上这样一位贤明的上司，这确是自己的幸运。而且沈传师不仅有才行，也工楷书，善赋诗，这也是让杜牧格外敬重他的原因。他欣赏沈传师咏玉蕊花的"雪英飞舞近，烟吐动摇深"之句，也推赏他的《寄大府兄侍史》诗。他曾向张好好吟诵过这首七绝：

> 积雪山阴马过难，
> 残更深夜铁衣寒。
> 将家破了单于阵，
> 更把兵书仔细看。

　　又一句一句地讲解、分析，说得张好好也连声称好。后来，她还配上曲调，在集宴上唱起来。喜得沈传师拍案叫好，叫人拿来锦缎、水犀梳等物，高兴地赏赐给好好。

　　杜牧对江西幕中的这段生活，尤其是与幕主沈传师的相处和知遇之恩，一直眷眷难忘，怀着沉挚深厚的情感。多年以后，他还怀念着这段日子，深情地感念着沈传师。他曾写下描述这段生活的诗歌：

一谒征南最少年，
虞卿双璧截肪鲜。
歌谣千里春长暖，
丝管高台月正圆。
玉帐军筹罗俊彦，
绛帷环佩立神仙。
陆公余德机云在，
如我酬恩合执鞭。

滕阁中春绮席开，
柘枝蛮鼓殷晴雷。
垂楼万幕青云合，
破浪千帆阵马来。
未掘双龙牛斗气，
高悬一榻栋梁才。
连巴控越知何有？
珠翠沉檀处处堆。

　　他后来在文宗开成四年（公元 839 年），从宣州赴长安任左补阙，途中船泊芜湖时，又感旧伤怀，赋诗怀念沈传师，其中追述当年情景：

数刎惭投迹，群公愧拍肩。
驽骀蒙锦绣，尘土浴潺湲。
郭隗黄金峻，虞卿白璧鲜。
貔貅环玉帐，鹦鹉破蛮笺；
极浦沉碑会，秋花落帽筵。
旌旆明迥野，冠佩照神仙。
筹画言何补，优容道实全。
讴谣人扑地，鸡犬树连天。

　　诗末，杜牧又沉痛地吊念这位恩人：

紫凤超如电，青襟散似烟，

苍生未经济，坟草已芊绵。

往事唯沙月，孤灯但客船；

岘山云影畔，棠叶水声前。

故国还归去，浮生亦可怜！

高歌一曲泪，明日夕阳边。

杜牧对沈传师的深厚的感情当然还不仅缘于江西幕的这段生活际遇，命运之舟还安排他们另一段共同的幕府生涯，还让他们又有一段同舟共济的风雨岁月。

大和四年（公元830年）季秋九月，沈传师和杜牧等人刚在江西滕王阁上欢度过重阳节后不久，朝廷的调令就下达了：沈传师调任宣歙观察使，大理卿裴谊充江西观察使，替代沈传师。

这年的十月，杜牧、萧寘、卢弘止等人又随沈传师移幕宣歙。宣歙观察使的驻节处是宣城，也是一座历史名城。南朝的谢朓、盛唐的大诗人李白都曾到过这里，也都留下了让后人流连忘返的遗迹和脍炙人口的美妙诗篇。

杜牧移幕宣城不久，就奉沈传师之命使于京城长安。在离家整整两年之后，他从宣城踏上了回长安的道路。

说起这次奉使回京，那还得感激沈传师对杜牧的知心和体贴呢。

原来，杜牧从洪州转到宣州后，想到自己离家已是足足两年，家中弟弟和亲人虽时有音信，但还是令他放心不下。更何况最近消息传来，他所眷恋的芳儿已被一个有钱有势的豪家子弟强占为妾。芳儿本不乐意，故一病恹恹，如娇花遭霜打一般，萎靡瘦损，凋红减翠。杜牧听到消息，焦急、郁闷得一连几天茶饭无心，彻夜不眠。难言的苦楚，强烈的思乡情绪，像火一般地烧烤着他的心。他大杯大杯地喝酒，然而酒入愁肠，并没有浇愁，反而像火中添上酒精，火更旺，愁更愁。他在难眠之夜，登上宣州城的郡楼最高处，翘首西北，苦苦咀嚼着思乡念亲的苦涩滋味……后来，他回到房间，操起笔来，写下了《望故园赋》。写罢，又反复地吟诵着：

余固秦人兮故园秦地，念归途之几里。

诉余心之未归兮，虽系日而安至。

既操心之大谬，欲当时之奏技。

技固薄兮岂易售，矧将来之岁几。

……

吐片言兮千口莫穷，触一机而百关俱发。

嗟小人之颛蒙兮，尚何念于逸越。

余之思归兮，走杜陵之西道，

岩曲天深，地平木老。

陇云秦树，风高霜早，

周台汉园，斜阳暮草。

……

月出东山，苔扉向关，

长烟苒惹，寒水注湾。

远林鸡犬兮，樵夫夕还。

织有桑兮耕有土，昆令季强兮乡党附。

怅余心兮舍兹而何去？

忧岂无念，念至谓何？

愤懑凄悄，顾我则多。

万世在上兮百世居后，中有一生兮孰为寿夭？

生既不足以纫佩兮，顾他务之纤小。

赋言归兮，余之忘世，徒为兮纷扰。

　　说来也巧，那天沈传师也有事而深夜未睡，路过杜牧屋旁，听到杜牧吟诵之声，遂驻足悄悄谛听。杜牧的吟诵深深地叩动他的心扉，他理解这位跟从他两年的幕府巡官的心曲。这两天来，他已从沈述师和张好好口中，知道了杜牧所思念的芳儿的事情。他正想找个机会劝慰杜牧，只是初调宣州，这几天公务特别繁忙，尚没有机会关心、宽慰他。如今听到杜牧《望故园赋》，知道他思乡情深，盼望有回乡的机会，心中遂有了个主意。

还在江西幕府时，沈传师于暇日曾和幕府宾吏环城观览。当时见到一种铜壶银箭的刻漏，乃依古法而制。有熟悉的人说，这是唐德宗建中年间，嗣曹王李皋请王易简处士制造的。湖南府也有同样的刻漏，也是出于王易简之手。当时，杜牧在场，听说起王易简，不禁高兴地说："王易简老先生我从小就认识的。当时他常来我家，已经有70岁了。他还精通大演数和杂机巧，能识别地下是否有泉脉。如他认为有，往下打井，没有不涌出泉水的。现在已90余岁了，但还精神不衰，身体硬朗呢！"

沈传师想起了江西幕府时的这件往事，第二天就找来了杜牧，派他和另一名工匠一起到京城拜访王老先生，向他请教造刻漏之法。说是将在宣城也造这么一种刻漏。当然，沈传师的主要用意，倒是让杜牧有一次回京城探家的机会。不过，他当时并没有说破。

杜牧离宣州幕赴京时，张好好临别之夕前去送行。两年来，杜牧像哥哥般地照顾她，使她对这次暂时的离别也怀着依依不舍之情。杜牧在烛光晃动中，见她的秀眼缀着几点泪光，扑上脂粉的妩媚的脸庞上也留下了泪痕，虽然自己也不免有伤别之情，但还是故作豪爽，强装笑脸宽慰她，并赋诗一首给她：

多情却似总无情，
唯觉樽前笑不成。
蜡烛有心还惜别，
替人垂泪到天明。

赶到京城之后，杜牧方知芳儿已逝，忧伤不已。楚儿将一席斑竹筒簟交给杜牧，说是芳儿临终嘱托，算是留个纪念。杜牧双手捧着竹席，泪尽往肚里流。他那天将自己关在房中，凄然与斑竹筒簟相对。想起了芳儿对他的情意，往事一件件浮现出来。当年在京师与芳儿相会时，他们就曾经卧在这张席上。他还向她讲起舜南巡，死九嶷。他的两位妃子娥皇、女英寻至湘江，幽幽哭吊。泪水打湿了湘江岸边的竹子，以后竹子就有了泪痕，成了斑竹……想不到这床斑竹筒簟，竟成了芳儿留给他的遗物。他忧伤、遗憾，当年他和芳儿在一起时所咏的一首七绝，此时他一遍遍地默诵着：

血染斑斑成锦纹，

昔年遗恨至今存。

分明知是湘妃泣，

何忍将身卧泪痕。

一连几天，杜牧心情郁郁怅怅。他和杜颛一起去樊川别墅，然而它却已没有昔日的光彩。冬日的寒风刮着枯枝，吹动着颓败的亭榭。池上结上了冰，池畔的石栏斜倒入冰中，几杆枯荷的败枝还残存在冰面上……往日的风光已消失了，景色和他的心情一样凄凉寒瑟。

"哥，爷爷留下的樊川别墅太荒芜了。"杜颛心情郁郁地说。

"唉！"杜牧长叹了一口气。"只恨咱兄弟还没有能力重加修葺！总有一天，这别墅还会恢复往日气派的！"声音既低沉，又显得坚定。

"杜颛，你今年已 24 岁了，也该应进士试了。"

"哥，我已正在准备。来年一定参加！"

"过几日，我去找堂兄杜悰，让他替你找个门路吹吹风。这年头，光有学问，没有关节内应也是白搭！"

"只是杜悰向来只顾自己，享他司农卿、驸马都尉的荣华，不见得肯尽心。"杜颛流露出不满。沉默了一会儿，杜颛怯怯地说："哥，娘在时和婶婶给你订下的裴家姑娘的婚事你想得怎么样啦？这些天，婶婶和裴家的人一直在商量着趁你这次回家，干脆就抓紧成亲。裴家的人可着急呢！"

杜牧沉默了好一阵不吭气。说起这件事，实在令他无奈。这裴家也是大户人家，祖籍河东。姑娘的父亲是朗州刺史裴偓，倒是一位厚道清廉的官吏。裴姑娘虽说不上花容月貌，但也端庄文静、知情达礼。但杜牧是个重感情的人，他和裴姑娘却没有什么接触，自然也就产生不出什么激情，碰不出什么心灵的火花来，何况以前他又恋着芳儿，所以尽管裴家和亲属几次提到成亲的事，他都借口拖延着。但现在芳儿已去了，尽管他内心悲凄感伤，可与裴姑娘的婚事确实也该有个着落了。对于裴姑娘，他确实也有种内疚之感。她已等待了他多年，如今也已 20 岁出头了，不能让人家老等下去而误了青春年华啊！再说前年他和芳儿的风流韵事传得沸沸扬扬，裴姑娘也不会不知道，可她也并没有抱怨一句，显得宽容大度，确也难得。想到此，他觉得这次怎么也得将就了这桩婚事。

"哥，你到底怎么想的？裴姑娘确实也不错啊！我倒是希望早日有这样的一位嫂子啰！"杜颛见杜牧半晌不作声，就急着说出了自己看法。

"那就听姊子张罗好了。既然是娘说定的，我也只好依了。"杜牧声音低沉，几乎让人听不见……

"杜巡官！杜巡官！快开门……"大和五年（公元 831 年）十月的一个深夜，杜牧被焦急的叩门声惊醒了。

"是谁？"

"杜巡官，沈公子有一封信急着要交给您。"

"什么要紧事啊？这深更半夜的。"

"我也不知道，只是沈公子催得急呐！"来人说着。

杜牧边下床边想："沈公子夤夜送信，莫非是为了张好好的事？"想着赶紧走上前，开门让来人进来。

"这是沈公子要交给您的。"来人递给杜牧一封信，便径自返回了。

杜牧连忙点上烛，打开信封一看，果然是集贤校理沈述师给他的信。信中写道：

> 吾亡友李贺，元和中义爱甚厚，日夕相与起居饮食。贺且死，尝授我平生所著歌诗，离为四编，凡千首。数年来东西南北，良为已失去。今夕醉解，不复得寐，即阅理箧帙，忽得贺诗前所授我者。思理往事，凡与贺话言嬉游，一处所，一物候，一日夕，一觞一饭，显显焉无有忘弃者，不觉出涕。贺复无家室子弟得以给养恤问，常恨想其人、咏其言止矣。子厚于我，与我为《李贺集》序，尽道其所来由，亦少解我意……

杜牧看罢信，轻舒一口气，"原来是这等事，差点也把我急死！"他自言自语着，放下信笺，想起李贺的事。

对于李贺，杜牧当然也早就读过他的诗歌，听到不少关于他的传闻。

李贺，字长吉，乃郑孝王李亮之孙。据说他七岁能辞章，名声动京邑。韩愈、皇甫湜初览李贺诗，大为惊叹，简直不相信今人能作出"黑云压城城欲摧，甲光向日金鳞开"这样的诗句。韩愈竟说："如果李贺是古人，我们或许不认识；如果是今人，岂有不去相识之理！"于是他和皇甫湜一道去拜访李贺，让李贺当场吟诗。李贺欣然应命，旁若无人，提笔写了一首《高轩过》：

> 华裾织翠青如葱，
>
> 金环压辔摇玲珑，
>
> 马蹄隐耳声隆隆，
>
> 入门下马气如虹，
>
> 云是东京才子，文章巨公。
>
> 二十八宿罗心胸，
>
> 元精耿耿贯当中；
>
> 殿前作赋声摩空，
>
> 笔补造化天无功。
>
> 庞眉书客感秋蓬，
>
> 谁知死草生华风；
>
> 我今垂翅附冥鸿，
>
> 他日不羞蛇作龙。

韩愈、皇甫湜一览此诗，更是惊叹不已，交口称赞，李贺也因此诗声名远扬。

据说他总是清晨骑着瘦马外出，身背古锦囊袋。如果见到途中景物，灵感一发，得到一联一句，就先投入锦囊袋中。等回到家中，才据诗句冥思苦索，写成完篇。所以他作诗尚奇诡，用心写出意新语险、有若鬼斧神凿的诗句。太夫人见他作诗如此呕心沥血，曾怨怒地说："这孩子真要呕出心来才罢，真令人担忧啊！"因他苦心作诗，所以年命不永，死时才27岁。传说病重临死时，他恍惚间见有绯衣仙人，乘着赤虬腾下，手执一版对他说："上帝新作成白玉楼，请您前往撰写记文呢！"李贺死后，他的母亲郑氏极为悲痛。一天夜里，梦见李贺对她说："我到天上为上帝白瑶宫作记文，现已为神仙中人，极为快活。请娘不必想念、悲哀。"

杜牧知道李贺的名气很大，他所作的乐府诗，云韶乐工多配上音乐，无不讽诵。他的《李凭箜篌引》《梦天》《苏小小墓》《天上谣》《秋来》《浩歌》《秦王饮酒》《金铜仙人辞汉歌》《申胡子觱篥歌》《致酒行》《宫娃歌》《开愁歌》等等歌诗遍传众口，饮誉诗坛。杜牧也真佩服他那惊天地泣鬼神的奇诞诗句，尤其赞赏他的《梦天》诗：

老兔寒蟾泣天色，

云楼半开壁斜白。

玉轮轧露湿团光，

鸾珮相逢桂香陌。

黄尘清水三山下，

更变千年如走马。

遥望齐州九点烟，

一泓海水杯中泻。

还欣赏他的许多呕心沥血苦思出来的诗句，如：

昆山玉碎凤凰叫，芙蓉泣露香兰笑。

女娲炼石补天处，石破天惊逗秋雨。

骨重神寒天庙器，一双瞳人剪秋水。

王母桃花千遍红，彭祖巫咸几回死。

秋坟鬼唱鲍家诗，恨血千年土中碧。

衰兰送客咸阳道，天若有情天亦老。

欲剪湘中一尺天，吴娥莫道吴刀涩。

……

杜牧对李贺的诗句的确极为称赏。尽管他对李贺的诗歌也感到有所欠缺、不足，但他感到李贺的诗才确是常人所不能企及的。他的名气太大了，自己实在不宜为他的诗集作序。于是，天一亮，杜牧就到沈述师府上婉言辞谢，说明自己不宜撰序的道理。

过了三天，沈述师又派人送来了一封短信，其中说：

> ……公于诗为深妙奇博，且复尽知贺之得失短长。今实叙贺不让。必不能当君意，如何？……

读罢，杜牧还是亲往辞谢，一再说明不敢作序的理由。这下，沈述师可有点着恼了，"牧之兄，您一再固辞，莫非看我不起，但也得看在李贺命苦的分儿上呀！"

杜牧见沈述师生气．就不敢再辞让了。几天后，他将《李贺集序》交给沈述师。沈述师笑了，他终于完成了亡友的嘱托。他先自己看了数遍，觉得写得颇为中肯精彩。又让张好好看了，并请张好好用她那圆润清朗的好嗓子念给他听：

> 皇诸孙贺，字长吉，元和中韩吏部亦颇道其歌诗。云烟绵联，不足为其态也；水之迢迢，不足为其情也；春之盎盎，不足为其和也；秋之明洁，不足为其格也；风樯阵马，不足为其勇也，瓦棺篆鼎，不足为其古也；时花美女，不足为其色也；荒国陊殿，梗莽丘垅，不足为其恨怨悲愁也；鲸呿鳌掷，牛鬼蛇神，不足为其虚荒诞幻也。盖骚之苗裔，理虽不及，辞或过之。骚有感怨刺怼，言及君臣理乱，时有以激发人意。乃贺所为，无得有是！贺能探寻前事，所以深叹恨今古未尝经道者，如《金铜仙人辞汉歌》《补梁庚肩吾宫体谣》，求取情状，离绝远去笔墨畦迳间，亦殊不能知之。贺生二十七年死矣，世皆曰："使贺且未死，少加以理，奴仆命骚可也。"

"太棒了！太棒了！"沈述师高声称赞着，一手拉着张好好的手，在她的脸颊上猛地亲了一下。"文章好，嗓子美，真是天作地合，相得益彰。"

"什么相得益彰啊？"恰在此时，杜牧也来了，听到沈述师最后一句，不解地问。

"杜公子。"张好好见杜牧来了，挣脱沈述师的手招呼着。

"我说《李贺集序》有张姑娘朗诵，可称珠联璧合，相得益彰。牧之兄，怎么您起初总不肯写呢？"

"其实，这是我一贯的态度呀！子明兄，您是认识庄充先辈的……"

"庄先辈与此事有何关系？"沈述师不解地问。

"说关系倒不一定有。不过，他在之前也请我为他的文集作序，我也未答应。"

"以您的才华和声望，该给人家作序才是呀。好好，你说是么？"

"杜公子的确是笔底生花，该多写文章才是。"张好好附和着，她向杜牧送去了一张妩媚的笑脸。

"我在给庄充的信中已说了我的看法，"杜牧回给好好一个微笑，接着说："我说：'观自古序其文者，皆后世宗师其人而为之，《诗》《书》《春秋左氏》以降，百家之说，皆是也。古者其身不遇于世，寄志于言，求言遇于后世也。自两汉以来，富贵者千百，自今观之，声势光明，孰若马迁、相如、贾谊、刘向、扬雄之徒，斯人也岂求知于当世哉？故亲见扬子云著书，欲取覆酱瓿，雄当其时，亦未尝自有夸目。况今与足下并生今世，欲序足下来已之文，此固不可也。'"

"牧之兄学富五车，当世难得的文才，还这么虚怀若谷，可敬、可敬！"沈述师拱手作揖道。他又展开《李贺集序》，看了看。"仁兄所说：'少加以理，奴仆命骚可也。'此话说得好，真是独具慧眼之言啊！"

"文章贵在立意，"杜牧有意解释他序中的这句话，接着说下去。"鄙人在《答庄充书》中也说过：'凡为文以意为主，气为辅，以辞彩章句为之兵卫，未有主强盛而辅不飘逸者，兵卫不华赫而庄整者。四者高下圆折，步骤随主所指，如鸟随凤，鱼随龙，师众随汤、武，腾天潜泉，横裂天下，无不如意。苟意不先立，止以文彩辞句，绕前捧后，是言愈多而理愈乱，如人圜圚，纷纷然莫知其谁，暮散而已。是以意全胜者，辞愈朴而文愈高；意不胜者，辞愈华而文愈鄙。是意能遣辞，辞不能成意，大抵为文之旨如此。'弟所论只是一孔之见，不知子明兄以为如何？"

"我赞同、我赞同！"沈述师心悦诚服，说着情不自禁地又拉起张好好那纤纤如柔荑般的手……

大和五年（公元 831 年）八月，杜悰由司农卿迁为京兆尹。这京兆尹可是个显赫的官，是皇帝脚下京城的长官，权力大得很。

杜牧得知消息，赶忙修书托人送给杜悰，请他关照杜颉应进士试之事。杜颉恰好是京兆府的举子，必须先经府试这一关。

大和六年（公元 832 年）春，杜颉果然一举成名，高中上第。座师是礼部侍郎贾𫗧，他极为欣赏杜颉这位门生。当时有请托贾𫗧而终于落第的人，借机嘲毁杜颉。贾侍郎毫不客气地叱斥道："杜颉这样的人才，足敌过你们这班庸才数百人！"

杜牧知道弟弟已及第，心中放下了一块大石头般高兴。

杜牧自到宣州后，也结识了一些新朋友，如寓居在宣城的诗人赵嘏就是其中最值得一提的人物。此人字承祐，乃楚州山阳（今江苏淮阴）人。曾于大和初游元稹浙东幕，此时为宣歙观察使沈传师幕宾。他和沈传师诗酒唱和，曾作《宛陵寓居上沈大夫二首》诗，其中称颂沈传师"能忘天上他年贵，来结林中一日闲"。又描述宣州幕景物和欢快情景说"满耳歌谣满眼山，宛陵城郭翠微间""醉叩玉盘歌袅袅，暖鸣幽涧鸟关关"。他诗工七律，清圆熟练，佳什妙句常为杜牧称赏叫好。杜牧就激赏他《早秋》诗的"残星数点雁横塞，长笛一声人倚楼"句，尊称他为"赵倚楼"。此后赵嘏即以"赵倚楼"驰声于诗坛，和杜牧结下了深情厚谊。

宣州幕府的生活也如同在江西一样，公务之暇，杜牧也常到周围青山绿水之间，陶醉在山花烂漫之中，感受着春风春雨，寄情于秋月碧溪，用诗歌歌唱着江南的秀色，抒发着喜怒与哀怨。

他曾游览泾溪水西寺，留题小诗二首：

> 李白题诗水西寺，
> 古木回岩楼阁风。
> 半醉半醒游三日，
> 红白花开山雨中。

还把下面这首五绝题在水西寺壁上：

> 三日去还住，一生焉再游。
> 含情碧溪水，重上粲公楼。

他有时和僧人、处士来往。拜访过住在城北郊的元处士，并赋诗赠送，称赞元处士"蓬蒿三亩居，宽于一天下。樽酒对不酌，默与玄相活"。又登上元处士的高亭，眺览江水，俯视茅斋青松。临去，又题诗于亭间：

　　　　水接西江天外声，

　　　　小斋松影拂云平。

　　　　何人教我吹长笛？

　　　　与倚春风弄月明。

　　杜牧也喜欢宛溪碧绿的溪水，静静地听着它的淙淙流水声，观看着清澈溪水中的游鱼。他羡慕游鱼的悠然自得，不由感慨着自己为尘务所拘束。他也怜爱溪畔柔嫩的柳枝，抒发着深情的感慨：

　　　　宛溪垂柳最长枝，

　　　　曾被春风尽日吹。

　　　　不堪攀折犹堪看，

　　　　陌上少年来自迟！

　　有时，和在江西一样，他也伴随幕主沈传师四处巡察，接见来客，宴饮同僚佐吏。或登山临水，赏花观月，欣赏张好好和歌伎们唱歌跳舞，弹琵琶，吹洞箫，抚弄锦瑟。他尤其喜欢观看柘枝舞，欣赏那既优美又健劲的舞姿。他也曾和沈传师登上宣州郡楼远眺。那是在一个秋高晴朗凉爽的日子，他和沈传师站在郡北楼，纵览着这历史的名城，注目这江南的佳山丽地，不禁沉醉于江山胜景之中。一时心潮滚滚，逸兴满飞，他要歌唱美丽的山川，抒发酷爱祖国山河的激情。他用华丽的诗句，寄寓着自己的情感：

　　　　笔落青山飘古韵，

　　　　帐开红旆照高秋。

　　　　香连日彩浮绡幕，

　　　　溪逐歌声绕画楼。

　　　　……

　　他也还经常和沈述师、张好好在一起谈论、游玩、唱歌吟诗。他虽然在大和四年（公元 830 年）底回长安时和裴姑娘成了亲，但这场婚事却是父母之命、媒妁之言的结果。他对裴姑娘，并没有那种铭心刻骨、一日不见如隔三秋的感情。如果说起感情，他对张好好的情感，还远远胜过对妻子裴氏的。尽管他也明白：张好好毕竟已是名花有主，他与她也仅是一种红颜知己的关系，并不能像和裴氏似的鸳帐共度春宵，有那种男欢女爱的床笫之乐。

　　这时，沈述师对张好好的追求更展开了猛烈的攻势。他处处依着张姑娘，对她百般地体贴关照。而且也改了不少粗鲁的举动，变得斯文儒雅多了。在众人之前，再也不像过去似的对张姑娘动手动脚，又是搂抱，又是亲吻，硬是伸手抚摸她的腰肢和酥胸。而背地里两人在一起时，他又会讲出一大堆万古常新的体己话、悄悄话，说得张姑娘心里热乎乎、甜蜜蜜的。在他深情的话语中，他的多情的抚弄，使张好好醉了，在男性的热力下，她温顺地依偎在沈述师的怀抱中。

　　杜牧和沈述师、张好好在一起感到开心、轻松。他为他俩写下了一些诗作，其中大多诗篇后来失传了，但《赠沈学士张歌人》一诗还流传至今，从中可以见到当年的情景：

> 拖袖事当年，郎教唱客前。
> 断时轻裂玉，收处远缲烟；
> 孤直绹云定，光明滴水圆。
> 泥情迟急管，流恨咽长弦。
> 吴苑春风起，河桥酒旆悬，
> 凭君更一醉，家在杜陵边。

　　当然，在宣州尽管杜牧与上下和睦，受到沈传师器重，但如他在诗中所流露，他也时有感到不得志而怀念家园的时候。有一次，他特别怀念起家乡的朱坡，他回想起了年轻时游朱坡的情景，感叹着如今身在异乡，淹蹇于江南的幕府。他带着美好的回忆，也怀着深深的叹息，写下了以下诗句：

秋草樊川路，斜阳覆盎门，

猎逢韩嫣骑，树识馆陶园。

带雨经荷沼，盘烟下竹村。

如今归不得，自戴望天盆！

　　宣州也是一个繁华的大州。城中旅馆店铺、商家林立，各地的商人
游客云集于此。因此，酒肆茶坊、歌楼舞馆遍布大街小巷。更有青楼楚
馆、美女妖姬出没其间。一入夜，她们总是涂红抹绿，打扮得花枝招展，
遍体飘香，站在楼头，倚在门边，送着媚笑，递上秋波，招徕游客。有
的更妖调些的妓女，更凭着花容月貌，故意微袒着前胸，露出凝脂般雪
白的大腿，卖弄着风骚，或竟拉扯着阔佬豪少，往妓楼上簇拥而去……

　　杜牧夜间闲暇，或是心里烦闷时，也时常会到宣州城的大街小巷中
的茶坊酒肆中饮茶喝酒。有时他和幕僚、朋友一起去，而更多的时候则
独自一人出游喝闷酒，逛妓楼。

　　宣州的歌伎舞女们大都认识杜牧，也喜欢陪他喝酒听曲，说笑戏乐。
她们喜欢他的儒雅而又豪爽的气质，欣赏他的风流倜傥，敬佩他的学识
和才华。和他在一起，她们觉得杜牧能把她们当作人，当作美丽而聪慧
的女性，而不像阔少豪强把她们看作低贱的浪女，当作随意玩弄的对象，
作为泄欲的工具。杜牧虽然也常会和她们戏谑玩笑，但他却决无恶意；有
时杜牧也有感情冲动的时刻，但他却没有越过男女之间的最后一道防线，
只是抚爱亲热一番罢了。更多时候，杜牧倒是一个挺会了解体贴她们的
人。她们愿意告诉他自己的身世遭遇，倾诉自己的苦恼与心愿。这种时
候，她们总会得到杜牧深切的同情，获得安慰、体贴，杜牧也总会多塞
给她们些铜钱什么的。当然，她们也时而会把心中的秘密告诉杜牧，请
他代她们作诗，抒发闺房的苦闷与相思之情。杜牧不知为她们写下了多
少这样的诗篇，其中有《秋感》：

金风万里思何尽，

玉树一窗秋影中。

独掩柴门明月下，

泪流香袂倚阑干！

又有《闺情代作》相传，也是他代央求他的女子而作：

> 梧桐叶落雁初归，
> 迢递无因寄远衣。
> ……
> 佳人刀杵秋风外，
> 荡子从征梦寐希。
> 遥望戍楼天欲晓，
> 满城冬鼓白云飞。

有时，喜鹊给这些女子们送来了好消息，她们将要和思念中的人相会，喜上眉梢、悄悄打扮，被杜牧敏锐地察觉到了。这样的时候，杜牧也喜欢写点小诗开开玩笑，随手赠给她们：

> 细柳桥边深半春，
> 缥衣帘里动香尘。
> 无端有寄闲消息，
> 背插金钗笑向人。

在宣州幕，杜牧也还有两次外出。一次是应湖州刺史崔乙之邀，艳游湖州，寻觅到湖州女莲萍，和她约定十年后再娶。此事前已叙述，此处不表。另一次是大和七年春，杜牧奉沈传师之命至扬州，聘淮南节度使牛僧孺。这一次出使，不仅高兴地在润州见到了他在东都赴进士试时认识的朋友邢群，而且又拜见了他所敬重的老前辈牛僧孺。谁能想到这一次相见，竟在不久之后，又一次改变了杜牧人生的航向。

唐文宗大和五年（公元831年）九月，吐蕃维州副使悉怛谋向西川节度使李德裕请降。李德裕派所部虞藏俭率兵入据维州，并将此事上奏朝廷。奏书中强调："欲遣生羌三千，烧十三桥，捣西戎腹心，可洗久耻，是韦皋没身恨不能致者也！"唐文宗将此事下尚书省，集百官商议。百官多支持李德裕的处置。

没料到，宰相牛僧孺出班奏道：

> 吐蕃之境，四面各万里，失一维州，未能损其势。比来修好，约罢戍兵，中国御戎，守信为上。彼若来责曰："何事失信？"善马蔚茹川，上平凉阪，万骑缀回中，怒气直辞，不三日至咸阳桥。此时西南数千里外，得百维州何所用之！徒弃诚信，有害无利。此匹夫所不为，况天子乎！

文宗听奏，觉得牛僧孺言之有理，遂下诏将维州归吐蕃，并将来降的悉怛谋等人交还吐蕃。吐蕃极其惨酷地尽杀悉怛谋等降者。由此，作为李党首领的李德裕更是怨恨牛僧孺，牛、李党争更加激烈。

次年十二月，朝论以为牛僧孺如此缚送悉怛谋等来降者归吐蕃，将断绝来降者，实在失策。况且这样做，也是因牛僧孺与李德裕有隙，嫉妒其功之故。牛僧孺听到议论，深感失去人心，遂上表请罢相，出为淮南节度使。

大和七年（公元833年）四月，沈传师内召为吏部侍郎，由江西观察使裴谊替代他。恰在这时，牛僧孺来聘杜牧为淮南节度推官、监察御史里行。

杜牧是等到这年秋裴谊来接替时才离宣州赴扬州为淮南节度推官的。他后来有诗描述此行云："燕雁下扬州，凉风柳陌愁，可怜千里梦，还是一年秋！宛水环朱槛，章江敞碧流。……分途之绝国，洒泪拜行辅，聚散真漂梗，光阴极转邮。"杜牧在宣州前后四年，他辞别宣城还是依依不舍的。

更令杜牧依依不舍的是与张好好的离别。

沈传师的内召，也就使沈述师不便在宣城待下去了，他决意随沈传师离开宣州。此时沈述师已纳张好好为妾。这样张好好也不得不随沈述师而去。

五年的相处，一朝将离别，杜牧和张好好自然都有一种难分难舍之情。临别之夕，杜牧回想起与张好好初见时的情景。她那楚楚动人、如春花般美丽的情影又一次浮现在他的眼前。他要将这一初会的最美好的印象永远留在心里，让她陪伴他走遍海角天涯，永志不忘。他怀着这种情感，珍存着她那春花般的娇容倩影，写下了《赠别》送给她：

> 娉娉袅袅十三余，
> 豆蔻梢头二月初。
> 春风十里扬州路，
> 卷上珠帘总不如。

是呀，十里长街，市列珠玑、户藏娇娃的繁华的扬州，在杜牧的眼中，哪家的千金小姐、小家碧玉，能比得上张好好的绝色芳姿呢！杜牧此后在扬州三年，尽管也花呀草呀地拈惹了不少，但却没有一位能像张好好一样，能令他终身怀念，并写入诗歌中的……

杜牧在淮南幕府，又受到牛僧孺的赏识器重。第二年，他又由幕府节度推官转为掌书记，在幕府里的地位更为显重。

杜牧在淮南幕的公务与生活，大抵也与江西、宣歙两镇差不多。此时杜牧已在幕府多年，故尽管也有公务繁忙的时候，但他已积累了经验、办法，办起事来驾轻就熟，比起初到幕府时已是麻利、轻松多了。

这一时期，杜牧有更多的时间和精力关注时局的发展，他的思想更成熟深刻了。他研究历史，考察历代兴亡之迹；他总结经验，分析唐代以来财赋兵甲问题；他留心当世之务，指出应对的策略和办法。他思考得很多、很深，提出了许多精辟的见解，指出了一系列的弊端和危害。他为国为民而担忧、而悲愤、而呼吁、而慷慨陈辞。他写下了一篇篇纵论历史，针砭时弊，指陈得失，出谋划策的政论文章。

他作《原十六卫》，纵论府兵问题，认为"使外不叛，内不篡，兵不离伍，无自焚之患，将保颈领，无烹狗之谕，古今已还，法术最长，其置府立卫乎！"

他指出近代以来朝廷命将的弊端：

> ……人嚣曰廷诏命将矣，名出，视之率市儿辈，盖多赂金玉，负倚幽阴，折券交货所能也，绝不识父兄礼义之教，复无慷慨感慨之气。百城千里，一朝得之，其强杰復勃者，则挠削

法制，不使缚己，斩族忠良，不使违己，力壹势便，罔不为寇。其阴泥巧狡者，亦能家算口敛，委于邪倖，由卿市公，去郡得都，四履所治，指为别馆。或一夫不幸而寿，则戛割生人，略匝天下。是以天下每每兵乱涌溢，齐人干耗，乡党风俗，淫窳衰薄，教化恩泽，壅抑不下，召来灾沴，被及牛马。嗟乎！自愚而知之，人其尽知之乎？

藩镇割据，武将劫杀刺史，大臣反叛，一直是中唐以来的一大社会祸害，引起了杜牧的关注和极大愤慨。他为此撰写了《守论》，并把文章寄给朝中要人。在此文序言中他说道："往年两河盗起，屠囚大臣，劫戮二千石，国家不议诛洗，束兵自守，反条大历、贞元故事，而行姑息之政，是使逆辈益横，终唱患祸，故作《守论》焉。"

杜牧是个刚直敢言的人，此时又胸怀壮志，以匡世济民为己任，正是头角峥嵘、意气风发的时候。所以他言无畏忌，在文中直指当朝之弊：

厥今天下何如哉？干戈朽，铁钺钝，含引混贷，煦育逆孽，而殆为故常。而执事大人，曾不历算周思，以为宿谋，方且鬼岸抑扬，自以为广大繁昌莫己若也。呜呼！其不知乎？其俟塞顿颠倾而后为之支计乎？且天下几里，列郡几所，而自河已北，蟠城数百，金坚蔓织，角奔为寇，伺吾人之憔悴，天时之不利，则将与其朋伍，罗络郡国，将骇乱吾民于掌股之上耳。今者及吾之壮，不图擒取，而乃偷处恬逸，第第相付，以为后世子孙背胁疽根，此复何也？

……大历、贞元之间，适以此为祸也。当是之时，有城数十，千百卒夫，则朝廷待之，贷以法故，于是乎阔视大言，自树一家，破制削法，角为尊奢。天子养威而不问，有司守恬而不呵。王侯通爵，越录受之；觐聘不来，几杖扶之。逆息虏胤，皇子嫔之；……是以地益广，兵益强，僭拟益甚，侈心益昌。于是土田名器，分划殆尽，而贼夫贪心，未及畔岸。遂有淫名越号，或帝或王，盟诅自立，恬淡不畏，走兵四略，以饱其志者也……

大和八年（公元 834 年）冬，杜牧从邸报得悉如下消息：

　　幽州军乱，逐节度使杨志诚及监军李怀仵，推兵马使史元忠主留务。

　　杨志诚过太原，李载义自殴击，欲杀之，幕僚谏救得免，杀其妻子及从行将卒。朝廷以载义有功，不问。

　　李载义母死葬幽州，志诚发取其财。载义奏乞取志诚心以祭母，不许。

　　杜牧看罢邸报，不禁为这些藩镇节帅的狂举妄动、互相屠戮报复的事件所激怒、愤慨。他也知道这杨志诚也是个称霸一方、野心勃勃的奸雄之辈。不久前，他怒朝廷不封他为仆射，扣留了朝廷的官告使，派遣牙将王文颖赴朝让官要挟。后来，朝廷不得不加他为检校右仆射。……杜牧联想到一系列的反叛、屠戮事件，他愤慨河朔三镇的桀骜，也不满朝廷的专事姑息纵容。他再也压抑不住满腔的愤慨与忧虑，遂提笔夤夜作书，题作《罪言》，并连同他的文章，在第二天寄给自己的知己与上司——吏部侍郎沈传师。

　　沈传师接得杜牧来函，连忙发书一封，信中写道：

　　某少小好为文章，伏以侍郎文师也，是敢谨贡七篇，以为视听之污。……往年吊伐之道未甚得所，故作《罪言》。自艰难来始，卒伍佣役辈，多据兵为天子诸侯，故作《原十六卫》。诸侯或恃功不识古道，以至于反侧叛乱，故作《与刘司徒书》。……宝历大起宫室，广声色，故作《阿房宫赋》。有庐终南山下，尝有耕田著书志，故作《望故园赋》。虽未能深窥古人，得与揖让笑言，亦或的分其状貌矣。自四年来，在大君子门下，恭承指顾，约束于政理簿书间，永不执卷……齿发甚壮，间冀有成立，他日捧持，一游门下，为拜谒之先，或希一奖。今者所献，但有轻黩尊严之罪，亦何所取……

　　沈传师又将杜牧寄来的七篇文章看了，其中《罪言》一篇是他第一次读到的，也最引起他的注意。首先篇名《罪言》就将他吸引住了，他不解为何取这样的篇名，有何奥妙。但一读首句："国家大事，牧不当官，言之实有罪，故作《罪言》。"沈传师长长地叹了口气："国家兴亡，匹夫有责，言之何罪之有！这年轻人忧国心切，可惜朝政如此，言之又有何用！真是生不逢时啊！"他接着读下去："生人常病兵，兵祖于山东，胤于天下，不得山东，兵不可死……"

　　他一口气把全文读完，不断地为文中精辟的见解拍案叫好。他尤其激赏这些中肯的分析：

　　　　……晋乱胡作，至宋武号为英雄，得蜀得关中，尽得河南地，十分天下有八，然不能使一人渡河以窥胡。至于高齐荒荡，宇文取得，隋文因以灭陈，五百年间，天下乃一家。隋文非宋武敌也，是宋不得山东，隋得山东，故隋为王，宋为霸。由此言之，山东，王者不得，不可为王；霸者不得，不可为霸；猾贼得之，是以致天下不安。……若欲悉使生人无事，其要在于去兵，不得山东，兵不可去，是兵杀人无有已也。

　　　　今者上策莫如自治……土地人户，财物甲兵，校之往年，岂不绰绰乎？亦足自以为治也。法令制度，品式条章，果自治乎？贤才奸恶，搜选置舍，果自治乎？障戍镇守，干戈车马，果自治乎？井间阡陌，仓廪财赋，果自治乎？如不果自治，是助虏为虐，环土三千里，植根七十年，复有天下阴为之助，则安可以取，故日上策莫如自治。

　　　　中策莫如取魏。魏于山东最重，于河南亦最重。……

　　　　最下策为浪战。不计地势，不审攻守是也。……山东之人，叛且三五世矣，今之后生所见，言语举止，无非叛也，以为事理正当如此，沉酣入骨髓，无以为非者。指示顺向，诋侵族矞，语日叛去，酋酋起矣。至于有围急食尽，饿尸以战，以此为俗，岂可与决一胜一负哉……

　　当天，沈传师就给杜牧回了一信，称赞他的抱负和匡国之策，相信他会有施展抱负的一天。信中还称许他的古文奥衍纵横，笔力健举，似有韩吏部愈之风……

扬州在唐代已是一个繁华无比的商业城市，当时已有"扬一益二"之称。大运河和长江在这里交错，扬州成为管毂水陆漕运交通要地。各地商品稻米、鱼、盐、丝、茶、竹、木、铜、铁等物品在这儿聚散，来自国内以及波斯、大食等国的商贾云集扬州。因而此地不仅商业繁盛，而且歌楼舞馆、酒肆茶场遍布全城，热闹非凡。况且扬州风光绮丽，名胜古迹遍布，加上美女如云，乃是才子佳人游览相会、征歌逐舞的好地方。唐代的文人大都向往这一颗东方的明珠，纷纷来此游览闲逛，留下了许多赞美扬州的美丽诗篇。张祜诗称："十里长街市井连，月明桥上看神仙。人生只合扬州死，禅智山光好墓田。"王建也描绘道："夜市千灯照碧云，高楼红袖客纷纷。如今不似时平日，犹自笙歌彻晓闻。"诗人徐凝更以夸张的诗笔说："天下三分明月夜，二分无赖是扬州。"

杜牧是个喜好繁华热闹、颇尚声色的风流倜傥中人，自然对扬州早就情有独钟，向往已久。他曾有一首《寄扬州韩绰判官》诗：

> 青山隐隐水迢迢，
> 秋尽江南草未凋。
> 二十四桥明月夜，
> 玉人何处教吹箫？

韩绰判官是他的一位朋友，其时正在淮南节度使幕府任判官。杜牧寄上此诗，除了表达对朋友的思念外，他对扬州的欣慕向往之情，也像那柔和的月光，融进那隐隐的青山和迷人的二十四桥中。

来到扬州之后，公务之暇，杜牧首先接连于几个明月之夜，游览了向往已久的二十四桥。二十四桥乃二十四座桥，有茶园桥、大明桥、九曲桥、下马桥、洗马桥、阿师桥、周家桥、小市桥、广洛桥、顾家桥、青园桥、山光桥等等。杜牧倚在九曲桥上，见到月光特别明媚柔和。月影投映在漾着涟漪的水中，上下交辉，银光闪闪。白玉石的桥上，时有两三个、三五个仙女般的美丽女子，拖裙曳袖地飘然而过，留下了银铃般的笑语、郁郁的粉香……杜牧这时更能领会"月明桥上看神仙"的情味了。

杜牧也喜欢来到运河旁，从岸边的依依垂柳、河中的商船、游艇，想象隋炀帝当年水上游览的情景。他还到迷楼旧址。当年迷楼幽房曲室、互相连属，神仙若游其中也当自迷的景象也还依稀如在目前。他又游逛了隋炀帝曾游玩过的斗鸡台和城北平冈上的雷塘。雷塘，即汉代时的雷陂。大业十二年（公元616年），隋炀帝幸江都。义宁二年（公元618年）被杀，葬吴公台下。后唐灭隋，改葬于雷塘。

杜牧对着夕阳中的雷塘，不禁浮想联翩，感慨万千。他想起了扬州的历史与人物。他既喜爱扬州的繁华富庶，旖旎的风光、美丽多情的绰约女子；但又憎恶隋炀帝的荒淫无道，奢侈纵欲。爱与憎、赞美与叱责，复杂的情感交织于他的心中。他对这座美丽的历史名城既有热情的讴歌，又有深深的感慨。他写下了脍炙人口的著名诗篇《扬州三首》，千百年来一直传诵人口：

炀帝雷塘土，迷藏有旧楼。
谁家唱水调，明月满扬州。
骏马宜闲出，千金好暗投。
喧阗醉年少，半脱紫茸裘。

秋风放萤苑，春草斗鸡台。
金络擎雕去，鸾环拾翠来。
蜀船红锦重，越橐水沉堆。
处处皆华表，淮王奈却回。

街垂千步柳，霞映两重城。
天碧台阁丽，风凉歌管清。
纤腰间长袖，玉佩杂繁缨。
柁轴诚为壮，豪华不可名！
自是荒淫罪，何妨作帝京。

扬州城每到夜晚显得比白天更为金碧辉煌、热闹无比。白天它是商贾们为买卖而奔走、钻营、叫卖、讨价还价的地方；又是车夫、水上船工为运货搬货而辛苦劳累，出大力、流大汗的处所。总之，人们在白天为生产、生活而繁忙、喧闹，扬州城的繁荣在白天多充满了匆忙的脚步、喧嚣的呼喊、嘈杂的人声、马声、车声。而到夜间，扬州则换了一番景象，人们为享受、为欢乐、为征歌逐舞而生活。因此，夜的扬州是轻歌曼舞的天地，是醇酒与美女最吃香的世界，是阔商豪富、纨绔少年最风流得意的安乐窝。

一到夜晚，扬州千万盏灯陆续亮了起来，如同白昼。

酒肆茶店一间接一间，茶烟酒香飘逸街头。

楚馆娼楼挂出绛纱灯千万盏，辉罗耀列空中。

妖姬美女，浓妆艳抹，花枝招展，招徕游客。

扬州九里三十步街中，珠翠填咽，邈若仙境。

夜的扬州的确太繁华、热闹、美丽、迷人。她诱惑着富商阔佬，吸引着豪奢的少年，也同样让淮南节度幕的掌书记杜牧沉醉其中。他几乎一有闲暇，就出没驰逐于歌楼酒馆、青楼柳巷之中。他用醇酒的芳香，用歌女甜腻腻的歌声，用娼女的媚眼和妩媚的笑脸，焕发出青春气息的柔腰酥胸来求得苦闷中的安慰，失志时的麻醉，以及爱情失落的补偿与刺激。

扬州三年，处处留下了杜牧的足迹：每家当垆的酒肆女郎都认识他是杜书记；每间茶馆的老板都能叫出杜牧的名字；每位有些名气的歌女都为"杜书记"唱过歌、吟过曲；舞女们最希望把自己优美的舞姿献给杜公子；娼女们最愿意陪伴杜牧共度美景良宵……

扬州三年，他在沉醉中感受着壮志未酬的悲哀，体验着长期屈居下僚、英雄无用武之地的无奈。他有太多的失落，太多的失望，太多的牢愁与悲愤。他无奈，只能借酒浇愁，只能用醇酒和美女来抚慰自己心灵的创伤与哀痛。在这三年中，他熟悉了扬州，热爱着扬州；扬州也熟悉了他，了解热爱着他。"杜书记"，这名字牵动着多少人，让多少人感到亲切：

酒肆的女郎知道他三杯过后必有匡国济世的豪言壮语；茶

坊的老板熟悉了他感时愤世的牢骚与悲愤；歌女们最了解杜牧最喜欢听边塞、从军之曲；舞女们从不敢在杜牧之前跳《霓裳羽衣曲》；娼妓们总是绽开花般的笑脸欢迎体贴她们的杜书记；幕府的好些士卒总是追随杜牧身后潜护着他；幕主牛僧孺每晚总要听完士卒"杜书记无恙"的汇报，才能安心入睡。

扬州三年，杜牧尽管壮志未酬，偃蹇幕僚，浮沉宦海，如有人所说的"茹鲠空忧，叫阍无助，惟是留云梦里，中酒花前，恁街子而说生平，对樗蒲而论心事""壮志飘萧，才人落魄"，只能时而"激昂狂节，摇荡愁旌；陈兵事之书……揭《罪言》之目，三刖奚辞"，但是，"杜书记"与扬州结下了不解之缘，他赢得了扬州人们的热爱，歌伎娼女们提起他，总亲热地说："咱们的杜书记。"

大和九年（公元 835 年）春，春风从遥远的天涯吹到了美丽的扬州。扬州的草转绿了，花儿绽开了笑脸迎接着春天。喜鹊从天边飞来了，喜滋滋地报告春的消息，传来了喜讯：杜牧调往长安朝中，任监察御史。

喜讯一下子传遍了淮南幕府，遍传到扬州大街小巷。

酒肆、茶坊的主人听了，又喜又难舍；歌伎娼女们知道了，先是惊喜，接着是难过；府幕的同僚得知，纷纷举杯祝贺；牛僧孺最先接到调令，为杜牧的展翅高翔而心感快活。

话说杜牧得知调赴京城，拜监察御史，心中确实高兴了一阵。从大和二年随沈传师南下江西，至今八年了。八年，在人生的旅程中并不算短。可他三任幕职，不是巡官，就是掌书记。虽然得到幕主的器重，可幕府总归是幕府，他的理想抱负难以在幕府中实现，他的谈兵论政、匡国济世的策略也难以在江南的幕府中派上用场。"十年幕府吏，每促束于簿书宴游间。"这是他总结这一段幕府生活的慨叹之语。

他也知道，这监察御史也仅是正八品上阶的小官，在京城中这样的小官可谓车载斗量，多得很。可是，能从幕府擢任京官，这对他来说可是一次难得的机会。当然他也知道，这监察御史隶属御史台，其职掌已规定得十分清楚具体："监察掌分察巡按郡县、屯田、铸钱、岭南选补、知太府、司农出纳，监决囚徒。监祭祀则阅牺牢，省器服，不敬则劾祭官。尚书省有会议，亦监其过谬。凡百官宴会、习射，亦如之。"虽然监察御史管的还只是些十分具体的杂事，谈不上能平章国事，但杜牧一能回到既是京城、又是家乡的长安；二能多少有机会参与国事，这对他来说也确实是值得庆贺的。

这些天来，他应酬着幕僚、朋友的祝贺，也抽空到扬州城中与各类熟人朋友话别。祝贺与惜别，互道珍重与难分难舍，欢笑、感叹与惜别的眼泪……这就是几天来的生活主旋律与情调。

这时，杜牧的弟弟杜颛得知哥哥将赴任的消息，也从隔江的润州过来送别。

面对身体瘦弱、患有眼病的弟弟，杜牧不禁一阵难过。他心想和弟弟才隔江相望几十天，这下又要东西相隔千里，此后又难得一见，真如杜甫所说的"明日隔山岳，世事两茫茫"。想到这儿，他不觉动情地握着杜颛的手："弟，为兄的此别不知何日方能兄弟相聚。你千万多加保重，凡事不能急。一急一来急坏了身体，二来容易出差错。那李德裕虽是咱家的世交，可此公铁面无私，是不太讲交情的！"

"哥，别担心，李宰相对我可好啦！"

"可你那急性子，身体又不好，我真放心不下。"

"我牢记哥的话就是了。"杜颛也感动得忍着泪水。他从怀中摸出一张诗笺，递给杜牧。"哥，你看，我一直把它带在身边呢？"

杜牧接过一看，是一首诗：

> 少年才俊赴知音，
> 丞相门栏不觉深。
> 直道事人男子业，
> 异乡加饭弟兄心。
> 还须整理韦弦佩，
> 莫独矜夸珉瑁簪。
> 若去上元怀古去，
> 谢安坟下与沉吟。

这是去年冬杜颛应镇海节度使李德裕之辟，赴任镇海幕府巡官时，杜牧的送行赠诗。当时杜牧勉励弟弟检点自己，力戒急躁自满，嘱咐他自己珍摄保重。

杜牧看罢，把诗笺交还杜颧。"这诗你还带在身边，时常看看，为兄的嘱咐还在这上头。"他深情地打量着杜颧，见杜颧的眼中滚下几滴泪水，自己也不禁泪眼模糊了。"有什么如意不如意的事，就写信告诉我……"声音哽咽、凄恻……

杜牧离扬州赴长安的前夕，牛僧孺于中堂设宴为杜牧饯行。深夜，幕僚们散去后，牛僧孺又把杜牧独自留下来。

"杜牧，你此次赴京前程远大，可别辜负了沈侍郎传师对你的厚望！"

"宰相，我牢记在心。您和沈侍郎的大恩大德，我没世不忘！"杜牧知道此次调迁，是吏部侍郎沈传师读了他寄的《罪言》等文章，很赏识他的谈兵论政的主张，又征得牛僧孺的同意，才调他入为京官的。

"你的雄心壮志我不怀疑，相信你会相机施展才干。不过……"牛僧孺没讲下去，踱着步子考虑着。

"宰相，我是您看着长大的，如有不是，请您不吝赐教，晚辈感激不尽。"

"我所担心的有两点，你可要留神才是。"

"宰相请讲，晚辈务必牢记在心。"

"第一，朝中人事复杂，钩心斗角。一不留心，陷入矛盾，就会惹来横祸。你凡事三思，三缄其口，万不可过于直言无讳。这话说多说直了反而会招来麻烦。"

杜牧知道这是针对他刚直敢言，喜论列大事，指陈病利，毫不顾忌而言的。他感激地点头应允。

"其次，你还年轻……"

"我已 33 岁了，不年轻了。"

"33 岁，还年轻呢。这种年纪，感情最丰富而易冲动，在男女之情上最容易沉溺不拔。你前程远大，万不可风情不节，以致伤了身体，影响前程啊！"说罢，牛僧孺呵呵地笑出声，似乎想用这笑声舒缓杜牧的尴尬。

"宰相所言晚辈自当检点。不过……"杜牧略停着迟疑片刻，见牛僧孺注意地等待着自己的话，又嗫嚅地说："我自己回想……也算是……能检点自守的。恐怕还不至于……如您所说的……有风情不节之事。"杜牧支支吾吾地红着脸辩白道。

牛僧孺微笑着，半晌不作一声。

"小青。"随着牛僧孺的呼唤，侍儿走了过来。

"宰相有何吩咐？"

牛僧孺向小青附耳轻声交代着。杜牧不知牛僧孺唤小青何事，站在一旁疑惑着。

"坐下吧，请用茶。"牛僧孺和气地对杜牧说。

不一会儿，侍儿又走回来，手中捧着一个精致的藤制小书箧，交给牛僧孺。

"你知道这书箧中有何物？"牛僧孺和蔼的口气仍未解除杜牧的疑惑。

"晚辈愚拙。实在猜不准。莫非托我带往京城赠沈大人之物？"

"呵呵呵……"牛僧孺不禁又笑出声来。

"你自己看看吧，倒是我临别赠送你的赠言。"牛僧孺打开书箧让杜牧看。

书箧中满满地装着数百张密报，都是牛僧孺派出的士卒，尾随杜牧，暗中保护他的秘密报告。杜牧随便拿出几张，只见上面写着：

大和七年十月五日夜，杜推官至扬州街东李玉娘酒家喝酒，有二女相伴。至二更许回，无恙。

大和八年春三月八日，杜书记独自一人至杨家歌舞厅。一妙龄女郎与杜书记相聚甚欢，然与一无赖为女郎而口角。我等设计将无赖引出，着实收拾了他一番。后书记与女郎入密室，室中情形我等不便说。无恙，四更方归来。

大和八年夏六月十二日，入夜，杜牧书记即至老张茶坊。先喝了一杯茶，后一红衣女子即来相陪。此女颇是妩媚，小柳叶眉，樱桃小口。又似善解人意，不多时即与杜书记耳鬓厮磨。不知为啥她又啜泣起来。幸亏杜书记百般温存，方破涕为笑。后两人相偕至隔街娼楼，径入密室。我等守候至子时，方见书记出来。幸无麻烦。

大和九年正月初八，杜书记此日似有心事，郁郁不乐。我等格外小心侦伺，以防意外。初更时分，书记即至街西孙玉娘家酒楼。他常到此，我等知道乃与相好李小姐相会，更不打扰，只是小心守候。二更中，一醉汉跌跌撞撞，没等到他撞李小姐闺房门，即被我等架出……

杜牧一连看了四张密报，所写件件是实，年月日、地点、人物都清清楚楚，只是有些细节自己倒也忘了。他边读边自感到脸火辣辣的，耳朵似已红胀起来，嗡嗡嗡地响着。他再也不好辩白了，只是羞愧地坐在一旁，默不作声。不过，他心中确实感激着自己的幕主。

"年轻人好宴游贪杯，喜歌舞声色，这也无足怪。只是须加节制，不伤了身体才好。此事今后小心就是了，别往心上去。"牛僧孺见杜牧满脸惭愧，温和地宽慰劝勉他。

"宰相，晚辈记住了。此生真难报答您的大恩大德……"杜牧俯身跪拜，感激得流下两行热泪……

次日，杜牧离开扬州赴长安。途中，他望着渐渐远去的扬州城，不禁回念起近十年的幕府生涯，回想起三年扬州的生活。一时他情感翻涌，感慨万千，不禁口占一绝以遣怀：

> 落魄江湖载酒行，
> 楚腰肠断掌中轻。
> 十年一觉扬州梦，
> 赢得青楼薄幸名。

他一遍遍地吟着这首感慨系人的小诗，带着壮志未酬、虚度光阴的悔恨，带着对扬州的依恋，带着对牛僧孺的感激，也带着对新生活的期望、对施展抱负的热望，离开了美丽多情的扬州，奔赴唐代的政治中心长安。此时他根本没有想到，等待他的将是一场震惊朝野的政治风暴、腥风血雨……

烈风驾地震

狞雷驱猛雨

这是一个沉闷、炎热，令人几乎透不过气来的仲夏。一连几天，火辣辣的太阳像烧烤般地烘照着干燥得要冒出烟来的大地，长安街头两旁高大的槐树，人家庭院里栽种的阔叶梧桐，以及牡丹、芍药等花木，也都经不起热浪的烘袭，叶子蔫了、黄了，刚吐出的花蕾也被晒枯在枝头，连荷塘里的水灵灵的荷花，也被晒得把花容低垂下来，有的干脆浸入水中，像是在躲避炎日暴晒似的。

入夜，仍然闷热，没有一丝风。只是天边堆积着一朵朵一堆堆的团团浓云。浓云厚厚地堆积在一起，像一堵堵墙般地壁立着。借着时而闪烁一下的雷电光，细细看去，云层内的一团团、一层层的乌云在缓慢然而奇幻地蠕动着。像天狗，像恶龙，像猛虎，也像狞鬼天神……似乎天边有一群可怖的怪物在云层中预谋着什么，准备在人们不及防之间猛扑到人间来，吞噬下一切似地。

"瞧这天色，像要下暴雨似的。"杜牧瞧着闪亮在天边的电光推测说。

"我正巴不得来场狂风暴雨呐！这鬼天气真闷死人啦！"隐隐的沉闷的雷声中，李甘那愤愤然的抱怨仍然显得响亮。

"这些日子来，我总觉得胸闷得慌，真想大声嚷嚷发作一番。在扬州时，我总想回到京中来，可到长安朝中，却觉得更让人心烦！"

"我在朝中任侍御史多年了，什么事情不知道！说烦，说窝囊气，我才受够了！"李甘倚靠在御史台夜值室外回廊柱上，气咻咻地发牢骚。"牧之兄，你这些年在扬州幕任掌书记倒是幸运、快活，每天还有美女陪着你喝酒唱歌，不像我躲不开那些龌龊肮脏、像鬼似豺的东西，气都气饱了！"

"贤兄，这世道也真是太颠倒黑白了！好人倒霉，忠直的人受辱遭贬；奸邪谀媚、黑着心肝的人个个却趾高气扬，官运亨通。老天爷真是他妈的瞎了眼啦！"杜牧想起李中敏被排挤的事，一时也火了起来。说罢一掌击在回廊栏杆上，"我就不信天老爷没有报应！"

"报应总该会有的，要不天理又何在?!"李甘明白杜牧指的是李中敏的事。李中敏也是他的好朋友，为了这个事他一直愤恨在心头，总想找个机会出口气。

"和鼎兄，前些年我为幕吏不在京中，有些事虽也听说了，但总不太清楚。宋宰相申锡被贬开州，罪名听说是勾结漳王李凑，意图谋不轨。这事我决不相信。但也不太清楚为何要把这罪名栽在宋宰相头上？"

"这说来话就长了，朝中的矛盾复杂得很呐！"

"听说这漳王李凑是个极礼贤下士，开明又有才能的人，可是如此？"杜牧听人这么议论起漳王，想从李甘口中证实。李甘是个刚直敢言，善恶分明的人，杜牧很相信他的话。

"说得不差！那漳王确是个贤才。可这世道贤才又有何用？越是贤能有才气，越遭人谗毁，真是倒透了八代霉。你刚来长安不久，怪不得有些事你还不明白。趁今晚咱俩值班，又清静无人，我把这来龙去脉简要告诉你吧。"

"你就从郑注、李训这两个神秘人物说起吧。"

"这两个混蛋！该刀剁雷劈的！"李甘一听杜牧提起这两个人，无名怒火直冲上来。"好吧，你就看看这两个奸臣是什么货色！"李甘遂向杜牧讲起了郑注和李训。

原来这郑注本姓鱼，后冒姓郑氏，当时人称他为"鱼郑"。初，郑注以药术游长安权豪家。后因他懂得医术，被李训所信任，署为徐州幕从事。他生性诡辩阴狡，善于察言观色，投人所好。但又喜欢要弄权术，专作威福，所以被徐州监军王守澄所厌恶。但王守澄也经不起他的花言巧语，一和他交谈，没两下子就被他的机辩纵横的慷慨之言、尽中人意的话所感动，遂有促膝投分，恨相见之晚的感慨。

王守澄后来入知枢密，成为权倾一时的大臣，国政多操纵把持在他手中。郑注也因依附王守澄，又善于交通贿赂权贵，因而也鸡犬升天，飞黄腾达。没几年工夫，他的权势也不在王守澄之下。朝中的达官贵人反而趋附在他门下，只是忠臣义士、守道正人却对他侧目，极为鄙夷厌恶。

文宗皇帝李昂见宦官渐渐强盛，把持朝政，不把他放在眼里，心中又气愤又无可奈何。他晓得当年那些弑杀唐宪宗、唐敬宗的逆党还在朝中飞扬跋扈，不可一世。自己虽名为皇帝，但老命倒是捏在这帮人手中，说不定哪天又会被这伙人废掉帝位，害死得不明不白。更让他难以忍受的是骠骑大将军，充右军中尉王守澄，他专横跋扈还不算，竟敢公开招权纳贿，结党营私。不仅连自己的话都敢顶撞，还敢当着众人的面，毫无顾忌地戏弄他，让他十分难堪。有时还以威胁的口气要他想想敬宗、宪宗皇帝是怎样驾崩的，自己又是怎样当上皇帝的。那副模样真是让人受不了。

"宪宗皇帝是内官陈弘庆弑逆的，他们却说是药发暴崩，想蒙骗天下人，真可恶至极！"

"对，"李甘肯定地说。"王守澄依仗势力，也以此威胁文宗皇帝。"

"那郑注起先听说也颇得文宗宠幸，怎么后来文宗又对他提防起来？"杜牧不解地问李甘。

"这就是奸佞小人的看家本领啰！有奶便是娘，翻云覆雨，朝三暮四，哪个该死的小人不是如此！郑注见王守澄不把文宗看在眼里，还操纵着文宗的废立大权，怎不完全投靠王守澄呢？"

"宋申锡倒是个忠良正直的人，文宗后来怀疑他也太不应该了！"杜牧为宋申锡被害不平着。

"老弟没有听说：'谗言三至而慈母惊。'谗人挑拨是非，事关皇权，文宗哪能不疑心！"李甘又说起宋申锡的事。

当文宗因王守澄等逆党主宰朝廷，愤懑不乐时，宋申锡正在朝中任翰林学士。有一次宋申锡独自和文宗一起谈论事情，听出了文宗皇帝的心头之痛，就趁机会建议想办法逐渐除掉王守澄一党。文宗也知道宋申锡为人沉厚忠直，又多怀谋略，以为其事可成，就听从他的建议，暗中谋划起来。

不久，文宗皇帝就擢升宋申锡为尚书右丞，接着又任命为宰相。对宋申锡的接连快速提拔并不是好事，反而引起了王守澄和郑注等人的怀疑。于是就密布暗探，暗中注视着宋申锡的一举一动。

宋申锡急着诛除宦官，觉得自己的力量还不够，就与文宗商量，把吏部侍郎王璠任命为京兆尹，想通过他控制京城、挟制奸党。宋申锡以为王璠老实靠得住，便把自己和文宗皇帝的想法告诉他，还把文宗皇帝的"朕受制于王守澄，此人不除，社稷将倾覆。望卿等戮力共诛之！"的密旨给他看。

真是"天有不测风云，人有旦夕祸福"。宋申锡以为自己与文宗等人的密谋只有天知地知，你知我知，可谓密不透风，神不知鬼不晓。可他看错了人，王璠把密谋泄露给郑注。郑注、王守澄遂加紧监视，并暗中策划着。

当时文宗的弟弟漳王李凑为人贤明，在朝野中颇得人望。有人甚至悄悄议论着："文宗太懦弱不成大器，如让漳王登帝位，天下也不至于如此乌七八糟！"这议论也传进文宗耳中，因此对李凑颇怀忌贤之意，怕他有朝一日取代自己。

郑注等人也知道文宗这一心病，遂暗中指使神策都虞侯豆卢著诬告宋申锡阴谋废掉文宗，别立漳王为帝。王守澄又在文宗面前添油加醋地奏上一本，并扬言将派人屠宋申锡一家。文宗皇帝听奏，也不加分析，对宋申锡谋立漳王之事深信不疑，遂命王守澄逮捕豆卢著所告的十六宅宫市品官晏敬则和宋申锡的亲信，将申锡罢为右庶子。不久又贬漳王为巢县公，宋申锡为开州司马，受此牵连被杀和流放者多达数百人，申锡也死于贬地。

"宋宰相屈死开州，真是我大唐天下的大耻辱，大冤枉！和鼎兄，天下士人为此忿忿不平，捶胸顿足。当时我还在宣州，民怨沸腾，有些人还集会吊念宋公，痛哭流涕。有人还画着郑注、王守澄的画像，中心插上无数支钢针，当众唾口沫，又放一把火把它烧掉呢！"

"长安城倒不敢如此公开，但私下诅咒的也不少。"

"那时，许浑先辈登进士第后返江东，见到我，说起此事也愤慨不已，还把一首诗让我看。"杜牧说到这儿，忽地被几道刺眼的闪电中断了话头，接着传来了一阵阵滚滚的雷声，像天神在天边擂着咚咚响的战鼓似的。

待雷声过后，杜牧回忆着，一句句慢慢地念着：

清湘吊屈原，垂泪撷苹蘩。

谤起乘轩鹤，机沉在槛猿。

乾坤三事贵，华夏一夫冤。

宁有唐虞世，心知不为言！

"华夏一夫冤！"李甘没等杜牧再说下去，激昂地赞道："许先辈此言乃天下正义之声！就是京官中也多是这种看法。只是奸邪势盛，百官只能暗中称冤，私下恨得咬牙切齿而已！不过，咱的朋友李中敏员外倒是条硬汉子，咱们可没看错人……"

"确是刚直不阿，敢摸老虎屁股的一位大丈夫！"杜牧怀着敬佩的口气赞叹。这时，他不禁又回想起李中敏的事。

那是在大和六年（公元832年）夏，天气也像大和九年（公元835年）一样，一连几个月关中一带连一滴雨也没有。天气炎热，田地龟裂，庄稼大都枯黄死了。河水断流，小溪、池塘也早滴水不留，是一场百年不遇的大旱。

文宗皇帝也为天下大旱，牲畜大批因干渴而倒毙，百姓也有因又饥又渴而中暑猝死的着急起来。于是他下诏布告天下，急求兴云致雨之方。

布告颁发了好些日子，虽有自告奋勇的方士自荐有求雨之术，但试了几次，登坛祈雨之后，却连一丝云彩也没求来，更不用说有雨丝风片了。这下可愁坏了唐文宗和朝中耿直爱民的一些大臣们，个个满面愁容，一筹莫展。

一天早朝，李中敏再也忍不住了，遂出列上前奏道：

……臣以为，仍岁大旱，非圣德不至，直以宋申锡之冤滥，郑注之奸弊。今致雨之方，莫若斩郑注而雪申锡……

李中敏慷慨愤激的这一番话，像一声炸雷当空响起。朝士们暗中称快敬佩，却个个面露惊危之色，出声不得，心中为李中敏捏一把汗而担忧着。

文宗此时也知道宋申锡蒙冤，内心对王守澄、郑注也颇忌恨，只是二人势力大，奈何不得，因此对李中敏的奏疏只能取装聋作哑、不置可否的态度。但李中敏此后却屡遭郑注暗算、排斥。次年，只好气愤地称病离朝归洛阳。

李中敏愤离朝廷的事杜牧早就知道，很为此打抱不平。早就想寻个机会为他申恨。可惜他一到朝廷，知道奸臣把权，郑注此时又和阴险狡诈的李训勾结一气。文宗对这两个奸佞又特别倚重，早在去年十月就擢李训为国子《周易》博士，充翰林侍讲学士。李训入院时，文宗还宣法曲弟子二十人奏法曲以示优宠。两省谏官为此还伏阁切谏，称李训奸邪不轨，但文宗根本不理。在这一情势下，杜牧知道自己根本就无能为力为李中敏雪冤，心中不免老憋着一肚子怨恨之气。

李甘和杜牧正议论、愤恨着，一阵风从远处呼呼而来，吹过宫墙，掠过御史台院内的柏树树梢，"吮当当"地撞开阁门、窗户，在回廊间旋转呼啸着，吹得杜牧和李甘不禁身起寒栗。天边的雷声这时也仿佛奔跑到宫城当空来，耀眼的闪电伴着震耳欲聋的炸雷接连猛扑到人间来。雨点，先是稀稀疏疏的，不久就像倒翻了江河似地倾盆而下。一时，天昏地暗，狂风暴雨大作，长安和整个宫城沉浸在风雨之中……

"报应快到了！"李甘扯开嗓门儿喊着。

"天怒人怨啊！"杜牧附和着。他望着闪电，"真该让雷公劈死这帮祸国殃民的蠹贼哟！"

"不除掉这几个蠹贼，朝无宁日，国不太平！你知道李款吧？"李甘提高声音问道。雷声压住两人的说话，必须大声才听得清楚。

"知道，"杜牧等雷声暂息时又接着说："李侍御也是个少有的刚直的人呐！"

"当时，他和李中敏一起任侍御史。李中敏弃官后，他又接着受迫害。"

"我从扬州入京后就一直找他，可就是没有一人知道他如今在哪里。和鼎兄，你是否已得到他的消息？"

"我也不知他的下落呀！说来也真气人，忠良之辈一个个被杀的杀、贬的贬，这样下去如何是好！"

"听说李款是自己隐退的？"

"哪是这样啊！是被迫驱逐的。你不清楚，当时郑注从邠宁入朝来，李款伏阁弹劾郑注：'内通敕使，外结朝官，两地往来，卜射财货，昼伏夜动，干窃化权。人不敢言，道路以目。请付法司。'一连十天，李款连上谏章十通，可文宗拒不纳。后来，郑注又使歪门邪道，将李款悄悄地赶出京城。朋友们至今还不知他的死活，哪里还能知道如今在哪儿！"李甘越说越激动，越讲越气，"该报应了！该报应了！"他大声地喊起来。

一阵狂风又起，吹得人几乎睁不开眼。只听见风声呼啸，屋上的瓦片被刮落下来，噼噼啦啦地掉在屋檐下，砸在殿阁外的泥土上。一片闪电光中，只见正殿阶旁的一棵千年的高大柏树斜歪着倒下去，接着轰轰"啪啪"的几声巨响。

"天怒人怨，老天爷显灵啦！我就说过，今年大旱必是上天动怒了！"李甘一边关上被风又吹开的门，一边说。

"今夜又刮倒了大柏树，恐怕就是一种征兆。常言道：'不是不报，时候未到。时候一到，一切都报！'"杜牧扶起被风刮倒的屏风说。他的话语中充满着一种信念，一种正气凛然的意味。

这一夜，他和李甘在御史台的风声雨声中，激昂地谈了一个彻夜。直到天明风定，两人才值完班，踏着满地的落叶断枝，带着对昨夜风雨的追忆，分手而去……

多年以后，杜牧仍记着这个不寻常的夜晚。他写下了一首追忆李甘的诗，其中就有关于这个夜晚的追忆：

> 大和八九年，训注极虓虎。
> 潜身九地底，转上青天去。
> ……
> 岂知祸乱根，枝叶潜滋莽。
> 九年夏四月，天诚若言语。
> 烈风驾地震，狞雷驱猛雨。
> 夜于正殿阶，拔去千年树。
> 吾君不省觉，二凶日威武。
> 操持北斗柄，开闭天门路。
> 森森明庭士，缩缩循墙鼠。
> 平生负名节，一旦如奴虏。
> 指名为锢党，状迹谁告诉。

喜无李杜诛，敢惮髡钳苦。

……

这一夜狂风吹拔了千年大树，果然如杜牧说的是一种天将报应的征兆。可惜在报应到来之前，谁又能料到它竟还要以许多忠良的生命为代价，其中就包括杜牧的这位好朋友——李甘呢！

宋申锡贬死开州后，王守澄一帮宦官更加骄横无忌。文宗皇帝表面上虽对他们宽容礼敬，而内心实在难以忍受。这时郑注、李训揣知文宗之意，趁着进《易经》的机会，试探着文宗的态度。文宗见李训有才辩，可与图谋铲除宦官的大事。又认为李、郑两人因王守澄的门路而入朝中，依靠他们反而不会引起宦官的怀疑。于是就把铲除王守澄等人的意愿全盘告诉他们。李训、郑注两人以为找到靠山，遂以诛除宦官为己任。从此，两人勾结得更紧，朝夕在一起密谋计议。文宗也更宠信他们，可谓言必听、计必从。于是李、郑声势煊赫，更加恣意放纵，擅作威福。两家宾客填门，赂遗山积，旁人只能侧目，还以为两人是仗着宦官的势力而胡作非为呢！

郑注、李训知道文宗即位时，右领将军仇士良有功，而又与王守澄不睦。遂说动文宗擢仇士良为左神策中尉，以分王守澄之权。守澄因此不悦，怀恨在心。

为了除掉朝中自己忌恨的大臣，郑注和李训又借京城讹传郑注为文宗合金丹，须小儿心肝的谣言，谗毁京兆尹杨虞卿，将他逮捕入狱。后来又借此事把宰相李宗闵等人贬逐出朝廷。一时李、郑权势威震天下，平生丝恩发怨无不寻机报复。为此贬逐者纷纷，不绝于道路。

大和九年（公元835年）秋七月，杜牧又遇上了一个多事之秋。

七月中的一天，杜牧又和李甘一起值夜。

"这些天来，杜牧老弟，听到什么议论没有？"李甘一见到杜牧，劈头就问道。

"消息可多啦！可你指的是哪方面的？"

"郑注。"李甘直截了当地说。

"据说郑注和李训之间也互相猜忌，互相钩心斗角！"

"小人们总是这种德性。为利而合，又为利而分裂。这不足怪！"

李甘说着，脸上显出一种对小人的鄙夷之色。"你还听到什么？"他接着问。

"我又听说翰林学士、户部侍郎李珏贬江州，也是因为厌恶郑注之故。"

"确是事实，这我知道得很清楚。前不久，皇上问李珏知郑注否，是否曾与他谈过话。你猜李珏怎么说？"

"李侍郎最瞧不起郑注，他绝没有好话说。"

"牧之，你说的不差。李珏一听像受了侮辱似的，当即对皇上说：'臣岂特知其姓名，兼深知其为人！其人奸邪，陛下宠之，恐无益圣德。臣忝在近密，安敢与此人交通！'没料到此话被郑注侦知了，逼着皇上将李珏贬为江州刺史。"

"真是逼人太甚！"杜牧听罢十分气愤。

"这样的人一朝大权在握，满朝忠良可就遭灭顶之灾了！"李甘长长地叹了一口气。又说："你没听到郑注朝夕将入相的事？"

"朝中、街上官吏和百姓都在暗中议论此事，但我不相信。郑注这样的人能当宰相，岂非笑话？倘若如此，真是我大唐皇朝的悲哀、奇耻！"

"我也听说了，传得顶真的！可别大意呀！据说，明天一早朝，皇上就会降出白麻，任命郑注为宰相。"

"说什么我也不信！"杜牧太瞧不起奸臣郑注了，他怎么也不会相信文宗会拜这样的小人为宰相。

"如果明天当真拜郑注为相，我就非以死相抗不可！"李甘斩钉截铁地发誓道。

"老兄不可意气用事，为这种小人赔上一条命不值得啊！还是从长计议，不必鸡蛋碰石头，总有机会收拾这帮群小的。'多行不义必自毙'，贤兄等着瞧吧！"杜牧此时比李甘冷静、理智些，劝说着……

没料到第二天早朝，文宗刚坐定，百官山呼"万岁"之后，李甘就在班列中扬言道："今天授郑注为宰相的白麻诏书一出，看我非当众撕裂它不可！"说得众百官面面相觑，满脸惊慌。

"这可做不得，会招来杀身之祸的！"有人胆小而好心地小声劝着。

但李甘仿佛没听见似的，反而挺身而出，当着文宗皇帝的面，大声倡言道：

> 宰相代天治物者，当先德望，后文艺。郑注是何许人，敢兹叼窃？欲得宰相？白麻出，我必坏之！

说罢，李甘气愤得直"呸！呸"地吐口水，丢下笏板，愤然甩袖而去。

说来也真凑巧，李训因忌郑注，不愿郑注为宰相，从中作梗，因此任命郑注为相的事遂不行。不久，白麻出，乃是任命赵儋为鄜坊节度使的诏书，而并非拜郑注为宰相。

没过几天，李甘因于朝堂扬言撕白麻而坐轻肆之罪，被贬到遥远的南方为封州司马。后来，竟冤死于封州贬所。

李甘离京赴封州时，朝中没人敢相送，只有杜牧一直送到灞上。灞桥下的流水呜咽，桥边柳枝无力地低垂着。杜牧看着李甘夫人那病弱的单薄的身子，又看看李甘怀中抱着的刚断乳的稚子，心中酸溜溜的，泪水不禁涌了出来。

"和鼎兄，此去路遥途险，还望保重，努力加餐饭。留得青山在……"泪水流下两腮，杜牧哽咽得说不下去。

"朝中奸党掌权，凶多吉少。牧之老弟，你千万得小心。"

"在下一定牢记贤兄的话。宦官把持朝政，在朝无可作为，我也不想待下去了。"杜牧擦掉泪水，伤感地说着。

"老天总要报应的。牧之，我们等着那一天！"声音坚毅而自信。

"来，和鼎兄，咱们再干一杯！"杜牧举起酒杯，把一杯递给李甘，自己又端杯一饮而尽。"愿老天爷再来一场狞雷猛雨，劈死这伙奸党！咱们兄弟早日团聚！"

马车载着李甘一家离灞桥而去，杜牧一直目送到再也看不见的尽头。烟霭遮住了一切。

不久有消息传来：李甘夜过青泥坂时，因路陡泥滑，车颠簸晃动，从车上坠下，不幸左股被摔断了。他的妻子也受不了路途的辛苦劳累，病得更气息奄奄，只剩一口气了。

杜牧一听到这消息，不禁一阵伤心，泪泉水似的涌出来。"都是这伙王八羔子害的！天理昭彰，何时能杀掉这帮蟊贼啊！"杜牧气愤得跺着脚，手中的酒壶"砰"的一声重重地摔在桌子上，酒滴四溅着。

这一天夜晚，杜牧彻夜失眠。想到自己到京城来已近半年，本想能施展抱负，出谋划策以匡国济民。却没料到奸人把持朝政，文宗反成了傀儡。自己不仅一筹莫展，反目睹了这帮奸人的胡作非为、嚣张跋扈。忠臣一个个受迫害打击。朋友一个个被贬斥远去，反惹得自己心情愤郁，悲恨辛酸。他想，既然如此无可作为，看不下去，何不远离这伙狐群狗党，到东都避避去。何况东都还有几位自己志同道合的朋友，听说张好好也在那里。他也不禁回想起自己在东都应进士试时所见到的一切。那印象至今还那么好，那样吸引人，包括在街头所遇见的对他回眸一笑的紫衣女子……

第二天，他递上了移疾东都的报告。

杜牧移疾，任监察御史分司东都洛阳。其时正是大和九年（公元835年）秋中。

他来到洛阳，摆脱了长安任京官时自己后来在诗中所描述的"每虑号无告，长忧骇不存。随行唯蹢躅，出语但寒暄"的生活，觉得心情宽松多了。何况这时杜牧的一些老朋友，如辞官退居的李中敏、告病在洛阳休养的左拾遗韦楚老、前监察御史卢简求等人也都在洛阳。杜牧来洛阳后，和这些老朋友常有来往、集会，一起回忆往事，议论时政，谈诗论艺，日子倒过得闲暇自在。

在洛阳，杜牧又结识了一些新朋友，其中李戡处士是最值得一提的人。

有一次杜牧和韦楚老等人谈论时，韦楚老等人告诉他："任监察御史，凡事都须检点谨慎。牧之贤弟，你还年轻，如交游朋友，务须谨慎，不可妄交。应该找那些为人长厚，有学识的人为朋友。这样的人才能帮助你访求得失，助你为官。"

"洛阳除贤兄等人之外，还能找到这样的贤者吗？"杜牧瞧着韦楚老等人，眼光里流露出期望。这些朋友年纪都比他大得多，杜牧对他们的开导总是怀着感激、敬佩的心情。

"这样的贤士洛阳有的是。"李中敏看了看正点头表示赞同的韦楚老和卢简求，又接着推荐道："李处士戡就是其中一位，此人最值得交为朋友。"

李中敏等人简略地向杜牧介绍起李戡的为人。李戡又曾名李飞，字定臣，生得容貌古朴清奇。十几岁时即好学，夜无灯火，他就默念白日里所记的文章。他30岁时即精通六经，颇有抉微发明。凡是郑玄、孔颖达等学者为经书所作的疏注，他都能论其短长。他为人语言行止，皆有法度。居于阳羡时，百姓有纠纷不决的事，不去找官府，而都找他评判，没有不服气的。李戡又很有文才，学识渊博，曾著文数百篇。但不合于仁义之事，他从不下笔。又曾精选国朝以来的古诗，编为三卷，名为《唐诗》，并亲自作序，以说明自己选诗的主张、标准……

杜牧听了介绍，顿时回忆起大和初自己在东都应进士试时的往事：那时，进士们常常有人提起自江西来的李飞。十五年前，李飞应礼部举行的赋试。礼部的考场吏大声粗气地呼喊着李飞的姓名，又以怀疑的眼光审视着应试的身份品证。之后又是搜身，又是盘问，折腾了一番之后，才放人入考场。李飞见状，十分生气，愤怒地质疑道："能这样选举贤才吗？太不把人当人看了！"说罢，即袖手扬长而去。第二天他即径返江东。

杜牧也想起，自己以前在江西、宣城两地为幕吏时，兰陵人萧寘、京兆韩乂、博陵崔寿常喜欢品量人物。每逢议论品第人时，必定会说："有道有学有文，如李处士戡这样的人当今实在太少了！这位李戡就正是扬长而去，不参加进士试的李飞。"当时杜牧听到有这样的贤士，恨自己和他不相识，真想有个机会结识他。

如今，杜牧听到李戡就是李飞，而且即住在洛阳，当天就亲自去拜访他。两人一见如故，见解相合，谈得极为投机。从此两人结为好友，经常来往……

没料到过了一年多，李戡应聘任平卢军节度巡官不久，即卒于洛阳友人王广思恭里家中。杜牧为失去这一位友人，十分惋惜悲痛，亲自为他撰写《李府君墓志铭》。杜牧和李戡谈得来，见解颇多一致。特别是对当时文坛的看法，他们也多有相似的意见。墓志铭中有一段写道：

（李戡）所著文数百篇，外于仁义，一不关笔。尝曰："诗者可以歌，可以流于竹，鼓于丝，妇人小儿，皆欲讽诵，国俗薄厚，扇之于诗，如风之疾速。尝痛自元和已来有元、白诗者，纤艳不逞，非庄士雅人，多为其所破坏。流于民间，疏于屏壁，子父女母，交口教授，淫言媒语，冬寒夏热，入人肌骨，不可除去。吾无位，不得用法以治之。"……

……呜呼定臣，曰德孔修，曰学必圣。饬我兢兢，一不言命。可传其心，以教后生。呜呼哀哉！

杜牧不喜欢元稹、白居易的一些艳体诗，认为格调不高，内容过于浮艳，所以才特地记下了李戡的这一番话。元稹和白居易名气很大，所以这段话在当时及后世真可谓一石激起千层浪，聚讼纷纷，至今未了。

杜牧到东都任监察御史分司后，仍然关注着长安的局势。几个月来，不断有消息从京城传来：

庐州刺史罗立言本是个贪赃的人，因以金宝珠玉贿赂郑注而调任司农少卿。

中书舍人高元裕因在草郑注入翰林学士的制诰中说郑注"以医药奉君亲"的话，郑注便记恨在心。终于以高元裕出郊送别贬官李宗闵为借口，将他贬为阆州刺史。

被郑注、李训所不喜的朝士，纷纷被当作李德裕、李宗闵之党而贬逐无虚日，朝中班列几乎一空，人心惶惶。

宦官陈弘志曾参与谋杀唐宪宗，李训和文宗宣召他入朝，至青泥驿而杖杀他。

郑注谋求凤翔节度使，宰相李固言不同意。郑注遂厌恶他，终于把他贬为山南西道节度使。

郑注、李训密言于唐文宗，请除掉宦官头目王守澄。大和九年十月，派中使李好古到王守澄府第，赐酒鸩杀之。

……

杜牧听到这些消息，心中十分沉重忧郁。"奸人掌权，朝中全是李、郑的天下，恐怕天下将免不了一场变乱！"他常对李中敏感叹道。因为心情苦闷、压抑，他喝酒喝得更凶了。"何以解忧，唯有杜康！"他常以此自解。

"一场狞雷猛雨的风暴将来临了！"杜牧的内心呼喊着、盼望着……

大和九年（公元835年）冬十一月，一场震惊朝野的充满腥风血雨的风暴终于爆发了。消息不断地传来：

"郑注、李训被仇士良所杀！"

"朝官多遭受宦官屠杀，朝列几为一空！"

"贾𫗧、王涯等宰相横遭杀害，死者近两千人！"

"京师横尸流血，狼藉满地……"

"坊市恶少年乘机报私仇，杀人、剽掠百货，互相攻劫，尘埃遮天！"

……

"笃、笃……"一阵紧急的敲门声使李中敏闻声从书房奔向大门。夜黑沉沉的。

"是谁？"

"是我，快开门！"杜牧着急地应着。

"中敏兄，仇士良大杀朝官，听到消息否？"一开门，杜牧就气咻咻地说。

"刚听到点风声，但不知其详。皇上怎样了？"

"皇上倒没伤着，只是被仇士良挟制着。"杜牧眼中似乎要喷出一团烈火，紧锁着眉头。"李训、郑注这两个奸人被杀了，死得活该！只是仇士良这阉竖也太残忍了，杀人如麻，血流朝堂，令人痛恨啊！"愤怒使得杜牧边说边拍着书桌，桌上的灯被震得一抖一抖的。

"还听到些什么？具体说说。我早就料到郑注这小人不得好死！"李中敏也急着询问。这些日子他因着寒，在家养病，所以消息知道得少。杜牧遂将自己所知告诉他：

郑注和李训得到文宗信任后，一起谋划着清除宦官的事。李训很快地就升任宰相，郑注出为凤翔节度使，以为外援。朝臣郭行余、王璠、罗立言、韩约等人又为李训所援引提拔，结为一党，共同策划诛除宦官的步骤。11月21日，文宗到紫宸殿，百官站定，左金吾卫大将军韩约奏称："左金吾厅后石榴树上夜有甘露，天降吉兆可庆可贺！"文宗命宰相和两省官前往观看。李训看后回奏说："臣与众人亲验之，恐非真甘露，不可即宣告天下。"文宗听奏，遂命宦官仇士良、鱼弘志带领宦官们去观看。

却说李训早已令郭行余、王璠率部执兵器立于丹凤门外；又埋伏杀手于左金吾仗，准备一举铲除宦官。

仇士良等宦官至左仗视甘露，韩约见仇士良来了，慌得变色流汗，引起仇士良疑怪，问他："将军何故如此？"韩约慌未能答。一阵风起，仇士良此时又看到帐幕后很多执武器的兵士，还听到兵器轻碰的声音。一时仇士良等人惊骇往回走，又急着挟持文宗入宫中，马上派神策禁兵五百人砍杀朝中官吏。后来又杀掉了李训、郑注及其党羽王璠、郭行余、李孝本、罗立言、韩约等人；还以谋反等莫须有的罪名，杀戮了王涯、贾餗、舒元舆三宰相。

无辜被牵连而杀的人也有不少。王涯有个再从弟王沐，本家居江南，又年老又贫困。恰好来京师求王涯援引，求一县主簿小官。但遭王涯冷落，来京两年多，始得一见。王涯许以微官，王沐只好到宰相府第等待消息。恰遇王涯被抄家，王沐也就糊里糊涂地被当作王涯的家人被腰斩了……

李中敏听罢杜牧的讲述后，真是又气又解恨。"大前年，我就上言杀掉郑注以快忠臣之魂，反遭郑注排挤。如今这两个狗东西被杀也算老天有眼！只是杀了狐狸，又来了豺狼，令人遗憾！"

"仇士良等人如狼似虎，看来朝廷更不得安宁了！"杜牧愤慨地接着说……

经过这场"甘露之变"后，仇士良为首的宦官们更是气焰嚣张。他们胁迫文宗，根本不把宰相看在眼里，凌辱朝士如草芥一般。从此天下之事都决于北司宦官，生杀除拜官吏的大权都决于仇士良等人，宰相只是行文书而已。

多年以后，杜牧回忆起李训、郑注把持朝政，诬害忠良，以及"甘露之变"仇士良屠戮朝官，血染京城的历史，依然不胜愤慨。他痛心地记下了这一段血和泪的历史，其中写道：

> 昔事文皇帝。……
> 长忧骇不存！随行唯踧踖，
> 出语但寒暄。宫省咽喉任，
> 戈矛羽卫屯。光尘皆影附，
> 车马定西奔。亿万持衡价，
> 锱铢挟契论。堆时过北斗，
> 积处满西园，……
> 狐威假白额，枭啸得黄昏。
> 馥馥芝兰圃，森森枳棘藩。
> 吠声嗾国狿。公议怯膺门。
> 窜逐诸丞相，苍茫远帝阍。
> 一名为吉士，谁免吊湘魂？

写到李中敏被挤、仇士良屠杀朝臣的暴行，杜牧的诗句显得更为愤慨：

> 一章缄拜皂囊中，
> 慄慄朝廷有古风。
> 元礼去归缑氏学，
> 江充来见犬台宫。
> 纷纭白昼惊千古，
> 铁锁朱殿几一空。
> 曲突徙薪人不会，
> 海边今作钓鱼翁！

杜牧在洛阳结识了一些新朋友，但也得罪了声势显赫的李绅。并由此多少卷进了势同水火的牛李党争中，更为李德裕等李党所不喜，遭致此后的被李党所排挤。

那是文宗开成元年（公元 836 年）7 月 5 日，当时河南尹李绅徙为宣武节度使，离洛阳赴汴州开封。朝廷派来的使者刘泰押送旌节，和李绅一道出东都城门。这时，城内的百姓前来送行者有数万人之多。他们一直送到白马寺，有的涕泣不止，有的拦住车子，舍不得李绅离去。杜牧和京兆少尹严元容与李绅不睦，对百姓恋慕李绅、依依不舍地离去极为恼火。严元容气得操起鞭子鞭打胥吏市人，杜牧也派御史台的小吏遮拦殴打送行的群众，喝令他们撤掉钱行的祖帐。

李绅，字公垂，长得矮小而精悍，人称"短李"。他早年在翰林为学士时即和元稹、李德裕意气相投，关系极为密切，时称"三俊"。他和李德裕都和牛党魁首牛僧孺等人关系恶劣，互相怨怒排挤。杜牧私淑于牛僧孺，曾在扬州为他的幕吏，可能即因此而不喜李绅。

李绅为人刚褊，性格暴躁，对严元容、杜牧的阻拦、殴打送行的百姓耿耿于怀。事后即记下此事，并赋诗抒愤云："日晖红旆分如电，人拥青门动若雷。伊洛镜清回首处，是非纷杂任尘埃！"唐武宗会昌年间，李绅与李德裕任宰相。杜牧其时被排挤，长期在朝外任官，甚不得意，恐怕就是此时埋下的祸根。

忽发狂言惊满座

两行红粉一时回

　　洛阳是著名的古都，名胜很多。杜牧在东都任监察御史分司，平时多清闲无事，他也乐得悠然自得，四处游览，凭吊名胜古迹，写下不少咏唱古都抒发情怀的诗篇。

　　有一天，杜牧到洛阳城东十八里的故洛阳城游览凭吊。故洛阳城首建于东汉，杜牧来时却已是一片荒凉，只残存着旧城的遗迹。他举目所见，只是荒草蔓蔓，在秋风斜阳中显得十分败落凄凉。萧瑟的秋风吹起落叶，卷着草根，在草丛中，在颓垣上飘悠着，抖嗦着。此时杜牧不禁想起建于东汉灵帝时的罩圭苑和平乐馆，当时它们是何等的奢丽辉煌，而今却只有残垣断壁；又想到东汉的党锢之祸，西晋王衍的清谈。以及此后洛阳的纷纷战火与沧桑，不禁感慨系之，咏成了《故洛阳城有感》一诗：

> 一片宫墙当道危，
> 行人为汝去迟迟。
> 罩圭苑里秋风后，
> 平乐馆前斜日时。
> 锢党岂能留汉鼎，
> 清谈空解识胡儿。
> 千烧万战坤灵死，
> 惨惨终年鸟雀悲！

　　面对着故洛阳城的遗迹，杜牧既有怀古之幽情、历史沧桑的叹喟，又有面对现实的痛苦与悲哀。自从"甘露之变"后，郑注、李训一伙奸佞之徒虽被清除了，但朝廷并没有光明起来，反而更黑暗、更腐败了。以仇士良为首的宦官专横不可一世，把持着朝政，连唐文宗也捏在他们手心里，废立生杀全操在宦官手中。宰相李石为人正直，能按纲纪办事，却遭到宦官仇视，派人趁李石入朝时暗杀他。此时藩镇不仅拥兵自重，而且时常对抗朝廷，举兵反叛。加上唐穆宗长庆以来愈演愈烈的牛、李党争，至此时更发展到水火不相容的白热化的激烈程度……这一切都令杜牧感到揪心的痛苦。他恨不得自己能有三头六臂、神仙般的奇异功能，来扫除奸党乱臣，挽救国家危机，还大唐江山一个清明鼎盛的有如唐太宗时的盛世，使国家昌盛繁荣，百姓得以丰衣足食、安居乐业。然而这只是梦境，无法实现。他时常感到前程渺茫，蒙受着一种失望的深重和忧郁。然而他不甘心这种失望，想抗争、想振作。少年时代就怀有的匡世济民的抱负与理想时常与失望和悲观处于矛盾交织的状态，他由此而深感一种无可言说的痛苦。

来到洛阳的那年暮冬，"甘露之变"后不久，他的友人韦楚老手中拿着此时在洛阳为太子宾客分司东都的诗人白居易的一首诗来找他。

"牧之，白宾客这首诗已在洛阳传开了，你瞧瞧。"

杜牧一把从韦楚老手中接过诗笺，诗句展现在眼中：

祸福茫茫不可期，

大都早退似先知。

当君白首同归日，

是我青山独往时。

顾索素琴应不暇，

忆牵黄犬定难追。

麒麟作脯龙为醢，

何似泥中曳尾龟！

杜牧读罢诗，沉思着。韦楚老见杜牧不作一声评论，心想他和白居易诗风不同，对白居易这位诗坛前辈不无微言。现在读到此诗，反而不便随心评论，故慎重地思考着。

"有人称赞这首诗，说是看破红尘，能退步抽身早；而又有人有不同看法……"

"什么不同看法？"杜牧抬头追问。

"有的批评白宾客对王涯、贾餗、舒元舆等人被仇士良所杀幸灾乐祸，真是昧了良心，不分是非好恶！"

"我不这么看，"杜牧脱口而出。他叹了一口气，"哎！作诗难，读懂诗更难！"

"有何高见？我正想听听老弟的意见呢！"韦楚老接回诗笺，扫了一眼说。

"说幸灾乐祸是冤枉了白宾客，没读懂诗。其实白宾客为王涯等人被害愤怒、痛苦得很呐，只是深埋心底而已。不过他未免消极了些。"

"我看这消极也是被形势所逼，无可奈何，值得同情理解。白宾客早年何尝如此！他写讽谕诗时又有谁比他的胆量大，言辞激烈？"韦楚老说出了自己的看法，他对白居易倒是很赞赏的。

"贤兄说得不错。不过人人都去做泥中曳尾龟，奸党如何清除？国家如何能清明？"

韦楚老心想杜牧所说也有道理，便默不吭声。

"其实，我也不无做曳尾龟之想，只是又不甘心而已！"杜牧感慨道。"甘露之变，"杜牧又接着说："宦官杀人如麻，三宰相屈死，谁不气愤，谁不思报仇？许浑先辈贤兄是认识的，您听听他的诗怎么说……"

"贤弟有用晦先辈的消息？"

"他仍在润州丁卯桥村舍寓居。前些天有人从江东来，给我看了许先辈《甘露寺感事贻同志》的一首诗。诗借甘露寺写'甘露之变'事，用心良苦得很呐。可他的悲愤和报仇雪恨的志向仍然掩饰不住！"

"怎么写的？"

杜牧于是低沉地吟起这首诗：

云蔽长安路更赊，
独随渔艇老天涯。
……
雪愤有期心自壮，

报恩无处发先华。

东堂旧侣勤书剑，

同出膺门是一家。

"许先辈确属可敬可佩！"韦楚老听完诗后，情不自禁地赞叹。

"家弟杜颛也气得不愿入京，宁愿闲居扬州呢！"

韦楚老知道，杜颛在大和九年六月曾接任咸阳县尉、直史馆的调令。但他知道朝中矛盾重重，宦官掌权，曾对人说："李训、郑注必失败无疑，我且慢慢走，等着瞧瞧。""甘露之变"时，他正走到汴州，见仇士良横行霸道，不愿入京，又折回扬州闲居了。

"令弟眼病好些了吧？"

"来人说，最近他的眼疾渐加重，看东西很模糊……"杜牧紧蹙眉头，长长地叹了一口气。

两人又谈论了一会儿，韦楚老方告辞回去。

冬去春来，但洛阳的早春依然雪覆群山，白皑皑的一片，天气还寒冷。

杜牧于一年四季喜欢春天、秋天。特别是春天，他尤为喜欢。春天给他特别多的感触，也会兴起特别细腻的情感，引发起泉水般涌出的灵感与诗兴。他有游春览胜的癖好，每到春天重返大地，他禁不住春的诱惑，总要外出踏青，寻觅、观赏春回大地的最初脚迹。

开成元年（公元836年）初春，杜牧迎着春寒，来到洛阳怀仁坊。此处有一座佛寺名敬爱寺，乃唐高宗显庆三年（公元657年）孝敬皇帝李弘为太子时，为高宗、武太后所建，是一座著名的寺院。杜牧先游览了寺院。虽然此时仍然有积雪，见不到新草发绿，但经冬的柏树依然苍翠，显出一股倔强的气息。寺院红色墙壁内的高高的松树，也抖擞着精神，虬枝横逸，仿佛洋溢着战胜冬寒的一股英俊雄杰之气。杜牧见了这些松柏，心中像受到它们那神态鼓舞似的，增加了几分雄杰之气。

随后，他又登上敬爱寺楼，纵目瞭望。遥对着高高的楼头，是远处连绵不尽的群山。群山遍盖着厚厚的白雪，那寒气似乎遥遥地传过来，直袭身上。杜牧不禁打了个冷战，这冷战几乎与他想到长安政局同时出现。他为那摆脱不了的对国事的担忧与愁闷而寒心，而痛苦，而悲愤。此时他想起了唐初诗人陈子昂，他感到此时的心境，与这位诗人登上幽州台时是多么的相似。他不禁吟起了这位诗人那时所作的诗："前不见古人，后不见来者。念天地之悠悠，独怆然而涕下！"

他在楼上站了很久很久，也想得很多很多。一直到斜阳衔山，他仍然伫立凭栏，内心百感交集，心中涌出了四句诗：

> 暮景千山雪，春寒百尺楼。
> 独登还独下，谁会我悠悠？

那天，他回得很晚、很晚，心中充满了感慨。

晚春时，他还到这寺院来过。这回来时，他得知挚友李甘已死于贬地封州，心情极为悲痛、消沉。"幽兰思楚泽，恨水啼湘渚。悦悦三闾魂，悠悠一千古……如何干斗气，竟作炎荒土！"后来他用这些诗句来抒发他闻知挚友冤死的悲愤。

这一天，他没有心情登敬爱寺楼，只是焚香默默朝向南方而拜，算是对李甘的祭奠。他端着酒杯，把酒洒在地上，心中说着："和鼎兄啊，老天报应了，郑注完蛋了！您也可含笑九泉，喝下这杯酒了！"他泪与心声俱下……

天阴沉沉的，还下了一阵阵细雨。杜牧又和寺僧喝茶饮酒，听寺僧讲生死轮回之事、因果报应之说。他喝得微微醉，听了佛理，心中更不免消极感慨。想起大和元年以来十年光阴匆匆而过，此时自己鬓边已生出丝丝白发，但依然一事无成，只能在洛阳当个闲冷的小官，不禁慨从中来。他正慨叹间，见那老僧正坐在禅榻上，手执经卷，微眯着眼，口中念念有词着，脸上呈现着超脱一切悲喜哀乐的淡然忘怀的神情，仿佛只与冥冥中的佛祖交谈，而忘掉了人间的一切。他不由得羡慕起这老僧，心想如能斩断这恋世的情丝，就可六根清净、逍遥自得，倒免除了无穷的苦恼……一时他百感交聚，遂援笔濡墨，走出禅房，在寺壁上题下一诗：

> 觥船一棹百分空，
> 十岁青春不负公。

今日鬓丝禅榻畔，

茶烟轻飏落花风。

　　刚题罢此诗，正想再题一首时，老寺僧已踱出禅房外，见壁上墨迹犹湿，很快地看了一遍，不禁一迭连声地称"好，好……好个'今日鬓丝禅榻畔，茶烟轻飏落花风。'似此诗句，为老衲寒壁生色不少！"

　　"我还有一首，不知可否再污圣地？"

　　"尽管写下不妨，侍御的墨宝是老衲求之不得的。"

　　"那我就献丑了。"杜牧说罢，又将笔蘸了蘸墨汁，在另一侧寺壁题下《醉后题僧院》一诗：

离心忽忽复悽悽，

雨晦倾瓶取醉泥。

可羡高僧共心语，

一如携稚往东西。

　　"过奖，过奖，老衲哪称得上高僧。出语俗陋，还望杜侍御恕罪。阿弥陀佛，罪过，罪过！"

　　……

　　在洛阳的三年中，杜牧还和韦楚老、李中敏、郑处海、冀处士等人来往交游。他或与友人出游，或单独前往。创作了不少歌咏洛阳的佳作，至今犹传颂人口，为人赞颂不绝。《洛阳长句二首》就是写在这时，而一时为人交口称誉的诗作：

草色人心相与闲，

是非名利有无间。

桥横落照虹堪画，

树锁千门鸟自还。

芝盖不来云杳杳，

仙舟何处水潺潺？

君王谦让泥金事，

苍翠空高万岁山。

天汉东穿白玉京，

日华浮动翠光生。

桥边游女佩环委，

波底上阳金碧明。

月锁名园孤鹤唳，

川酣秋梦凿龙声。

连昌绣岭行宫在，

玉辇何时父老迎？

　　他还游过金谷园。那正是暮春时节，满园的春草又绿又长。风吹草动，虽不无花草郁郁之香，但落花缤纷，鸟啼幽幽，如慕似怨，却让人不无荒芜之感。面对着这一番景象，杜牧自然地想到晋代石崇的奢华豪富，想到那时金谷园是何等的繁华富丽。石崇带着他的绝世佳人绿珠在这里享尽了春花秋月之美，过着风流放纵的生活。绿珠在这儿笑得比盛开的桃花还美，她那娇滴滴的情语像黄莺的软语，只为石崇一人而歌唱。她为石崇轻舒舞袖，妙转腰肢，袒露酥胸，转盼媚眼……最后又为他而坠楼殉情，以一死而抵抗孙秀的淫威，保全了皓皓清白之身……

　　"红颜薄命，自古而然！"杜牧对着金谷园不胜感慨地叹息。

　　同行的冀处士听到杜牧这一声感叹也有同感，"金谷园的存在，就是红颜苦命的见证，真令人惋惜啊！"

　　"其实，这金谷园应改为绿珠园为是，这园子的意义全在于她。那石崇也罢，孙秀也罢，全不值得纪念。只有这绿珠女子至情至义，倒是值得敬佩纪念的刚烈柔情女子。"杜牧拾起一朵落花，边评说着，边爱抚地用手指轻轻地抚平卷皱起的花瓣，好像在用情怜惜着一位受伤的美女似的。

　　"这主意太好了。"冀处士啧啧赞同着，"从现在起，我就改称它绿珠园，逢人便说，让大伙都这么称呼它。……喂，牧之，您逢景便有诗题咏，何不也来一首，题目就叫'金谷园'好了，如何？"

　　"遵命，遵命！"杜牧莞尔一笑，"我本就想出一句，这下被您一说，倒没头绪了。”

“这一句怎么说，先听为快，您说说。”冀处士催着。

“‘繁华事散逐香尘’就这么一个零句。”

“起得好，首句就让人有无限惋惜愁怅之感！接下的诗句肯定要让人黯然伤神了。牧之，想好没有？下句呢？”

“下句被您搅乱了，回去再接上吧。唷！您瞧，谁来了？”

“楚老拾遗、中敏员外！”冀处士喊着迎了上去。

“我料二位必到这里，所以赶来同游。”韦拾遗高兴地说。

“我告诉二位，牧之侍御刚才将这金谷园改名为绿珠园，今后只准称绿珠园了！”

“改得好！这绿珠姑娘泉下有知，也一定会给杜侍御一个感激的笑靥，送出多情的秋波！”李中敏的话引得大家笑起来……

游览金谷园之夜，杜牧续成了《金谷园》诗：

……
流水无情草自春。
日暮东风怨啼鸟，
落花犹似堕楼人！

这天夜里，他果然梦见了绿珠。可是绿珠没有香艳的微笑，只有一双带着无限幽怨的眼睛，一张美丽然而却挂满泪珠的娇脸……

人生有的像飘萍，随水波飘荡，难有定所；有的又像飞鸿，南来北往，东去西来，难觅踪迹。人生聚合离散，有时全凭偶然，难以强求。

杜牧来洛阳前，湖州崔乙使君已调任他方。不久湖州又遇上一场兵乱，遂断绝了湖州莲萍姑娘的音信，心中已颇为烦闷。来洛阳后，本来以为可以和张好好相聚，可没料到沈述师已不知去向，好好虽还在洛阳，但已搬离原来的住所，住到别的地方去，一时也难知踪迹。虽逢人打听，也终无所获，不觉心情怅惘。

说来也巧，人生的相聚也常于意外，在完全没想到的时候，却让你见到多年不见的朋友。

一天，杜牧闲来无事，且接到弟弟眼病加重、几乎已失明的消息，心情像铅一般的沉重，便到洛阳东城一带走走。他很少到东城来，地方不熟，在路人的指引下，逛了两三处公园、别墅。又到沿街的几家古董店、杂货铺看看，觉得也无情无绪，口中又渴，便到一处偏僻的街巷中，找到一家小茶店喝杯茶。

店小二端上茶，杜牧刚喝了几口，放下杯子，抬头打量着店中的茶客。店虽小，可喝茶的人却不少。突然，从楼上走下来一位女子使杜牧眼睛一亮，"那不是张好好？"他想着，没叫出声，仍然不相信是她。揉揉眼睛，专注地看着。

"杜公子！"张好好却一眼认出杜牧来，惊喜地叫着。

"好好，真没想到就是你！"杜牧大喜，声音激动。

"历尽风霜，再也不像当年了。"张好好苦笑着。

"我来洛阳好几个月了，却找不到你，没想到在这儿碰到了。真是奇遇，让人高兴！"

"我还以为你一直在扬州呢！怎么到这儿来了？"

杜牧遂把自己进京任监察御史，后移疾至洛阳的经过简略地讲给张好好听。张好好听了，不免感叹。

"沈述师到哪儿去了？"杜牧望着张好好那依然美丽、然而显得几分忧郁的脸问。

"我也不知道他如今的下落。"好好声音低沉、凄凉。她自从被沈述师遗弃后，就再也没见到他了。

"这人怎这样狠心抛下你呐？我见到他非把他揍扁不可！"杜牧愤愤然。

"他起初对我百般的好，可后来就渐渐冷淡了。他的兄长沈传师一去世，他更无所忌惮，对我不是骂，就是讥讽。说我是歌伎出身，骂我贱货……"好好话声哽塞，心中一酸，不禁泪滴衣襟。

"不仁不义，欺人太甚！"杜牧眼中燃着一团愤火。

"后来，他干脆把别的女人带回家来，在我的面前打情卖俏，什么丑态都敢做出来……那女的轻浮放浪得叫人看不下去。当着我的面，解开胸衣，躺在述师身上，非要他摸弄不可……"

"真是不要脸的骚货！"杜牧气得手发抖。又接着说："沈述师也太可恨了，当年甜言蜜语，也不说什么歌伎的话。今儿又嫌歌伎贱。歌伎怎的就贱了？像你这样的人，就不比小家碧玉强？他能娶到你，算是他的造化。反而这般胡说，倒去缠上那骚货，真是鬼迷心窍，瞎了眼！"

张好好又向杜牧讲述了后来遭到沈述师的抛弃，自己痛苦得真想悬梁自尽。后来渐渐冷静下来，为了谋生，只好重操旧业，再开起这家茶店……

……

和张好好不期而遇，又听了张好好的遭遇，杜牧又是高兴，又是感慨难过。他不禁回想起在江西、宣州与好好相识相处的一段值得怀念的美好的日子；想起了好好的光彩照人的惊人的美貌、动听的歌声、优美的舞姿，以及受人宠爱的情景。他神往留恋这段诗一般美的岁月，重温着自己对好好的一段珍藏在心底的感情……然而岁月无情，现实冷酷，这一切已成为遥远的再也追不回来的往事，成了他的梦境。张好好被遗弃，经历了风霜。自己也落拓不偶，鬓生白发。他抚念前尘，感慨歔欷。人生啊人生，这样的变幻不定，这样的多情与无情，这样的让人悲喜交聚，这样的使人充满了希望，然后又常常将希望击得粉碎，留下永恒的历史遗恨……

杜牧想得很多很多，想得痛苦、感慨。他彻夜不眠，在感情的汹涌中，写下了著名的《张好好诗》。

第二天，他又以潇洒流逸的笔迹将这首诗重抄好，派人送给张好好。

张好好接到后，喜上眉梢。她展开诗笺，诗句就映入眼中。她一口气从头至尾读下去：

> 君为豫章姝，十三才有余。
> 翠苫凤生尾，丹叶莲含跗。
> 高阁倚天半，章江联碧虚。
> 此地试君唱，特使华筵铺。
> 主公顾四座，始讶来踟蹰。
> 吴娃起引赞，低徊映长裾。
> 双鬟可高下，才过青罗襦，
> 盼盼乍垂袖，一声雏凤呼，

繁弦迸关纽，塞管裂圆芦。

众音不能逐，袅袅穿云衢。

主公再三叹，谓言天下殊！

……

龙沙看秋浪，明月游东湖，

自此每相见，三日已为疏。

玉质随月满，艳态逐春舒，

绛唇渐轻巧，云步转虚徐。

旌旆忽东下，笙歌随舳舻。

……

飘然集仙客，讽赋欺相如。

聘之碧瑶珮，载以紫云车。

洞闭水声远，月高蟾影孤。

尔来未几岁，散尽高阳徒。

洛城重相见，婥婥为当垆。

怪我苦何事，少年垂白须？

朋游今在否？落拓更能无？

门馆恸哭后，水云秋景初。

斜日挂衰柳，凉风生座隅。

洒尽满襟泪，短歌聊一书！

　　一句句诗将张好好带回到江西与宣城。那过去的美好的日子，那受人礼重赏爱的情景，一幕幕地展现在眼前，仿佛就是昨天的事情。诗又把她召回洛阳来，她回到了"婥婥为当垆"的现实中。她无限凄凉、感慨。读罢诗，她已泪眼模糊……

　　杜牧手书的这首著名诗歌真迹，后来历代相传，至今仍然保存在北京故宫博物院，成为极为珍贵的墨宝。

　　开成二年（公元 837 年）春，杜牧接到杜颚来信，信中说他的双眼已失明。恰在这时，韦楚老来找杜牧，杜牧即谈起弟弟眼睛失明的事。

　　韦楚老一听，说："同州有一位眼医，名石公集。剑南少尹姜沔也曾患眼病失明，后经石医生针灸，没扎几针就好了，真是手到病除的神医啊！"

"石医生现在住在哪儿？"杜牧焦急地问。

"还住在同州。不过此人医术虽高明，却有些傲气，对孔方兄也看重得很呐！"

"不怕，精诚所至，金石为开。为治好弟弟的眼病，我什么都可做。"

杜牧又了解了石医生的确切地址，遂告假百日，亲自赴同州重礼厚金地请得石医生，一起到扬州禅智寺找到杜顗。

石医生仔细地检查了杜顗的眼睛，"这眼病是由脑积毒热，脂融流下，盖塞眼瞳子引起的，叫白内障，但现在还不能施针疗治。须等脂老硬如白玉石，方可施针治疗。"石医生还宽慰杜牧说："不用担忧，我家祖辈专治此病。经我治好的人，也不下二百人了，耐心再等待一段时间吧。"

杜牧听石医生这么说，遂稍放宽心，和弟弟与石医生一起住在扬州，等候以后再医治。

扬州是杜牧任淮南幕府掌书记的旧地，杜牧此次重来，备感亲切。他照料病弟之暇，也拜访了些朋友、熟人，又游玩了名胜古迹。旧友重逢，故地重游，自然免不了一番番亲热的叙谈，一阵一阵的回忆，一次一次的感慨，一声再一声的感叹。其间，他也写下了一些诗歌，其中《题扬州禅智寺》诗是他将离扬州前所题咏的一首名诗：

> 雨过一蝉噪，飘萧松桂秋。
>
> 青苔满阶砌，白鸟故迟留。
>
> 暮霭生深树，斜阳下小楼。
>
> 谁知竹西路？歌吹是扬州。

这一年秋天，宣歙观察使崔郸知杜牧告假超过百日，按唐代的制度算是已自动去职，现闲居扬州。他是杜牧的座主崔郾的弟弟，知杜牧颇有才气，很想聘他到自己的幕府中，遂派李巡官到扬州向杜牧转达此意。

杜牧很感激崔郸的好意，遂修书托李巡官带交崔郸。书中说：

> 大和二年，小生应进士举，……喧而誉之，争为知己者不啻二十人。小生迤来十年江湖间……尝所谓喧而誉之为知己者，多已显贵，未尝一到其门。……若蒙待之以众人之地，求之以众人之才，责之以众人之报，亦庶几异日受约束指顾于簿书之间，知无不为，为不及私，亦或能提笔伸纸，作咏歌以发盛德，止此而已。其他望于古人，责以不及，非小生之所堪任……

到了秋末，杜牧带上弟弟杜颛、石医生离开扬州，应崔郸之聘，赴宣州城任宣歙团练判官、殿中侍御史内供奉。

从扬州往宣州，要渡江先到扬州南边的润州京口（今镇江）。润州是个风光名胜两佳的地方，杜牧以前即曾到此地游玩过。这次他又重经此地，回想起"青苔寺里无马迹，绿水桥边多酒楼"的"放歌曾作昔年游"的往事，颇兴抚今追昔之感。他知道这润州城原是三国东吴孙权所筑，当时号为"铁瓮"，乃以铁瓮取喻其坚固的意思。这座名城向为诗人所歌咏，文人名士在此也多有风流倜傥、潇洒旷达之举，自己也曾在这儿悠然冶游过。而今重经此地，不禁心潮起伏，不仅有思古之幽情，也夹有人生之感慨。他一口气写下了两首《润州》诗，第二首尤为人们所称道：

> 谢朓诗中佳丽地，
> 夫差传里水犀军。
> 城高铁瓮横强弩，
> 柳暗朱楼多梦云。
> 画角爱飘江北去，
> 钓歌长向月中闻。
> 扬州尘土试回首，
> 不惜千金借与君。

杜牧经过润州，曾到著名的甘露寺游览。偶然间，他见到了名传一时的杜秋娘。以前，他已听到不少关于杜秋娘的事情。在他的记忆里，杜秋娘是一位肤白如脂，不必用脂粉打扮就艳色惊人的能歌善舞的美女。她所唱的《金缕衣》"劝君莫惜金缕衣，劝君须惜少年时。花开堪折直须折，莫待无花空折枝"已成为流行一时的歌曲。她的声音是那样的宛转、甜美与动情。可如今一见，杜牧真不敢相信这位艳名传天下的美女竟是如此地潦倒失色！与其说是杜秋娘，不如说是一位又穷又老的女尼！杜牧颇为惊诧、感慨，遂和杜秋娘长谈起来。杜秋娘也早闻知杜牧诗名，钦佩他的才气，两人一谈，颇为投合。

原来，杜秋娘本是金陵（润州）一位多才艺的美女。15 岁那年，即为浙西观察使唐室宗人李锜妾。后李锜叛乱被擒杀，她也籍入宫中。因她有才艺美色，不久即获得了唐宪宗的宠幸。后来，唐穆宗即位，又让杜秋娘为皇子的傅姆。皇子李凑长大后封为漳王，却不幸为郑注诬蔑说和宰相宋申锡勾结，图谋作乱。而且又说此事和傅姆杜秋娘有关。于是漳王被废，宋申锡遭贬，杜秋娘也被放归金陵，安置于寺庙里。如今饱经风霜，又年老色衰，潦倒穷困，默默无闻地在庙中打发残年余生。

听罢了杜秋娘遭遇，杜牧对她十分同情。他为杜秋娘写下了《杜秋娘诗》，记叙了她一生的遭遇与不幸。诗中他赞美了杜秋娘的美丽与善歌："京江水清滑，生女白如脂。其间杜秋者，不劳朱粉施。……秋持玉斚醉，与唱《金缕衣》。"也记下了她被放归后的悲酸情景："归来四邻改，茂苑草菲菲，清血洒不尽，仰天知问谁？寒衣一匹素，夜借邻人机。我昨金陵过，闻之为歔欷！"杜牧从杜秋娘的遭遇命运，不由得想到自己的落拓不偶，并联想到自古以来不少男男女女的遭遇与命运。他深切地感到人生的变幻莫测。不论是男人或女人，总是不能主宰自己的命运，前途难卜，在命运之前显得是那样的无可奈何，让人身不由己，感慨叹息：

> 自古皆一贯，变化安能推。
> 夏姬灭两国，逃作巫臣姬；
> 西子下姑苏，一舸逐鸱夷；
> 织室魏豹俘，作汉太平基；
> 误置代籍中，两朝尊母仪。

……

女子固不定，士林亦难期。

射钩后呼父，钓翁王者师；

无国要孟子，有人毁仲尼；

秦因逐客令，柄归丞相斯；

安知魏齐首，见断簧中尸。

给丧蹶张辈，廊庙冠峨危。

……

耳何为而听，目何为而窥？

己身不自晓，此外何思惟。

因倾一樽酒，题作杜秋诗。

  带着这种人生变化莫测，命运难卜的感叹，杜牧和失明的弟弟离开了润州，又一次奔赴宣州……

  宣歙幕府因杜牧的到来而热闹起来了，宴会和歌舞气氛热烈地举行着。宣歙观察使崔郸为杜牧的再次来到宣州，心情十分高兴，特地置办了这次筵宴欢迎他。他想，他的哥哥崔郾以第五名放杜牧及第，这算是给杜牧以重要的进身之阶。可崔郾去年已去世，再也不能提携杜牧了。杜牧如今又落拓潦倒，正需要人帮助的时候。因此提掖他的事，也是自己的责任，可以以此告慰亡兄的在天之灵。

  崔郸和幕府僚吏轮番地向杜牧敬酒，杜牧也豪爽地举杯回敬。这次重到宣州，旧雨新知欢聚一堂，幕主崔郸又是如此地礼重，杜牧感到格外高兴。他欣赏了幕府歌伎的歌舞，其中跳柘枝舞的一位名张芬的歌伎跳得特别优美，他特别欣赏。而此人又是他前次在宣州时的旧相识，有几次交往，留下美好的印象。此次，她也因杜牧的重来特别兴奋。当她的目光和杜牧相遇时，她莞尔一笑，笑中似乎带着一种深情，一丝忧郁。他不时地与同僚应酬、饮酒、议论，也不时回想着这位几乎已被他忘却了的张芬。

……

  筵宴之后，杜牧回到自己的房间。窗外是一轮明月，月光如水似的澄明柔和。

不久，诗人赵嘏来了。他递给杜牧一张诗笺，"牧之，您怎能忘了她！她可是一直惦记着您呐！"赵嘏口气中含着责备。

"谁？"

"张芬。您忘了个干净啦？"

杜牧没吱声，他展开诗笺，只见上面写着：

> 郎作东台御史时，
> 妾身西望敛双眉。
> 一从诏下人皆羡，
> 岂料恩衰有自知。
> 高阙如天紫晓梦，
> 华筵似水隔秋期。
> 坐来情态犹无限，
> 更向楼前舞柘枝。

杜牧看罢心中明白了，他知道张芬误解了他。他过去与张芬来往时对她确实欣赏、尊重，甚至有些怜惜。但他对她并没有更深的男女之情，没料到她却对他是一往情深，至今不忘。

"诗是我代她写的。她把一切告诉我了，央求我代赋诗致意。她对您一往情深，没想到您另有所爱，把她给忘了！"

"另有所爱？我当初并没说过爱她。不过这确实遗憾，我让她误解了，我对不起她。"杜牧的声调显得低沉、歉疚。

"您忘了她，可对紫云姑娘却又那样一见钟情，那样恣狂般的爱的风流故事传天下。连张芬姑娘都知道了，还背得出您的《书情》大作呢？"

"什么大作？"杜牧惑然。

"您忘了？我倒听得能背诵了，您听着。"赵嘏吟咏道：

> 谁家洛浦神？十四五来人，
> 媚发轻垂额，香衫软着身。
> 摘莲红袖湿，窥渌翠蛾频。
>
> ……

杜牧一听，一时先记不起来。后来又记起是自己追思在洛阳所见到的紫云姑娘时的遣怀之作。当时随作随弃，没想到此诗却为人拾得，传开得这么广，不禁暗自心惊。心想还不知有多少这类诗流布人口呢？如果杂有他人的冒名狎亵之作，岂不败坏了名声？

"这诗是老兄的手笔吧？张芬姑娘见了可嫉妒呢，暗自流了好几次泪。"

"真有此事？"杜牧惊讶道。

"谁骗您来？还有更让她吃醋的啰？"

"啥事？"

"还不是老兄追紫云姑娘的风流事儿！这儿可传得人人尽知，传神得很呐！"

"哎唷，我可不知人们怎么说的？可别添油加醋歪曲了我！"杜牧红着脸辩白着。

"我把传说的说给老兄听听，看冤枉了没有。"于是赵嘏就说开了。

杜牧任监察御史分司来到洛阳时，曾任兵部尚书的李听正在洛阳闲居。他的府第豪华阔气，十分气派，名冠洛阳。而且他喜盛饰车马服玩，家中的声伎舞女颇多，在洛阳谁也比不上他家的豪奢。他经常在家中举行歌舞宴会，洛中的名士也时常应邀参加，十分热闹快活。

杜牧来洛阳后，也早已闻知李家府第的豪纵奢华，很想一往这欢乐场潇洒一回。无奈他身为监察御史，属持宪官吏，李听不敢贸然邀请他参加这歌舞宴会。

此时，杜牧也有一桩心事颇令他心烦意乱。他大和初年来东都应进士试时，认识了紫云姑娘。这紫云姑娘的花容月貌、苗条的身姿体态、一颦一笑颇让杜牧有一见钟情之感。可惜的是见面没多久，杜牧就返回京城，从此就没有再见过面。只是杜牧对她颇为垂青，常常想起她。来到洛阳之后，杜牧也多方打听紫云的下落。先也音信渺茫，颇感怅怅。后来一个偶然的机会，他知道了紫云姑娘正在李听府中为舞女，心中大喜，遂想怎样才能见到紫云。

李府中有位姓卢的书童，却是杜牧所认识的。杜牧写了封书简，托卢书童带交紫云姑娘。书中谈起曾在洛阳相见的往事，以及思念情切，盼得一见等事。

紫云姑娘接到杜牧的书简又惊又喜。她没料到杜牧至今对她还想念不已，遂写了回信，约定相见的时间与地点。

两人相见后，叙起往事，吐露真情，自有一番情意绵绵的柔情与温存。多年的暌隔所积蓄的情感，如今像海潮一般地汹涌澎湃，动荡不已；又像压抑在地底的熔浆，一朝得以喷发，便烈焰腾腾。真有说不尽的缠绵，道不尽的缱绻。分别之际，两人又商量了一番长久之计。杜牧打听了李听将举行宴会的时间，便事先派人向李听表过了盼望到府中赴会的愿望。李听知道杜牧愿意来赴会，自然极为高兴。他早就知道杜牧是他所敬仰的杜佑宰相的孙子，又对杜牧的器识才华很是钦佩，巴不得他来府中一聚。他即发了一张请帖，交来人带给杜牧。

好不容易等候到约定的日子，杜牧便准时赴李府拜见李听，参加宴会。

筵宴果然奢豪无比，山珍海味，金樽美酒可谓应有尽有。而且李府的声伎歌舞之盛，也非一般官宦人家可比。那些歌伎舞女们真是个个百里挑一，不仅歌声出众，舞姿超凡，而且一个个长得婀娜多姿，光彩照人，好似仙女一样，让杜牧看得目不转睛，眼花缭乱，心旌摇荡……

筵宴间，杜牧独坐南向，瞪目注视着跳着柘枝舞的姑娘们。他从花枝招展、妖媚多情的众舞女中认出了紫云姑娘，便紧紧地盯住她。这时紫云姑娘妖媚地对他一笑，又随着鼓点，轻踏红锦靴，跳着刚健的舞步。又忽而随着紧凑的节拍，旋转着腰身。旋转时，薄薄的紫罗衫和银蔓垂花的长长紫带随身旋转飘逸，好似飘飘欲飞的仙女。待杜牧看得目不暇接，突然舞曲声停，紫云姑娘猛地止步停舞，斜敛着亭亭玉立的身子，双手合掌一拜，深情的秋波瞟了杜牧一眼，便缓缓地随着众舞女退立两旁。

杜牧心旌摇荡，兴奋难抑。他一口气又喝下三杯酒，连声喝彩。又故意高声问李听道："听说贵府有位紫云姑娘，声色才貌非凡，不知是哪一位？"

"就是站在前头，穿紫罗衫的那一位姑娘。"李听笑着指指紫云说。

紫云见提到她，莞尔一笑，笑得像一朵盛开的花朵。

杜牧凝睇注视着紫云，好一阵后，不禁又大声地赞叹道："果然名不虚传！这样的好姑娘应当惠赐给我，不知李大人肯否？"说着便放声豪笑起来，引得李听俯首而笑，众舞女也回转头笑出声来。只有紫云姑娘羞得两颊飞起红云朵朵，心中却暗自欢喜。

杜牧见众人如此，又自饮酒三大杯，意气显得更为闲逸豪荡，旁若无人。一时兴起，情潮澎湃，遂朗声高咏：

> 华堂今日绮筵开，
> 谁唤分司御史来？
> 忽发狂言惊满座，
> 两行红粉一时回。

杜牧一咏完诗，李听击节赞道："果然豪气逼人！就凭这首佳作，老夫就把紫云姑娘赏赐给你吧！"

……

杜牧听罢赵嘏的讲述，也不再作申辩，只微微笑着。他似乎又回到了洛阳李听的府第中，沉浸在那个动情的时刻中，和他的紫云姑娘眼对眼地微笑着……

奇游壮观唯深藏

今来阘茸鬓已白

　　杜牧这次应宣歙观察使崔郸之辟至宣歙幕任团练判官，距上次为宣州幕吏，一晃就是五年。重至宣州，自然免不了旧地重游一番。他最爱去的地方之一是宣州开元寺。离宣州的日子里，他时常怀念这座风景幽美、台殿楼阁远对青山明月的古刹。他曾在想念中写下了《寄题宣州开元寺》诗，让僧人把他的诗句写在寺壁上：

松寺曾同一鹤栖，
夜深台殿月高低。
何人为倚东楼柱？
正是千山雪涨溪。

　　这次来宣州之后不久，他又到这座名寺来，见到了寄题的诗已题写在寺庙醒目的寺壁上，自然非常高兴。他向寺僧道过谢，又登上开元寺的南楼。

　　这座楼高九十尺，顶层高耸入云。楼中走廊高高下下，楼旁松木、桂树环绕，溪水潺潺、鸟鸣幽幽，十分清静幽美。杜牧登上楼顶层，楼房虽然不大，但凭栏而望，宣城尽入眼底。青山遥遥相对，给人一种豁然清醒、遗世独立的感受。

　　杜牧在楼顶房中凭窗眺览，饮酒望山。他时而纵目远眺，饱览宣城景色；时而卧榻静思，在浩浩的天风声中，回忆着往事，品味着人生，思考着前程。他感到在这遗世独立的楼房中，他从没有像现在这样清醒。他已经过了人生的风风雨雨，看过了政坛的风云变幻：宋申锡的贬死于开州、挚友李中敏的受排挤、李甘的愤怒抗争和贬死于封州、"甘露之变"

中冤死的三宰相、被无辜杀戮喋血京城的无数朝官、牛李党争的恶斗与仇恨、藩镇的叛乱与杀戮……他感到在这风雨飘摇、浊浪滚滚的尘世中，他是多么的无能为力。他的雄心壮志简直像怒潮翻涌的大海中的一叶扁舟，不管自己怎样努力、怎样坚持，但总难以逃脱被颠翻吞噬的恶运，更不用说能抵达理想的彼岸了。而且，追抚前尘，他不禁一阵阵地忧伤，一幕幕令人惆怅、伤感的景象浮现在脑海中：

> 长安城杜府的繁盛辉煌与萧条冷落；樊川别墅的盛宴与颓倒的亭阁台榭；祖父、父亲的衰老、重病与撒手人寰的凄哀；两枝仙桂一时芳的荣耀与落拓江湖的惆怅；长安宫阙之夜的雷雨、愤怒与被压抑的无奈；杜颐失明的痛楚与岐阳公主病逝的悲哀；座主、恩师相继去世留给自己的深深哀伤：……

他想得很多很多。人生的失意、痛苦、悲伤与无奈一时全涌上心头，让他觉得从来也没有像现在这样的失望与颓唐。他觉得自己像风雪之夜中迷路的旅人，辨不清方向，找不到出路，心中只感到迷茫与凄惶。他愁怅失望，不知不觉地自斟自酌，一杯杯地往肚子里灌着酒，他醉了，但他心中却又醒着。夜来了，风裹挟着雨也来了。他在醉复醒中，在这寺庙的南楼度过一个风雨浸淫的夜。

第二天，他醒了，风雨也停了。他举笔在小楼房的壁上，题下一首小诗：

> 小楼才受一床横，
> 终日看山酒满倾。
> 可惜和风夜来雨，
> 醉中虚度打窗声。

当他和寺僧道别时，寺僧发觉他一脸倦意，两眼失神，鬓角的白发在阳光下显得更惹眼了。

"杜牧老了！"寺僧惊诧地在心中感叹着，久久地望着他疲惫的背影。

重来宣州的第二年春天，杜牧还到过开元寺一趟。他是个喜欢春天的诗人，也许是春天给他以朝气和活力，他这次游寺不像上次那样地失望与颓丧。他发觉春天的美，捕捉春天那明媚与愉悦的春韵。他用彩色的诗笔，描绘出开元寺春天的美景："南朝谢朓楼，东吴最深处。亡国去如鸿，遗寺藏烟坞……风绕松桂树。青苔照朱阁，白鸟两相语。溪声入僧梦，月色晖粉堵。阅景无旦夕，凭栏有今古。留我酒一樽，前山看春雨。"

然而，春天虽然美好，却是短暂的。随着春天的消逝，就是夏天和秋天，它又换了另一幅景象，给人以另一种感受。

杜牧频频地到开元寺去，这也许是他这次幕府生活过于清闲，他借此以打发闲暇的时光；也许是人生的无奈，使他常常到这座古寺去消除心中的烦恼。春天时，他去了，捕捉到了春天的诗韵；夏六月，他又去了，却迎来了一场风雨，添得一场不堪回首的悲伤。

那是开成三年（公元838年）的夏季，杜牧又到宣州开元寺去。当他登上寺内东楼，凭栏瞭望之际，忽然当空浓云密布，天边阵云壁立，天色突然变得惨惨凄凄。杜牧觉得似乎是"东垠黑风驾海水，海底卷上天中央"。不久之后，雷声大作，似乎有无数的重型雷车从楼顶上轰轰隆隆地疾驰而过；闪电像无数金色蛟龙的爪子和尾巴，在天空中矫跃飞舞。雨，倾盆的大雨直泼洒下来，来往喷洒，迅猛异常，一时，真是如杜牧风雨过后所记述的这一番景象："四面崩腾玉京仗，万里横牙羽林枪。云缠风束乱敲磕，黄帝未胜蚩尤强，百川气势苦豪俊，坤关密锁愁开张。"

望着漫天的狂风暴雨，在滚滚的雷声中，杜牧不禁想起了大和六年（公元832年）他首次在宣州幕时所遇到的那场翻江倒海似的烈风骤雨。

当时，风雨也像现在这样的狂暴猛烈。然而杜牧觉得与现在截然不同的是，当时自己是那样地心豪胆壮，神采飞扬。他伫立在这楼头，迎着狂风骤雨，耸首眺望着无边的飘洒的风雨，久久地观赏着这大自然的强有力的生命的搏动。当时，他觉得自己仿佛也同这大自然一样充满了强劲的生命力，仿佛自己已融进了这大自然的神奇的搏动之中。他恨不得能长出强硬有力的翅膀，在漫天的狂风暴雨中，迎着风，驾着闪电，和风暴一起迅飞高翔……当时自己还显得那样的年轻，那样的兴致豪爽，那样的乐观向上。他分明记得：当时他和朋友们一时兴致勃勃地对着风雨摆开筵席，阔展朱盘，打开酒瓶，纵情豪饮，高谈阔论。他还乘着酒兴，将鼓打得"咚咚咚"的震天价响，似乎想助那风雨的声势，也似乎想借着鼓声，以抒发自己的一腔豪情壮志。那神气、那豪情是那样的壮健豪宕，那样地不顾一切，连那些侑酒的纤腰美女也似乎不存在了……

想起了往昔的那一切，杜牧不由得怅惘神伤。如今，在这风雨之前，他再也没有那往昔的豪情壮志。他再也感觉不到这豪壮的风雨是自己的生命力的化身，他再也找不回当年的那份兴致与豪情。他感到自己是从没有过的孤独与情绪低沉；他感觉到自己鬓边的白发在风雨中显得更加的灰白与衰颓；他明白地感到自己老了。尽管这时自己也才只有 36 岁。但鬓发已灰白，豪情已消失，心已倦怠，老了。

在风雨之中，他心情低沉地吟出了这凄凉的诗句：

> 今来阃茸鬓已白，
> 奇游壮观唯深藏。
> 景物不尽人自老，
> 谁知前事堪悲伤！

后来，当杜牧开成四年（公元 839 年）春将离宣州赴京时，他再一次提到前后来宣州时的巨大变化：

> 我初到此未三十，
> 头脑钐利筋骨轻。
> 画堂檀板秋拍碎，
> 一引有时联十觥；
> 老闲腰下丈二组，
> 尘土高悬千载名。
> 重游鬓白事皆改，
> 唯见东流春水平。
> ……
> 江湖酒伴如相问，

终老烟波不计程！

杜牧重来宣州时，他的心确实已明显地衰老了。在开成三年（公元838年）秋，他又再一次重游了宣州开元寺，这次在开元寺水阁，他纵览古今，阅尽人间沧桑，盼望着追随泛五湖而去的范蠡，过着终老烟波的生活。他又题咏了一首著名的诗：

六朝文物草连空，

天澹云闲今古同。

鸟去鸟来山色里，

人歌人哭水声中。

深秋帘幕千家雨，

落日楼台一笛风。

惆怅无因见范蠡，

参差烟树五湖东。

杜牧这次在宣州幕只有一年多的时间。虽然崔郸对他很客气，照顾周到，但他的心情总是郁郁不乐，一种落拓的郁闷总横在心头。他确实太清闲，但这对于一个曾有雄心壮志，以报国济世为己任的人却是那样地令人失望与失意惆怅。这次在宣州，简直无一件令他自豪的事可记。一切那样地清闲、平淡与沉闷。值得一提的只是这几件友朋送别寄赠的事：

他在秋日送沈处士往苏州，并赋诗赠行；他在夏日送卢沛秀才归王屋山，时卢沛将赴举；他上书淮南节度使李德裕，致以问候祝贺之意，颂扬其"广求人瘼，大革土风，恤养疲羸，抑挫豪猾"之仁政；

他将离宣州之际，题诗送裴坦判官往舒州，感叹着"同来不得同归去，故国逢春一寂寥"！

在长空飞倦了的鸟儿，盼望着返回寂静的山林里休憩；久处林中的鸟儿，又觉得过于寂寞而期望着飞出山林，在长空中高飞展翼。

人和鸟同样有着这奇妙的心理。

当杜牧厌倦了长期的幕僚生涯，身心颇感衰疲之际，命运的航船，又将带他离开寂寞的港湾，驶向风起浪涌的天际。开成三年冬，一纸诰命授他为左补阙、史馆修撰之任。他并没有立即进京，而是与弟弟杜颛在宣州共度过一个依依难舍的冬天。

春天又来临人间，杜牧的人生航船是该启航的时候了。

人生又是如此地奇妙，当你久居一地觉得厌倦了，希望离开它的时候，突然间你真的要离开它了，这时你反而充满了留恋。当杜牧将离宣州赴京职时，他就流露出这种心情。这时他的诗歌中洋溢着对宣州的赞美与留恋：

> 敬亭山下百顷竹，
> 中有诗人小谢城。
> 城高跨楼满金碧，
> 下听一溪寒水声。
> 梅花落径香缭绕，
> 雪白玉珰花下行。
> 萦风酒旆挂朱阁，
> 半醉游人闻弄笙。
> ……

在他的眼中，无论是九华山中的寺庙，还是清弋江村的绿柳，都那样的美好，带着惜别的情意。甚至那芳草、马嘶，也让人感到格外地愉悦与亲切，使人不由得更增添一份惜别依恋之情：

> 日暖泥融雪半消，
> 行人芳草马声骄。
> 九华山路云遮寺，
> 清弋江村柳拂桥。
> 君意如鸿高的的，

我心悬旆正摇摇。

······

不管离别前如何再依恋，诗人还是整理好行装，带着双目失明的弟弟和眼医石公集，离开宣州，先赴江州，奔投在江州当刺史的从兄杜慥，让弟弟暂时依从他。真的离别宣城时，杜牧对十年辗转江湖的幕府生涯反而也有说不清的依恋，也许是他的性格更适合这种闲逸潇洒的朝外生活吧！他留恋着放旷与潇洒，眷恋着清溪与云山，他期待着功成名就后再重返绿水青山之间，与友人共度潇洒人生。他深情地唱出了离别之歌：

> 萧洒江湖十过秋，
> 酒杯无日不迟留。
> 谢公城畔溪惊梦，
> 苏小门前柳拂头。
> 千里云山何处好？
> 几人襟韵一生休？
> 尘冠挂却知闲事，
> 终把蹉跎访旧游。

初春的江水把杜牧的行舟送到了和州的横江，船停泊在蒙蒙细雨下的长满芳草杨柳的古渡头。和州刺史裴俦早就得知杜牧一行人将到，已和李、赵两位秀才迎候在渡口。

杜牧与裴俦等人在横江客舍稍事休息，互叙别情。杜牧感激裴使君等人的热情款待，为此赋诗纪行，并将此诗托人寄给当涂县令许浑先辈。诗中称他"江南仲蔚多情调，怅望春阴几首诗！"后来，许浑回了他一首诗："江馆维舟为庾公，暖波微渌雨蒙蒙。······郢歌莫问青山吏，鱼在深池鸟在笼。"告诉杜牧：他在小县为吏，如困在深池小笼中的鱼鸟般不自在。

杜牧此行又作了不少题咏诗。他在横江，想起东吴孙策攻破横江，后来晋武帝派王濬为龙骧将军伐吴时，又兵不血刃，顺风鼓棹地进兵三山，逼得东吴孙皓委质请命的历史，不由得问道：这你争我夺的江山，到底最终属于谁呢？

> 孙家兄弟晋龙骧，
> 驰骋功名业帝王。
> 至竟江山谁是主？
> 苔矶空属钓鱼郎！

杜牧望着江边的钓矶，注视着江上的鱼艇，他找到了答案。他还经过乌江亭。在这著名的江边亭上，已题了不少前贤的咏唱楚汉相争，西楚霸王项羽兵困垓下、四面楚歌，以及兵败出逃、自刎乌江的诗句。杜牧看了这些题咏，觉得诗意平平，并不深刻。他对项羽的自刎乌江有自己不同的看法，认为项羽实在不必灰心丧气，而应该重整旗鼓，率领江东子弟再卷土重来。应该有败而不馁、坚韧不拔、百折不挠的意志。他抑不住诗兴，在乌江亭上题下了这首被人称为翻案法的咏史诗：

> 胜败兵家事不期，
> 包羞忍耻是男儿。
> 江东子弟多才俊，
> 卷土重来未可知。

杜牧南来北往，十年中已六次经过牛渚山了。对于和州历阳的历史与传说，他颇为熟悉。据传：古时历阳有一位老妇人，心地非常善良，常做仁义慈爱的事。有一天，两位书生到她家做客，她热情地招待他们。书生非常感激，告诉她说："这地方将陷没为湖泊。你如果看到东城门上有血迹，就赶快往山上跑，千万不要回头看！"从那以后，老妪经常到城东门看望，引起了守门吏的注意。门吏问她为何如此，她就照实说了。那天黄昏，门吏杀鸡，血溅城门。次日清晨，老妪见城门有血迹，便赶紧呼唤人们往山上逃。不久，历阳城就大水滔滔，陷没为湖了。

杜牧还知道了不少历阳的事，他不由得联想起历史与现实中朝中王公大臣们的明争暗斗，倾轧陷害，不禁对于此行入朝任补阙之事产生了忧虑担心。他明白"历阳前事知何实，高位纷纷见陷人！"他真担心此次入朝会不由自主地陷入不清不楚的朝中纷争中，会在牛李党争中……他简直不敢再想下去了。

春二月，杜牧于浔阳北渡赴京。临别之际，他眼含着泪，拉着杜颢的手哭着说："弟弟，我杜家世代道德传家，积下善行。你又无点滴罪过。眼病的事不必太担心，有石医生医治，断然无恙。只是为兄此去，不知兄弟俩何时能再见面。还望自己保重，有事即速告我！"杜颢听了，已泣不能言，只能用两行热泪，为兄长送行。

杜牧入京走的是水路。他从浔阳沿长江溯流而上，转汉水，经南阳、武关、商山而抵长安。途中，一路的山水景色，村舍山庄，关亭古庙引发了杜牧的诗兴，他写了一路的诗。过汉江，他用清丽的诗笔描绘了江上的景致，抒发出深沉的叹息：

溶溶漾漾白鸥飞，
绿净春深好染衣。
南去北来人自老，
夕阳长送钓船归！

经南阳，他遇到春雨，脱下打湿的衣服，歇息于村舍。主人杀鸡蒸黍，热情地款待他。诗人记下了这感人而美好的经历：

春半南阳西，柔桑遍村坞，
娉娉垂柳风，点点回塘雨；
蓑唱牧牛儿，篱窥茜裙女。
半湿解征衫，主人馈鸡黍。

在南阳途中，一路山水连绵，仿佛在多情地跟随着他远行，使他忘记了旅途的疲劳，感到些许的快乐：

绿树南阳道，千峰势远随。
碧溪风澹态，芳树雨余姿。

......

残花不一醉，行乐是何时？

到了商山麻涧，这里景色十分优美，农夫村女淳朴而悠闲愉悦的生活深深地吸引了杜牧，让他好不羡慕，他不禁为自己的奔波而深感惆怅：

> 云光岚彩四面合，
> 柔桑垂柳十余家。
> 雉飞鹿过芳草远，
> 牛巷鸡埘春日斜。
> 秀眉老父对樽酒，
> 倩袖女儿簪野花。
> 征车自念尘土计，
> 惆怅溪边书细沙。

在商山，杜牧还经过富水驿、四皓庙和武关，这些名胜古迹，让他回想起它们的历史，他对它们有着自己的独特看法和评价。商山富水驿，原名阳城驿。后来，为避唐德宗时著名谏官阳城之名讳而改名。在未改名时，诗人元稹曾经此地，曾赋诗说："商有阳城驿，名同阳道州。我愿避公讳，名为避贤邮。"

杜牧对阳城敢于挺身无所畏惧地斥责奸佞、冒死上谏的忠肝义胆极为敬佩。他不同意改动驿名，认为"邪佞每思当面唾，清贫长久一杯钱。驿名不合轻移改，留警朝天者惕然"。

商州东商洛镇立有四皓庙。这四皓乃汉高祖刘邦所敬重的四位有道老人。因刘邦待人傲慢，轻辱士人，所以四皓避入商山隐居，不为所用。后来张良出谋让太子卑辞安车请来四皓，辅佐太子，终于巩固了太子的地位。历来，人们对于四皓安定汉家天下的功绩都给予颂扬、肯定。杜牧此次来到四皓庙，却有自己不同的看法。他喜用翻案法，议论惊警，醒人耳目。他题下一首绝句，表明自己的意见：

> 吕氏强梁嗣子柔，
> 我于天性岂恩仇！
> 南军不袒左边袖，
> 四老安刘是灭刘。

他认为安定刘家天下的功劳应归太尉周勃。是他让吕后死党吕禄统率的北军左袒归服，而又除灭了不肯让左袒归顺的南军统帅吕产，从而巩固了汉家天下。

商州商洛县东九十里的武关是楚怀王受骗入秦之地。当年楚怀王一入武关，秦国的伏兵就断绝他的退路，将怀王拘留在秦国，以逼他割让国土。后来，怀王虽怒而不给，但终难回国而死于秦。杜牧对这一段历史早在少年时就十分熟悉了。当时杜佑教他《楚辞》中的《离骚》《涉江》《哀郢》等诗时，他就熟识了秦、楚的历史，对于楚怀王、张仪、郑袖、屈原等人都怀有鲜明的好恶之情，当他经过武关时，他重温了这段遥远的历史，望着夕阳中关城上迎风漫卷的戍旗，他再一次用诗歌表明了自己的爱憎之情：

> 碧溪留我武关东，
> 一笑怀王迹自穷：
> 郑袖娇娆酣似醉。
> 屈原憔悴去如蓬。
> 山墙谷堑依然在，
> 弱吐强吞尽已空。
> ……

途中，杜牧还创作了《丹水》《除官赴阙商山道中绝句》等诗，可谓一路山水一路诗。

此行越接近京城，杜牧的内心矛盾就越激烈。他盼望着入朝参与朝政，实现自己匡国济民的抱负。但是，他又认识到朝中依然是宦官把权，专横跋扈，自己实在难以和这些权奸同处一朝，有所作为。而且，李、牛党争日趋炽烈，自己说不定会莫名其妙地像诗人李商隐一样，陷在党争的狭缝中而难以自辩。何况这一路美丽的山水风光，那优游自在的生活，对他又实在太有魅力了。他矛盾着，犹豫着，真是在"我来惆怅不自决，欲去欲住终如何"的心理矛盾中抵达京城长安。

杜牧在京任左补阙，常想为贬死封州的李甘雪冤，但是朝中还由仇士良控制着，他根本无法为他申雪。为此他感到不平、苦闷。他只能写一首《李甘诗》，算是对亡友的怀念。

开成四年（公元 839 年）八月，左仆射牛僧孺以检校司空、同平章事出镇山南东道。牛僧孺是杜牧在淮南幕府时的上司，对杜牧可谓是恩重如山的师长。离京出镇时，杜牧前往赋诗送行，称他"德业悬秦镜，威声隐楚郊"。他万万没想到，他的送行，有人已看在眼里，记在心上。待到以后李党得势掌权，他就被看作亲近牛党的人而被排挤出朝。

时光荏苒，又是新一年的早春。这时杜牧在宣州结识的朋友赵嘏住在长安街西。在一个瑞雪初晴的日子，杜牧前往拜访这位老朋友。他和赵嘏一起谈论着诗坛的事，两人都十分推崇李白、杜甫的诗作，感叹当世无人能登上李杜诗坛，继承他们的诗风。他称"少陵鲸海动，翰苑鹤天寒"。又说："命代风骚将，谁登李杜坛？"俨然以继承李、杜诗传统为己任。这一天他们还回忆起在宣州的往事。赵嘏告诉他，那位对他误解的歌伎已消除了对他的误会，反而对他更为敬重。更可喜的是，她也已找到一个爱她疼她的人，已双双离开宣州，回家乡苏州去了……

这一年，杜牧先改授膳部员外郎，后又转为比部员外郎。因为他颇有史才，所以两任均兼史馆修撰一职。

很快又到了冬天。

杜牧在朝中已任职快两年了，觉得实在也无甚作为。此时他很想念留在浔阳的弟弟，又接得来信说弟弟眼疾加重。于是他便向朝廷乞假，仍取道汉上，往浔阳看望杜顗，准备把杜顗带回长安来一起住，以便照顾他。

往浔阳途中，杜牧特地到襄阳拜见牛僧孺。此时杜牧在沈传师幕府中的同事卢弘止的弟弟卢简求，正在牛僧孺山南东道幕为观察判官，杜牧趁便也拜访他。两人相见，如同多年不见的老朋友，推心置腹地议论起世道、朝政，倾诉怀抱理想，颇是畅快。

到了浔阳，杜牧与杜颛相见，谈起西归长安的事。杜颛说什么也不肯回长安，表示愿意随从杜慥。杜牧无法说服弟弟，只好在浔阳暂时相伴杜颛住下来。

冬至日这天，刚有江州的差使进京。杜牧前些天就得到小侄儿阿宜的来信。信写得虽很简单，不过是三五句问候的话，但杜牧非常欣慰。他很喜欢这位"头圆筋骨紧，两脸明且光。去年学官人，竹马绕四廊。指挥群儿辈，意气何坚刚"的还未满三尺高的侄儿。他知道阿宜开始读书了，心中非常高兴。又知道自己五岁的长子曹师和阿宜整日相伴相随，一起游戏、一道读书，更是说不出的宽慰。他觉得杜家到他们这一代，只有杜悰官户部尚书，尚有发达的希望，其他兄弟都仕宦平平，难有长进。现在只能把希望寄托在下一代身上，期望着他们能继承祖业，光宗耀祖，再创辉煌。他作了一首诗，托差使带进京转交阿宜。诗中寄托了他对儿侄辈的热切期望：

> 今年我江外，今日生一阳，
> 忆尔不可见，祝尔倾一觞：
> ……
> 勤勤不自已，二十能文章。
> 仕宦至公相，致君作尧汤。
> 我家公相家，剑佩尝丁当，
> 旧第开朱门，长安城中央。
> 第中无一物，万卷书满堂。
> 家集二百编，上下驰皇王，
> ……
> 尚可与尔读，助尔为贤良。
> ……
> 李杜泛浩浩，韩柳摩苍苍。
> 近者四君子，与古争强梁。
> 愿尔一祝后，读书日日忙！
> 一日读十纸，一月读一箱。
> 朝廷用文治，大开官职场。

愿尔出门去，取官如驱羊！

……

愿尔闻我语，欢喜入心肠！

大明帝宫阙，杜曲我池塘。

我苦自潦倒，看汝争翱翔。

……

他又附了一封给妻子裴氏的家信，叮嘱照管好曹师，别放松教他读书识字。又吩咐裴氏，别伤了胎儿。又说自己还将在浔阳住一些日子，一切安好，万勿挂念……

会昌元年（公元 841 年）夏四月，杜牧的从兄杜慥徙任蕲州刺史。杜牧和弟弟又随杜慥自江州溯流赴蕲州。途中，他先到安州，拜访了安州刺史张文规。两人同登浮云寺楼，倚靠着红色的栏杆，望着楼下的江流，倾心交谈着。

"杨嗣复、李珏两宰相均遭罢免，李德裕从淮南入朝为宰相。看来皇上起用李党，与牛党有联系的人恐怕又要遭殃了。"杜牧忧郁地议论道。

张文规点点头，赞同地说："皇上新即位，受仇士良控制，已将杨贤妃、安王李溶、陈王成美赐死，受先帝文宗宠信者相继遭诛贬。李德裕又入朝为宰相。此人对牛僧孺、李宗闵等人极为厌恶，对于牛党的人恐怕难以容忍得下。"

"不过，李宰相倒是个善恶分明的人，恐不至于奸忠不分，一律排斥吧！"杜牧与李德裕有通家之谊，对他的为人还是清楚的。

"他为人倒也不错，只是陷入党争之中，党同伐异，这就难说了。听说他入朝后就对皇上说过这些话，你听听这话中是什么意思吧！他说：'致理之要，在于辨群臣之邪正。夫邪正二者，势不相容。正人指邪人为邪，邪人亦指正人为邪，人主辨之甚难。臣以为正人如松柏，特立不倚；邪人如藤萝，非附他物不能自起。故正人一心事君，而邪人竟为朋党。先帝深知朋党之患，然所用卒皆朋党之人，良由执心不定，故奸人得乘间而入也。'这先帝所用的'朋党'指谁？'邪人'指的又是谁？"

杜牧明白李德裕所指的"朋党""邪人"是针对牛僧孺、李宗闵、杨嗣复等人的。他一时默默，不再为李德裕说话。

"老兄恐怕也听说了吧？"

"什么事？"杜牧追问。

"谏议大夫裴夷直也被贬为杭州刺史了！他又犯什么罪？"

"唔，他可是个刚直敢言的忠正之士！"杜牧惊语道。

"还有呢，你的好友李中敏……"

"李给事怎么啦？"

张文规见杜牧露惊慌之色，怕太伤了杜牧的心，遂装着不在乎的样子答道："也没有什么了不起，到婺州当刺史去，倒比在朝中强。"

"到底为何出守婺州的？"

"还不是仇士良、李德裕搞的鬼！仇士良这没有那玩意儿的太监想以开府荫其子为千牛备身。李中敏判曰：'开府阶诚宜荫子，谒者监何由有儿？'这下仇士良可恼羞成怒，加上李德裕也厌恶中敏是杨嗣复之党，所以也就清除了中敏这个'朋党''邪人'了！"

"中敏兄可是个天不怕地不怕的忠肝义胆之士，哪是什么'朋党''邪人'！太过分了！太过分了！"杜牧拍着栏杆气愤地说。他望着楼下的江流。江流中漂荡着一根带叶子的断枝，随流缓缓而去。他默默地目送着断枝，突然感到自己就像这被狂风吹折进水中的断枝一样。一种不安的念头涌上心头："好友李中敏被贬，此后又会是谁呢……"

秋七月，杜牧留下杜颉依从兄杜慥便取道江、汉间，直返长安。

途中，他心事重重。想起杜颉自幼失怙，长因眼疾相缠，久治不愈，现已失明，兄弟相离，难以照顾，心中颇为凄楚。又念及朝中李党掌权，宦官仇士良仍操持生杀之柄，忠良被谗，挚友被贬，心中十分不快。……入得商山地界，走在云雾山中，秋风飒飒，黄叶飘零，更平添萧索悲凉之感。他又再经蓝溪，走在蓝溪桥上，望着桥下的流水汩汩而去。水声再也不是上回经过时的让人感到恬静平滑了。这回听来似乎显得幽幽咽咽，如愁似泣，更增添了他心中的烦恼不安。他把这感受写成诗，让诗歌来抒发、来分担他的烦恼：

早入商山百里云，
蓝溪桥下水声分。
流水旧声人旧耳，

怀着这种心情，杜牧抵达长安。

到得家中，裴氏和孩子相迎，夫妻、父子久别重聚自然高兴。但更让他高兴的是裴氏又已生下一子。小孩脸蛋红润，活泼可爱，让人看了真甜入心去。杜牧给他取名为德祥，小名叫柅柅。

次日，杜牧获知他的挚友起居郎李方玄已被排挤出京，到僻远的池州任刺史去了。这李方玄，字景业，是杜牧应进士试时在京结识的老朋友。他生性俊达坚明，心正而气和。为人谨慎，处事光明正大，但从不恃才傲物。杜牧初和他相见，一言投合，尽述心曲，遂成知交。去年杜牧南往浔阳时，李方玄还置酒饯行。两人酒逢知己千杯少，酒酣耳热，胸胆开张。纵横议论，恣情诙谐，颇是相得。没料到杜牧回京时，他却因勇于为义，得罪当朝执政者，被贬到千里之外。

这一天，杜牧闷闷不乐，终日不多言语，连他心爱的紫云带着六岁的儿子曹师（晦辞小名）来找他出门游玩，他也提不起精神来。他的心太沉重了。他已意识到：在这朝廷中，难以施展才干，实现早年已怀抱的理想，而且已无他说话的余地。他已做着心理准备，面对可能到来的沉重打击。

平生五色线

愿补舜衣裳

意料中的打击终于降临了。会昌二年（公元 842 年）三月，杜牧由比部员外郎出为黄州刺史。四月间，他抵达任所黄冈。

黄州是个荒僻的小州，曾名齐安郡。当时户口不满二万，税钱才三万贯。杜牧到黄州任刺史，比起在京为员外郎，实际上是贬降，所以他觉得很不如意，以至愤懑。在他看来，这次被排挤是为李德裕所不喜造成的。后来，他对此曾谴责道："会昌之政，柄者为谁？忿忍阴污，多逐良善。牧实忝幸，亦在遣中。黄冈大泽，葭苇之场。"

虽说心中不满，但到任后，杜牧照例还得写上一封《黄州刺史谢上表》，言不由衷地说："今者蒙恩擢授刺史，专断刑罚，施行诏条，政之善恶，唯臣所系。……臣于此际为吏长人，敢不遵行国风，彰扬至化。……使一州之人，知上有仁圣天子，所遣刺史，不为虚受。蒸其和风，感其欢心，庶为瑞为祥，为歌为咏，以裨盛业，流乎无穷。……无任感激悃恳血诚之至。"

呈上《谢上表》后，杜牧心中实在难以平静。他有牢骚，有不满，有一肚子的话想找人说，借以抒发愁愤之情。他想起离京前曾拜访御史中丞李让夷，得到他的礼待，宽慰与奖饰，是个可以一谈心曲的长者。何况李让夷与李德裕交情颇厚，高升是早晚的事，让他知道自己的习性、志向与委屈，或许对今后起用自己不无帮助。因此他又作了《上李中丞书》：

> 某入仕十五年间，凡四年在京，其间卧疾乞假，复居其
> 半。嗜酒好睡，其癖已痼，往往闭户便经旬日，吊庆参请，多
> 亦废阙。至于俯仰进趋，随意所在，希时徇势，不能逐人。是

以官途之间，比之辈流，亦多困踬。自顾自念，守道不病，独处思省，亦不自悔。然分于当路，必无知己，默默成戚，守日待月，冀得一官，以足衣食。……

某世业儒学，自高、曾至于某身，家风不坠，少小孜孜，至今不怠。性颛固，不能通经。于治乱兴亡之迹，财赋兵甲之事，地形之险易远近，古人之长短得失，中丞即归廊庙，宰制在手，或因时事召置堂下，坐之与语，此时回顾诸生，必期不辱恩奖。今者志尚未泯，齿发犹壮，敢希指顾，一罄肝胆……

抵达黄州不久，杜牧即修书寄给在池州任刺史的挚友李方玄，尽情地发露胸臆。书中说：

仆与足下齿同而道不同，……仆之所禀，阔略疏易，轻微而忽小。然其天与其心，知邪柔利己，偷苟谀诒，可以进取，知之而不能行之。非不能行之，抑复见而恶之，不能忍一同坐与之交语。故有知之者，有怒之者，怒不附己者，怒不恬言柔舌道其盛美者，怒守直道而违己者。知之者，皆齿少气锐，读书以贤才自许，但见古人行事真当如此，未得官职，不睹形势，絜絜少辈之徒也。怒仆者足以裂仆之肠，折仆之胫。知仆者不能持一饭与仆，仆之不死已幸，况为刺史，聚骨肉妻子，衣食有余，乃大幸也，敢望其他？……

去岁乞假，自江、汉间归京，乃知足下出官之由，勇于为义，向者仆之期足下之心，果为不缪……今者齿各甚壮，为刺史各得小郡，俱处僻左，幸天下无事……足以为学，自强自勉于未闻未见之间。仆不足道，虽能为学，亦无所益，如足下之才之时，真可惜也。

……

仆自元和已来，以至今日，其所见闻名公才人之所论讨，典刑制度，征伐叛乱，考其当时，参于前古，能不忘失而思念，亦可以为一家事业矣。但随见随忘，随闻随废，轻目重耳之过，此亦学者之一病也。……自古未有不学而能垂名于后代者，足下勉之。

　　大江之南，夏候郁湿，易生百疾，足下气俊，胸臆间不以
悁愁是非贮之，邪气不能侵，慎防是晚多食，大醉继饮，其他
无所道。某再拜。

　　李方玄守池州，杜牧在黄州，两地虽然相隔，但两人难得见面叙谈。
然而纵是山高水长，也不能阻隔他们之间的深厚情谊。杜牧初到黄州的
苦闷与牢骚，就靠这来往不断的书信，一次次地向挚友毫无保留地倾吐
发泄。而李方玄总是及时地回信。信中辞意纤悉，情意殷殷。他以自己
的经历感受劝慰杜牧，勉励他自信自强，切不可自暴自弃，气馁丧志。
一时之间，黄州与池州两地书信前后相望，两位挚友就靠着一纸书信抒
发情感，交流心得，以对方之长补自己之短。如杜牧所追叙的"笔我性
情，补短裁长。一函每发，沉忧并忘"。

　　当然他们通过书信，不仅互相倾诉怀抱，消忧解闷，两人都是学有
所长的学者，所以也每每谈论起治学的事。

　　古人对于经学是十分注重的，认为这是做学问的最重要的基础。因
此，研究经学的名家代有其人。其中《春秋》三传，是读书人所必读研
治的。但是唐代以来，学者们治经时，多摒弃传注，独探经书之旨，不
重视继承吸取前人治经的成果体会。特别是唐玄宗末年时，有位著名的
学者啖助，他研究《春秋》即主张直接探究孔子的意旨，把《春秋》之
传撤在一旁。他的弟子赵匡、陆质又师承其说，一时成为风气，影响
一时。

　　杜牧认为这种风气不好。以前他读韩愈《寄卢仝》诗时，对"春秋
三传束高阁，独抱遗经究终始"的感叹就深有感触。来黄州后，有一回
在给李方玄的信中，他们谈到治学的体会，杜牧在信中说：

　　仆常念百代之下，未必为不幸，何者？以其书具而事多也。
今之言者必曰："使圣人微旨不传，乃郑玄辈为注解之罪。"仆观
其所解释，明白完具，虽圣人复生，必挈置数子坐于游、夏之
位。若使玄辈解释不足为师，要得圣人复生，如周公、夫子亲
授微旨，然后为学，是则圣人不生，终不为学；假使圣人复生，

即亦随而猾之矣。此则不学之徒，好出大言，欺乱常人耳。自汉已降，其有国者成败废兴，事业踪迹，一二亿万，青黄白黑，据实控有，皆可图画，考其来由，裁其短长，十得四五，足以应当时之务矣。不似古人穷天凿玄，蹑于无踪，算于忽微，然后能为学也。故曰生百代之下，未必为不幸也。

信中，杜牧还主张随地随处而学，避免成为腐儒。他写道：

夫子曰："三人行，必有我师焉。"此乃随所见闻，能不忘失而思念至也。楚王问萍实，对曰："吾往年闻童谣而知之。"此乃以童子为师耳。参之于上古，复酌于见闻，乃能为圣人也。诸葛孔明曰："诸公读书，乃欲为博士耳。"此乃盖滞于所见，不知适变，名为腐儒，亦学者之一病。

李方玄是个谨重务实、办事负责的人。他为人聪明敏锐，勤俭刻苦，温和谨慎。24 岁高中进士第，解褐后为裴晋公度所赏识，举荐为秘书省校书郎。当时即因聪明才敏，老成人都争着和他交往，成为朋友。在江西裴谊幕为观察判官时，法曹官判一起杀人案，被判死刑的就有 12 人。方玄觉得此案不严谨，判刑不公。后经他重新审讯，几天内就调查个水落石出，为这 12 人申了冤屈，一时为人称服。后来又任监察御史，又以分察盐池左藏吏盗隐官钱千万狱事而饮誉官场。来到池州任刺史后，他又创造了籍簿，将该服徭役的百姓登记在册。然后按照先后次序，该谁服役就委派谁。避免了官吏徇私枉法，乱摊派徭役，从中欺压渔利。他又重新制订户税，查出偷逃税收的豪猾之徒，重新加税，同时也减轻了贫困单弱民户的税赋。凡此种种，裁减了十多件蠹民扰人的弊端，为百姓所称快。来池州后，他还筑堤修路，整顿市衢。在郡城东南建九峰楼，以供游人观赏眺望周围风光，凿开齐山北面岩石，开发出一个怪石嶙峋、奇形异状的山洞，供州人游览观赏……

李方玄务实勤勉的治理州务的方法经验给初任刺史、主管一州之务的杜牧提供了效仿的榜样。李方玄曾在给杜牧的书信中，对籍簿事感慨地说："沈约身年八十，手写簿书，盖为此也！使天下知造籍役民，民庶少活。"杜牧在黄州也采用籍簿轮派徭役，就是受李方玄的启发。

被排挤到这荒僻的黄州任刺史，牢骚和不满，甚至于愤怒，这在杜牧当然免不了。但是牢骚和不满却没有扑灭他治理好州务，为民除弊兴利的热情之火。杜牧心中有个十分明确清楚的理想社会的模式和标准，他一到黄州，就在祭百神时提出这心中的理想。他向神祇祷告说：

> 乃拔俊良，乃登耆老，夕思朝议，依规约矩。详刑定法，深刻不取，摽揭典制，酌之中古。远师太宗，近法宪宗，怵惕思惟，不治是惧，四国既平，六职攸序。黍稷稻粱，呕哑俯偻，父子供养，婴儿抚乳。万里齐俗，实皇帝力，繁眠而食，罔知其故。……海外天内，戎狄蛮夷，奇服异貌，伏于除外，欢喜叫噪。……寒暑合节，风轻雨碎，谷溢陈囷，畜繁脂大。东南西北，限岸置纪。无有顿悁，不识灾害。

理想就是一面高高飘扬的光辉旗帜；

理想的社会蓝图就是杜牧治理黄州的模式；

理想和模式转化成一种刻骨铭心的责任感；

这责任感时时鞭策着杜牧，使他忧惕不胜，如临深谷，如履薄冰。

他向神祇请求佑护黄州百姓。祭祀那天，他穿戴好了衣冠，亲自治办好肴馐供品，恭敬地坐以待晓。然后，肃穆庄重地登上神坛，蹐足屏气，恭敬地跪拜天地，祈求神祇说：

> 《诗》不云乎："皇天上帝，伊谁云憎。"天憎罪人，天可指视，止殃其身，岂可傍炽？刺史有罪，可病可死，其身未塞，可及妻子，无作水旱，以及闾里。皇帝仁圣，神祇聪明，唱和符同，相为表里。黄治虽远，黄俗虽鄙，皇符视之，近远一致。洋洋在上，实提人纪，无负皇帝，自作羞愧……

杜牧登科入仕以来虽已十九年了，但以前在幕府为幕吏，在朝中任补阙、员外郎等职，都不是亲民之官，因此没有多少治理州政民务的实际经验。而现在主管一州政务，专断刑罚，施行诏条，为政治民，全都要自己出主意，拿办法。这对于经验不足的他来说，实在是一种无形的巨大压力。他初到之时，真如他自己所说"素不更练，兼之昧愚，一自到任，忧惕不胜，动作举止，唯恐罪悔"。所幸李方玄治理池州的办法经验给他以启发效仿，另一方面他为政用心勤勉，善于体察民情，究心民瘼，关心民生疾苦，也使他能找到黄州的弊病，为百姓兴利除弊，办了些好事。

黄州和蔡州毗邻，五十年来淮西节度使相继专横跋扈，举兵对抗唐中央，因此黄州几十年来均是作战用兵之地，刺史也都委派武夫担任。战争使国家的条规遭到破坏。为了用兵之需，地方上难免横征暴敛，租税徭役繁重。加上地方胥吏也借机渔利盘剥，因此弊端丛生，民生困苦。后来战争平息，黄州来了文吏，弊政虽有革除，但留给杜牧的仍是一大堆问题。

杜牧目睹了黄州的积弊，回忆起早年他到同州澄城县所了解到的县西京畿人民受神策军骚扰的惨象。当时百姓痛苦愤怒的倾诉，自己的义愤情景历历在目，记忆犹新。他还记得有一次自己路过一个村庄，见到破败的村舍，农民们穿得破破烂烂、简直衣不蔽体的景象，不禁一阵心酸。当走近屋舍，见到两个小女孩饿得扶床啼哭的景象，自己不由得眼眶湿润了。当时，自己又同情又哀伤，还在村舍壁上题下这么一首七言绝句：

> 三树稚桑春未到，
> 扶床乳女午啼饥。
> 潜销暗铄归何处？
> 万指侯家自不知。

想起了这首诗，当时自己对不知人民死活的王侯之家是多么的愤怒，还情不自禁地吟起杜甫的"朱门酒肉臭，路有冻死骨"的不平诗句的情景又浮现在眼前了……

他对黄州，不，对天下百姓的痛苦是永远怀着同情的。他感到自己绝对不能成为那些自己指责过的不知人民死活的万指侯家，自己现在已是一州之长了，有责任尽自己之力革除弊端，尽量解除民生疾苦。

杜牧到任不久，就挑选了几个自己信任得过的老实能干的人到黄州各地调查巡视，了解民情。自己也明察暗访，征询民意。经过一阶段的考察后，他熟悉了黄州的社会状况，感慨黄州真是"萧条井邑如鱼尾"。他用《诗经·汝坟》篇"鲂鱼赪尾，王室如毁"的诗句，以鱼劳则尾赤来比喻黄州人民为虐政所苦的情景。他针对黄州的弊政，发布告示，提出改革的具体措施：

一、伏腊节序，牲醪杂须，吏仅百辈，公取于民，里胥因缘，侵窃十倍，简料民费，半于公租，刺史知之，悉皆除去。

二、乡正村长，强为之名，豪者尸之，得纵强取，三万户多五百人，刺史知之，亦悉除去。

三、茧丝之租，两耗其二铢；税谷之赋，斗耗其一升，刺史知之，亦悉除去。

四、吏顽者笞而出之，吏良者勉而进之，民物吏钱，交手为市。

五、小大之狱，面尽其词，弃于市者，必守定令。

六、人户非多，风俗不杂，刺史年少，事得躬亲，疽抉其根，苗去其莠，不侵不蠹，生活自如。

这些兴利除弊之举深得人心，实行之后，社会状况有所改变，民风也比以前淳朴多了，公庭白日不闻争讼之声。

但杜牧又遇到了挑战，天降的灾祸又笼罩在杜牧和黄州百姓头上。杜牧来到黄州次年的会昌三年（公元 843 年）夏天，黄州久旱不雨，骄阳火辣辣地炙烤着黄州大地。溪水几乎断流了，池塘干涸了，田地龟裂成一块一块。山川大地似乎处处在冒着烟，燃着炎火，热浪滚滚。人渴畜亡，庄稼枯萎，害虫肆虐，大地一片萧条，毫无生机……百年不遇的旱灾肆虐着黄州大地，百姓眼巴巴地望着干枯的庄稼连声叹气，有的还哀哀恸哭起来，跪倒在地上哀求着天老爷垂怜救命。

百姓心急，作为刺史的杜牧更是忧心如焚，寝食难安。他一方面组织民众挖井开源，挖掘渠道，抗旱救苗；另一方面也只好祈求上苍佑护黄州百姓。

黄州有座城隍庙，传说神祇颇灵，百姓凡有灾苦，必到庙中祈求保佑，多能化灾解难，因此香火颇盛。

杜牧望着无边的旱象，心中焦急无奈，只好率百姓到城隍庙烧香祈雨。他燃香合掌，虔诚地对空向神跪拜祈求：

> 下土之人，天实有之。五谷丰实，寒暑合节，天实生之。苗房甲而水湮之，苗秀好而旱蒌之，饥即必死，天实杀之也。天实有人，生之孰敢言天下之仁，杀之孰言天之不仁。……东海孝妇，吏冤杀之，天实冤之，杀吏可也。东海之人，于妇何辜，而三年旱之？刺史性愚，治或不治，厉其身可也，绝其命可也！吉福殃恶，止当其身。胡为降旱，毒彼百姓？谨书诚恳，本之于天，神能格天，为我申闻。

百姓见刺史虔诚祈祷，也纷纷跪拜磕头。有的老人连连磕着响头，额头都磕出肿块，碰出血来。有些人听见杜牧求神祇佑护百姓，神降惩罚、只绝其命的话，感动得大哭起来，拥到杜牧身旁，跪拜感泣，久久不起……

祈求可谓隆重虔诚，黄州百年难得一遇；

香烛如山，城隍庙从未有过的肃穆隆盛；

百姓哀哀，刺史惴惴惕栗，万众动容，祈神降雨。

然而，天边仍无一丝云彩，烈日当空，大地裂开出更大的口，好像无数张干渴得冒烟的大口，在呼吁着老天爷降下一场救命的大雨！

盼雨不至，杜牧望着即将全部干死的禾苗，心中十分焦躁痛苦，他又再次到城隍庙祈雨，虔诚地乞求道：

> ……刺史虽愚，亦曰无过，纵使有过，力短不及，恕亦可也，杀亦可也。稚老孤穷，指苗燃鼎，将穗秀矣，忍令蒌死，以绝民命？古先圣哲，一皆称天，举动行止，如天在旁。以为天道，仁即福之，恶即杀之，孤穷即怜之，无过即遂之。今旱已久，恐无秋成。谨具刺史之所为，下人之将绝，再告于神，神其如何？

也许是老天无雨太久了，也该否去泰来下场雨了；也许竟是刺史虔诚，城隍神祇有灵，感动上苍，天赐福祉。当然也许是一种偶合，天人之际，难穷奥妙。杜牧祷神不久，忽而阴云骤起，浓云密聚，风随雨至，雷伴电光。一时天地变色，甘雨降临，无边的田野上风狂雨暴，雷电交加。黄州的百姓在风雨中，簇拥着露出笑脸的杜牧，尽情地欢呼，让大雨淋个够……

入秋后，一连十多天的秋风秋雨。风凉凉的，从宽阔的江面上，一阵阵地吹来。雨点时而细蒙蒙，时而稀稀疏疏地随着江风迷漫在江面上，飘洒在郡楼头。风雨的凉意已把一夏的酷暑驱赶出黄州，消逝到天涯海角去了。

> 疏雨洗空旷，秋标凉意新。
> 大热去酷吏，清风来故人。
> 樽酒酌未酌，晓花嚬不嚬。
> ……

"相公，披上长衫，注意风寒啰！"紫云将长衫披在杜牧的身上，体贴地劝说着。

"嗳，哪用得着它！"杜牧边说着边抖落外衣，"这样才痛快！你看这江风多清爽，长天多开阔。一个夏天的酷热真把人闷死了。庄稼也差点干得起了火，幸亏老天爷保佑，下了场大雨，才保住了些禾苗，否则黄州的百姓今年可就得逃荒了。"

"这城楼上风大，江风凉飕飕的，相公还是披上衣服吧！"紫云也没听杜牧在说些什么，从地上捡起长衫，又披在杜牧肩上。"一个夏天你东奔西跑，抗灾求雨，累得两眼圈发黑，身子虚弱。裴氏姐姐来信嘱咐我千万要照顾好你。看你像小孩似的尽是任性，都 40 岁的人了……"

"唷，什么时候也学会了这么唠唠叨叨？"杜牧故意用不耐烦的口气说，却一展手拥着紫云，怜爱地抚摸着她的肩头。"你自己穿得这么单薄，就不怕风寒？噢，我明白了，女人嘛爱美不怕流鼻水。我说的可对？"

紫云被杜牧调侃的话惹得"扑"的笑出声来，两眼笑眯眯地看着杜牧，顺势依偎在杜牧的胸前，甜甜地说："我爱美还不是为着你？不为着你，谁还跟你到这荒僻的小地方来？"

"好，我送你回京城去。"杜牧故意逗着。

"除非咱一起回去，我是死活跟着你一起走！"紫云可没理会杜牧的玩笑话，深情地说。她把头埋在杜牧的胸口，好像小风帆停泊在恬静的港湾。

杜牧搂着紫云，好久两人默默无言，只有感情的暖流在两人之间流荡着、冲击着。杜牧此时更感到紫云对他的重要，是他的精神，也是他的生命的一部分。想起这些年来紫云给他的温暖与情爱，给他的体贴与支持，可他却给她太少了，太让她吃苦了。回想前年冬天往浔阳看望弟弟时，是她怀着身孕同他一路奔波，不辞辛苦，还一路细心地照料着他，自己却因过于劳累而流产了。刚接到调任黄州刺史的诰令时，自己是那样地气愤、失望，又是她跟前随后地陪伴着自己，说了许多宽慰的话。还说诗人要行万里路作万里诗，到黄州来可以得江山之助，说来还是件好事呢。离京赴黄州，她和裴氏都争着想一起来。还是她劝裴氏留在京城，可以更好地培养孩子，照顾她家的老人，而她自己又毫不迟疑地陪伴着自己到这僻远的小郡来了……

"紫云，到这江边小郡太苦了你了。"杜牧捋着紫云的鬓发轻声说。

"跟你在一起，再苦也心甘。"紫云从杜牧的话语中感受着怜爱，心里甜滋滋地，把身子更贴紧了男人，细语着。

"来，咱们再喝一杯！"

"我陪你，可不准你猛喝。"紫云正起身来，从桌子上拿起酒壶，斟着酒。

两人啜着酒，眺望着远山和长江。江面上雨蒙蒙地，像蒙上了一层白色的细纱。一艘艘帆船在风雨中行驶着，几条渔船在长着芦苇的岸旁停泊着。隐隐约约还看得见几只海鸟在迎风掠波地穿飞着，似乎在和浪花嬉戏……

> 对酒当歌，人生几何？
> 譬如朝露，去日苦多。
> 慨当以慷，忧思难忘。

何以解忧？唯有杜康。

青青子衿，悠悠我心。

但为君故，沉吟至今。

……

紫云对景生情，不禁唱起曹操的《短歌行》。

杜牧静静地听着。每当他心情抑郁时，他特别喜欢听紫云的歌唱。在她的歌声中，他的忧愁似乎消融在歌声中，随着优美的音符，随着轻风消逝了。这时，他随着歌声，不禁置身于三国鼎立的时代。他似乎看到了那群雄逐鹿、烽烟弥漫的场面；看到了长江江面上舳舻相连，旌旗蔽空，吴、魏水师对垒的景象；看到了曹孟德站在战舰上，一手持酒杯，一手执槊，慨当以慷地临风赋诗的情景……

"相公！"紫云唱罢，见杜牧愣着，似乎沉入梦境，体贴地唤着。

"哦，唱得真迷人。我又看到曹操了。"

"相公雄心壮志未泯，所以老是想起历史名人。贱妾只管唱曲子，可没想得那么多。"

"说起曹操，我今天倒是想起了长江上的赤壁之战，就发生在离咱这儿不算远的赤壁。你可还记得，那回咱们到长江边游览，我在江边泥沙中发现了一截断戟。当时十分感慨，想起了赤壁之战，就吟成了一首诗……"

"哪能不记得呐！我还配上现成的曲子，试着唱了几回呢。唱得不好，怕你笑话，所以没敢当着你面前哼。想听不？今儿高兴就试试。"

"还有不高兴听的？夫作妇唱，天造地设，再妙也没有了！"

紫云清清嗓子，含情脉脉地看着杜牧，然后放声唱了起来，歌声在烟雨迷蒙的郡楼上飘袅着：

折戟沉沙铁未销，

自将磨洗认前朝。

东风不与周郎便，

铜雀春深锁二乔。

末尾两句重复地唱了三遍，唱出了味儿，让人生出了无限的感慨。

"把我的感慨唱得真够味儿。可谓知我心、懂我情者，紫云也！"

"相公真会取笑！"紫云故作娇嗔地努着樱桃小嘴说。

"谁取笑你，我可是真情实意。"

杜牧倒了杯茶给紫云，"说真的，能懂得诗旨的人也真不太多。"

"相公的意思是说我懂？我真的懂吗？"

"你和我心连心，当然懂得我写的诗。不过……"杜牧不想再说下去，突然止住。

"不过什么？你可说啊，是不是嫌我……"

"哪是呀！我是说有人议论我这首诗，评论道：这诗是讲赤壁之战如果借不到东风，用不了火攻，二乔必定被曹操所得，送到铜雀台上去。江东孙氏霸业，决定于赤壁一战。诗人怎么能置社稷存亡、生灵涂炭都不顾，只担心捉了二乔呢！真是不懂得好歹轻重！"

"这样理解，简直是村夫子读诗见识！他死心眼儿，哪懂得你这调笑妙笔！"紫云听有人曲解《赤壁》诗，讥讽地评论道。

"咱不管现在他人论短长，后人自有公论。"

"相公说的是。"紫云为杜牧倒了一杯酒，又接着说："这雨中景色虽显得萧瑟点，可让人感到自在，比在京城气氛好多了，免得朝夕担惊受怕。"

"天高皇帝远，落得快活！只是被人排挤，让人气愤！"杜牧喝下酒，"罢，罢！你不是说到黄州来会得江山之助，写更多的诗吗？说得不错，这当儿望着连江雨，我倒有了诗兴。"

"相公有了诗兴？好，你吟给我听，说不定我还为你配上曲子唱啰！"紫云快活地看着杜牧。杜牧站起身来，伫立楼头，望着远处的江面，一句句地吟起来：

贱子本幽慵，多为俊贤侮。

得州荒僻中，更值连江雨。

一褐拥秋寒，小窗侵竹坞。

浊醪气色严，蟠腹瓶罂古。

酣酣天地宽，怳怳稀刘伍。

但为适性情，岂是藏鳞羽？

"相公，我就欣赏这'但为适性情，岂是藏鳞羽'两句。求得心理平衡，自我陶醉，岂不比气坏了身子强。"紫云心知杜牧尽管像悠然自得的样子，可心底深处却抹不去愤慨不平。她不愿意他这样下去，所以故意强调这两句诗。

"我可是逍遥得很呐！别人不让咱为国出力，讨厌咱说言正论，把咱赶到这儿来。也好，眼不见那帮钩心斗角、你争我夺的人更好。陪着我的美人儿，喝喝酒，唱唱歌，城楼上观光赏景，吟吟诗，岂不悠哉！"杜牧顺着紫云的心意激动地说。

"你可得心口如一。对着我的面这样说，可自己写的诗又露了馅儿，还当我不知？"

"你知什么？"

"你写的《自遣》诗。"紫云提起杜牧初到黄州时作的这首诗。

"我这首诗不是挺知趣、挺豁达的吗？"

"还豁达！你当我看不出。我念你听，看你豁达什么？"紫云说罢，念着诗：

四十已云老，况逢忧窘余。

且抽持板手，却展小年书。

嗜酒狂嫌阮，知非晚笑蘧。

闻流宁叹吒？待俗不亲疏。

遇事知裁翦，操心识卷舒。

还称二千石，于我意何如？

"没念错吧？说豁达，谁相信？头两句就没豁达！四十岁怎就叹老了？还不够，又老又穷愁。这算想得开？心情平静？以下的诗句全是故作姿态。消极倒是有些，可内心里是一肚皮的气愤！我说的对不对？"

　　杜牧见紫云说中了自己的心事，默不作声，只呷着酒。心想，紫云说的实在没有错。自己到黄州后，满肚子的委屈、不平。一种怀才不遇、直道不容的忧郁一直盘绕在胸中，苦恼着自己。自己的心情确是极为复杂矛盾的：壮志难酬，沉沦自放又不甘。脸上笑着，可肚子却忧愁着。放歌狂饮，看似颓放，可内心真要哭出来！记得自己在心情还算好的时候，写了一首《齐安郡晚秋》的诗寄给外甥裴延翰，诗中是这样写的：

柳岸风来影渐疏，

使君家似野人居。

云容水态还堪赏，

啸志歌怀亦自如。

雨暗残灯棋欲散，

酒醒孤枕雁来初。

可怜赤壁争雄渡，

惟有蓑翁坐钓鱼。

　　裴延翰收到诗后，来信说很羡慕自己的潇洒放旷。还说想找个机会到黄州来体验一下，陪自己玩儿几天呢！真是小孩子脾气，被自己的表面诗句蒙住了。还是紫云细心，有真体会，瞒不过她。她说："'酒醒孤枕雁来初'是诗眼，真情在这句。'云容水态''啸志歌怀'两句是幌子，直是苦中作乐，苦恼人的强颜欢笑！……"

　　"大人，夫人，淮南来的信。"书童送上一封信来。

　　"杜颙来的？"

　　"不，杜悰写的。"杜牧拆开信说。

　　杜牧匆匆地看着来信。信中说杜颙自去年杜牧陪他到扬州依他住在淮南幕后，虽然有几个有名气的眼医给他看过病，但都如去年杜牧从同州请来的眼医周师达所说：颙患的是白内障，本可以医治。但他眼中有赤脉，却除不下来，不能施针治好。最近，又有一个著名的眼医将来扬州，准备请他再医治，或有治好的希望。又说杜牧为岐阳公主作的《墓志铭》写得很得体。特别是"杜氏大族，枝蔓蝉联。上有舅姑，高堂俨然。螭绶龟章，玉佩金轩。养色悦意，侍后承前。人不我贵，我敬我虔。始终尽礼，大小周旋。馀二十年，谁兴间言。贵不召骄，富不期侈。是此四者，倏相首尾"一段，对岐阳公主褒扬称美，洵是盖棺之评，至为感谢。

"堂嫂可真是一位淑德柔风、天下倾耳的淑女。天下的女子要都能如此，该有多好。可惜年纪不到 40 就过去了，真令人伤感。"杜牧忧郁的声音感染着紫云，她掏出手绢擦着眼角……

秋雨仍然迷迷蒙蒙，阴云和暮色渐渐笼罩着黄州郡楼。

杜牧在黄州任刺史仅有两年。可是这两年在他的一生中却是内心充满了愤慨不平，雄心壮志被压抑而他却奋力抗争、挣扎，不甘沉沦颓丧的重要年头。他仍然不泯灭报国之志，仍然关注着时局，仍然同情着苦难的百姓，仍然抒发着一腔的爱国热忱，宣泄着报国无门的牢骚与悲愤。

一个凉雨初晴的秋天，黄州的菊花还盛开着。杜牧在郡中刺史衙署的书斋中独自饮酒赋诗。喝了几杯闷酒，杜牧拿出了前天在雨中赏菊赋成的诗作，磨浓了墨，摊开尺来长的条幅书写着：

> 篱东菊径深，折得自孤吟。
> 雨中衣半湿，拥鼻自知心。

杜牧在花中特别喜欢菊花和梅花，他在长安家中就种了这两种名贵的花。后来他从京城出任湖州时，还赋了一首《将赴湖州留题庭菊》的诗，说"陶菊手自种，楚兰心有期。遥知渡江日，正是撷芳时"。他爱菊赏菊，正是喜爱菊花的超脱凡尘的清高的格调，这和他的气质颇有相融相合之处。

此时，他书题罢诗，自己踱着慢步在书房中低吟长诵了几遍，体味着"拥鼻自知心"的孤吟情味。

一抹朝阳穿过窗子，投射在条幅上，把"篱东菊径深"几个字照得格外清晰。杜牧心头一亮，想"不知菊花经雨后此时开得如何？"他踱出房外，携着酒瓶，来到院中池边篱下。菊花在朝阳中，开得比前日的雨中似乎更烂漫了。菊叶上、菊瓣上还缀着颗颗晶莹的雨珠，闪烁在黄、白花丛之间，显得格外精神，惹人喜爱。

杜牧久久伫立篱畔，品酒赏菊。菊花使他想起了喜欢菊花的晋代处士陶渊明，也想起了《楚辞》中"朝饮木兰之坠露兮，夕餐秋菊之落英""春兰兮秋菊，长无绝兮终古"的著名佳句。他又从陶渊明和菊的诗句联想到历史上一系列具有菊一般高标格的人物，同时也回想到自己大和年间所拜访过的那位住在三吴的"交横碧流上，竹映琴书床。出语无近俗，尧、舜、禹、武、汤"的朱处士；想到那位"攃攃七尺强，白羽八札弓，脆压绿檀枪。风前略横阵，紫髯分两旁，淮西万虎士，怒目不敢当"的在淮西讨伐吴元济之战中立下赫赫战功的李光颜侍中；想到率领几十万大军征讨叛镇的裴度宰相……

杜牧对着菊花，想得入了神。在他的联想世界中，这些历史的、现实中的人物使他感到一种可贵的正气，一种高尚人格的巨大力量与魅力。他景仰这些人物，就像他喜欢的眼前的菊花一样：灿烂、高洁、芳香。

"呜……"

一阵角声把入神的杜牧召唤到黄州的现实中来。他抬头望了望高高的郡楼，几面旗帜在江风吹拂中轻轻飘悠着。一行行的大雁正掠过城头往南飞着，时而发出几声短促的叫声，似乎是南征的军令……杜牧不禁又意识到自己身处僻远黄州的处境。他转念到自己小时爷爷杜佑的教导，自己读经学史、关注财赋兵甲、研究地形战略的青少年时代，想到自己慷慨报国的壮志，想到入仕以来的遭遇，特别是进京为监察御史之后一系列的不得意、受排挤的经历，想到了多年来朝政的黑暗与残酷……想到西北边境回鹘的入侵，百姓的惊逃。他感慨苍茫，情不能已，遂转入书房，写下了"郡斋独酌"四个大字诗题。又连倒了两杯酒，一口一杯。酒激情感，点燃一腔激情的烈火，催发着诗兴。杜牧濡笔狂书，淋漓尽致地把自己的情感倾泻出来：

前年鬓生雪，今年须带霜。

时节序鳞次，古今同雁行。

甘英穷西海，四万到洛阳。

东南我所见，北可计幽荒。

中画一万国，角角棋布方。

地顽压不穴，天回老不僵。

屈指百万世，过如霹雳忙。

人生落其内，何者为彭殇？

促束自系缚，儒衣宽且长。

……

杜牧一口气写下了这一百零八句的长诗，写罢将笔往书案上一掷，长吁了一口气。又倒酒独酌，觉得意犹未已，心头还堵着一口闷气。他酒下愁肠，越觉得自己落拓不偶，空有报国之志而难有出力之时，更感到意不能平。最让他痛心的是回鹘的入侵，边境的紧张局势一直威胁着中原，而朝中竟无驱敌的良策。前些日子，他得知回鹘乌介可汗往来于唐境天德、振武之间，剽掠羌、浑两族的牛羊财物，又屯扎在杷头峰北，伺机南侵。朝廷虽屡下诏遣使劝他们撤回漠南，但乌介可汗拒不奉诏。后来，反而得寸进尺，乌介可汗竟率众越过杷头峰南，突入大同川，驱掠河东杂虏牛马数万匹，又一直打到云州城下。吓得云州刺史张献节只能闭城自守，吐谷浑、党项人也都被逼得携家避入山中……

后来，酒力发作，杜牧觉得脑涨人困，竟伏在书桌上昏昏醉醉地睡去。

近中午，裴延翰来到黄州郡城，紫云领着他来见杜牧。他们一进书斋，见杜牧伏在书案上睡着，手上还握着酒杯，地上飘散着几张诗笺。

"舅舅怎这样趴在桌上睡，他太累了。"

"你舅舅近来心情不好，这也不是第一次了。"紫云走近杜牧。"我叫醒他。"

"不，别叫醒他，让他睡够。"裴延翰边说边捡起地上的诗稿。

"舅母，舅舅刚作的诗。"

"他总爱酒后赋诗，说是酒中作诗才有真情真韵，就如酒后吐露心底话一样。"紫云边说，边拿起件外衣披在杜牧身上，又拾掇着零乱的房间。

裴延翰手捧诗稿读着，他读到末尾这些感慨苍茫的诗行：

答云此山外，有事同胡羌。
谁将国伐叛，话与钓鱼郎。
溪南重回首，一径出修篁。
尔来十三岁，斯人未曾忘。

往往自抚己，泪下神苍茫。

"舅母，舅舅不是说到黄州是'云容水态还堪赏，啸志歌怀亦
自如'吗？怎么却是这样哀伤？您来瞧瞧，这里写得更是感慨悲
愤了。"

紫云走过来。"他老是酒后就长吁短叹，总要谈起什么朝廷啊、边防
啊之类的事然后气得发抖，闷头不语。我劝他别管那么多，他又不听！"
她凑近，随着裴延翰所指的看去，诗句展现在眼前：

御史诏分洛，举趾何猖狂。
阙下谏官业，拜疏无文章。
寻僧解幽梦，乞酒缓愁肠。
岂为妻子计，未去山林藏。
平生五色线，愿补舜衣裳。
弦歌教燕赵，兰芷浴河湟。
腥膻一扫洒，凶狠皆披攘。
生人但眠食，寿域富农桑。
孤吟志在此，自亦笑荒唐。
……
池边成独酌，拥鼻菊枝香。
……

泪水涌上了紫云的双眼，她为丈夫的壮志未酬的悲愤、哀伤深深感
动了。她怜爱地望着酣睡中的杜牧，泪水情不自禁地流下双颊……

"平生五色线，愿补舜衣裳！"裴延翰不禁重复地念了两遍。心想
这与杜甫的"致君尧舜上，再使风俗淳"太相像了。他忽然明白了舅舅
悲愤感慨的缘由。同时想起了自己将来黄州时收到了舅舅寄给的一首题
为《早雁》的诗：

金河秋半虏弦开，
云外惊飞四散哀。

仙掌月明孤影过，

长门灯暗数声来。

须知胡骑纷纷在，

岂逐春风一一回？

莫厌潇湘少人处，

水多菰米岸莓苔。

他完全明白了这是舅舅因感慨回鹘入侵，百姓四散逃难，同情他们颠沛流离而创作的。诗中借秋雁比兴寄慨，寓寄同情难民，关注河湟失地的爱国情怀。他不由得久久注视着伏在书案上的杜牧，心中流荡着一股敬仰、自豪的热流……

腊月的黄州，被一场纷纷扬扬的大雪覆盖得白茫茫的一片，地上雪深盈尺，天空还飘飞着雪花。

杜牧披着厚厚的棉袍，缓步走到郡城外的大泽畔。此时京中传来的皇上派人至回鹘，赐下嫁回鹘的太和公主冬衣的事萦系着他的心头。他读到了宰相李德裕代皇上所撰赐公主的书信：

> 先朝割爱降婚，义宁家国，谓回鹘必能御侮，安静塞垣。今回鹘所为，甚不循理，每马首南向，姑得不畏高祖、太宗之威灵！欲侵扰边疆，岂不思太皇太后之慈爱！为其国母，足得指挥；若回鹘不能禀命，则是弃绝姻好，今日已后，不得以姑为词！

杜牧觉得赐公主书固然有弦外之音，矛头实对准回鹘。但这只不过是纸上谈兵，对于执意不断南侵的回鹘实在如耳边风，起不了作用。他感叹着自己在这理应报国的时候，却失去了报国的机会。他平日研究兵法，揣摩回鹘问题，总结了历次边塞战争胜败的经验教训，自信自己具体的策略能制伏猖獗的回鹘。可是被排挤到这僻远的黄州来，谁又能相信自己的策略，谁又能起用自己呢？忧时伤事，有志难展，使他心中忧愤不快，有如胸口上压了一块令人窒息的大石头。

气愤、忧郁、悲痛，他只能借诗歌来抒发，来解脱。对着大雪纷纷的长空，站在荒僻的黄州城外的大泽畔，杜牧的诗句只能吟哦给广漠的天空、茫茫的大地：

> ……
>
> 愤悱欲谁语，忧愠不能持。
>
> ……
>
> 人才自朽下，弃去亦其宜。
>
> 北虏坏亭障，闻屯千里师。
>
> 牵连久不解，他盗恐旁窥。
>
> 臣实有长策，彼可徐鞭笞。
>
> 如蒙一召议，食肉寝其皮。
>
> 斯乃庙堂事，尔微非尔知。
>
> 向来躐等语，长作陷身机。
>
> ……

那一天，杜牧在城外大泽畔徘徊吟哦得很久。紫云发觉杜牧到城外太久未回，担心他出事，派人把他找了回来。

转眼到了会昌三年（公元843年）秋，泽潞节度使刘从谏死后，其侄刘稹秘不发丧，逼迫监军崔士康向朝廷上奏，说刘从谏患病，请命刘稹为留后。唐武宗和宰相李德裕识破了刘稹的阴谋，决定不允刘稹之请。刘稹举兵抗命，朝廷遂命河阳节度使王茂元、河东节度使刘沔、河中节度使陈夷行等派兵讨伐刘稹。

杜牧闻知这消息极为兴奋。他一向反对朝廷姑息藩镇，主张削平叛镇。他很赞赏朝廷出兵征讨泽潞，认为该是自己出谋划策、报效国家的时候了。他决定上书朝廷，提出自己的平叛方略，但又犹豫了。心想，此时朝中正由李德裕主持政务，自己不为他所喜，而且自己对他也心怀芥蒂。现在上书给他，别人会怎么说？他又会搭理自己的意见吗？迟疑了好一阵，杜牧还是觉得应该把个人的嫌隙放在一边，以国家大局为重，决定直接上书李德裕。

在上书中，杜牧谈到大和二年他在京任校书郎时，曾询问过淮西吴元济的旧将董重质，为何当年淮西能以三州之众抵抗朝廷大军达四年之久？董重质认为是由于朝廷征兵太杂，军心不一所致。杜牧认为应该汲取这历史教训。又分析了泽潞镇与淮西不同的情况，认为泽潞镇一向忠于朝廷，随刘稹反叛的只是郓州的军队两千人而已。而泽潞的风俗未改，故老犹存，人民必不肯为刘稹用命。接着他提出用兵之略，认为：

> 伏以河阳西北，去天井关强一百里，关隘多山，井泉可凿，虽有兵力，必恐无功。若以万人为垒，下窒其口，高壁深堑，勿与之战。……其用武之地，必取之策，在于西面。今者严紫塞之守备，谨白马之堤防，只以忠武、武宁两军，以青州五千精甲，宣、润二千弩手，由绛州路直东径入，不过数日，必覆其巢。何者？昭义军粮，尽在山东，泽、潞两州，全居山内，土瘠地狭，积谷全无。是以节度使多在邢州，名为就粮。山东粮谷既不可输，山西兵士亦必单鲜，捣虚之地，正在于此……
>
> 以某愚见，不言刘稹终不能取，贵欲速擒，免生他患。昨者北虏才毕，复生上党，赖相公庙算深远，北虏即日败亡。……天下虽言无事，若上党久不能解，别生患难，此亦非难。自古皆因攻伐，未解旁有他变，故孙子曰："兵闻拙速，未睹巧之久也。"……窃敢干冒威严，远陈愚见，无任战汗。某顿首再拜。

杜牧上书后，他留意着朝廷有何反应。李德裕没有回信，杜牧不免有些失望。后来，他欣喜地觉察到朝廷用兵泽潞的方略，竟有些采纳了他的意见。他受到了鼓舞，为自己还能为平叛之事尽点力而高兴。也为李德裕能采纳自己的建议而欣喜。

这年冬末，前方传来了泽潞用兵顺利的消息。杜牧听了欣喜雀跃。他高兴之极，又作了一首《东兵长句十韵》为即将到来的胜利而歌唱：

> 上党争为天下脊，
> 邯郸四十万秦坑。
> 狂童何者欲专地，
> 圣主无私岂玩兵。
> ……

屈指庙堂无失策,

垂衣尧舜待升平。

羽林东下雷霆怒,

楚甲南来组练明。

……

渐见长围云欲合,

可怜穷垒带犹萦。

凯歌应是新年唱,

便逐春风浩浩声。

杜牧仰首盼望着平定泽潞的凯歌。尽管来春尚未如他所期望,但后来泽潞终于削平了,用兵策略又多采纳了他的建议。杜牧对李德裕的看法也渐渐有了转变……

黄州虽是地处长江边的荒僻小州,但自然景色、花草树木也自有令人喜爱的。杜牧在任黄州刺史的前后三年中,于公务闲暇之时,春秋景物宜人之际,也常携同紫云或独自一人徜徉于山水花草之间,借景抒情,写下了一些脍炙人口的题咏诗。

黄州郡斋后面有一处幽静的草木蓊郁的地方,中间有一个曲池,虽然不很大,但山泉不断地注入池中,池水清碧,绿水盈盈,惹人喜爱。

杜牧在池边种上了喜爱的菊花,也把丛生在他处的蔷薇移植在池子周围。紫云又特地叫人在池上养上几对羽毛斑斓的鸳鸯,让它们在池中游玩嬉戏。一到夏天,这里的景致特别幽美,也清凉宜人。公务之暇,杜牧总喜欢让紫云陪着,到这里乘凉赏景。

一个夏日的傍晚,杜牧和紫云又来到郡斋后池。此时,莺啼呖呖,宛啭悦耳。它们时而飞上池边的蔷薇,娇啼几声。又脚踩细嫩花枝,让枝叶蘸蘸池水,又忽地飞上高枝,留下细枝嫩叶在池面上微微抖动,好久也静不下来。池面上双双游弋的鸳鸯在蒙蒙的细雨中,毫不理会黄莺的调皮,只是安详地沉浸在他们的和谐甜蜜的爱情中,就像一对恋人正共浴爱河一般。

杜牧和紫云从池面上的鸳鸯,回忆起了往日的岁月,谈起了他们洛阳街头的邂逅，后来的相识幽会，以及洛阳李听尚书家宴中的那一次决定命运的"忽发狂言惊满座"的倜傥风流之举……越想越谈，两人就越有一种如胶似漆、难分难舍的缱绻之情。紫云情不自禁地依偎在杜牧胸前，投在他的怀抱中。他们凝视着池中的鸳鸯，仿佛自己就是它们中的一对似的。杜牧在相偎相拥中，吟出了一首绝句：

> 菱透浮萍绿锦池，
> 夏莺千啭弄蔷薇。
> 尽日无人看微雨，
> 鸳鸯相对浴红衣。

黄州周围也有些名胜古迹，像城东南有一条兰溪河，离城七十里。兰溪旁长着许多兰花，每到春暖花开，这里花香鸟语，兰溪水澄碧碧的汩汩流向西南方的长江。这里景色幽美，让人流连忘返。

杜牧也为这儿的春景兰花所吸引。在一个蒙蒙细雨的春日，他来到了兰溪。溪畔的兰花在春雨中散发着郁郁的清香，雨丝随着和风吹拂在杜牧的脸上，飘落在兰花青翠的叶子上、花瓣间。他久久地徘徊在溪旁，嗅着兰花的清香。他突然有一个联想，当年楚国遭贬的屈原大夫不是也喜爱兰花吗？他不也写过"余既滋兰之九畹兮，又树蕙之百亩"的诗句吗？他似乎看到了屈原面容憔悴，手握兰花，行吟泽畔，在风雨中徘徊的形象。他似乎觉得自己就是屈原，屈原就是自己。他抚今追昔，缅怀前贤，感伤自己，吟诵出《兰溪》之章：

> 兰溪春尽碧泱泱，
> 映水兰花雨发香。
> 楚国大夫憔悴日，
> 应寻此路去潇湘。

杜牧也到过木兰山，山在州西一百五十里的黄冈县。黄冈县在南齐和隋代都名作木兰县。也许是当地的百姓特别敬佩北朝时代替父从军的花木兰，因县名木兰，遂在此地建了座木兰庙以祭祀凭吊。杜牧来此地游览，在木兰庙题了一首诗，赞颂了这一位女扮男装、代父出征、立下战功的女英雄：

> 弯弓征战作男儿，
> 梦里曾经与画眉。
> 几度思归还把酒，
> 拂云堆上祝明妃。

黄州的三年中，杜牧还写下《云梦泽》《江楼》《寄浙东韩乂评事》《偶见黄州作》等诗。虽然这时杜牧也还写过"有个当垆明似月，马鞭斜揖笑回头"之类的风流偶傥之作。但身处荒僻的黄州，他在游览题咏中却常流露出一种遭受排挤、落拓不偶的忧郁色彩、怀乡思归的苦闷情怀。

会昌四年（公元844年）初冬，裴延翰接到杜牧的书函。信中告诉他，深秋时他已奉调池州。信是途中写的，还寄上一首《秋浦途中》诗，末两句说："为问塞沙新到雁，来时还下杜陵无？"书函中还附上一札作于黄州的诗文。

裴延翰翻阅着诗文，其中三首特别引起他的注意：

> 两竿落日溪桥上，
> 半缕轻烟柳影中。
> 多少绿荷相倚恨，
> 一时回首背西风。
> ——《齐安郡偶题》

> 鸣轧江楼角一声，
> 微阳潋潋落寒汀。
> 不用凭栏苦回首，
> 故乡七十五长亭。
> ——《题齐安城楼》

竹浊蟠小径，
屈折斗蛇来。
三年得归去，
知绕几千回。

——《黄州竹径》

品味着短短含蓄的诗行，裴延翰这回明白地体味到舅舅这些诗句的悲愤凄苦情味。他懂得那背西风的绿荷，正寄寓着遭人排斥的怨恨与凄哀。这时，他想起了舅舅那"平生五色线，愿补舜衣裳"的诗句，他的心又回到了黄州那地上散落着诗稿，舅舅正趴在书案上睡去的书斋。

杜牧抵达池州时，原池州刺史李方玄尚未赴处州新任，他专门留下来迎候老朋友的到来。

多年阔别，两位挚友分外地亲热。他们细诉分别后的经历，治理州务的体会，谈论着朝政，议论着牛、李党的争斗，倾诉着各自的悲欢与哀乐。他们也谈起了各自的儿女。

"景业兄，令千金芳龄几何？"

"小女今年7岁了，我正教她识字。女孩子虽然成不了大事，但也该识字达理才好。令郎呢？"

"在下有两犬子，大的叫曹师，今年已8岁了，也正教他读书，和贱内裴氏住在京城。我也三年没见到他了。"

"嫂夫人在京独自带着孩子也够辛苦的。老兄真有福气，裴氏贤淑，紫云温柔敏惠。一个在京守家，一个在外日夜陪伴您，真令人艳羡！"

"贤兄，在下有一主意，未知兄长以为如何？"杜牧笑容满面地问道。

"是何主意？"

"犬子曹师刚长令爱一岁，两人年纪相仿。咱又是多年老友，彼此了解，说话投机。何不结成儿女亲家，将来致仕不做官了，咱兄弟也可放心地吟傲烟霞，结伴乘舟钓鱼去！可不是好！您的意思呢？"

"呵呵……"李方玄一听，放怀大笑起来。"一个7岁，一个8岁，孩子还都小着呢！看，您这么深思远虑……"

"人无远虑，必有近忧。"杜牧抢着说，"趁咱们这把老骨头还硬朗，早替儿女打算也是应该的。我的主意不差吧？把令千金许给我家曹师吧！"

"好主意，一言为定！"李方玄又哈哈大笑起来。

……

两位挚友在池州一连欢聚了十天，才依依不舍地互道珍重，分手离别。

杜牧抵池州任不久，京师传来了刘稹为其部将郭谊所杀，昭义叛乱已平息的消息。

杜牧闻知喜讯，连夜作书庆贺。他不由得不激动，雀跃欢呼。还在今年夏，他得知平泽潞之战节节胜利的消息时，他就预计到朝廷如果再按照他的建议进军，刘稹之败也就指日可待了。现在果然不出所料，他怎能不喜？他将贺书直接寄呈李德裕宰相，书中说：

> 伏惟相公上符神断，潜运庙谟，仗宗社威灵，驱风云雷电。掌上必取，彀中难逃，才逾周星，果枭逆首。……若非睿算英略，借箸深谋，比之前修，一何远出！自此鞭笞反侧，洒扫河湟，大开明堂，再振儒校。穷天尽地，皆为寿域之人；赤子秀眉，共老止戈之代……

贺书寄出后，他照样没有收到回信。当然，杜牧也明白李德裕宰相是不会为此事给他作复的，他并未因此而失望。他此时虽为泽潞的平定而高兴，但心中还关注着北方回鹘的事，谋划着驱逐回鹘南侵的问题。

还在会昌四年初夏，他听到了朝廷有关处置回鹘的消息。那时朝廷看到回鹘已衰微，吐蕃正内乱，商议着收复河、湟四镇十八州失地的事。三月时，朝廷已派遣给事中刘濛为巡边使，让他先准备武器粮草，并侦探吐蕃守卫兵士到底有多少。又命天德、振武、河东诸镇抓紧训练兵众，以便出击回鹘。得知这消息，杜牧很受鼓舞，当时就兴奋地作了一首《皇风》诗，赞颂唐武宗是"仁圣天子神且武，内兴文教外披攘。以德化人汉文帝，侧身修道周宣王"。又盼望着"何当提笔侍巡狩，前驱白旆吊河湟！"

从那时起，半年过去了，回鹘主力虽被唐军击败，但残部尚时时侵扰边境。杜牧又获悉李德裕宰相正在思虑着歼灭回鹘残余势力的办法，遂再次主动上书李德裕太尉。

李德裕对杜牧的才能器识还是很欣赏的，只是不喜欢他那豪奢放旷、不拘小节的作风。而且更主要的是，他认为杜牧依附自己的政敌牛僧孺，又对自己的挚友李绅大不敬过，所以耿耿在怀，不肯重用他。他这回收到了杜牧的来启，不由得在心中赞叹道："不愧是杜佑之孙啊，才器超人，识见谋略，老夫也得让一头地。可惜所附非人，跟那牛僧孺情如师友。否则老夫也真要提拔他一下！"他仔细地读着杜牧的来启：

> 伏以回鹘种落，人素非多，校于突厥，绝为小弱。今者国破众叛，逃来漠南，为羁旅之魂，食草莱之实。……今者征中国之兵与之首尾，久戍则有师老费财之忧，深入则有大寒瘵坠之苦，示戎狄之弱，生奸杰之心。今者不取，恐贻后患。……

> 自两汉伐虏，皆是秋冬，不过百日，驱中国之人，入苦寒之地。此时匈奴劲弓折胶，重马免乳，畜肥草壮，力全气盛，与之相校，胜少败多。……以某所见，今若以幽、并突阵之骑，酒泉教射之兵，整饰诚誓，仲夏潜发……五月节气，在中夏则热，到阴山尚寒，中国之兵，足以施展。行军于枕席之上，玩寇于掌股之中，轵辒悬瓶，汤沃晛雪，一举无频，必然之策。今冰合防秋，冰销解戍，行之已久，虏为长然，出其意外，实为上策。议者或云，北取黠戛，令讨回鹘。伏以黠戛，起于别种，超为可汗，必是英杰，天时必助，贤材必用，法令必明，灭回鹘之后，便是劲敌，况示之以弱，必为所轻。今者四海九州，同风共贯，诸侯用命，年谷半熟，可以瘗玄玉于常山，子遗人于河奎。顾兹疲虏，岂遗子孙？……

李德裕边看边思考，边默默点头，他确实赞赏杜牧的远见卓识。"将他调进京来参谋军事，"他突然闪过这一念头。不过，他马上又转念一思，自己又摇摇头。他想杜牧的堂兄杜悰刚从淮南节度使任上调进京同平章事，兼度支、盐铁转运使，而李绅则以使相出代杜悰。如果再把杜牧调进京来，李绅又会怎么想，岂不得罪了挚友？他只得打消了这一念头，嘴上不禁脱口而出："真委屈了他！"

池州东南隅的九峰楼来了一位书生打扮的人，他长得身材修长，清瘦而文雅。当他那轻快的脚步停止在楼梯口，刚要登楼时，他却不禁缓缓地放下前脚，踏在楼梯上，站住了。他那双眼仰望着楼上，身子靠在梯栏上静听着楼上的吟诗声：

晴江滟滟含浅沙，
高低绕郭滞秋花。
牛歌渔笛山月上，
鹭渚鸳梁溪日斜。
为郡异乡徒泥酒，
杜陵芳草岂无家。
白头搔杀倚柱遍，
归棹何时闻轧鸦。

诗中既有对山川丽色的赞美激赏之情，但后来又变得声含凄楚，令人惆怅。来人听罢，正欲登楼，却又传来了吟诵声，他放慢脚步听着：

南陵水面漫悠悠，
风紧云轻欲变秋。
正是客心孤迥处，
谁家红袖凭高楼。

他登上楼头时，杜牧还在望着楼外的远山江水，背着手高诵着。等他吟罢诗，听得身后"杜员外"的呼唤时，他回转头，不禁惊喜地喊道："迟之先辈，怎不通知我，我好远迎，让你到这儿来找我！"

"我家在青阳，本乡本土，对这儿比你熟，才不劳员外大驾呐！"

来人叫孟迟，池州青阳（今安徽青阳）人，是位有名的诗人，绝句作得特别好，很让杜牧敬佩。杜牧和他是旧交，意气相投，互相推崇。开成三年夏天杜牧还在宣州为幕吏时，孟迟曾拜访过他。当年八月，他们又作伴畅游当涂县的牛渚山，登上牛渚矶，纵览滔滔滚滚的远去的江水，欣赏着江上鼓胀着凉爽秋风的片片风帆。当时两人豪情满怀，心胸多开畅。后来，杜牧在朝任补阙，孟迟进京应试不第，两人又同游寺庙。

在一个风雪之夜，还一同留宿庙中，对榻共语，情同手足。会昌二年杜牧出使黄州时，孟迟在京送别，当时两人心情惆怅，不知相见何时。没料到杜牧刚来池州不久，今天登上李方玄所建造的九峰楼对景怀人咏诗时，孟迟又从天而降，不胜欣喜。

两人一道回到家中。紫云已见过孟迟，自然热情设宴招待。三人一起畅忆往事，叙谈数年来各自的遭遇。孟迟说起拟即往京赴明春的进士科考，"一连考了几回，没想到名落孙山，让人惭愧！"

"场屋中的事难说得很。杜甫满腹经纶，诗艺天下难比，也不照样不登一第！迟之先辈，请别灰心，说不定来年就高中。"

"员外为当州刺史，又是今日文坛名家，还望赐一纸荐书，好让在下有个进身之阶。"

"那是当然，荐书的事包在鄙人身上。鄙人堂兄杜悰正在朝中任宰相，先辈可以找他。"

"我一两日就打算上路。但愿员外不久也能归京，重返尚书省。"

"我又被赶到池州来，李党的人怎会让我重返朝中？"

"杜悰宰相总会助一臂之力吧！"

"先辈有所不知。杜悰在科举上倒可以帮上忙，但政务上的大权可没有。他和牛党杨嗣复、李珏等人的关系好，朝廷也是忌他的。只是他是先朝的驸马，不得不让他当个摆设，大权捏在他人手里，他都有点自身难保，还能帮上我！"停顿一会儿，杜牧又接着说："明儿我就修好荐书，先辈和卢嗣立秀才一起入京赴考。"

"卢秀才也去赶考，太好了！"孟迟拍手笑道。

"我也推荐他。他为人挺老实的，学问也好。你认得他，两人结伴同行，岂不更好？"

"我也正有此意，此事全听员外安排。"

"来，孟先辈喝一杯，别光顾说话。"紫云举杯敬酒。

……

过两天，孟迟辞别赴京，杜牧置酒宴饯行。聚欢别愁，杜牧于离别之际常有人生的感慨。他赋诗纪别，末了感慨苍茫，情不能已：

喜极至无言，

笑余翻不悦。

人生直作百岁翁，

亦是万古一瞬中。

我欲东召龙伯翁，

上天揭取北斗柄，

蓬莱顶上斡海水，

水尽到底看海空。

月于何处去？

日于何处来？

跳丸相趁走不住，

尧舜禹汤文武周孔皆为灰。

酌此一杯酒，

与君狂且歌。

离别岂足更关意，

衰老相随可奈何！

　　他目送着孟迟和卢嗣立远去，消失在江边。好久，他仍然伫望着，紫云坐在他身后，只听他口中念道：

六宫虽念相如赋，

其那防边重武夫！

……

　　送走了孟迟，杜牧又收到了一位不相识的汴州从事的来信。信中说很仰慕他，不仅是他那伤春伤别的诗句，而且知道他治理黄州、池州成绩显著，很有办法，请教他如何治理州务，以便他更好地协助幕主，为百姓尽点力。

　　"这人精神可嘉！"杜牧心中赞叹道。"如果天下的官吏都能如此，百姓也就可以免除许多苦难了！"他心中感叹着。回到书斋，他研墨作书：

汴州境内，最弊最苦，是牵船夫。大寒虐暑，穷人奔走，毙踣不少。某数年前赴官入京，至襄邑县，见县令李式甚年少，有吏才，条疏牵夫，甚有道理……

书中，杜牧介绍襄邑县令李式亲自置一板簿，每年徭役轮检自差。这样一年之中，县中人不论贫富，不派两次夫役。如有居住远处，不便服役的，可以纳钱雇人代替。这样亲自按板簿摊派，就可免除里胥从中渔利之弊，改变以往富豪者终年闲坐，贫下者终年牵船的不平现象。他认为"今为治，患于差役不平。《诗》云：'或栖迟偃仰，或王事鞅掌。'此盖不平之故"。末了，杜牧又向汴州从事谈到自己，说：

> 某每任刺史，应是役夫及竹木瓦砖工巧之类，并自置板簿，若要使役，即自检自差，不下文贴付县。若下县后，县令付案，案司出帖，分付里正，一乡只要两夫，事在一乡遍着，赤帖怀中藏却，巡门掠敛一遍，贫者即被差来。若籍在手中，巡次差遣，不由里胥典正，无因更能用情……

说来也巧，这年杜牧和友人交往也特别多。虢州的李景让常侍、岳州刺史李远都有诗往来。他和李景让在阳羡里都置有些薄产，因此他在诗中表达了将来同归隐的心愿："终南山下抛泉洞，阳羡溪中买钓船。欲与明公操履杖，愿闻休去是何年？"他又钦慕李远擅棋爱酒，情地闲雅，向他表示"拂匣调珠柱，磨铅勘《玉杯》；棋翻小窟势，垆拨冻醅醅。此兴予非薄，何时得奉陪？"

杜牧有个朋友在朝中任谏官，因谏武宗游猎事受到奖赏。前数月杜牧从朝报中已获知消息，但未知详情。来池州后，来访的朋友带来了朝中朋友的谏书。

读了谏书，杜牧很欣赏谏书写得明白善辩，且又婉辞多讽，说理有据有力。认为这位友人以忠孝文章立于朝廷，是一位勇于谏而且深懂得劝谏之道的好谏官，心中极为高兴。他捧着谏书久久讽咏，体味揣摩，感到颇为欣慰。他写了一信给这谏官表示庆贺，并且阐述了自己对论谏之道的看法：

某疏愚怠惰，不识机括，独好读书，读之多矣。每见君臣治乱之间，兴亡谏诤之道，遐想其人，舐笔和墨，则冀人君一悟而至于治平，不悟则烹身灭族，唯此二者，不思中道。……然怒谏而激乱生祸者，累累皆是；纳谏而悔过行道者，不能百一。何者？皆以辞语迂险，指射丑恶，致使然也。夫迂险之言，近于诞妄；指射丑恶，足以激怒。夫以诞妄之说，激怒之辞，以卑凌尊，以下干上。是以谏杀人者，杀人愈多；谏畋猎者，畋猎愈甚；谏治宫室者，宫室愈崇；谏任小人者，小人愈宠。观其旨意，且欲与谏者一斗是非，一决怒气耳……是以因谏而生乱者，累累皆是也。

除了朋友的迎来送往，书札诗文往来，在池州任上，杜牧还为池州百姓办了几桩好事。他请工人在池州城南门楼，根据王易简处士传授给他的刻漏图，制造了一座刻漏，并作了《池州造刻漏记》以记其事。

池州有一座萧丞相楼，是大历十年（公元775年）萧复宰相在郡斋大厅西北角建造的。楼上藏有《九经》书，楼下为刺史便厅事。到了杜牧抵池州任时，楼木已朽烂，楼也倒塌了。杜牧上任后就命工匠利用前任刺史李方玄已准备的木料，重新按原制建造楼宇，并于会昌五年（公元845年）五月建好，还作了一篇《池州重起萧丞相楼记》。

池州城南门外，有碧溪青山，丛竹松柏，蕙草红花，是一处风景优美的地方。杜牧临溪建造了一个供人游览赏景的亭子，取李白"引弄水中月"诗意，取亭名为"弄水亭"。亭初造毕，杜牧还题了一首诗，赞美弄水亭的宜人景致：

> 弄水亭前溪，飑艳翠绡舞，
> 绮席草芊芊，紫岚峰伍伍；
> 螭蟠得形势，鲎飞如轩户。
> 一镜奁曲堤，万丸跳猛雨。
> 槛前燕雁楼，枕上巴帆去。
> ……
> 旷朗半秋晓，萧瑟好风露，
> 光洁疑可揽，欲以襟怀贮。

　　幽抱吟《九歌》，羁情思湘浦。

　　四时皆异状，终日为良遇。

　　小山浸石棱，撑舟入幽处，

　　孤歌倚桂岩，晚酒眠松坞。

　　……

　　任池州刺史第二年秋季，杜牧收到了张祜的书函，说他读到了杜牧的《题池州弄水亭》诗，甚为景慕，正从丹阳溯长江而来，此时正路过牛渚，拟前来拜访。函中还附了一首诗，题为《江上旅泊呈杜员外》：

　　　　牛渚南来沙岸长，

　　　　远吟佳句望池阳。

　　　　野人未必非毛遂，

　　　　太守还须是孟尝。

　　杜牧读罢十分高兴。他知道张祜是一位知名甚早的才子，在唐宪宗元和年间，就以作宫体小诗：辞曲艳发驰名。年龄稍大后，又学建安诗风格，喜作乐府诗，讲讽怨谲，时与六义相左右。而且他性爱山水，擅作题咏诗，江东一带的名寺如杭州的灵隐寺、天竺寺，苏州的灵岩、楞伽寺，常州的惠山、善权寺，润州的甘露寺、招隐寺都有他的题咏之作。他题甘露寺诗的"日月光先见，江山势尽来"句，咏唱金山寺的"树色中流见，钟声两岸闻"之什已脍炙人口，传唱江湖。而且他作的宫词："故国三千里，深宫二十年。一声何满子，双泪落君前"诗，还传入宫中，为宫娥所传诵。杜牧对这位诗坛前辈颇为钦仰，只是无缘谋面。现在获知张祜将来池州相晤，快慰之情真是难以言表。他立即酬和了一首诗寄上：

　　　　七子论诗谁似公？

　　　　曹刘须在指挥中。

　　　　荐衡昔日知文举，

　　　　乞火无人作蒯通。

北极楼台长挂梦，

西江波浪远吞空。

可怜"故国三千里"，

虚唱歌辞满六宫。

紫云见杜牧格外地高兴，觉得惊诧，关切地问："相公怎这样眉飞色舞？莫非有回京城的消息？"

"张承吉处士将来这儿。此人倜傥豪快，颇有侠气，是我敬仰已久的诗坛前辈。你看，我这首诗就是酬答他的。"杜牧将诗草递给紫云。

"这第二联说的是什么？我怎看不懂？"

"呵、呵、呵……"杜牧爽快地笑着。"难怪你不懂，这可有段曲折啰，张祜这才子，早年也颇受人嫉妒排挤呢！"杜牧接着向紫云说起张祜的这段遭遇。

原来张祜在宪宗元和末已诗名甚著，江湖间、皇宫中都传唱着他的诗篇。当时宰相令狐楚也是文士出身，颇为欣赏张祜。他在罢相离京赴郢州任途中遇到张祜，遂草了封推荐信，称张祜"凡制五言，苞含六义，近多放诞，靡有宗师。祜久在江湖，早工篇什，研几甚苦，搜象颇深，辈流所推，风格罕及"。让他到长安光顺门进献宰相萧俛。

没料到此时朝臣之间矛盾甚深，关系复杂。元稹正在朝中任尚书左丞，颇受唐穆宗赏识宠信，凡事要多征询他的意见。恰巧元稹和令狐楚以及新任宰相萧俛关系极为恶劣。张祜拿着令狐楚的荐书找萧俛，萧俛自然又上呈穆宗皇帝。穆宗皇帝拿不定主意，又征询元稹的意见。真是冤家路狭，张祜正撞在枪口上。元稹说："张祜雕虫小巧，壮夫不为。若奖激太过，恐变陛下风教。"穆宗听元稹一说，遂打消了任用张祜的打算。张祜遂失意返回江东，后来曾赋诗自悼，有句说："贺知章口徒劳说，孟浩然身更不疑。"……

"原来如此！这元稹也太会谗毁别人了。"紫云不免气愤不平。

杜牧讲述罢，怕后人看不懂这两句诗的含义，又在句下注着："令狐相公曾表荐处士。"

过几天，张祜在重阳节前来到池州郡斋见杜牧。杜牧盛情款待，一起饮酒论诗，纵论古今，颇为投合畅快。

"杜员外，您的《杜秋娘诗》写得棒极了！"张祜读了杜牧送给他看的诗稿，赞叹不绝。

"我只是有为而发，有感而作。古今才人美女，多命运淹蹇，让人感慨。"

"我读此诗，作有一诗相赠，不知员外喜欢否？还请指教。"

"能得前辈赐诗，正是求之不得，还乞前辈赐教。"

张祜遂吟道：

年少多情杜牧之，

风流仍作杜秋诗。

可知不是长门闭，

也得相如第一词。

"前辈谬奖，杜某怎敢比得司马相如，吹嘘太过了！"杜牧谦逊地说。

"我读《杜秋娘诗》颇有感慨。我写过'天子好文才自薄，诸侯力荐命犹奇。贺知章口徒劳说，孟浩然身更不疑，诗，也正是此意。"

"元稹对您谗言中伤，贱内也为之不平。"

"何止元稹如此，白居易也压抑过我呀！"

"什么？白居易也和您有过瓜葛？到底怎么回事？"

"还不是在杭州求他荐举的事！员外没有听说？"

"只听到一点，但不知其详。究竟如何？"

张祜遂把穆宗长庆间他到杭州求荐的事说了：

"那时白居易正任杭州刺史。杭州是有名的大郡，白居易又是当时已出名的诗人，所以当时许多举子都来杭州请白居易推荐自己。因为经过名人的推荐，如果还能作为首位被推荐的举子，来年考中进士的机会就十拿九稳了。当时，我也来杭州请白居易贡举我入京应进士试。不巧，和白居易相识的徐凝也来了。白居易要我们比试一下，然后决定名次贡举。他试我们《长剑倚天外》赋，《余霞散成绮》诗。试后将徐凝作为首荐，而我作为第二名。我很不服气，举出我的'地势遥尊岳，河流侧让关。树影中流见，钟声两岸闻'以及《观猎》诗和为人传诵的宫词，请他再评量。但他心存偏袒说：'你的宫词四句之中都是数字对，这有何奇？还不如徐生的'今古长如白练飞，一条界破青山色'为好！'真是有意袒护！气得我赌气离开杭州，不去赴考了。员外，您说这不是太欺负人了吗？"

"'一条界破'这确是太生硬而煞风景。白居易的眼力恐不会看不出，这哪里是以诗艺取人！"

"我这一辈子前被元稹所诳，后遭白居易所屈，真不走运。元、白自己的诗就那么好？"张祜越想越气。

"我对元、白的诗也早有看法，那元和体诗醉酒吟诗咏舞之作，格调也太卑俗了，更不用说元稹那些津津乐道的艳体之作！"

张祜听杜牧这一说，忽然想起杜牧的《李府君墓志铭》。"李戡先辈说元白诗'纤艳不逞''淫言媟语'，虽说重了点，不过倒也一针见血。员外将它写在墓志铭上，不少人都拍手称好呢！"

"不过也有人反咬我一口，说我的诗更是纤艳不逞。"

"怎么能这样不公道！员外的诗格高气俊，俊爽风流，怎能说纤艳！"张祜气呼呼地抱不平。

"管他说长论短，后人自有公论，先辈不必为此动气！"杜牧见张祜气红了脸，劝说道。

杜牧虽如此说，可内心却颇感不平。他为张祜受元、白的谗毁屈抑深感不平。后来，他登池州九华楼，又想起它，不禁又赋了一诗寄给张祜：

百感衷来不自由，
角声孤起夕阳楼。
碧山终日思无尽，
芳草何年恨即休？
睫在眼前长不见，
道非身外更何求？
谁人得似张公子，
千首诗轻万户侯。

那天，杜牧和张祜又谈论起战国时楚国的春申君黄歇，感叹着春申君养门下士三千人，但却无人为他报仇，杀掉奸诈、忘恩负义的李园。

"李园真不是人！他把自己的妹妹献给春申君，知她怀有身孕，又怂恿楚王占有她，立她为王后。楚王崩，李园又派刺客杀了春申君，还灭了他全家。真是狼心狗肺！"张祜气愤地骂道。

"可惜为利忘义的事也真太多了！"杜牧感叹。

"他那三千门下客，平日锦衣玉食，可到头来哪个中用？"张祜扬眉甩袖，眼光中流露感慨、遗憾。

一时沉寂，两人闷着喝酒。烛光摇曳，闪闪晃动，仿佛也在激愤着。

过了一阵，杜牧放下酒杯，吟出一首诗：

> 烈士思酬国士恩，
> 春申谁与快冤魂？
> 三千宾客总珠履，
> 欲使何人杀李园？

"痛快！痛快！这李园真该杀！可惜烈士何在？"张祜听了杜牧的诗，仿佛一匹酣睡的烈马突然振奋起来似地，激昂地评议道。

"李园可恨，遗憾的是三千宾客竟没有一个是知恩必报的烈性男儿！"

"员外之意正合我心。"张祜又思索了一会儿，接着道："我也诌几句酬和员外诗，请员外赐教。"

"正想恭听先辈佳句。"杜牧笑着说，随手端起酒，递给张祜，"酒助诗兴，请先辈先喝下此杯！"

张祜接过酒杯，一饮而尽，随口咏出第一联：

> 薄俗何心议感恩，
> 谄容卑迹赖君门。

"好！痛快，把三千宾客一齐骂了。知恩必报，方是君子。否则真寒了天下人心！"杜牧刚评论完，张祜又接咏两句：

> 春申还道三千客，

寂寞无人杀李园。

　　吟罢，张祜感慨地说："现在懂得感恩的人也不多，人心不古，古今一律！以前读到员外《往年随故府吴兴公夜泊芜湖口，今赴官西去，再宿芜湖，感旧伤怀》诗，那'南指陵阳路，东流似昔年。重恩山未答，双鬓雪飘然''苍生未经济，坟草已芊绵。往事唯沙月，孤灯但客船；岘山云影畔，棠叶水声前。故国还归去，浮生亦可怜！高歌一曲泪，明日夕阳边'的诗句，我一读就深受感动。员外感恩而伤感，沈侍郎地下有知，也会欣然快慰的。"

　　"沈侍郎传师对我恩重如山，可惜我不才无以为报。"杜牧黯然，声音悲郁。

　　"夜深了，张先辈几天旅途劳累，明天又去登齐山。您们还是早歇下为好……"紫云见两人还在交谈着，走进来说。

　　……

　　第二天，时逢重阳，秋空爽朗，杜牧和张祜来到城南三里外的齐山。齐山在池州可谓第一名山，风景极佳，是登高览胜的好地方。山有十几座山峰，山峰高低大致相齐，故名齐山。

　　两人登着山，在石壁上题下名字。登上山峰后，凭栏眺望，四周景色尽收眼底。山川河流，城郭亭台历历在目。高空秋雁南飞，山下溪水长流，菊花黄灿灿地开遍溪畔山边。身处山川胜景，杜牧和张祜边喝酒边指点江山，慷慨议论，不觉诗兴涌起，杜牧首唱着：

江涵秋影雁初飞，

与客携壶上翠微。

尘世难逢开口笑，

菊花须插满头归。

但将酩酊酬佳节，

不用登临恨落晖。

古往今来只如此，

牛山何必独沾衣！

张祜听出了杜牧诗中的怀才不遇、愤慨不平之音，也颇有同感。他顺着杜牧那看似看破一切、旷达超脱的诗意，接着和了一首：

秋溪南岸菊霏霏，
急管繁弦对落晖。
红叶树深山径断，
碧云江净浦帆稀。
不堪孙盛嘲时笑，
愿送王弘醉夜归。
流落正怜芳意在，
砧声徒促授寒衣。

两人尽情地畅谈高咏，度过了意气相投的一个美好的重阳节。

这次张祜来池州拜访杜牧，使他们从此结下了很深的情谊。他们还写下了一些酬和之作。杜牧有《登池州九华楼寄张祜》，张祜酬和了《和池州杜员外题九华楼》诗，末尾劝慰道："杜陵春日归应早，莫厌青山谢朓家"。杜牧来年春作《春末题池州弄水亭》寄给了张祜；张祜读了杜牧诗中的"使君四十四，两佩左铜鱼。为吏非循吏，论书读底书"后，又回了一首《题池州杜员外弄水新亭》诗，以"宾筵习主簿，诗版鲍参军"称许杜牧。杜牧又有《赠张祜》，高兴地咏道："诗韵一逢君，平生称所闻。粉毫唯画月，琼尺只裁云。黟阵人人慑，秋星历历分。数篇留别我，羞杀李将军。"春末，杜牧又寄了《残春独来南亭因寄张祜》诗。张祜则答以《奉和池州杜员外南亭惜春》之什，感慨道："几恨今年时已过，翻悲昨日事成尘。可知屈转江南郡，还就封州咏白苹。"

两人的交游酬唱，成了千古诗坛佳话，至今仍为人所乐道。

唐武宗好神仙，道士赵归真受宠幸，被召入京城，授以右街道门教授先生。会昌五年（公元845年）春，武宗又在长安南郊筑望仙台，时时登坛祷请神仙。一时，赵归真成了最受宠幸的人物。

入秋之后，道士赵归真又怂恿武宗反佛。武宗也觉得僧尼耗蠹天下，遂下诏先毁山野招提、兰若。又下诏："长安、洛阳两街各留二佛寺，每寺留僧三十人；天下节度、观察使治所及同、华、商、汝等州各留一寺，分为三等：上等留僧二十人，中等留僧十人，下等留僧五人。余僧及尼并大秦穆护、祆僧皆勒归俗。寺非应留者，立期令所在毁撤，仍遣御史分道督之。财货田产并没官，寺材以葺公廨驿舍，铜像、钟磬以铸钱。"

武宗毁佛诏下，各地纷纷撤寺毁佛。五台山寺僧多奔往幽州，各地僧人也纷纷躲避或还俗。

会昌五年八月，武宗又下诏陈述释教之弊，宣告中外。又公布了毁佛情况：

> 凡天下所毁寺四千六百余区，归俗僧尼二十六万五百人，大秦穆护、祆僧二千余人，毁招提、兰若四万余区。收良田数千万顷，奴婢十五万人。所留僧皆隶主客，不隶吏部。

自此之后，武宗更加崇信道教，服食方士金丹，性情更加急躁，变得喜怒无常。不久又命衡山道士刘玄静为银青光禄大夫、崇玄馆学士，赐号广成先生，并为他造崇玄馆，置吏铸印。

在池州，也依诏拆毁佛寺，遣散僧尼。不过做法并不像其他地方那样轰轰烈烈，粗暴不近情。

杜牧对于武宗的反佛也持支持态度，他主要是从国计民生方面考虑，又认识到有人假佛以行恶。对于佛教的态度，他后来赴睦州任经杭州所写的《杭州新造南亭子记》写道：

> 梁武帝明智勇武，创为梁国者，舍身为僧奴，至国灭饿死不闻悟，况下辈固惑之。为工商者，杂良以苦，伪内而华外，纳以大秤斛，以小出之，欺夺村闾戆民，铢积粒聚，以至于富。刑法钱谷小胥，出入人性命，颠倒埋没，使簿书条令不可究知，得财买大第豪奴，如公侯家。大吏有权力，能开库取公钱，缘意恣为，人不敢言。是此数者，心自知其罪，皆捐己奉佛以求救，月日积久，曰："我罪如是，贵富如所求，是佛能灭吾罪，复能以福与吾也。"有罪罪灭，无福福至，生人唯罪福耳……今权归于佛，买福卖罪，如持左契，交手相付……

不过，杜牧对于大肆毁佛而造成的寺毁僧逃惨象，也怀着些许同情怜惜之情。池州有座林泉寺，杜牧初来池州时曾游览过。反佛后，他重到此寺，寺却被拆毁了。他不由得一阵伤感，对着残垣颓壁，吟咏道：

> 废寺碧溪上，颓垣倚乱峰。
> 看栖归树鸟，犹想过山钟。
> 石路寻僧去，此生应不逢。

这确是他此生最后一次来到废林泉寺凭吊。不久之后，杜牧又调离池州，到更偏僻的睦州去了。

初冬的秦淮河上，水气蒙蒙，如烟似雾，显得寒澹澹的。月光投照在水面上，也笼罩着岸边浅滩上的沙石，远远望去，像雪一样白。夜已深了，岸边歌楼酒馆却正热闹，一片灯火辉煌。弦管丝竹之声随着江风，飘袅在河岸边和朦胧的江面上。此时《玉树后庭花》的歌声显得分外清楚，伴着琴声，穿过夜空，传到了河边停泊着的船上。

"真不像话，这种靡靡之音，亡国之曲也好意思唱！"站在船上的卢秀才愤愤然，他正随杜牧从池州乘往睦州。"这些歌女也太没爱国之心了！"他见杜牧没吭气，又加上一句。

"歌女们是不该唱这种曲子的，但她们又何尝喜欢唱？"杜牧替歌女们辩解着。

"那她们干嘛咿咿呀呀地唱个无休无止！"卢秀才不以为然。

"那些士大夫豪商们要她们唱，她们又怎能不唱？我看要骂的还是这群人。他们哪管天下兴亡，匹夫有责。在这危亡之秋，还陶醉于这亡国之曲中。终日醉生梦死，酒绿灯红！你切莫怪错了无辜的歌女。这些歌女，我接触多了，懂得她们的苦衷。"

"员外所说有理，看我想得简单，怪错了人。"卢秀才恍然有悟，内疚地说。

"如今国家外患内忧，生民涂炭，真令人忧愤。"杜牧仰望月色，长吁一口气说。

"员外心怀匡国拯民、经邦济世抱负，可惜又被外放到睦州去，真是气人！"卢秀才用劲地把一颗石子投入河水中，愤愤不平着。河面上溅着水花，就像此时杜牧心中激起的感情浪花一样。

……

夜更深了，秦淮河边的歌吹已渐渐歇息下来。此时从岸边停泊的杜牧的船中，传出了激亢的诵诗声：

烟笼寒水月笼沙，

夜泊秦淮近酒家。

商女不知亡国恨，

隔江犹唱后庭花。

清晨，这条船又迎着寒风，顺着秦淮河远去。

途中，这条船在万山千壑环抱的溪流中，迎着惊涛急湍，向睦州进发着。杜牧在船上想起自己接连被排挤，就像东汉因刚直敢言、上书弹劾权奸梁冀而遭贬的张纲（字文纪）一样，心中感慨万端，不禁赋诗抒愤：

无端偶效张文纪，

下杜乡园别五秋。

重过江南更千里，

万山深处一孤舟。

杜牧是在会昌六年（公元 846 年）底至宣宗大中元年（公元 847 年）初之际抵达任所睦州建德县的。此时唐武宗已崩多时，唐宣宗即位，李德裕已罢相。被李党驱逐的牛党官吏纷纷从远州内迁起用，牛党又重新执掌朝政。杜牧此行就在贬者纷纷内调，排斥他的李党已失势的时候，所以他更感到内心不平，委屈抑郁。更加上山川险阻，他历尽了千辛万苦。后来他回忆此行情景描述道：

僻左五岁，遭逢圣明。收拾冤沉，诛破罪恶。牧于此际，更迁桐庐，东下京江，南走千里。曲屈越嶂，如入洞穴，惊涛触舟，几至倾没。万山环合，才千余家，夜有哭鸟，昼有毒雾，病无与医，饥不兼食，抑喑偪塞，行少卧多。逐者纷纷，归轸相接，唯牧远弃，其道益艰。

到了州治建德县，杜牧稍安顿休息，处理了几件催得紧的公务后，就和卢秀才一起四处考察睦州的民情和地理环境。

睦州比不上周围的杭州，也比湖州差得远。这儿地处浙东，是个在江边的小郡，只管辖建德、寿昌、桐庐、分水、遂安、还淳六个小县。境内山峦起伏，连绵不绝。溪流穿山过岭，曲折湍急。沿溪多是荒僻的无人之地，只有山禽野兽出入其间，很是荒凉。杜牧所到之处，见的百姓多是衣不蔽体、面黄肌瘦、目光呆滞的穷人，心中十分难过。他暗暗发誓，说怎么也得在自己任内为百姓多办几件发展生产、利用山野资源、改善百姓生活的事，决不能再让百姓挖采野菜充饥了。他把治理开发睦州的打算说给卢秀才听，卢秀才十分赞成，还提出几个建议，请杜牧考虑。

清闲的时候，他又和卢秀才边考察边游览。睦州尽管是个穷僻的小地方，但风光景色也有令人赏心悦目之处，杜牧也很喜欢它。他特别喜欢的地方之一是富春江。富春江在建德县东北的富春山前。富春山又名严陵山，汉代严子陵就垂钓在严陵山前的富春江上。江上有个钓台，据说就是当年严子陵垂钓之处。因为是著名的名胜古迹，所以平时也有游人到此游览垂钓。

杜牧和卢秀才也曾到此游览，他们还登上钓台，体味着当年严子陵在这儿垂钓的心境。"真美啊！"杜牧望着清澈碧绿的富春江，观赏着江中的竹筏、渔舟，不禁脱口而出。

"怪不得严子陵官都不愿做了，跑到这儿来钓鱼！"卢秀才也赞叹着。

"官还是要做，钓鱼嘛是年老退休时候的事。关键是做官不仅要做个清廉的官，更重要的是要做个好官。好官最重要的一条就是为民兴利除弊，解除困苦。"

"员外说的是，我有出头之日，一定要为百姓多做些好事，把那些仗势欺压百姓的豪强地痞整治一番！"

"有这想法很好！"杜牧见卢秀才这么说，又激励他说："你很有志气，我很高兴。将来登科入仕，一定要做个好官，像我的好友处州刺史李方玄一样。他所到之处，办了许多利民的好事，为百姓所称道。至今他所到过的地方，百姓生儿子，多有以李为名的！可惜他死了，令人悲痛啊。"

一阵沉默、黯然，只听见滔滔的流水声和江边树丛中鸟儿的幽鸣。

"我再过几天就赴举去，希望这次能顺利些！"

杜牧看着这位陪伴他已两个多月的朴实能干的青年，心中十分感慨。心想："这么好的青年，十七八岁就东泛沧海，北上单于府。既有社会经验，又有学识有才干有志向，可惜却三举进士三落第。人才难得，而成才更难啊！我真该帮他一把！"

回州府的途中，杜牧为这次钓台之行赋了一首《睦州四韵》诗，其中歌咏睦州景致云："州在钓台边，溪山实可怜！有家皆掩映，无处不潺湲。"对祖国的山河，他总是怀着挚爱之情。

卢秀才离睦州赴举那天，杜牧一直送他到江边，目送着他的船消失在弥漫着烟雾的江面上。临别，他回想着前些日子游钓台的事，咏着"潺湲如不改，愁更钓鱼来"的诗句赠送他。

卢秀才依依不舍地望着杜牧，船离岸边时，他大声地说："谢谢员外的栽培，我一定折桂归来，将来为百姓做点好事！"

杜牧眼中噙着泪花。他感到此生他的理想难以实现了，他把希望寄托在卢秀才以及像在池州送别的前进士蒯希逸等年轻一代身上，盼望着他们登科入仕，经邦济世，有益于民，实现自己早年就怀有的"平生五色线，愿补舜衣裳"的理想。为此，他昨天已修好了一封推荐书交卢秀才带上，又特地为他写了《送卢秀才赴举序》以壮行色。在序中他称赞卢秀才"治心、治身、治友三者治矣，有求名而名不随者，未之闻也"。又强调"三者治矣，推而广之，可以治天下，恶其求成进士名者而不得也"。他在序中又坚信卢秀才"今之去，余知其成名而不丐矣！"杜牧心想，序中写的这些话，或许对卢秀才此行赴考会有帮助。

睦州毕竟极为偏僻，交通不便，跟外界交往不多。杜牧此时已三次连任外州刺史，在外六七年。年纪也已四十五六岁，颇觉得发白齿摇，身体衰弱，常有一种"老冉冉其将至"的感觉。加上壮志未酬，身处僻郡，心中甚为抑郁，因此常有思乡念归之情。

他经常想念着故乡长安，尤其在夜深人静之际，他总是想起樊川别墅，回忆起小时伴随爷爷杜佑，跟着父亲在樊川别墅游览聚会的美好时光。那时他家荣贵显赫一时，他虽年小，但充满了朝气与理想。他答应过爷爷，将来会继承杜家的传统，也做个大官、好官，把别墅修治得更漂亮，让爷爷高兴。他也对父亲说，将来……每次夜中回想，他总是先有一种甜美怡然的境界，而最后总以怅惘感叹告终。

这一时期，他在回忆中写了不少怀念家园的诗以寄托愁怅之情。特别是那景色优美、留下他童年许多美好印象的朱坡，更是他诗中赞美感慨的地方。他回忆起"带雨经荷沼，盘烟下竹村"的情景；想起"烟深苔巷唱樵儿，花落寒轻倦客归。藤岸竹洲相掩映，满池春雨鹕鹈飞"的朱坡美景……美好的童年生活，故园的迷人景象，往事的回忆，这一切后来都在杜牧的心中变成一把把刺人的利刃。他痛苦、感慨，感叹着自己就像一只缩卷着头角、趴在盘旋的山间小道中的蜗牛一般。他感叹着自己又像西汉久贬长沙的贾谊一样，真是"如今归不得，自戴望天盆！"……

思乡的忧郁像拨不开的满天乌云，落拓的痛苦像被利刃刺伤的滴血的心。

他感叹衰老，不禁辛酸地吟出"镜弄白髭须，如何作老夫。浮生长匆匆，儿小且呜呜"的诗句。

他不禁产生解官归休之想，像朋友歙州刺史邢群说："明时刀尺君须用，幽处田园我有涯。一壑风烟阳羡里，解龟休去路非赊！"

他感叹此生的不得志，迁转江湖，不禁向朝中的朋友发牢骚说："平生自许少尘埃，为吏尘中势自回"，"须知世路难轻进，岂是君门不大开。霄汉几多同学伴？可怜头角尽卿材！"

睦州时期，是杜牧最感到怀才不遇、遭受排挤的时期！

两年的睦州任，是他叹老嗟卑心情最沉重痛苦的时期！

他忍不住了，他不能再沉默了，他要向在朝的知己伸出求援的手，向他们诉说自己压抑在心中的痛苦与悲哀！

他向刑部尚书崔元式写了一封信，诉说自己的遭遇。又附上自己创作的诗二十首，表示愿意在他门下效力：

　　　　某比于流辈，疏阔慵惰，不知趋向，唯好读书，多志，为文格卑。十年为幕府吏，每促束于簿书宴游间。刺史七年，病弟孀妹，百口之家，经营衣食，复有一州赋讼，私以贫苦焦虑，公以愚恐败悔。……所尚业，复不能尺寸铢两自强自进，乃庸人辈也，复何言哉！今者，欲求为贽于大君子门下，尚可以为文而为其礼……

此时，他在池州的上司高元裕在朝中任吏部尚书。高尚书在大和中曾在草郑注入翰林的制辞中，讥讽郑注以医药奉君亲。郑注很嫉恨，把他贬为阆州刺史。当时，杜牧在他离京出任途中，对他很同情，曾不避郑注的嫌恨，亲自为他送行，两人有过一段友情。恰在杜牧满腹牢骚的时候，这时高元裕给他来了一封信，表示关怀之意。杜牧接信后，又感激又感慨，立即回了他一封信，尽情地发泄牢骚：

　　……人惟朴樕，材实朽下，三守僻左，七换星霜，拘挛莫伸，抑郁谁诉。每遇时移节换，家远身孤，吊影自伤，向隅独泣。将欲渔钓一壑，栖迟一丘，无易仕之田园，有仰食之骨肉。当道每叹，末路难循。进退唯艰，愤悱无告。

他还提起往昔在池州时蒙受他的庇护，并感谢他来信宽慰，期望着自己能有机会忘生杀身以报答。最后无限感慨地说：

　　江山绝域，登临已秋，猿吟鸟思，草衰木坠。……流落多戚，今古同尘，回望门墙，涕恋唯积。

杜牧寄出信后月余，忽然喜从天降。宣宗大中二年（公元848年）八月，他接到了升为司勋员外郎、史馆修撰的任命。他明白这是新任宰相周墀提携的结果。高元裕虽然也有帮助他之意，只是已调为山南东道节度使，来不及援引他了。

新宰相周墀，字德升，汝南人。穆宗长庆二年（公元822年）登进士第，是一位古文能手。杜牧从小就受到他的赏识，他特别欣赏杜牧的律绝与古文。宣宗即位后，周墀由郑滑节度使升为兵部侍郎。大中二年

（公元848年）五月，又以本官平章事。他得知杜牧为李党排挤，尚在睦州，所以调他入京。

接到新命后，杜牧欣喜若狂。七年的僻左生涯即将结束，七年的忧愤一朝得以扫清，七年的乡思终于结束。他即将回到朝中，回到阔别的朝思暮想的樊川别墅，回到孩子们的身边。他欣喜、感激，流下热泪，多年的酸甜苦辣一时涌上心头。他情不自禁地拥抱着七年来与他同甘共苦、奔走漂徙在异乡僻壤的紫云，一起哭着、感叹着、欢笑着，他深情地亲着和他共患难的女人，过了一个七年中最欢乐浪漫的夜。

在他启程离睦州之前，他给周墀寄去了一封感谢信。信中赞颂了他辅佐皇上的功绩，感谢他的援引提拔之恩。其中，他感激地说：

> 某朴樕之才，粪朽之贱，遭逢盛业，……伏以睦州治所，在万山之中，终日昏氛，侵染衰病，……不意相公拔自污泥，升于霄汉，却收斥锢，令厕班行，仍授名曹，帖以重职。当受震骇，神魂飞扬，抚己自惊，喜过成泣、药肉白骨，香返游魂，言于重恩，无以过此……

八月中秋过后，杜牧即忙着处理在手中的公务，整理行装。九月间，他启程赴京。此时晴空万里，秋气凉爽。他携着紫云登上行舟，心中无比的快慰。舟渐渐地离开睦州，他观赏着沿途风光，只觉得景色特别清朗怡目。他咏唱了不少诗，歌唱着睦州的山水，记下了他和紫云愉快的笑声：

> 凉风满红树，晓月下秋江。
> 水声侵笑语，岚翠扑衣裳，
> 远树疑罗帐，孤云认粉囊。
> ……

途中，他回想起入仕以来的经历遭遇，暗暗告诫自己：这回入京，再也不能学汉代的张纲直言无忌了。

欲把一麾江海去

乐游原上望昭陵

　　长安周墀宰相的府第像当年宰相杜佑的杜府一样气派辉煌。杜牧手提一个包袱，站在周府前却愣住了。"这多像往年咱家的模样！"他想着，不由得两眼注视着门前两座高大的石雕雄狮。石狮瞪着一双神气十足的大眼，威严地瞅着来人，张着大嘴，好像在喝问："来者何人？"

　　"您找谁？"一位守门人见杜牧身穿官服，知道并非一般人，客气地问。

　　"周宰相可在家？烦请通报宰相，说杜牧来访。"

　　不久，周墀迎出门来。"牧之，快请进，我正想派人请你来家一叙。请……"

　　进入厅堂，坐下，用人送上香茗。杜牧看着厅壁上的一幅正楷大字："海上生明月，天涯共此时。"

　　"我欣赏这两句诗，牧之你可喜欢？"

　　"气象、意境俱佳，真是才子手笔！"杜牧赞叹道。

　　"我愿天下所有的人都拥有这一轮明月，共享这人间美景与时光！"周墀含有深意地阐释着。

　　"真是宰相眼光，不凡的见识风度！"杜牧一时领悟到这诗句在周墀心中的内涵，由衷敬佩地称赞。

　　"牧之，我给你找了份差事，相信你会干得漂漂亮亮。"

　　"宰相，啥事？"杜牧不知底细，不免有点惊讶。

　　"为韦丹撰写遗爱碑呀，是皇上的主意，我推荐你撰写来着。"

　　杜牧一听，稍放下心来。撰写碑文的事对他来说，可说是驾轻就熟的事。不过是皇上的意思，比不得寻常。因此他感到事关重大，不免有点担心地说："韦公我无缘拜识，事迹不熟，写来恐没把握。"

"用不着担心，事迹材料自有人准备好。你只要剪裁取舍，妙笔生花即可。"于是，周墀又把此事的来历说了。

原来，数天前宣宗皇帝召丞相们在延英便殿讲议政事。当时，谈到历朝来的循吏。大家说起宪宗元和时可称中兴之盛，除了称赞宪宗皇帝英明有为外，还议论起当时的中兴局面，还靠不少的好官吏共同创造。

"那么循吏中谁居第一？"宣宗看着宰相们问。

"臣尝守土江西，目睹观察使韦丹有大功德，被于八州，现已殁四十年，至今江西老少尚赞颂韦丹不止。"周墀回答说。

"臣亦知韦丹之为理，所至人思，江西之政，至今为人口碑。"白敏中宰相也附和着。

宣宗听宰相们都称赞韦丹，于是下令现任江西观察使纥干臮献上韦丹事迹功状。又根据周墀的推荐，命司勋员外郎杜牧为韦丹撰写遗爱碑。

杜牧听了这过程，不禁又感激又高兴，"谢谢宰相的栽培！在下愚昧，真是杀身难报！"

"这些年李德裕一伙人在朝中呼风唤雨，我们这些跟牛僧孺宰相有来往的人大都被挤出朝廷。你也吃了多年的苦头，满腹经纶，一身的才学都难有大用场。我给你讨了这差使，想必多少能施展你的才华。"

"宰相放心，我一定不负所嘱。想起牛宰相，他对我恩重如山，可惜未能有点滴报答，他却仙逝了。回想在淮南幕府时，每暇日宴集，他必言古人修身行事，旁诱曲指，谆谆教导。当时我研究《孙子兵法》，他常鼓励指导。"

"这我也听说了。不知你的《孙子兵法》研究得怎样了？"

"我正是为此来的。"杜牧边说，一边解开包袱，取出一部手抄书稿。

"宰相，这是我所注的《孙子》十三篇，请宰相不吝赐教。"

"了不起，这厚厚的一大本花了你多少心血！"周墀接过书稿，掂了掂分量，又稍稍翻看着。

"我收集了历来各家《孙武兵法》注，尤其采用了曹操的笺注，加上自己的体会，汇成一书，成三卷。"

周墀边翻看书稿，边啧啧称赞："你能诗善赋，诗文为海内所称赏传诵。看这兵书，用力尤勤，明白详悉，谈政论兵，头头是道。真是文武一身，怪不得李德裕也不得不采纳你平泽潞的意见。"

"我上书李德裕的事您也知道？"

"怎不晓得。我还为你辩解过啰！"

"替我辩解？"杜牧惊讶，惶然不解。

"现在不用担心了。"周墀宽慰地笑着，又说："有人曾议论说你上书李德裕，是想巴结他，投靠李党，对你有看法。"

"我可没这心思，实在冤枉！"杜牧满肚子委屈。

"这我知道，我跟他们说了。我说你是憎恨藩镇反叛，以国事为重，想早点平息叛乱，解除百姓痛苦，哪里是想借此投靠李党。"

"感谢宰相理解我。"

"我知道你对兵法战阵很有研究，今后应发挥你的特长。这书我再看看，肯定对平定回鹘、守卫边防很有用处。"

"我这书虽不能上穷天时，下极人事，但上至周秦，下至我朝长庆、宝历之兵，形势虚实，都随句解析。"

"你对征讨党羌的看法如何？"周墀放下书稿。

"在下以为昨者诛讨党羌，征调关东兵用于西方，这是不懂得天道。边疆不积屯粮草，军队缺乏供给，不先屯田，只是随日随饷，是不知道地利。又以步兵和敌骑作战，百不当一，真可谓不晓得人事啊！天时、地利、人事，这三方面都缺乏研究利弊得失，所以使天下困竭，也不能扑灭敌寇，这是不学兵法之过……"

杜牧侃侃而谈。他从来也没有像今天这样畅快地议政谈兵过，也从来没有像今天这样能有一位宰相这样和气地听他陈述兵法国事。他极为畅快，遇到了一位执掌朝政的知己。他有太多的知心话要说，把多年来深藏在心底的话通通倒出来。他竟忘记了是该告辞的时候……

春天的樊川别墅又像往年一样绿柳依依，百花吐红绽黄，池水清澄，鸟声宛啭。只是亭台楼榭显得陈旧破败，有的竟失修倒塌了。显得荒芜的园林，说明平日很少有人到过这儿。实际上自从杜佑死后，这座别墅就日渐萧条，再也没有往昔的风光了。

杜牧回京后已到过樊川别墅几回。每回来时，见到荒颓的景象，总是一阵叹息，让他回想起儿时这里的热闹繁盛，家族的荣耀。而今已非昔日景象，让他不禁对景伤情。他心中暗暗发誓，将来一定要重整别墅，恢复旧日的风光。

这一阵子，他又来到樊川别墅，在这里静心撰写韦丹遗爱碑。他已研究了韦丹的生平材料大半天了，觉得有点累，走出书房，在园林中漫步观览。不知不觉他走出别墅，沿着河边走去。

"牧之员外！"

杜牧听得有人叫他，抬起头循声看去。只见有位中年官吏从河边柳树下迎面走过来，他脸带笑容，眉清目秀，显得十分的儒雅。

"在下李商隐，久仰员外大名，没想到今日有幸在此拜见。"

"李商隐？"杜牧脱口而出，仔细地打量着来人。他读过李商隐的诗歌，听到过人们议论他，说他背叛恩师令狐楚，娶了王茂元的女儿，投靠李德裕……可他将信将疑，心里想过李商隐也同自己一样依人作幕，漂徙江湖，哪像是趋炎附势的人。再说他也为刘蕡抱不平，那诗写得正气凛然，不像是个像人们所说的背师恩、放利偷合的人。他从自己的遭人误解，理解了李商隐，对他虽未见过面，但读过他的诗，却有好感。

"幸会，幸会。不知有何见教？"杜牧也和气地招呼着。

"在下刚从桂州到长安不久，现在盩厔尉任混口饭吃。蒙京兆尹大人看得起，奏署掾曹，令典章奏。早就想拜识员外，只是无缘相识，颇感遗憾。"

"我也拜读过大作《酬刘司户蕡》《重有感》《马嵬》和《无题》诗，深情绵邈，感激顿挫，颇有杜工部风概，佩服、佩服。"

"请员外多赐教。在下也诵读过您的《张好好》《杜秋娘诗》《江南春》《九日齐山登高》和《赠别》诸作，俊爽飘逸，流情感慨，深受感动。不知员外近日有何新作？"

"皇上命我撰已故江西观察使韦丹遗爱碑。"他们走到河畔的石椅边，坐下。

"韦公口碑甚好，这样的好官真值得为他树碑立传，流芳后世！"李商隐敬佩地称道。

"他在江西开辟大道；筑高长堤12里以防洪水。又凿修陂塘600口，灌田一万顷；劝民广植桑苎，机织丝棉。还取官材瓦，免其半赋，教百姓烧瓦伐木，建造瓦房万四千间，楼四千二百间。这几件利民的事，实在大可称道。"杜牧此时已对韦丹的事迹了如指掌，他对韦丹兴利除弊的事迹深怀敬意。

这一天，晚唐的两位最著名的诗人第一次见面。他们如逢故旧，互致钦仰崇敬之意。他们也各叙身世遭遇，抒发理想壮志，交换了对时事朝政的看法……谈得很多，十分投合，真有相见恨晚之慨。

临别，杜牧依依不舍，觉得找到了一位志同道合的知己，一再地邀请李商隐暇时到樊川别墅来做客。李商隐也很激动、兴奋。在夕阳的霞光中，这两位被人称为"小李杜"的晚唐著名诗人珍重道别，在中国的诗歌史上写下了光辉的一页。

过几天，杜牧收到了李商隐的两首赠诗。第一首以《赠司勋杜十三员外》为题：

> 杜牧司勋字牧之，
> 清秋一首《杜秋》诗。
> 前身应是梁江总，
> 名总还曾字总持。
> 心铁已从干镆利，
> 鬓丝休叹雪霜垂。
> 汉江远吊西江水，
> 羊祜韦丹尽有碑。

另一首题作《杜司勋》，诗云：

> 高楼风雨感斯文，
> 短翼差池不及群。
> 刻意伤春复伤别，
> 人间惟有杜司勋！

杜牧非常快慰，把两首诗给紫云看了。外甥裴延翰也在场，又从紫云手中接过诗笺，高声朗诵起来。

"杜司勋，你算找到一位诗坛知己了！"紫云从不叫杜牧"司勋"，此时因李商隐这么称呼杜牧，也故意以"司勋"称他。

杜牧快慰地笑道："人生得一知己足矣！而我有两位知己：一位是诗坛知己，另一位是……"他笑道，调侃地看着紫云。

"另一位是红颜知己！"裴延翰打趣地接着说。说得三人都哈哈大笑起来，家中洋溢着欢快的气氛。

"刻意伤春复伤别，人间唯有杜司勋！"裴延翰重复着李商隐的赠诗。

"就这两句把你舅舅的诗给说准了。又是伤别，又是伤春，说得可真好！"紫云笑毕评论道。

"我还觉得舅舅谈兵论政也不可不提，如改为'伤春伤别复谈兵'就更全了！"裴延翰口没遮拦地发表自己的见解。

"对，'伤春伤别复谈兵'！这样更准确。"紫云赞同道。

杜牧听着紫云、裴延翰两人的评说，微笑地点着头。一种被朋友、为亲人所理解的快慰洋溢在他的心间……

唐时，河西、陇右地区，自中唐肃宗之后，渐渐被吐蕃所占据。宪宗、元载等君臣想收复沦陷地区，却赍志而殁，未能实现。近百年过去了。唐武宗会昌间，吐蕃统治者产生了内部矛盾，对陇右一带的控制力削弱。宣宗大中三年（公元 849 年）二月，秦、原、安三州和石门、驿藏、制胜、石峡、木靖、木峡、六磐等六关的人民起义归唐。六月，泾原节度使康季荣攻取了原州及石门六关。后来，安乐州、萧关、秦州也被唐军收复。八月，河湟地区的百姓 1000 多人来到京城长安。他们不分男女老幼，脱去胡服，穿戴上汉族衣冠履带，载歌载舞地敲锣打鼓，高呼"万岁"，欢庆河湟的收复。

这时，宣宗皇帝穿着龙袍，庄重地登上皇城东北角的延喜楼，接见欢集在一起的河湟百姓。

杜牧也随同宣宗登上城楼。在他的眼前，是一片欢乐的海洋。人们欢呼跳跃，"皇上万岁！万岁！万万岁！"的呼声此起彼伏。鼓声"咚咚"，歌声阵阵，如雷如潮；彩旗翻卷，舞带飘飘，如同花海一般。到处是欢歌鼓舞的人群，到处是欢欣喜庆的壮阔场面。杜牧被眼前的场面深深感染了，他的眼睛模糊了，湿润了，热泪情不自禁地往下流。他让泪水流着，尽情地流着。在这样的时刻，有哪一个爱国的人不热泪盈眶？有哪一位盼望早日收复河湟失地的志士不深为感动、涕泪交流呢？他懂得，这不仅是河湟人民的梦想，也是广大大唐子民的愿望；是自己日思夜盼、萦系心魂的心事，也是他爷爷杜佑临终时的期望。

他也跟着城下的人群高呼，呐喊；他也随着人们哼着《葱岭西曲》，手舞足蹈。他心在狂跳，热血在沸腾，满脸春风，满脸笑……他情不自禁，喜极而赋：

> 捷书皆应睿谋期，
> 十万曾无一镞遗，
> ……
> 威加塞外寒来早，
> 恩入河源冻合迟。
> 听取满城歌舞曲，
> 凉州声韵喜参差。

这是杜牧大中年间在京城最受鼓舞的一天。

这也是杜牧对宣宗朝政最为赞赏的难忘的一天！

然而，这样的日子毕竟是太少了。杜牧对宣宗朝的朝政由抱着热望而逐渐失望，逐渐产生了不满。

宣宗即位后，起用牛党，李德裕等李党官员纷纷遭贬逐：工部尚书、判盐铁转运使薛元赏贬忠州刺史，其弟京兆少尹、权知府事薛元龟也坐李德裕之党贬为崖州司户。李德裕也先贬荆南节度使，又罢宰相，调为东都留守。一贬再贬，至贬到荒僻的潮州为司马。右补阙丁柔立为人正直敢言，上疏讼李德裕之冤，以此给他一个阿附李德裕的罪名被贬为南阳尉。此时，宣宗朝君、相务反会昌之政，不分青红皂白，把李德裕会昌时的措施全推翻，来个全面复辟。

武宗时，被当做神仙敬重的道士赵归真等人被乱杖打死了，罗浮山人轩辕集也被流放到岭南。宣宗崇奉佛教，下诏恢复佛寺，僧尼依前隶功德使，不隶属主客。所度僧尼仍令祠部给牒。一时僧尼之弊皆复其旧。全国各地为修复废寺，兴造新庙，斧斤之声终年不绝，国家财力又渐渐吃紧。

随着河湟的收复，驻守边地的唐将也骄奢横蛮起来。他们贪图党项的羊马，时时无端欺夺诛杀，挑动边邮，极为贪暴，边疆的气氛又紧张起来。

……

这一切使杜牧极为反感。

后来，周墀又因议论边塞事与朝廷的意见不合，被罢掉宰相，出为剑南东川节度使。而周墀的意见即是采纳了杜牧的安边建议，朝廷对周墀的排斥，也即是对杜牧安边策略的否定。杜牧本想回到朝中能施展安邦济世的才干，实现早年就怀抱的"平生五色线，愿补舜衣裳"的宏愿，可如今又事与愿违。他感到失望、苦闷。周墀离朝走了，他感到在朝中孤立无援。

在从睦州入京时，他就告诫过自己不要再像汉代张纲似的刚直敢言、惹人嫉恨。他入朝以后也果然不像以前那样血气方刚、直言无讳了。但是，他生性是个鲠直、眼中难容下一粒细沙的人，尽管有所自我控制，但有时还是难免怒形于色，忍不住要旁敲侧击，言含讥讽。

崔常侍要出镇夏州了，杜牧随朝中官员前往饯行。大家都说着些祝贺的话，恭维的话，甚至巴结讨好的话。可这时杜牧对边塞的意见正与执政者不合，肚子里憋着气。崔常侍要出塞镇边了，杜牧又借着这机会吟诗赋志，说"三边要高枕，万里得长城"，这人家还听得下去。后来又说："魏绛言堪采，陈汤事偶成，若须垂竹帛，静胜是功名。"人家听出了这是重复周墀的主张静守安边，反对侵扰扩边的意见，听了觉得意在讥讽，十分不高兴。

这时杜牧赋诗确实也变得柔中有刚、含蓄多讽了。他看不惯长安城那些豪奢淫侈的王公子弟，就赋诗讥刺："韩嫣金丸莎覆绿，许公鞲汗杏黏红。烟生窈窕深东第，轮撼流苏下北宫。"用历史上韩嫣好弹射，常以金为丸，一天丢失金丸多达十余粒以及宇文述制马鞯，故意于后角上缺方三寸，以露白色，借此别出心裁以显耀自己的事进行讥讽。又咏出"四海一家无一事，将军携镜泣霜毛""自笑苦无楼护智，可怜铅椠竟何功""江碧柳深人尽醉，一瓢颜巷日空高"等诗句来含沙射影，冷嘲热讽，抒发牢骚之情，这自然又被豪贵之家、手握大权的朝中新贵嫌恨。

恰在这时，杜牧的长兄杜恺罢三原县令，闲居京城；弟弟杜𫖮双眼失明，与李氏孀妹都寓居淮南。他们都生活艰难，以寒馁来告，需要杜牧供给衣食。而又加上杜牧一家 40 人全要仰仗杜牧一人支撑，所以杜牧一时觉得生活压力沉重地压在双肩上，难以支撑。当时，在外任刺史收入比在京为官高，所以大中三年闰十一月，杜牧上书宰相，请求外放杭州为刺史。他的请求书写得凄切感人，末尾说："坠井者求出，执热者愿濯，古人以此二者，譬喻所切也。某今所切，是坠于绝壑，而衣挂于树杪，覆在鼎中，下有热火，而水将沸，与古所喻，则复过之。辄敢具疏血诚，上干尊重，冀垂恩怜，或赐援拯。"

然而，如泥牛如大海，上书并没有打动宰相。

后来的半年中，杜牧又接连三次上书宰相，提出外出为湖州刺史的请求。上书一次比一次更急切，更凄哀，更让人心酸。书中说："言念病弟丧明，坐废十五年矣，但能识某声音，不复知某发已半白，颜面衰改。是某今生可以见杜颛，而颛不能复见某矣，此天也，无可奈何。某能见颛而不得去，此岂天乎！而悬在相公。若小人微恳终不能上动相公，相公恩悯终不下及小人，是日月下亲兄弟终无相见期。……然某早衰多病，今春耳聋，积四十日，四月复落一牙。耳聋牙落，年七八十人将谢之候也。今未五十，而有七八十人将谢之候，盖人生受气，坚强脆弱，品第各异也，……自今年来，非唯耳聋牙落，兼以意气错寞，在群众欢笑之中，常如登高四望，但见莽苍大野，荒墟废垅，怅望寂默，不能自解。此无他也，气衰而志散，真老人态也。……闻未死前，一见病弟……某若先死，使病弟无所不足，死而有知，不恨死早……"

宰相白敏中、崔铉、魏扶接连接到杜牧的上书，终于为其哀情所动，准许他外放湖州刺史。

大中四年（公元 850 年）初秋，杜牧得知准许他出守湖州的消息，一时喜极而赋："捧诏汀州去，全家羽翼飞。喜抛新锦帐，荣借旧朱衣。且免材为累，何妨拙有机……平生江海志，佩得左鱼归。"

人生就是这样的奇妙多变：当年杜牧在睦州是多么盼望结束外郡生涯，热切地期望回到长安，任职朝中；而今，尚未两年，他又心急火燎地恳求离开京城，甘愿外放湖州，有如困兽离笼、囚鸟高飞、池鱼入海一般！

这是因病弟孀妹、一家衣食所需？

还是不满朝政，借口愤然离京远去？

或是为了实现早年对湖州母女的庄重许诺？

或者都是，或者另有缘故。这一切只能留待冥冥中的杜司勋来回答。

离京城前，杜牧再次登上乐游原。不是为了游览，是为了深情的告别，是为了对大唐帝国的贞观盛世的深情依恋，是为了对唐太宗敬献一瓣心香，然而也是为抒发自己对现实的失望与不满。他深情地久久凝望着唐太宗的昭陵，他长吁着气，冷泪潸然而出。对着空旷的秋风萧瑟的乐游原，望着夕阳的余晖，他悲凄地吟出一首令人黯然销魂的诗：

清时有味是无能，

闲爱孤云静爱僧。

欲把一麾江海去，

乐游原上望昭陵！

宣宗大中四年（公元 850 年）秋，杜牧抵达湖州刺史任。

湖州是富饶的大州，物产丰富，风光秀丽。杜牧早年曾来此游玩，留下了一段美好的回忆。十几年过去了，现在终于到湖州任刺史，他感到十分高兴。

他终于找到了久失音讯的莲萍。虽然莲萍已嫁人生子，杜牧不免有"绿叶成阴子满枝"之叹。但他毕竟来到了湖州，实现了当年的诺言，放下了一桩久藏在心底的沉重心事。

两年在京城的沉闷仕宦生活，使他感到好闷好累。现在终于如鱼放入大海，如鸟飞回山林，他感到欢快自由，心情舒畅。他旧地重游，又游览了当年到过的地方。湖州的一景一物，一草一木，依然如往日一般，它们勾起了他的一段温情与浪漫。他眼前又浮现出当年的一幕幕景象：崔乙使君、小翠、崔夫人、莲萍……醉人的温情、妩媚的倩影、绮丽的山光水色，美好的年轻时光。啊，这一切如诗如画如飘渺的仙境，它像春花像明月，像人间最美好的一切！然而，现在它像一场消逝了的春梦，只能留下一缕永不消失的缠绵的情丝，一阵怅惘的回忆，一声声有声无声的人生的叹喟！

重到湖州，杜牧尽管摆脱了朝中那些恼人气的事，心情比较放松。但是往日来湖州时，他正当青春有为的美好年华，富有朝气。而今他却双鬓白发，齿落体衰，自觉老气横秋，步伐缓慢。而且心境也如身体一样显得颓唐而疲乏。他喜欢宁静，在宁静中才能体味到一丝生趣。他再也不像往昔那样把仕途得意、升迁迟速看得那么重，而且似乎已变得对此无所谓了。他只求得不要受官场冗务的劳累，期盼宁静与平淡，但愿在山光水色中吟傲烟霞，度此余生。他这次来湖州是带着全家来的。孩子跟来了，紫云又伴随他来了，只是裴氏已亡殁，只能把她留在长安杜家的坟茔里。他是准备在湖州长住下去的。

他还是喜欢湖州的绮丽风光，暇时紫云也陪着他四处走走，观赏湖州的美景。他高兴时也提起笔来，曾有《题白萍洲》之咏，写下这样的诗句：

> 山鸟飞红带，亭薇拆紫花。
> 溪光初透彻，秋色正清华。
> ……
> 无多珪组累，终不负烟霞。

秋冬之际，他也照样喜欢湖州的菊花，特地在衙署里种上许多菊花，一有闲暇就饮酒赏菊，并常吟诵着陶潜"采菊东篱下，悠然见南山"的诗句。每当这时，也许是思乡的情思又袭上心头，他也常吟起将赴湖州时留题长安家中庭院菊花的五言绝句："陶菊手自种，楚兰心有期。遥知渡江日，正是撷芳时。"

一天，天气阴沉沉的，彤云密布，寒风飕飕。适值州中无事，杜牧在郡斋中给远在京城的外甥裴延翰写信，准备把到湖州所咏的诗作寄给他保存。

信快写罢，此时他觉得寒气逼人，手都有点僵了。抬头一看，窗外正飞着片片雪花。他走到窗前，只见满院地上、树丛上、嶙峋的假山上都已覆盖着白茫茫的雪花，雪已不知不觉地下了多时。他吩咐仆人升起一盆火，放在房中取暖，又取来了酒壶，用火温着酒。

他拥炉取暖，独酌着温热的酒，看着红艳艳的炭火，身上感到一阵暖和。此时，他领悟了雪中拥炉饮酒的乐趣，并体味到一种人生的哲理：雪中饮酒，身心会更觉暖和；人只有经历艰难，才能体味到雪中送炭的意义。这种领悟到的哲理，又逐渐化为诗兴。饮着酒，拥着火盆，他吟成了一首《独酌》小诗:"窗外正风雪,拥炉开酒缸。何如钓船雨?篷底睡秋江。"

后来,他把这首小诗一起寄给了裴延翰。多年来,他又养成了习惯:不管身处多么遥远的僻邑小州,他总要把自己创作的诗文寄给外甥。他希望裴延翰保存他的诗文,将来不致散落佚失。

大中五年(公元851年)初春,诗人李郢秀才接到了杜牧发自湖州的信。信中说他已离长安近半年,到湖州来任刺史。湖州的景色很好,而且又是著名的产茶区。来年春,他将入茶山督促采贡茶,顺便可游览顾渚山、明月峡。所以邀请他届时来湖州游览。信中还夹着一首给李郢的诗,字体潇洒飘逸,他一看就知道是同乡诗人杜牧的手笔。

李郢已好久没得到杜牧的消息了,自从他离开长安家乡来杭州寓居后,他还一直以为杜牧仍在京中任司勋员外郎呢。接到杜牧的邀请信,得知杜牧正在临近的湖州任刺史,他非常高兴。他一口气把来信读了两遍,又捧起诗笺,兴奋地把诗句念得抑扬顿挫:

> 行乐及时时已晚,
> 对酒当歌歌不成。
> 千里暮山重叠翠,
> 一溪寒水浅深清。
> 高人以饮为忙事,
> 浮世除诗尽强名。
> 看著白萍芽欲吐。
> 雪舟相访胜闲行。

李郢,字楚望,长安人,也是位诗人。他性爱山水琴书,疏于驰竞功名。因爱杭州山水风光,所以他离开长安,到杭州寓居。湖州秀丽的山光水色他早有所耳闻,也正待有机会时前去游玩一番。如今得到朋友邀请,他极为高兴,立即给杜牧回了一信,又同样赋一诗唱和。诗作得很用心,是次杜牧诗韵而成的:"白萍亭上一阳生,谢朓新裁锦绣成。千嶂雪消溪影绿,几家梅绽海波清。已知鸥鸟长来狎,可许汀州独有名?

多愧龙门重招引，即抛田舍棹舟行。"他兴奋地应允了杜牧的邀请，准备乘舟前往湖州。

　　春三月，李郢应邀来到湖州，并且和杜牧一起入顾渚山茶区。

　　唐时人们就有饮茶的习惯，并且对茶品颇为讲究，有的人甚至考究煮茶用水，杜牧之前的陆羽就著有《茶经》，诗人崔珏还作有《美人尝茶行》，说"闲教鹦鹉啄窗响，和娇扶起浓睡人，银瓶贮泉水一掬，松雨声来乳花熟。朱唇啜破绿云时，咽入香喉爽红玉。明眸渐开转秋水，手拨丝簧醉心起。"当时茶品虽多，但湖州顾渚山的紫笋茶却是颇负盛誉的极品。自唐德宗贞元以后，湖州每年都要向朝廷进奉顾渚山紫笋茶 18400斤，为此需动用 3 万多人采茶焙制，累月方能完成。因此入山督促采茶，是湖州历任刺史的一项重要的政务。

　　杜牧对于入顾渚山催督采茶事倒是很乐意。他早年即乐于山水之游，为幕吏十年中更是登山临水，乐此不疲。他曾有诗说自己早年是"秋山春雨闲吟处，倚遍江南寺寺楼"。当年他来湖州时，就闻知顾渚山、明月峡的锦绣风光，可惜当时行色匆匆，竟未能到茶山一游。如今，他作为地方长官入茶山督茶，正好实现了他多年的愿望。更何况此次入山又有同乡好友同行，更有红颜知己紫云作陪，他的游兴自然极高。

　　他们时而乘舟入山，时而舍舟岸行，一路绿水青山，春光明媚，鸟鸣幽幽，花香郁郁。在山涯水畔，茶树丛中，到处是采茶的姑娘，焙制春茶的工人。茶烟袅袅，采茶歌声阵阵，人欢语笑，颇为热闹。

　　他们行至茶山下的水口草市，但见溪光树影，酒楼倩女。不少人探窗露脸，齐把目光投向他们。有的女孩子还露出桃花般艳丽的笑脸，对着紫云善意地笑着，好似在欣羡，又好似在笑脸相迎。

　　"李秀才，此处风景绝佳，不可无诗，咏他一首如何？"杜牧勒住马对李郢说，此刻他诗兴极好。

　　"员外所说极是。春光丽景，酒旗佳人，真可谓春风不醉人自醉。只是还得员外首唱，小弟再来奉和为好。"

　　"那在下就笨鸟先飞，先来几句。"杜牧说罢，略一思索，口占一绝道："倚溪侵岭多高树，夸酒书旗有小楼。惊起鸳鸯岂无恨，一双飞去却回头！"

　　"'鸳鸯'之句描摹如画，颇有意味。员外诗思真人不可及，小弟可不敢狗尾续貂了。"李郢赞叹着,"嫂夫人您说呢?"他转过头又问着手捃花枝的紫云。

紫云见问,只是莞尔一笑,她正在采着路边的花枝,并没听到杜牧吟了什么诗。

"好啦,妇道人家喜欢的是花啊草呀。你也别为难她了,我等着你的酬和诗啰。"

李郢见杜牧这么说,也不推辞。其实他早已胸有成竹,所以开口咏道:"蒨蒨红裙好女儿,相偎相倚看人时。使君马上应含笑,横把金鞭为咏诗。"

"好、好、好!"杜牧笑呵呵地连声称好,笑得紫云放下鼻下嗅着的花枝,好奇地注视着杜牧。

"你这诗把我牵扯上,"杜牧止住笑接着说:"说我看见红裙好女儿,就横鞭含笑。你就不怕拙荆吃醋?"

"我哪会吃醋?我才不吃醋呢!"没等李郢辩解,紫云就忙着声辩。她脸上飞起红晕,犹如粉红的两朵桃花。她知道杜牧喜欢讲风趣的话,也知道杜牧曾在湖州和莲萍的事,因此也乘机逗杜牧说:"我还真希望他在湖州能找到一位红粉佳人,实现早年的追求啰!"

李郢、杜牧听罢,拍手大笑。"我还真看上一位丽人啦!"杜牧笑着说。

他们穿柳村,过松涧,经金沙泉,游明月峡。杜牧还在村舍门扉上题诗一首说:"从前闻说真仙景,今日追游始有因。满眼山川流水在,古来灵迹必通神。"据说杜牧的题诗"字体遒媚,隐出木间",至宋代苏舜钦的祖父苏国老作乌程县令时还见到,并托人取来,叹为"稀世之墨宝",一直当作传家宝流传到他的曾孙苏泌。

这次入茶山,杜牧饱览了茶山风光,一路兴致颇好,所到之处多有题咏。《茶山下作》有感于景物幽美,又有紫云伴随,咏云:"燎岩野花远,戛瑟幽鸟啼。把酒坐芳草,亦有佳人携。"他们一直远至宜兴的茶山,杜牧又有《题茶山》诗,写下了佳什妙句,有:

山实东吴秀,茶称瑞草魁。

......

溪尽停蛮棹，旗张卓翠苔。

柳村穿窈窕，松涧渡喧豗。

……

舞袖岚侵涧，歌声谷答回。

磬音藏叶鸟，雪艳照潭梅。

　　李郢也颇有雅兴，赋咏了《茶山贡焙歌》，其中特地描述杜牧使君说："使君爱客情无已，客在金台价无比。春风三月贡茶时，尽逐红旌到山里……使君忧民惨容色，就焙尝茶坐诸客。几回到口重咨嗟，嫩绿鲜芳出何力。山中有酒亦有歌，乐营房户皆仙家。仙家十队酒百斛，金丝宴馔随经过。使君是日忧思多，客亦无言征绮罗。殷勤绕焙复长叹，官府例成期如何。吴民吴民莫憔悴，使君作相期苏尔。"诗中提到杜牧为贡茶而忧思，为采茶百姓而咨嗟惨容色，又从另一角度记叙了杜牧入茶山的活动与心情。……杜牧在茶山的时间较长，所咏诗作还有《春日茶山病不饮酒因呈宾客》《不饮赠官妓》，诗称"谁知病太守，犹得作茶仙""几朵梅堪折，何人手好携？谁怜佳丽地，春恨却凄凄"。

　　杜牧从茶山回州府后，已是春末夏初。此时湖州有位少年诗人，名严恽，字子重。他颇有名气，所作诗清便柔媚，常有令人赞叹之作。当时，严恽感伤春去夏来，落英缤纷，作了一首《落花》诗，拿来向杜牧请教。

　　杜牧见他少年英俊，眉目间有一股灵秀之气，而且又好学能诗，格外高兴，很客气地接待他。他展开严恽呈上的诗笺，《落花》两字诗题跳入他的眼中，不觉已是心动。自己近日以来的伤春意绪已和它共鸣起来，顿时有凄然怅惘之感隐然心间。再看诗，是首七绝，写着：

春光冉冉归何处？

更向花前把一杯。

尽日问花花不语，

为谁零落为谁开？

　　杜牧一连读了几遍，心中的怅惘情绪更被诗句所感染加浓。而且一种像失落了最珍贵最美好的青春、年华之类的感慨涌向了心头。这种失落无可找回，无可追寻，甚至不知踪迹。只知它消逝在冥冥之中，无踪无影。想来令人十分珍惜怜爱，可它却怎么也守不住，终归要失去，只能留给人一份温情，令人毕生慨叹不已。杜牧很欣赏这首诗，夸他诗写得出人意表，诗思新颖。称他少年有为，将来凭诗赋考上进士，当有大作为。

赞赏一番之后，杜牧心想这样的人才难得，但必须有人替他揄扬，才不至于埋没。何不也和他诗一首，借此以表彰揄扬他，或许对他今后科考有些微之助。思揣之后，杜牧说："你的诗颇合我的心意，所谓英雄所感略同，我也酬和你一首，就题为'和严恽秀才落花'吧！如何？"

严恽见诗为杜牧所称赏，本已十分高兴。又听杜牧要和他的诗，更觉得受宠若惊，欣喜万分。"员外赋诗唱和，小生真是三生有幸，万分感激……"严恽惊喜地说。

杜牧令人收下严恽的诗作，拿来文房四宝，当场援笔铺纸，毫不思索，依严恽诗韵飞速地写着：

> 共惜流年留不得，
> 且环流水醉流杯。
> 无情红艳年年盛，
> 不恨凋零却恨开。

潇洒秀逸的字体，蕴藉的情思，敏捷的诗才，使在场的人赞叹不绝。

杜牧把这首诗赠给严恽，严恽一再感谢，辞去。

后来，杜牧把酬和严恽的诗让裴延翰收入《樊川文集》中。皮日休还是个童子在乡校时，就在杜牧集中读到这首诗，并以此知道严恽。可惜，严恽此后应十余举，均未登科。懿宗咸通十一年（公元870年），皮日休在苏州见到严恽，还为他有才而不第惋惜。严恽回湖州不久，就病故了。皮日休闻知，大为感叹，赋诗作序伤之，说："生徒以词闻于士大夫，竟不名而逝，岂止此而埋没耶！江湖间多美材，士君子苟乐退而有文者，死无不为时惜，可胜言耶！"这都是杜牧逝后的事。倘杜牧地下有知，想必也会为严恽惋惜抱屈的。

杜牧在湖州仅一年，大中五年（公元851年）秋，他就内擢考功郎中、知制诰。

罢任后，他知道以后恐怕没有机会再到湖州了，因此他又重游了那些给他留下美好记忆的地方，像和莲萍初见的湖边，与紫云携手游览过的园林池亭。在卞山之北有座玲珑山，山峰嵌空奇峻，有如钱塘的南屏和灵隐、芗林等处的奇石异峰。杜牧尚未去过，因此他又和紫云前往游览。在玲珑山归云洞，有一条阔三尺许的石梁，横绕在两石之间，名定心石。杜牧很喜欢这个地方，又认为"定心石"之取名也饶有深意。于是，就在石旁题云："前湖州刺史杜牧大中五年八月八日来。"

8月12日，新任湖州刺史郭勤自司勋郎中来湖州接替杜牧。杜牧移居于雪溪馆，此时又是高兴又有一种眷恋之情。他在馆中题了一首律诗，抒发了这种情感："万家相庆喜秋成，处处楼台歌板声。千岁鹤归犹有恨，一年人住岂无情……"

赴长安途中，杜牧回想此生迁转江湖，奔波途中，一生动荡，如飘蓬泛梗，壮志飘萧，大有才人落魄之感，不禁感慨万千，遂赋诗云：

镜中丝发悲来惯，

衣上尘痕拂渐难。

惆怅江湖钓竿手，

却遮西日向长安。

后来又乘船沿汴河西行，见两岸垂杨在秋风中披拂摇荡，似有依依惜别之意，他不禁又兴起一种流落失意之思，心情郁郁，低沉地咏着这样的诗句：

夹岸垂杨三百里，

只应图画最相宜。

自嫌流落西归疾，

不见东风二月时。

紫云在船舱中听到杜牧的吟唱，不禁流下眼泪来。……一种有去无回的不祥之感袭上她对杜牧充满了柔情蜜意的心头……

大中五年（公元 851 年）冬，杜牧回到长安就考功郎中、知制诰任。考功郎中是从五品上的朝官，属吏部尚书管辖，掌内外文武官吏的考课。因为还兼知制诰，所以杜牧还要为皇上起草诏诰。唐时在朝中掌制诰的人，多是以文章知名者，一向为文士所企羡敬慕。杜牧能任这一重要职务，心中也觉得满意。

回到长安后，杜牧完成了他多年来的一个夙愿：他拿出湖州刺史任上积蓄下来的俸钱，用来修整樊川别墅。别墅经修整后，倾倒的台阁又建起来了，荒废淤积的池塘渠道又疏通了，池中又见到碧盈盈的水波，种上了荷花，养了些观赏的小鱼。园中又新栽上兰、菊、芍药、牡丹等名贵花草。小径、池边、山畔，又补种上柳、梅、桃等树和丛丛翠竹……经过一番整修，这儿又恢复了往日的模样。杜牧来了几次，漫步园中，见多年的愿望终于实现，他感到卸下了一桩心事，无比欣慰。

一到休沐或有闲暇，杜牧就喜欢邀上亲戚朋友来樊川别墅游赏宴集，徜徉于山光水色之中，笑谈议论于亭阁之上。

一天，他又来樊川别墅宴游。酒酣耳热，一阵谈论之后，他对外甥裴延翰说："汉代司马迁曾说过这样的话：自古富贵，其名磨灭者，不可胜记。我自幼年就到樊川别墅来，现在又用官俸把樊川别墅修整一新。将来我年老了，成了樊上翁。我不期望能富贵，只希望有数百篇文章诗歌。将来你为我的文集作序，集子可名为《樊川集》。如此，面对樊川的一禽一鱼，一草一木，我也就无遗恨了。而且千百年后，这些文章也能够不随着它们而消失。"

裴延翰从小蒙受杜牧的教导，他对舅舅十分敬重爱戴，默默地记下了杜牧的嘱托。

岁月如梭，人生易老。大中六年（公元 852 年）元旦，杜牧已是知命之年。元旦这天，他下朝回家，望着隐约可见的星辰，想到自己年已五十，遂吟诗一首："星河犹在整朝衣，远望天门再拜归。笑向春风初五十，敢言知命且知非？"

自宣宗大中以来，杜牧不断地接到噩耗，他的朋友、亲人接连一个个撒手人寰，溘然长逝。他祭吊他们，为他们撰写墓志铭：会昌末，他的知己朋友李方玄死了，他为他作了《唐故处州刺史李君墓志铭并序》。大中以来，鄯州刺史邢群，他在钱塘结识的诗人袭辂，他的堂兄杜诠，岳父裴希颜，他的恩师、幕主牛僧孺，以及周墀都纷纷去世。杜牧非常悲哀，或撰文祭吊，或撰写墓志铭，深致哀吊之情。

大中六年（公元 852 年）二月，周墀的灵柩从东川运回河南县，归葬于先茔。杜牧为他撰写了墓志铭，其中记下了周墀的高风亮节：

> 公信于朋友，公于为官。事嫠妹，出告返面，家事不敢自专。同曾祖兄弟入门，呵答奴婢，衣服饮食无二等。免相位西去，送公还者，虽武将散秩，叹惜咨嗟，曰："周相公无私，我惜其去，岂有私乎！"

在同一个月，杜牧的弟弟杜颢的灵柩也从扬州运回长安，归葬于万年县洪原乡少陵西南二里的杜家坟地。杜颢是杜牧极为友爱的弟弟，他终因目疾不治而寓居淮南，并于大中五年二月卒，终年 45 岁。留下了一双儿女，儿子麟师 10 岁，女儿暑儿仅 5 岁。杜牧对弟弟的病逝极为哀痛，在他的墓志铭中说："某今年五十，假使更生十年为六十人，不夭矣，与君别止三千六百日尔！况早衰多病，敢期六十人乎，忍不抑哀，以铭吾弟。"

洪原乡少陵西南杜家的祖坟上又新添了一个坟堆。二月的春风把这古老的坟原吹绿了，一座座的旧坟上都长满了青草和野藤，有的坟上还开着白色的、蓝色的野花，在春风中寂寞地摇曳着。新坟上没有青草，也没有野花，只有坟前新栽下的松柏，在向人述说着一个新亡人的悲凄的故事。松柏是杜牧亲手栽下的，他用它来寄托对弟弟的无限哀思。他面对着原上累累的坟头，那是祖父杜佑的，那是父亲杜从郁和母亲的，那又是堂兄杜诠的，是伯父杜师损、杜式方的……他眼前浮现过他杜家鼎盛时代的一个个亲人的面影，呈现着"我家公相家，剑佩尝丁当"的辉煌气派。见到了爷爷杜佑手捧《通典》对他传授、指点的情景，也见到了父亲杜从郁在病榻上奄奄一息的辛酸场面……这一切像百十年前一样的遥远模糊，又像昨天一般清晰可见；像梦，像幻景，像海市蜃楼……"哇、哇、哇……"一声声枯涩的鸦啼把这一切都驱散了，消逝了。眼前只有夕阳下的一座座坟墓留在人间，记录着杜家的最后归宿。

杜牧向坟堆连鞠三躬，望着累累的坟头，再注目弟弟的新坟，他流下了满脸的冷泪……

大中六年中，杜牧又由考功郎中升任中书舍人，专为皇帝起草制诰。中书舍人又称紫薇，从此时起人们又称杜牧为"杜紫薇"。

从大中五年冬杜牧任考功郎中、知制诰起，杜牧就不断地为朝廷起草诏诰，像裴休除礼部尚书、裴谂除兵部侍郎、李文举贬睦州刺史、高元裕拜吏部尚书、毕诚除刑部侍郎、李珏册赠司空、张直方贬恩州司户等制诰都是他撰写的。他因为能写得一手典雅优美，又能达意得体的文章，所以又常被众官推举起草表章或代人撰写章表，像《贺生擒衡州草贼邓裴表》《代裴相公让平章事表》《代谢赐批答表》《宴毕殿前谢辞》《代谢赐告身鞍马状》等文都是为人捉刀之篇。这些章表制诰虽大都是代言之作，属官样文章，不过杜牧还是写得漂亮典雅，有时还能将自己的看法意见融会其中，而且具有历史资料的价值。

大中五六年间，湖南大饥荒，农民饥寒交迫。邓裴遂率领饥民占据深山，关闭官道，聚众反抗。大中六年四月，邓裴被擒，朝廷官员推举杜牧撰表庆贺。杜牧虽赞成镇压起义，但对人民的疾苦、逼上梁山也还是怀着同情之心。他在贺表中是这样写的："伏以湖湘旱耗，百姓饥荒，遂有奸凶，敢图啸聚。……逆贼邓裴，蕞尔小孽，敢因艰食，渐诱饥人，剥乱乡闾，陵惊郡邑，徒坚党合，事钜寇牢。或据深山，或闭官道，遂使湖、岭之外，人不聊生……"

有一回，宣宗因边塞紧张，未得良将，诏令众官荐举边将。杜牧接诏旨，即上了一谢表，借这一机会表明自己的态度："伏奉宸翰，以边塞未静，将帅乏才，唯务诛求，不谋兵食者。伏以陛下自即位已来，正朝廷而举典法，肥天下而寿群生，故能不血刃以收河湟，用文诰而降羌寇，干戈偃戢，远迩安宁。今者尚以戍边，未得高枕，深忧将帅，不副忧勤。或但恣于侵贪，或不事其兵食，须有戒励，形于诏书……"他根据自己长期对边防的研究，提出了自己的看法。作为一个为朝廷起草诏诰的文臣，他只能以这种方式上报国家，下安黎元。

这时，杜牧的名气更大了。他的诗文才气为人崇敬，名章佳句海内传诵，脍炙人口。而且他在朝所任中书舍人一职颇为显要，在一般文士眼中，也算是位举足轻重的人物。

　　有一天，一位 40 岁出头的文士求见，他自报名字时，杜牧未听清。他又呈上一启。此人面貌长得很丑，皮肤黝黑，衣着又显得不修边幅，令人初见之下觉得不快。不过他的举止言谈却文雅，风度翩翩。杜牧打量着他，但他并不认得来人。他往启文中看：

　　　　某闻物乘其势，则慧泛画涂，才戾于时，则荷戈入棘。必由贤达之门，乃是坦夷之径。是以陆机行止，惟系张华；孔闳文章，先投谢朓。遂得名高洛下，价重江南。……李郢秀奉扬仁旨，窃味昌言。岂知沈约扇中，犹题拙句；孙宾车上，欲引凡姿？进不自期，荣非始望。今者末涂怊怅，羁宦萧条，陋容须托于媒扬，沈痼宜蠲于医缓。亦尝临铅信史，鼓箧遗文，颇知甄藻之规，粗达显微之趣。倘使阁中撰述，试传名臣，楼上妍娥，暂陪诸隶，微回木铎，便是云梯。敢露诚情，辄干墙仞。

　　杜牧看了启文，已知此人正是一位被议论得沸沸扬扬的人物。他名温庭筠，字飞卿，因长得丑，人们又称他"温钟馗"。他擅长诗赋，善鼓琴吹笛，又能填得侧词艳曲。才情绮丽，作诗时，未尝起草，每一韵一吟而已，只要八叉手就吟成八韵，因此又得了个外号叫"温八叉"。可惜此人不修边幅，常和公卿家无赖子弟像裴诚、令狐缟等人在一起蒲饮。又在考场为人做枪手，被人当场抓住，因此被人看作是士行尘杂的人。

　　但是，杜牧很欣赏他的诗赋，尤其喜爱他写的《菩萨蛮》等词作，曾把他的《菩萨蛮》词"小山重叠金明灭，鬓云欲度香腮雪。懒起画蛾眉，弄妆梳洗迟。照花前后镜，花面交相映。新贴绣罗襦，双双金鹧鸪"题在扇上，并在朋友李郢面前赞扬过温庭筠。后来李郢见到温庭筠，把杜牧称赞他的话说了。所以温庭筠才找上门来。

　　"飞卿秀才，早就拜读了大作，不意今日才相见。"

　　"杜舍人文章满天下，庭筠恭读再三，敬佩不已。"

　　"你的《菩萨蛮》词文词意境均佳。'照花前后镜，花面交相映'，诚是不凡之丽句，比起我的《八六子》词好多了。"

"舍人谦虚了，您的《八六子》词属长调，推之当世，能作此调者真是凤毛麟角，实在是开词场风气之先啰！"

"温秀才，人们传说令狐绹宰相偷了你的《菩萨蛮》词，这究竟是怎么回事？"杜牧想起官场上最近正议论的事问道。

"这也不能说是令狐宰相偷的，事情并不是这样。人们有所不知，传歪了。"温庭筠听杜牧说有这样的传说，颇为惊讶。

"听说令狐宰相对此雷霆大怒，要追查是谁造的谣呢。"

"不过，"温庭筠接着杜牧的话说："令狐宰相也不必追查，他自己做的事自己知道，一追查反而更露了馅儿。"

"此事有何蹊跷？"杜牧对令狐绹的所作所为也有些不满，尤其是他对李商隐的排斥诽谤更让他恼火。"

"我告诉您吧。不过，请杜舍人千万别外传，要不他又会使坏点子来诽谤打击我的。"

于是温庭筠把这事的经过告诉了杜牧。

原来，唐宣宗很喜欢唱《菩萨蛮》新曲，又苦无新词。令狐绹知道后，心想这正是巴结的好机会，何不叫人替自己作《菩萨蛮》词数首，就以自己的名义献给宣宗，也好让皇上相信自己并非有人所讥讽的胸无才学，笔乏文彩。于是，令狐绹就把温庭筠暗中请来，让他为自己撰作几首《菩萨蛮》词，献了上去，说是自己所制的新词。他又告诫温庭筠不能把此事泄露出去，说是如这样对谁都没好处。温庭筠照令狐绹所嘱做了，起先也密不露一点风声。宣宗见到令狐宰相献上《菩萨蛮》新词，极为高兴，乘兴大唱起来，还夸奖词写得好，赏赐了令狐绹不少各地进贡来的贡品。令狐绹为此也大为得意，逢人便宣扬吹嘘自己一番。

没料到过了一阵子，有个江湖上的朋友来京，找到温庭筠，问起温庭筠有何新作。温庭筠正在谈兴上，一时高兴，竟忘了令狐绹的告诫，无意间让这位朋友知道自己近日有《菩萨蛮》之作，还抄录了一份送给他。后来，温庭筠作《菩萨蛮》词的事就传开了。有人还添油加醋地说令狐绹如何如何偷了温庭筠的词稿……这样令狐绹就对温庭筠恨得咬牙切齿起来。偏偏温庭筠是个吃软不吃硬的人，又对人讥讽令狐绹是"中书堂内坐将军"，意思是讥讽他无才学。惹得令狐宰相四处扬言非狠狠地整治他一顿不可……

　　杜牧听了事情原委，明白了人们间议论传说的事好多都走了样，而且也晓得有关温庭筠的一些难听的传闻之辞是出自令狐绹等人之口的子虚乌有之事。他对温庭筠又有了新的认识，觉得这人性情倜傥、不拘小节，性格直爽，颇像自己年轻时一般。

　　他们又谈了一阵子话，杜牧觉得还颇为投机，答应找个机会推荐他。后来临别时，温庭筠又呈上一首诗，杜牧一看，竟是《华清宫和杜舍人》。

　　"你已读到了我的《华清宫三十韵》了？"杜牧惊奇地问。

　　"舍人的诗已传遍文士之口了，您自己还不知道？"

　　"我才作了不久呢，怎传得这般快！"

　　"不仅快，而且人们还能整首背诵下来呢。您的诗富有史识，说出了人们的心底话，大家满口称赏呢。我背一段您听，我最喜欢这一节诗。"温庭筠背诵了起来：

　　　　　　雨露偏金穴，乾坤入醉乡。

　　　　　　玩兵师汉武，回手倒干将。

　　　　　　鲸鬣掀东海，胡牙揭上阳。

　　　　　　喧呼马嵬血，零落羽林枪。

　　　　　　倾国留无路，还魂怨有香。

　　　　　　蜀峰横惨澹，秦树远微茫。

　　温庭筠念罢又接着说："大家都说您对安史之乱的祸根揭示得入木三分。其实您这首诗和您以前作的《过华清宫绝句三首》意旨一样，可谓前后辉映，相得益彰。我最欣赏您其中的第二首：'新丰绿树起黄埃，数骑渔阳探使回。霓裳一曲千峰上，舞破中原始下来。'真是一针见血之论！"

　　"可惜，这历史教训如能为人记取就好了，这世道也不会像现在这样！"杜牧感叹地说着。

　　……

　　杜牧与温庭筠的这一次相见和唱和，是他临终前晚唐的最后一次重要的文坛佳话。宣宗时代，文坛的两颗明星靠在一起，使晚唐的诗坛又闪出了耀眼而绚丽的光芒。此后，其中的一颗明星很快地坠落了，文坛也逐渐失去了光彩……

晚秋的樊川别墅虽不比春夏时显得滋荣繁茂，万物生气勃勃，但仍然美好。金风送爽，那一丛丛或密或疏的修竹在吟着秋之歌。小溪碧水淙淙，在明朗的阳光下汩汩而流，把天空上的云朵和溪旁的绿柳翠竹拥在自己柔软而明澄的怀抱里。池边亭畔，菊花丛丛，黄、白相映；草间树梢，鸟声啾啾，如琴似磬……杜牧又一次来到这儿。

他这次来樊川别墅是邀同僚沈询舍人同游的。沈询是他在江西、宣城幕的幕主沈传师的儿子，是他多年的好友。可是沈询因公事忙，却爽约未至，因此杜牧只好一人独游。也许这恰是上苍的有意安排，让杜牧这一位樊川别墅的主人，最后一次独自享受别墅的幽美与宁静，让他独自一人在宁静中回忆这座别墅的兴衰际遇，向这一座他心爱的别墅诉说他的思念和眷恋，让他为这座别墅再写下最后的诗篇，作为告别的纪念：

邀侣以官解，泛然成独游。
川光初媚日，山色正矜秋。
野竹疏还密，岩泉咽复流。
杜村连滮水，晚步见垂钩。

杜牧从幼年就随同爷爷、父母来到这座别墅，初识了大自然景色的美好，滋生了对祖国山河的热爱，用心声、用幼稚的童音赞美着这儿的山水风光。后来，他走过更多的地方，大河上下，长江南北，他用诗笔赞美、歌唱着祖国的山河，描绘过大江南北的锦绣风光……然而岁月如流，弹指光阴。曾几何时，他双鬓苍苍地又回到了他最初赞美歌唱过的地方。故土之恋又吸引着这位迟暮的诗人，回到了儿时就来过的樊川别墅，向她倾诉着无限的恋情，投向她的怀抱。他的歌唱从这儿开始，也在这儿结束。他写下了最后的一曲山川颂歌，谱下了这乐章的最后一个动人的音符……

大中六年十一月十日，杜牧做了一个梦。他梦见自己在一张纸片上写着"皎皎白驹，在彼空谷"。旁边有一个不相识的人看了，说："空谷，非也，过隙也。"

梦醒之后，他觉得是一种不祥的预兆。顿时他又想起几件不吉利的事：去年七月十日在湖州时，梦见有人告诉他说："尔当作小行郎。"再问他，他又说："礼部考功，为小行矣。"意思是说官终于此任。今年9月19日从朝中回家，夜里觉得疲倦。但似睡未睡之时，有人大声地告诉他："你改名毕。"10月2日，奴仆顺儿跑来对他说："炊将熟甑裂。"一连串的奇异之事，使杜牧感到有一种不祥之感，他意识到自己年已50，来日不多了。

他为自己撰写了一篇墓志铭，记叙了自己的一生，文后又将自己的家人写上：

> ……妻河东裴氏，朗州刺史偓之女，先某若干时卒。长男曰曹师，年十六；次曰祝柅，年十二。别生二男，曰兰、曰兴，一女，曰真，皆幼。以某月日，葬于少陵司马村先茔。铭曰：后魏太尉颙，封平安公，及予九世，皆葬少陵。嗟尔小子，亦克厥终，安于尔官。

不久，他病了。病中，他把自己的诗文都收集在一起。从中他嘱咐留下的只有十之二三，其他都焚烧掉了。他把留下的文稿嘱托给外甥裴延翰，交代他以后编辑成《樊川集》。

病重时，他作了首《留诲曹师等诗》：

> 万物有丑好，各一姿状分。
> 惟人即不尔，学与不学论。
> 学非探其花，要自拔其根。
> 孝友与诚实，而不忘尔言。
> 根本既深实，柯叶自滋繁。
> 念尔无忽此，期以庆吾门。

这是诗人的绝笔之作，也是他留给家人、留给世人的箴言。

唐宣宗大中六年岁暮，诗人杜牧安详地离开了这个让他眷恋、歌唱了一生的世界。在他弥留之际，他仿佛听见了诗人李商隐深情的歌唱：

　　　　　刻意伤春复伤别，
　　　　　人间唯有杜司勋。

　　他微笑着，向着自己心爱的泪流满面的女人紫云，投出了深情的最后一道辞别的目光……

欲把一麾江海去
乐游原上望昭陵

后记

　　写罢这部唐代著名诗人杜牧的文学传记，意犹未尽，还想就这部书略说一二，以便读者对此书之成因与其特点有更多了解。

　　20世纪80年代初，当我必须确定那时段我唐代文学研究的主要对象时，考虑再三，决定将素所喜爱，然而又不无一定研究风险的被视为风流倜傥的晚唐诗人杜牧，作为自己学术研究的主要对象。经十年，我研究杜牧的学术成果终于获得学术界的好评，《杜牧论稿》从众多参评书稿中脱颖而出，作为厦门大学首届南强丛书之一出版了。此后尽管我的研究中心有所转移，但对杜牧研究的关注以及对杜牧诗文的爱好并未改变。20世纪90年代中，我在参与《唐才子传校笺》和《唐五代文学编年史》的撰著工作中，又应邀为《全唐诗·杜牧集》做编年、辨伪与笺注。那时，尽管各种教学、研究与社会工作事务丛脞，非常繁忙，大有杜甫"束带发狂欲大叫，簿书何急来相仍"之概，但我对杜牧研究仍然怀有自己的一些设想与计划，其中也包括以学术性较强的《杜牧集校注》和颇具文学性的《杜牧传》在内。由于当时忙于其他撰著，故对杜牧研究的上述计划一直未能付诸实践。

　　也许真有冥冥中之神助，终于有了应出版社邀约撰写杜牧文学传记的机缘。由于素来对诗人杜牧情有独钟，积累了大量相关的杜牧研究资料，也有较为深厚的研究基础，所以写起这部杜牧的文学传记，可谓得心应手，文思泉涌，用了半年时间就挥洒而成。

　　文学传记自有别于学术性传记的特点，它应是历史真实与文学的统一。我的这部杜牧文学传记，当然也得遵循文学传记的特点与要求而写作。这里我想特别指出的是：

　　其一，这部传记特别注重历史的真实性，故采用了大量可靠的典籍资料记载，使读者通过传主和社会背景的描述，得以见到杜牧所生活的真实的社会情景与历史时代风貌。

其二，对传主的描述注重历史的真实与文学真实的统一。尽管对传主的描述也不排除有些文学性的安排处理，但其基本架构却是建立在历史的真实与文学真实的基础上的。真实性与严肃性，是我撰写此书的基本态度与追求。在这部书中，我仍然注重与努力追求应有的学术品格。

其三，本书自然也融入了我研究杜牧的一些学术成果与见解，这些可参见我出版于20世纪90年代初的《杜牧论稿》一书。

杜甫《偶题》诗云"文章千古事，得失寸心知"，诚哉是言！本书或有不妥之处，还祈方家指瑕纠正。

吴在庆写于厦门市龙虎山路寓所

2019 年 7 月 5 日

附：晚登齐山有咏

八月十七日傍晚，登上久闻盛名之池州齐山。唐杜紫薇牧刺池州日，曾与来访诗友张祜携壶登临此处，感赋《九日齐山登高》诗，至今犹脍炙人口。余诵其佳篇，俯仰古今，遂有是作。

紫薇携客上峰巅，余亦登临仰俊贤。尘世还难开口笑，
菊花无复满头旋。白云苍狗九州变，俗貌人心一脉连。
满目山河斜照里，翠微亭畔咏遗篇。

2019 年 9 月 3 日